新疆考古

（第1辑）

新疆维吾尔自治区文物考古研究所　编著

科学出版社
北京

内 容 简 介

《新疆考古》是新疆维吾尔自治区文物考古研究所编辑的学术集刊，共收录考古调查发掘报告10篇，内容涉及新疆地区奇台县石城子遗址、阜康市白杨河上游墓群、阜康市四工河墓地、阜康市泉水沟墓地、阜康市黄山河水库墓地、伊犁州G218沿线（新源段）墓葬、伊犁州墩那高速公路尼勒克段沿线、察布查尔县阿布散特尔墓群、呼图壁县呼图壁河Ⅱ号墓群、鄯善县一棵桑墓地等遗址点的古代人类、古代文化与环境。

本书可供文物考古研究机构及高校考古、历史专业学生参考阅读。

图书在版编目（CIP）数据

新疆考古. 第1辑 / 新疆维吾尔自治区文物考古研究所编著. —北京：科学出版社，2021.11

ISBN 978-7-03-069948-0

Ⅰ. ①新… Ⅱ. ①新… Ⅲ. ①文物–考古–新疆–文集 Ⅳ. ①K872.45-53

中国版本图书馆CIP数据核字（2021）第227925号

责任编辑：赵 越 / 责任校对：邹慧卿
责任印制：肖 兴 / 封面设计：美光设计

科 学 出 版 社 出版
北京东黄城根北街 16 号
邮政编码：100717
http://www.sciencep.com
北京汇瑞嘉合文化发展有限公司 印刷
科学出版社发行 各地新华书店经销

*

2021年11月第 一 版 开本：787 × 1092 1/16
2021年11月第一次印刷 印张：20 1/4 插页：8
字数：480 000

定价：198.00元

（如有印装质量问题，我社负责调换）

目　录

新疆奇台县石城子遗址窑址和墓葬考古发掘简报

新疆文物考古研究所

石城子遗址位于新疆维吾尔自治区昌吉回族自治州奇台县半截沟镇麻沟梁村东北1.4千米，北距奇台县城约55千米。地理位置北纬43°36′59.1″、东经89°45′43.2″（图一）。遗址地处天山山脉北麓山前丘陵地带，北可通奇台、吉木萨尔等绿洲，南越天山可至吐鲁番盆地，为通连天山南北的重要通道之一。

2014年新疆文物考古研究所在对石城子遗址进行试掘的同时，对石城子遗址及其周边地区进行了考古调查。在石城子遗址西侧约250米处发现窑址1座；2016年在对该

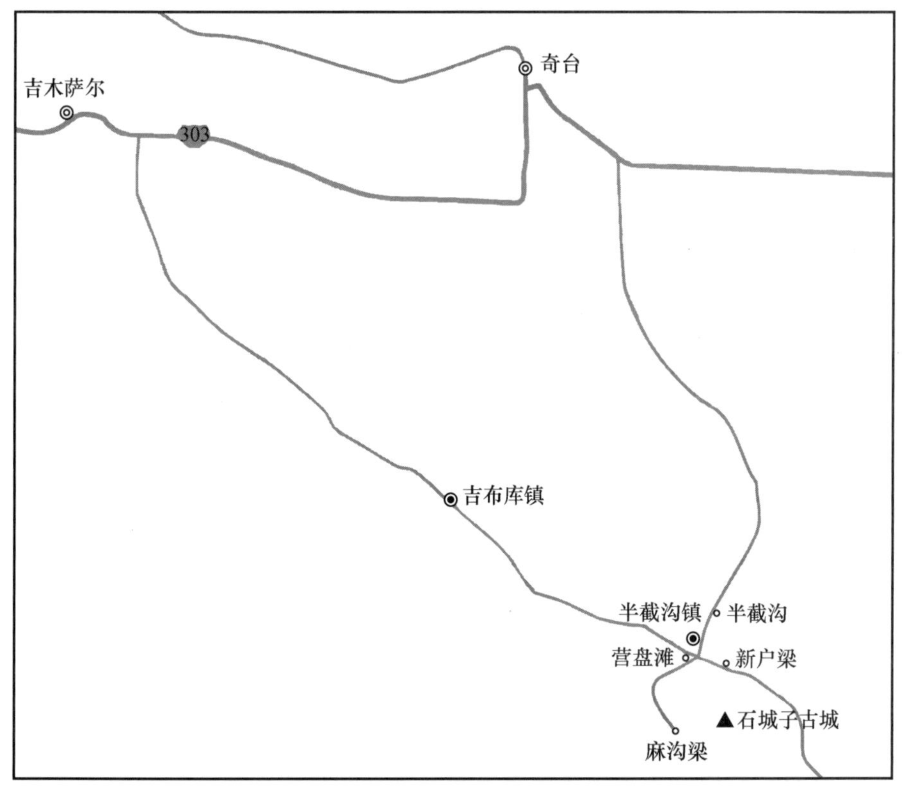

图一　石城子遗址位置示意图

区域进行考古勘探时又在附近一道坡梁和三处高台上发现陶窑2座、墓葬10余座。2018年对分布较集中的1座窑址和2座墓葬进行发掘，实际发掘窑址1座、墓葬9座、殉马坑1座、晚清时期房址1座。现将此次发掘情况报告如下。

一、地理环境

窑址和墓葬发掘区位于石城子遗址城门西约200米，地处一道南北向低矮坡梁上（图版一，1）。据当地居民介绍，以前他们在该坡梁上建房、修晒场时曾经挖出许多人骨，并出土一些青砖和陶器。现在坡梁上为麦地和居民房占据。窑址北有四户居民房，有一条土路从窑址西侧经过。

此次发掘采用探方法进行，共布10米×10米探方1个，发掘面积100平方米。

发掘区内地层堆积比较浅，耕土层下即见遗迹。耕土层为黑褐土，土质疏松，内含少量碎瓦和陶片，厚约30厘米。

二、墓　　葬

（一）墓葬形制

墓葬开口于耕土层下。分布相对集中，部分墓葬存在打破关系。9座墓葬按墓葬形制可将其分为竖穴墓、竖穴二层台墓、竖穴偏室墓等三种类型。其中竖穴墓6座，即M4～M9；竖穴二层台墓1座，即M2；竖穴偏室墓2座，即M1、M3。

1. 竖穴墓

6座。墓室形制为圆角长方形竖穴。墓向以西向为主，其中2座墓向北偏东。填土为黄褐土，土质疏松。3座墓内有葬具，已糟朽，初步推断为槽形棺。均单人葬，葬式为仰身直肢一次葬。4座墓内放置随葬品。陶器等多放置于墓主人头部一侧，小件装饰品多出自人骨附近。部分墓葬随葬羊头。

M4　北侧邻M1，南邻M6。墓室西端打破M1墓道西南角。墓室长2.5、宽0.7、深1.4米。墓向286°。墓室深狭，墓壁较直。有葬具，糟朽严重，仅存痕迹。推断其为槽形棺。棺内葬1人，为成年男性。葬式为仰身直肢一次葬。头西脚东，面向北。双臂竖直垂于身体两侧。出土随葬品8件，其中头右侧放置陶罐1件，右肩处出料珠1颗，左腿下出铁刀和铁带扣各1件，右腿外侧出铁镞1组3件。两腿间出铁刀1件（图二）。

M5　东南为M3，北邻X1。墓室长2.4、宽0.7、深1.4米。墓向277°。墓室深狭，墓壁较直。有葬具，糟朽严重，仅存痕迹。推断其为槽形棺。棺内葬1人，为成年女性。葬式为仰身直肢一次葬。头西脚东，面向北。双臂竖直置于身体两侧。出土随葬品7

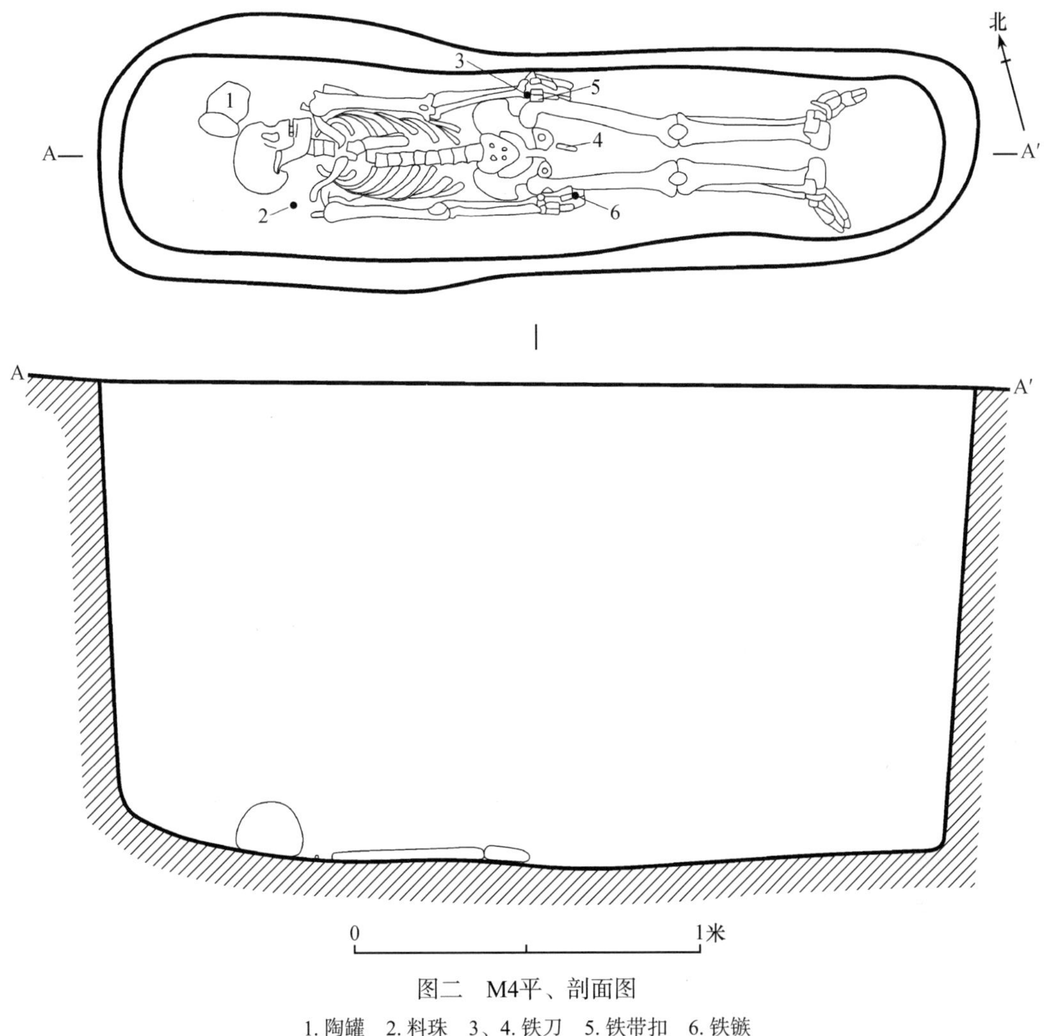

图二　M4平、剖面图

1. 陶罐　2. 料珠　3、4. 铁刀　5. 铁带扣　6. 铁镞

件，其中头南侧放置陶罐2件，颈部附近出料珠4颗。在棺外墓室西端放置羊头1个，另在填土中出零星羊骨（图三）。

M6　北邻M4，南邻M5，西南角打破M8，东南角打破X1。墓室长2.2、宽0.6、深1.2米。墓向267°。墓室深狭，墓壁较直。填土夹杂少量动物骨骼。有葬具，为槽形棺，有盖板。糟朽严重，仅存痕迹。推断其长约2、宽约0.4米。棺内葬1人，为成年女性。葬式为仰身直肢一次葬。头西脚东，面向北。双臂置于身体两侧。出土随葬品9件，其中头顶右侧出土陶罐1件，罐中有动物骨骼，下颌处有残碎的料珠1颗，下颌左侧随葬铜饰件1件，左臂随葬铜镯2件，右手腕处随葬铁刀1件、铁镞1件，右手腕下及足底各出土残铁刀和残铁镞各1件（图四）。

M7　东邻M9，南邻M1。墓室长2.5、宽0.85、深0.8米。墓向354°。墓室宽浅。墓底人为摆放一层石块，上面再铺一层青砂。墓室内无人骨和遗物（图五）。

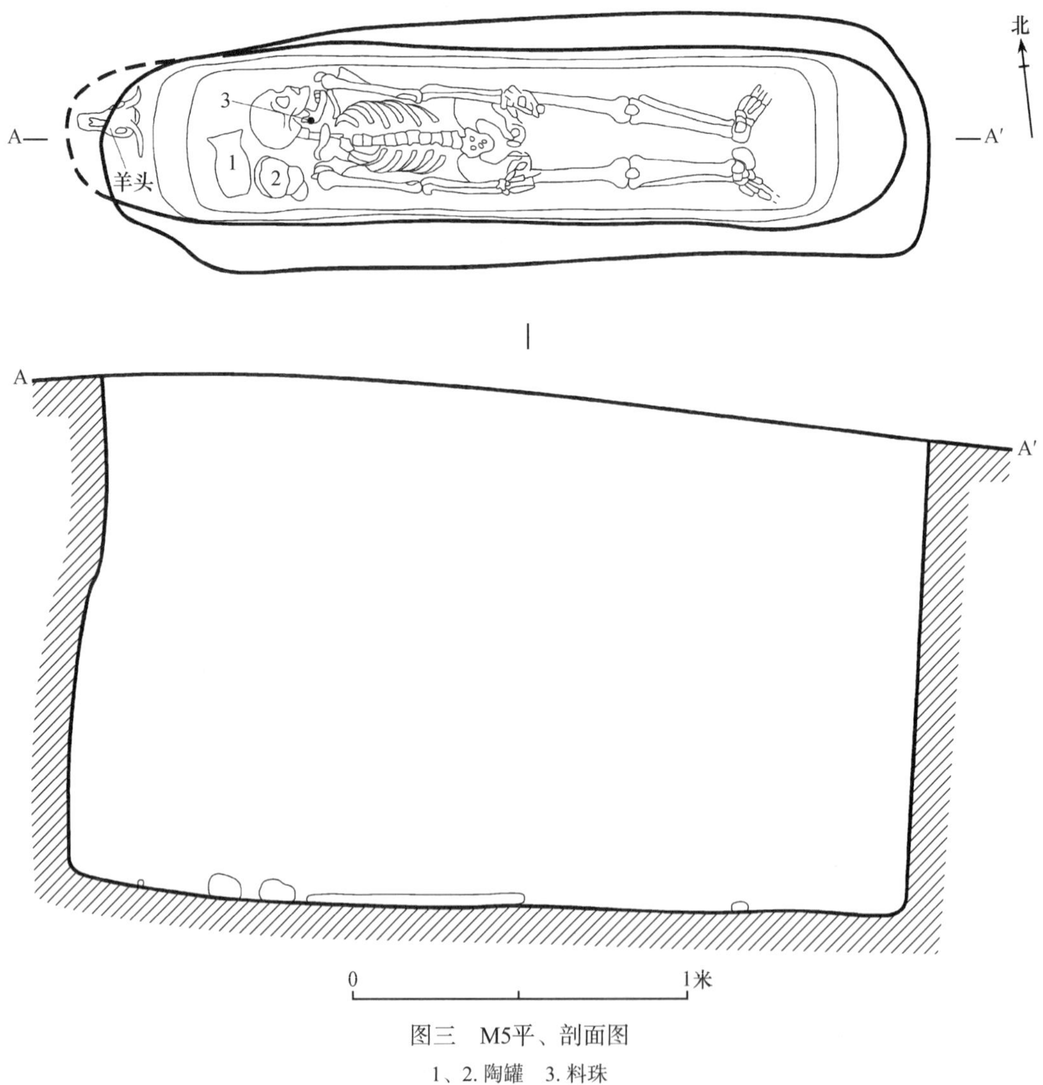

图三　M5平、剖面图
1、2. 陶罐　3. 料珠

M8　墓室东端被M6打破。墓室长1.9、宽0.6、深0.4米。墓向261°。无葬具。墓室内葬1人，为未成年人。葬式为仰身直肢一次葬。头西脚东。双臂竖直置于身体两侧。骨骼酥朽严重，身体底部有大量白色腐殖质。出土随葬品17件（组）。其中墓主人头骨顶部有羊头1个、羊距骨1组（6件），口内及下颌处随葬项饰1组3件，左手旁出土铜带扣1件，骨盆内有铁带扣1组3件、铜带扣和铁镞各1件，两腿中间有铁刀1件，右脚旁出土绿松石珠1颗（图六）。

M9　西侧为M7。南端打破晚清房址。墓室长2、宽0.7、深0.2米。墓向170°。无葬具。墓室内葬1人，为成年男性。葬式为仰身直肢一次葬。头西脚东，双臂向外微伸置于身体两侧。无随葬品（图七）。

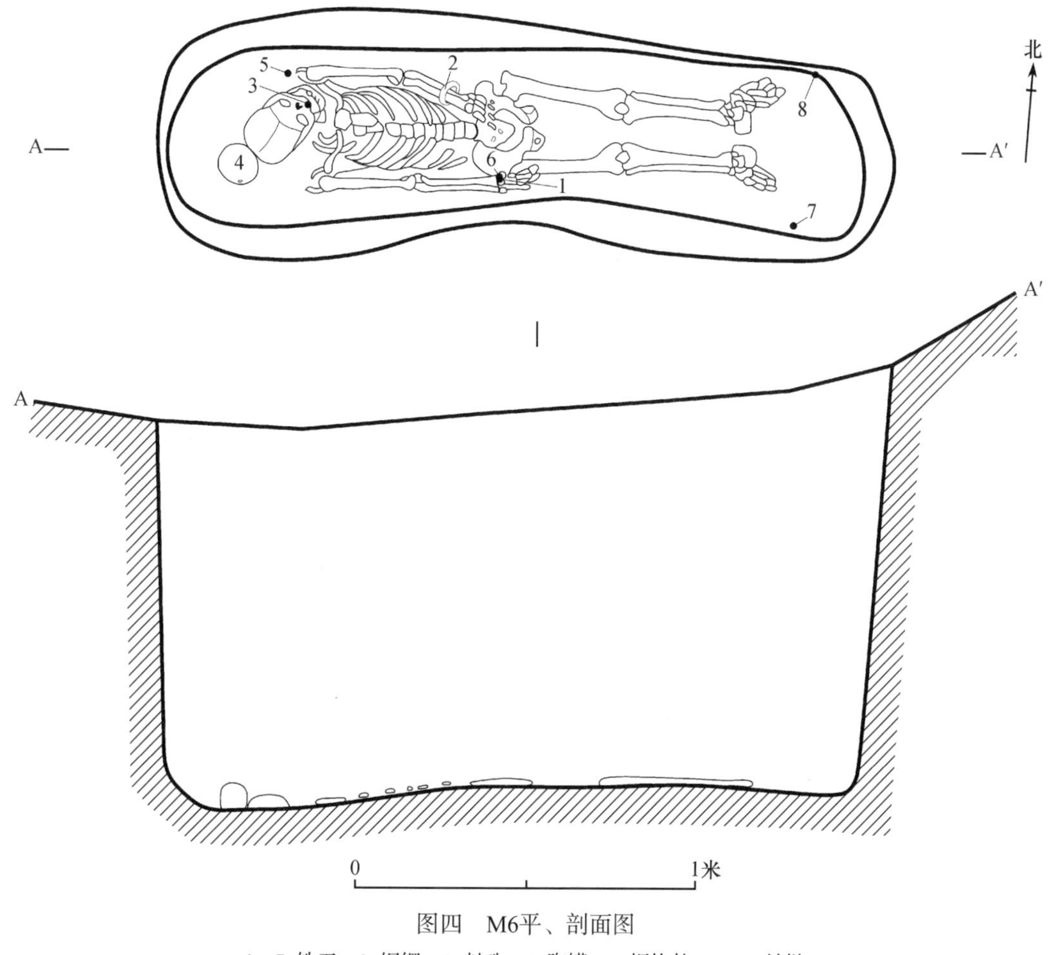

图四 M6平、剖面图

1、7. 铁刀 2. 铜镯 3. 料珠 4. 陶罐 5. 铜饰件 6、8. 铁镞

2. 竖穴二层台墓

1座。

M2 东北邻M8。墓室形制为圆角长方形竖穴。长2、宽1.1、深1.85米。墓向267°。南北两壁各有生土二层台各1个。二层台宽18厘米，距墓口深0.9～1米。上部填土为黄褐土，土质较疏松。下部自距墓口深约0.8米处开始填石，排列无规律。

有葬具。为一棺一椁结构，已坍塌。椁残长180、残宽50～65、残高33厘米。用圆木柱围合而成。其中侧壁有3根圆木，两端有2根圆木。圆木两端切削出工字形凹槽。侧壁和顶壁圆木交替叠压扣合。其中南侧外椁上层原木直径6厘米，中层原木直径7厘米，下层原木直径6.5厘米；北侧外椁上层原木直径6厘米，中层原木直径7厘米，下层原木直径8厘米；东西两侧上层圆木直径5厘米，下层圆木直径5.5厘米；凹槽长6.5、宽6、深1.5厘米。椁口部横置铺一层圆木。圆木直径分别为4、4.5、5、5.5厘米，最长35厘米。在东部圆木上出弓弭1块。木棺为箱式木棺，已垮塌。通长145厘米，头端宽38厘米，脚

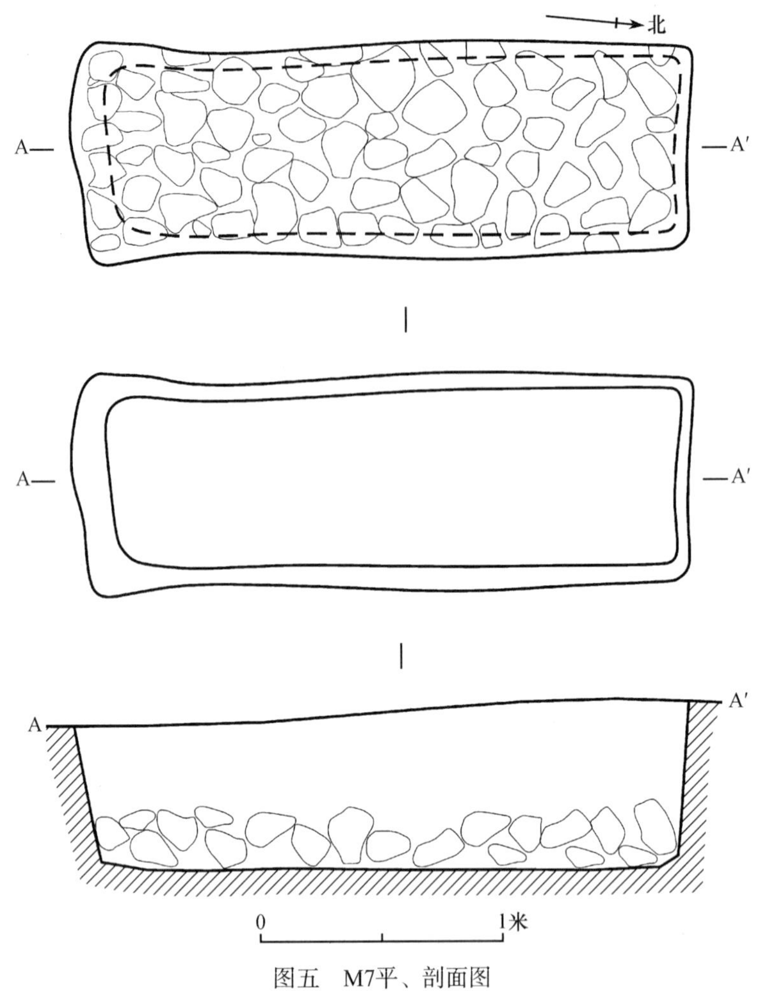

图五　M7平、剖面图

端宽31厘米，残高20厘米。四壁均为一块木板。木板厚3厘米。侧板两端有凹槽用于嵌合挡板。盖板由两块长方形木板拼合而成，厚3厘米。木棺用素绢、红绢包裹，叠合处用铁钉固定。棺底东西两侧另置一根横木用于承棺。东横木长85、直径10厘米；西侧横木长90、直径11厘米。

木棺内葬1人，为未成年人。骨骼酥朽严重。葬式为仰身直肢一次葬。头西脚东，双手置于身侧。身上着一层素绢，已糟朽，样式不明。头左侧出铁镞1件，下颌处出土铜耳环1件。左手握木器1件、漆木器2件，左手戴戒指1枚，已锈蚀呈粉末。木棺头端出土铁钉1件，上面垫一小块金箔片。在墓底东南放置140余件羊距骨（图八；图版一，2）。

3. 竖穴偏室墓

2座。墓室形制为竖穴偏室。偏室顶部为弧形。其中M3北部还有一个未完全成形的偏室。填土为黄褐土，土质较疏松，内含少量碎石块。偏室内葬1人，葬式为仰身直肢

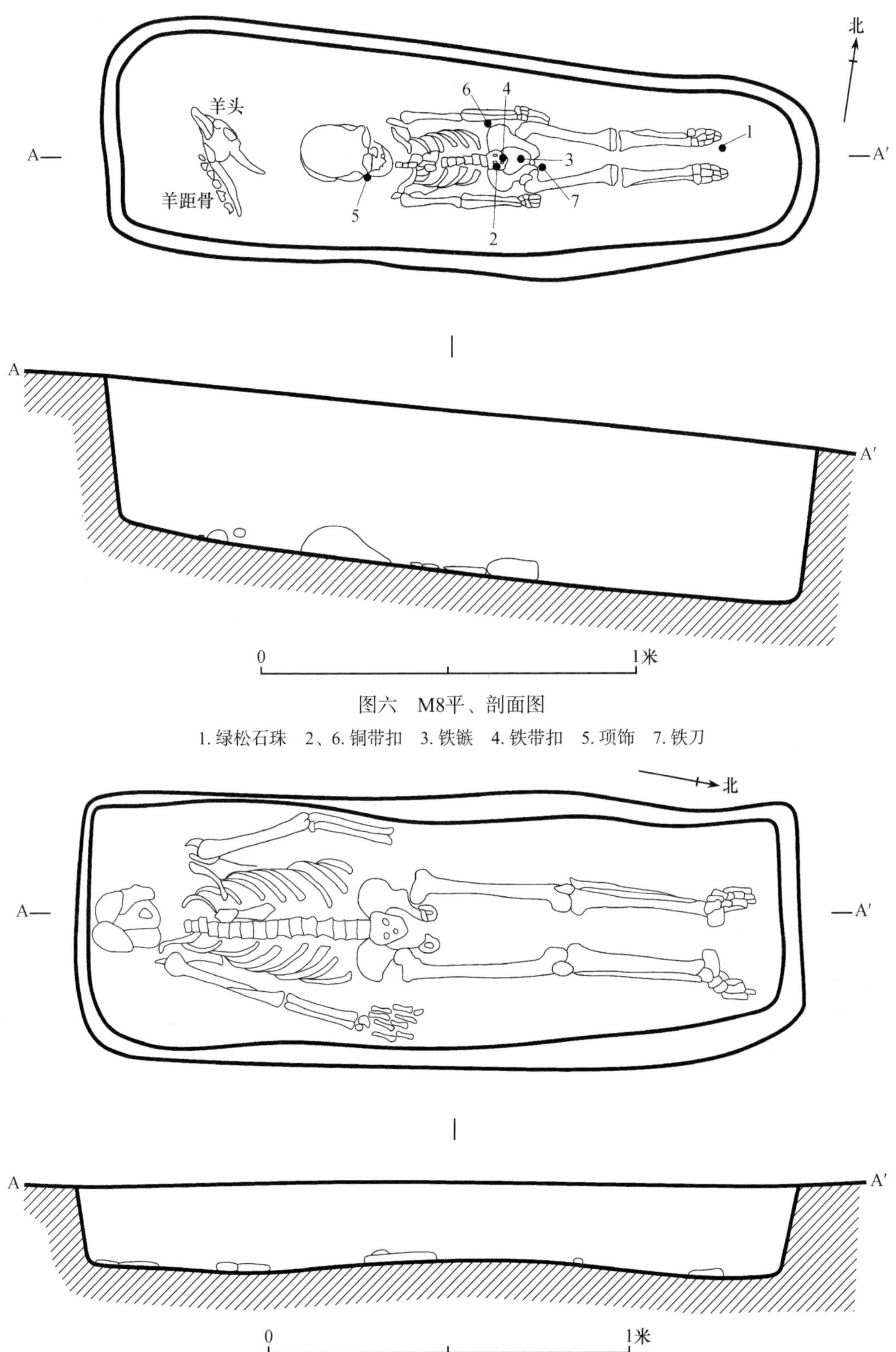

图六　M8平、剖面图

1. 绿松石珠　2、6. 铜带扣　3. 铁镞　4. 铁带扣　5. 项饰　7. 铁刀

图七　M9平、剖面图

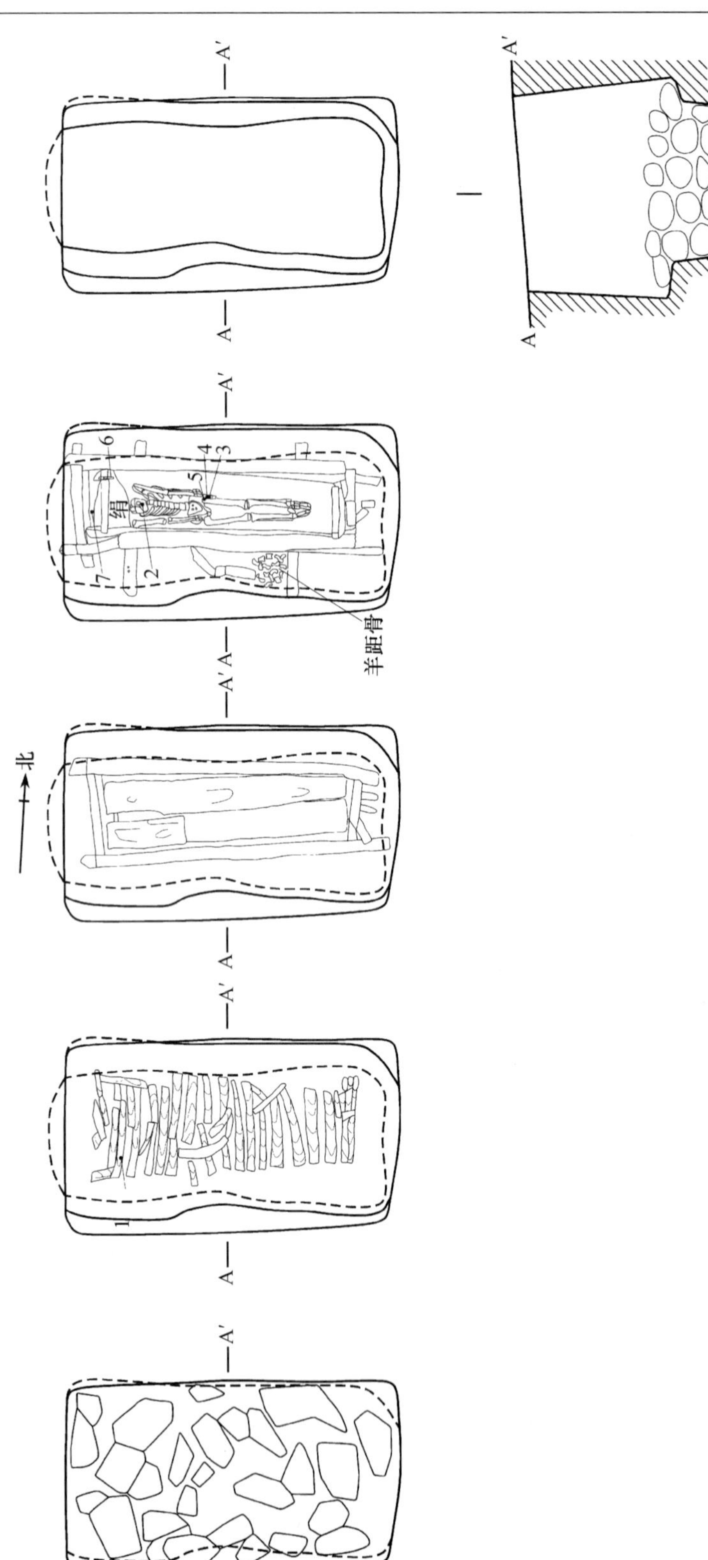

图八 M2平、剖面图

1. 弓弭 2. 耳环 3. 木器 4. 铜戒指 5. 漆木器 6. 铁镞 7. 铁钉

一次葬。随葬品主要有铜、铁、木器和钱币等。

M1　北邻M7，南邻M4，竖穴西南角被M4打破。竖穴为东西向不规则圆角长方形。长2.1、宽0.3~0.65、深0.73米。墓向265°。西壁下铺一层草编席，残长0.3米，残宽0.11米，厚0.02米。席上放置羊头骨1个。旁边填土中出骨纺轮1件。偏室开在竖穴北侧。长2.18、最大进深0.83米。圆弧顶，残高约1.6米。偏室底与竖穴底高差为87厘米。偏室东北角壁面上有两排竖向加工痕，推测为耒耜之类农用工具的加工痕。上排加工痕最长0.4米，宽0.06~0.11米；下排明显可见4条加工痕，最长0.35、宽0.11米。有葬具，为槽形棺，有盖板。已糟朽。棺长约1.8、头端宽0.27、尾端宽0.23米。棺内葬1人，为成年女性。骨骼保存较完整，个别趾骨移位。葬式为仰身直肢一次葬。头西脚东，双臂竖直置于身体两侧。偏室内出土随葬品16件，其中头南侧放置陶罐1件，面部附近出绿松石珠1颗，下颌骨下出土铜牌饰1件，双臂上各有铜镯1件，上面裹有织物。左手部位出铜戒指3件，右手部位出铜戒指1件，银戒指1件，残铁刀1件，残铁器1件。骨盆及大腿内侧出残铁器3件。左脚附近出料珠1颗（图九）。

M3　西北为M5。竖穴为东西向圆角长方形。长2.84、宽0.9、深1.1米。墓向75°。填土内出1件筒瓦残片及少量红色漆皮。偏室开在竖穴南侧。长2.84、最大进深0.9米。圆弧顶，高0.9米。底部有一个生土二层台，高约0.1米。在竖穴北侧还有一个未完工的偏室。长2.84、进深0.53~0.95米，高1.1米。无葬具。南偏室内葬1人，为成年男性。骨骼保存较完整。葬式为仰身直肢一次葬。头东脚西。头东脚西，右臂弯曲置于身体腹部，左臂竖直位于身体一侧，双脚交叠。在墓主人右臂内侧有少量织物，内出五铢钱2枚（图一〇）。

（二）出土遗物

9座墓葬中只有M1~M6及M8等7座墓葬放置有随葬品。共出土遗物211件。器类比较丰富，主要有陶、铜、铁、金、银、木、石、骨、玻璃及钱币等10类，部分墓葬放置羊头。其中陶器6件、铜器15件、铁器21件、金器1件、银器1件、木器4件、石器8件、骨器1件（组）、玻璃器3件、钱币2枚、羊头3件、羊距骨2组（146件）。

1. 陶器

6件，5件为陶罐。夹砂灰陶，手制，内外壁刮抹光滑。为实用器，器表有烟炙。侈口、圆沿、束颈、鼓腹、平底。

M1：2，完整。口大于腹，底微内弧。口径13.4、高17.4、腹径12.8、底径8厘米（图一一，1；图版二，7）。

M4：1，完整。颈肩部饰一周附加堆纹，纹饰两端不闭合，平行下折至上腹部。口径11.3、高15.4、腹径12、底径7.7厘米（图一一，4；图版二，8）。

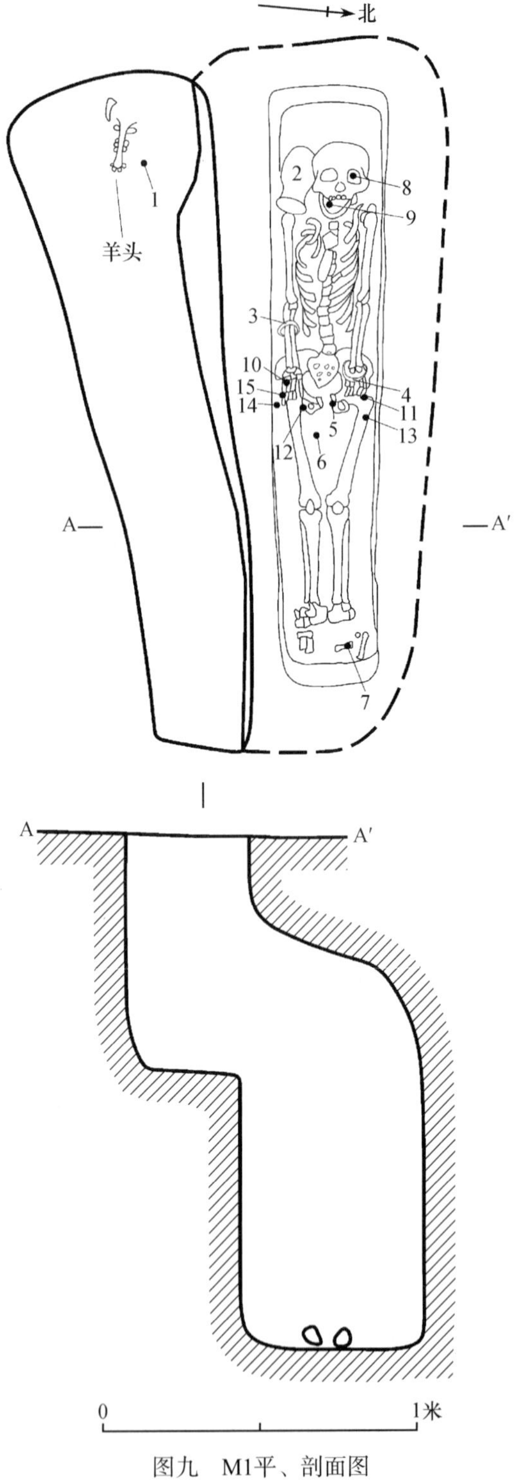

图九　M1平、剖面图

1. 骨纺轮　2. 陶罐　3、4. 铜镯　5、6、15. 铁器　7. 料珠　8. 绿松石珠　9. 铜牌饰　10、11、13. 铜戒指　12. 铁刀　14. 银戒指

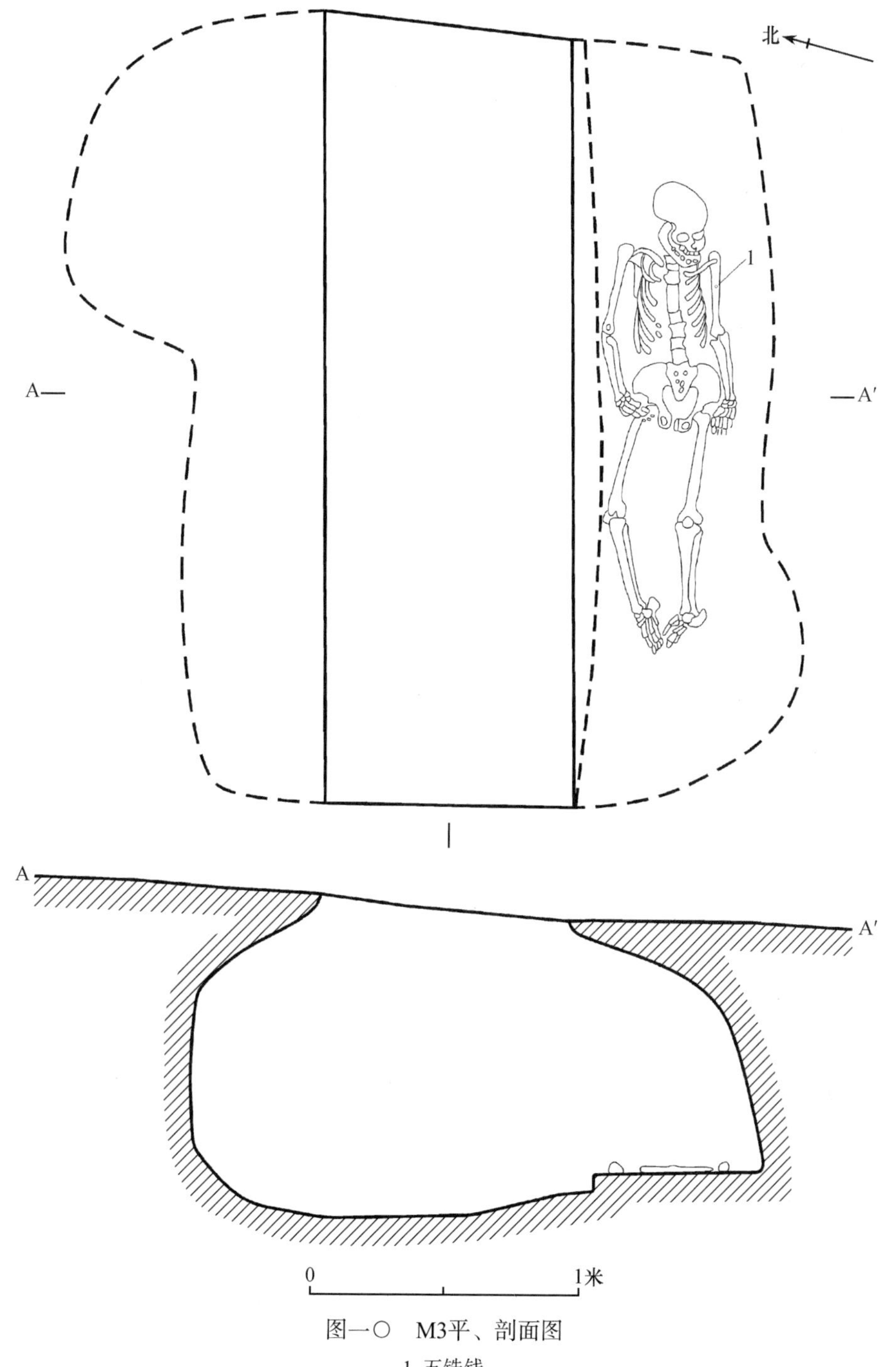

图一〇　M3平、剖面图
1. 五铢钱

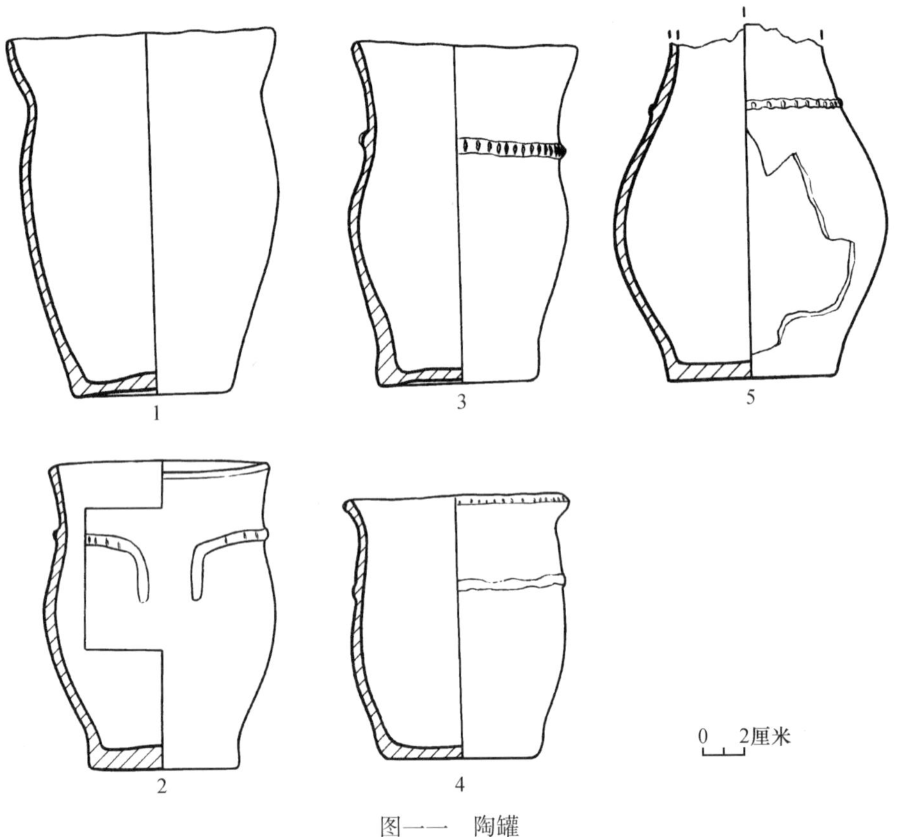

图一一　陶罐

1. M1：2　2. M5：1　3. M5：2　4. M4：1　5. M6：4

M5：1，基本完整。颈部较长。颈肩处饰一周附加堆纹，上压刻划短线纹。口径12.4、高17.7、腹径11.6、底径8.5厘米（图一一，2；图版二，9）。

M5：2，腹部以上残，无法复原。颈肩处饰一周附加堆纹，上饰刻划短线纹。残高15.6、腹径12.4、底径7.5厘米（图一一，3）。

M6：4，残，可复原。整体偏宽。上腹部处饰半周附加堆纹。口径11、高12.7、腹径12.7、底径7.5厘米（图一一，5）。

2. 铜器

15件。均残，锈蚀严重，个别器物呈粉末状无法提取。均出自墓主人身上，为装饰品。主要有镯、戒指、耳环、带扣、牌饰、饰件、管等。其中铜管和2颗绿松石珠组合成一件项饰。

镯　4件。用扁平铜条弯曲呈环状。外壁圆弧，表面饰一周锯齿状戳印纹，内壁平滑。

M1：3，出土时包裹织物，外壁残留少量布纹。直径6.6厘米。铜条宽0.4、厚0.4厘米（图一二，1；图版二，1）。

M1：4，出土时包裹织物，外壁残留少量布纹。直径6.5厘米。铜条宽0.45、厚0.4厘米（图一二，3）。

M6：2-1，直径6～6.2、厚0.45厘米（图一二，2）。

M6：2-2，直径6.2～6.4、厚0.45厘米（图一二，4）。

戒指 5件。1件无法提取。由细铜片弯曲而成。

M1：10，直径1.8、宽0.15、厚0.1厘米（图一二，9）。

M1：11-1，双螺旋状圆环。残径2.15、宽0.15、厚0.1厘米（图一二，6）。

M1：11-2，仅存一半。双螺旋状圆环。直径2.15、宽0.15、厚0.1厘米（图一二，8）。

M1：13，三螺旋状圆环。直径2～2.1、高0.9厘米（图一二，5）。

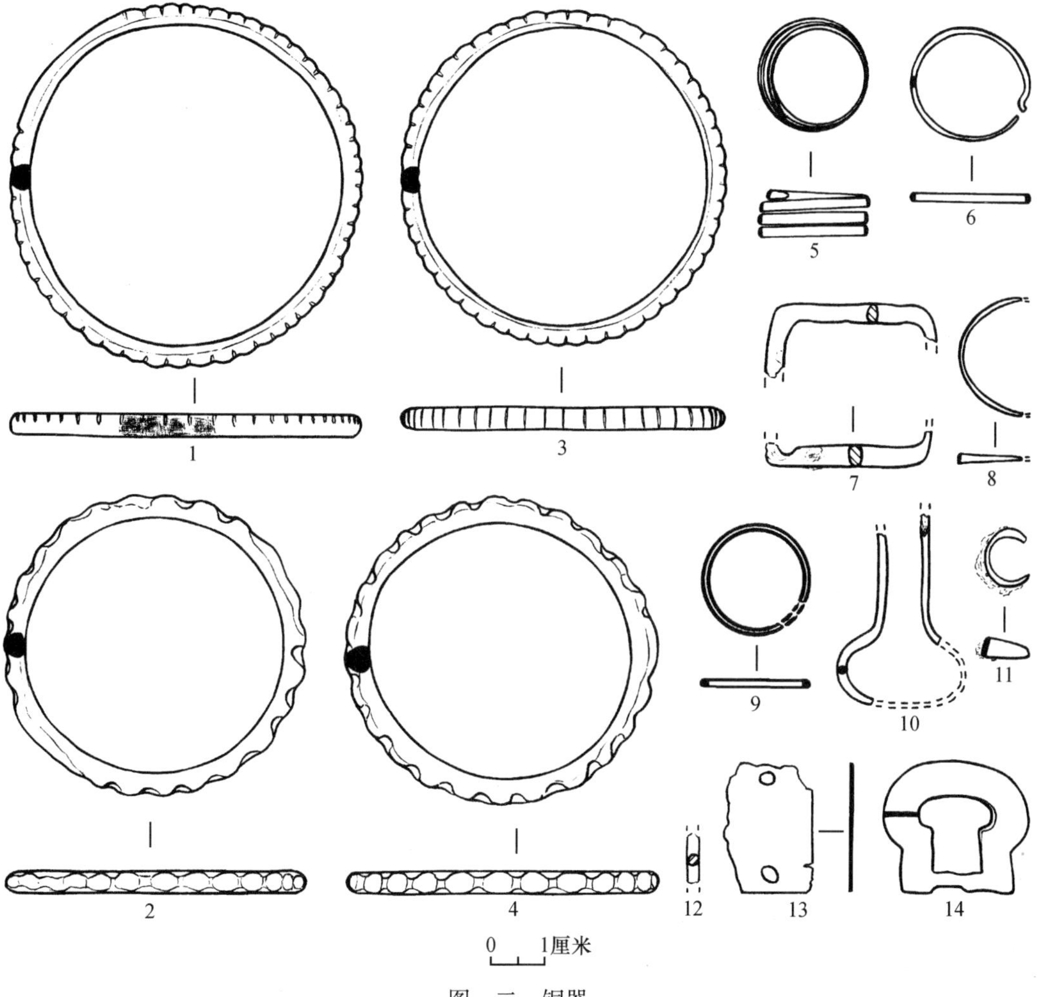

图一二 铜器

1～4. 镯（M1：3、M6：2-1、M1：4、M6：2-2） 5、6、8、9. 戒指（M1：13、M1：11-1、M1：11-2、M1：10） 7、14. 带扣（M8：2、M8：6） 10. 饰件（M6：5） 11. 耳环（M2：2） 12. 管（M8：5-3） 13. 牌饰（M1：9）

耳环　1件。M2：2，残。用铜片弯曲呈圆环状，不闭合。直径1.1、宽0.4、厚0.1厘米（图一二，11）。

带扣　2件。

M8：2，平面呈长方形。长4.5、宽3.5厘米。边框直径0.25厘米（图一二，7）。

M8：6，方柄圆弧头形。扣板用薄铜片制成。长2.9、宽2.7、厚0.1厘米（图一二，14；图版二，3）。

牌饰　1件。M1：9，薄铜片制成。平面大致呈方形，两边各有1孔。长2.3、宽1.6、厚0.05、孔径0.2厘米（图一二，13）。

饰件　1件。M6：5，由铜丝弯曲呈束颈瓶状。残长3.4厘米，最宽2.4厘米，铜丝直径0.1厘米（图一二，10）。

管　1件。M8：5-3，用铜片弯曲而成。长1、直径0.25厘米（图一二，12）。

3. 铁器

21件。残，锈蚀严重。主要有刀、镞、带扣、钉及残器等。

刀　6件。仅存刀身部分。器形比较小，便于携带使用。

M1：12，仅存刃部。单面直刃，剖面呈三角形。残长4.1、宽1.2、厚0.3厘米（图一三，21）。

M4：3，残成两段。

M4：3-1，方直柄，弧背、直刃。刃部残长4.4、宽1.2、厚0.3厘米（图一三，8）。

M4：3-2，柄部残长5.4、宽0.5、厚0.4厘米（图一三，7）。

M4：4，仅存刃部。直刃，刀尖上翘。残长16、宽2.2、厚0.7厘米（图一三，1）。

M6：1，刀身平面近长方形，剖面近三角形。残长12.7、宽2、厚0.5厘米（图一三，4；图版二，4）。

M6：7，仅存刃部，单面直刃，剖面呈三角形。残长13、宽2.5、厚0.6厘米（图一三，5）。

M8：7，仅存刃部，单面直刃，剖面呈三角形。残长5.6、宽1.3、厚0.2厘米（图一三，3）。

镞　7件。镞身可分为柳叶形和三翼形两种。

M2：6，镞身为三翼形，圆形铁铤，木杆插入铤内。残长9厘米，木杆直径0.7厘米（图一三，19）。

M4：6，共3件，皆残，锈蚀严重。镞身皆扁平，铲形。细铤，木杆插入铤内。

M4：6-1，柳叶形，细铤上沾朽木。残长6.8厘米，铤直径0.6厘米（图一三，11）。

M4：6-2，柳叶形，细铤。铤上沾朽木。残长5.3厘米，铤直径0.6厘米（图一三，20）。

M4：6-3，三翼形。残长4.5厘米，铤直径0.5厘米（图一三，13）。

M6：6，仅存少量铁铤。残长3.9、直径0.5厘米（图一三，18）。

M6：8，仅存少量铁铤。残长5.2、直径0.9厘米。

M8：3，镞身三翼形，圆形铁铤。木杆插入铤中。残长5厘米，木杆直径0.5厘米

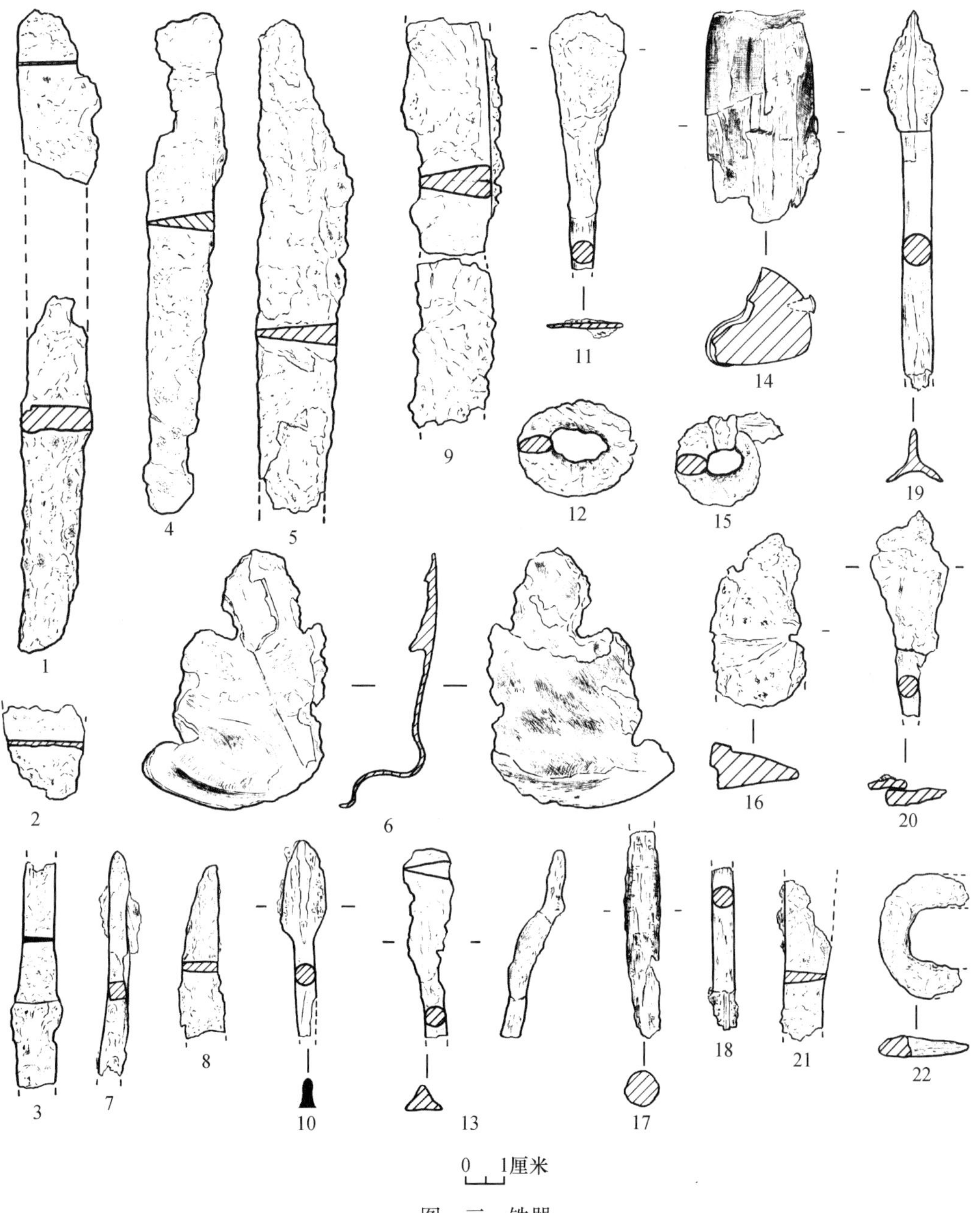

图一三 铁器

1、3～5、7、8、21. 刀（M4：4、M8：7、M6：1、M6：7、M4：3-2、M4：3-1、M1：12） 2、6、9、16. 残器（M1：15、M1：6-1、M1：6-2、M1：5） 10、11、13、17～20. 镞（M8：3、M4：6-1、M4：6-3、M6：8、M6：6、M2：6、M4：6-2） 12、15、22. 带扣（M8：4-1、M8：4-2、M4：5） 14. 钉（M2：7）

（图一三，10；图版一八）。

带扣　3件。

M4：5，仅存部分扣环。圆环形。外径3.2、内径1.6厘米（图一三，22）。

M8：4，2件在一起。椭圆形。

M8：4-1，直径2.4～2.9、厚0.5厘米（图一三，12；图版二，5左）。

M8：4-2，直径2.0～2.2、厚0.5厘米（图一三，15；图版二，5右）。

钉　1件。M2：7，剖面呈T形。位于木棺头挡的横木上。在木棺上蒙一层织物后，以金箔片做垫片，以铁钉钉入。未清理，尺寸不明（图一三，14）。

残器　4件。形制不明。

M1：5，平面不规则形，剖面呈三角形。残长4.5、宽2、厚1.2厘米（图一三，16）。

M1：6-1，不规则薄片。残长7.4、宽4.6、高2.8厘米（图一三，6）。

M1：6-2，长条形。残长11.2、宽2.8、厚1.0厘米（图一三，9）。

M1：15，平面不规则形。残长2.4、宽2.1、厚0.25厘米（图一三，2）。

4. 金器

金箔片　1件。残。作为铁钉的垫片使用。未清理，尺寸不明。

5. 银器

1件。M1：14，戒指，残，锈蚀严重。用一根细银条弯曲呈环状，两端不闭合。直径1.85～2厘米，银条直径0.25厘米（图一四，7）。

6. 漆、木器

4件。残，锈蚀严重。其中木器和漆器各2件。

弓弣　1件。M2：1，仅存一段。用木片加工成。器身扁平，表面切削平滑。残长21.1、宽2.7、厚0.3～1.4厘米（图一四，1）。

木器　1件。M2：3，扁平长条形。下部2厘米处有一道刻痕。残长11.7、宽2.2、厚0.8厘米（图一四，5）。

漆器　2件。无法复原。木胎，表面刷一层朱红色漆皮，现多与木质器身剥离。

M2：5-1，扁平长条形，剖面长方形。残长7.2、宽1.9、厚0.6厘米（图一四，6）。

M2：5-2，剖面三角形。残长4.5、宽1.5、厚0.5厘米（图一四，12）。

7. 石器

8件。均为珠饰，可分为绿松石和玛瑙两种。中部穿孔。其中绿松石珠和玛瑙珠各

4件。

绿松石珠　4件。

M1：8，面不规则。长1.4、厚0.7、高1.1、孔径0.2厘米（图一四，16）。

M8：1，横剖面椭圆形。长1.05、宽1、厚0.4、孔径0.2厘米（图一四，15）。

M8：5，共2件，扁鼓形，横剖面椭圆形。

M8：5-1，长1、宽0.7、厚0.4、孔径0.2厘米（图一四，13）。

M8：5-2，长1.05、宽0.85、厚0.4、孔径0.2厘米（图一四，14）。

玛瑙珠　4件。算珠状。

M5：3-1，平面切割成七面体，棱角分明。直径0.9、高0.7、孔径0.25厘米（图一四，17）。

M5：3-2，直径0.8、高0.7、孔径0.15厘米（图一四，18）。

M5：3-3，直径0.7、高0.6、孔径0.2厘米（图一四，19）。

M5：3-4，直径0.65、高0.55、孔径0.15厘米（图一四，20）。

8. 骨器

1件。

纺轮　1件。M1：1，残。圆饼状，中间有孔。直径5、高2.6、孔径1.1厘米（图一四，3）。

9. 玻璃器

3件。均为料珠。

M1：7，淡绿色。球形，中间有孔。直径0.8、高0.7、孔径0.2厘米（图一四，9）。

M6：3，残，淡绿色。长柱形，中间有孔。直径0.8、高0.95、孔径0.22厘米（图一四，10）。

M4：2，残碎，未提取。

10. 钱币

2枚。均为五铢。出自M3中。已锈蚀，圆形方穿，一面有内廓，两面有边廓。正面书汉文篆体“五铢”二字。

M3：1-1，直径2.6、穿径1、厚0.1、边廓宽0.1厘米（图一四，4；图版二，2左）。

M3：1-2，直径2.6、穿径1、厚0.1、边廓宽0.1厘米（图一四，11；图版二，2右）。

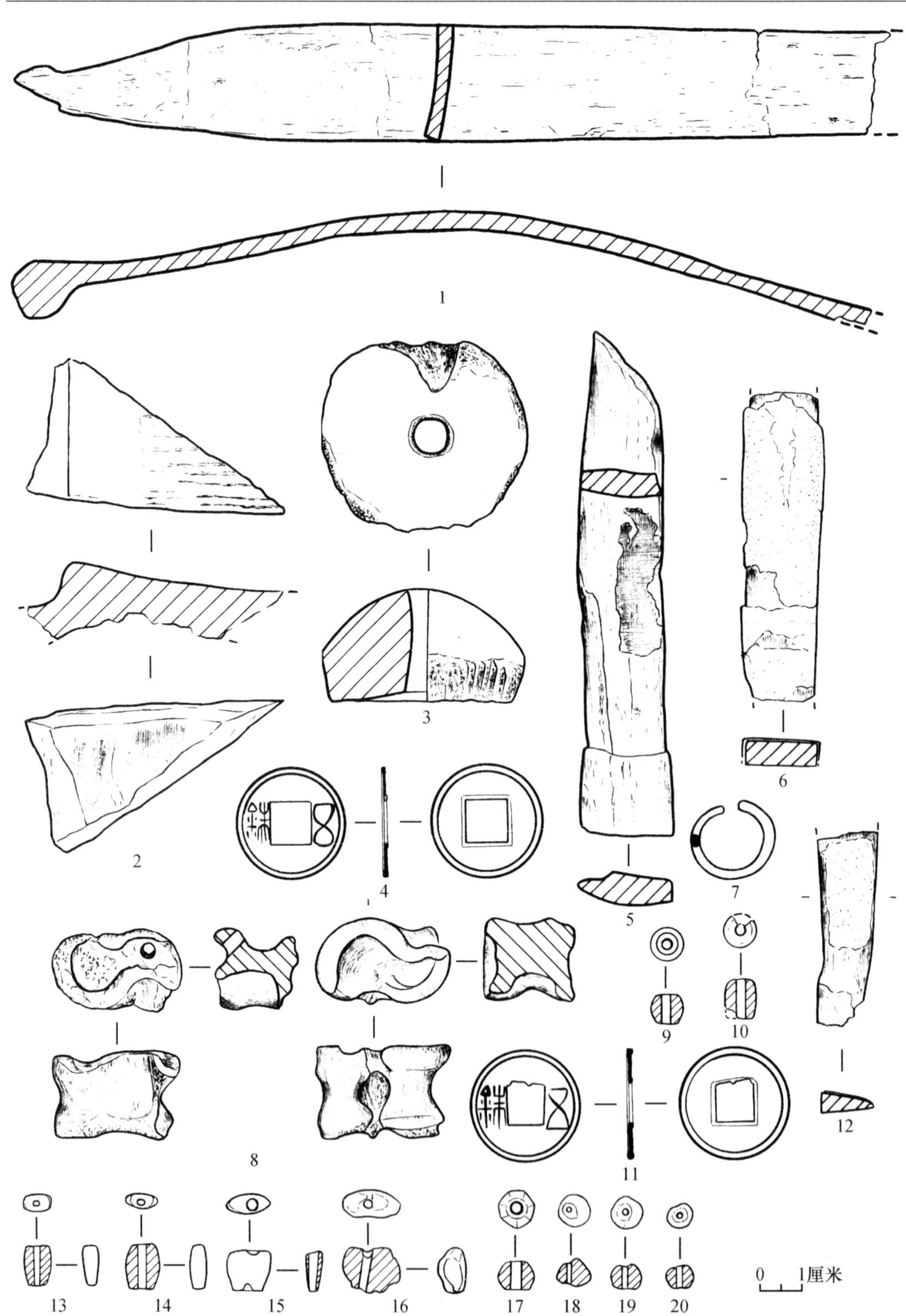

图一四　墓葬出土其他遗物

1. 弓弭（M2：1）　2. 筒瓦（M3：2）　3. 骨纺轮（M1：1）　4、11. 钱币（M3：1-1、M3：1-2）　5. 木器（M2：3）　6、12. 漆器（M2：5-1、M2：5-2）　7. 银戒指（M1：14）　8. 羊距骨（M2：8-1）　9、10. 玻璃珠（M1：7、M6：3）　13～16. 绿松石珠（M8：5-1、M8：5-2、M8：1、M1：8）　17～20. 玛瑙珠（M5：3-1～M5：3-4）

11. 建筑材料

1件。M3：2，筒瓦。残，仅存前端一小片。夹砂灰陶，模制。正面前端留白，瓦身饰绳纹，背面饰布纹。残长6.2厘米（图一四，2）。

12. 动物骨骼

5件（组）。3件为羊头，2组146件为羊距骨。M2：8，共140余枚。部分酥朽。其中4枚有穿孔。标本M2：8-1，长约3.15、宽约1.9、高约2.1、孔径0.2厘米（图一四，8）。

三、殉 马 坑

编号为X1。位于M5与M6之间，西北部被M6打破。平面呈不规则椭圆形，剖面呈口大底小的锅底状。坑长径1.69米，短径1.35米，深0.73米。方向270°。坑口有大量填

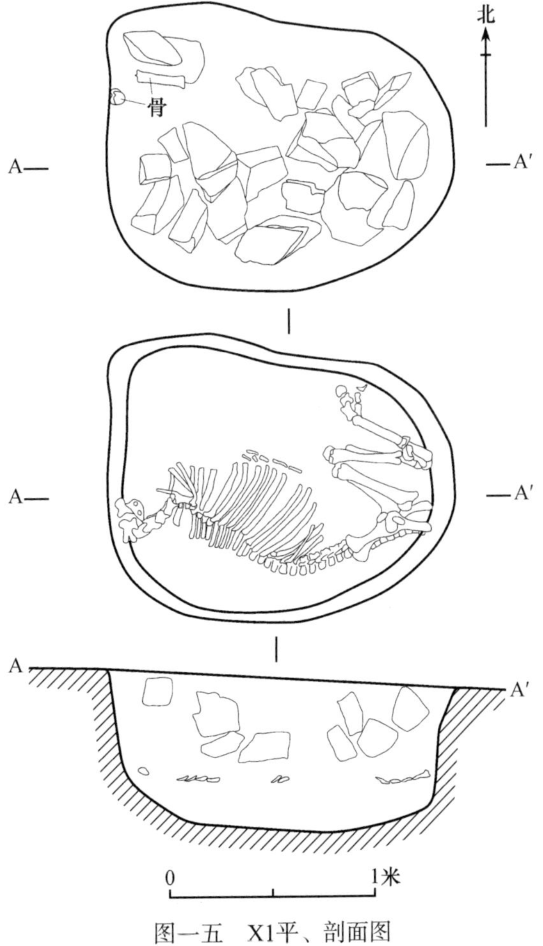

图一五　X1平、剖面图

石，石头中间有马腿骨2个。坑内葬马1匹，骨骼保存较完整。呈头西脚东侧卧状，身体弯曲紧贴南侧坑壁。头骨及前肢骨缺失，后肢蜷曲于身下。无遗物出土（图一五）。

四、窑　址

（一）窑址形制

编号Y1，位于发掘区西北角，耕土层下即可见坍塌的窑室，依山坡在生土中掏挖而成。平面呈马镫形，通长7.4米。操作间方向79°。由操作间、窑门、窑室（含火膛、窑床）和烟道等四部分组成。顶部均已坍塌（图一六；图版一，3）。

操作间位于东部，平面呈圆角梯形。长2.75米，东部宽1.61米，西部宽2米。地面向西倾斜呈斜坡状，靠近窑门处残深0.8米。填土为灰黄色，内含大量木炭、碎砖、碎瓦、陶片等。

窑门位于操作间西壁上。两壁较直，券顶。已坍塌。宽0.54米，进深0.79米，残高约0.44米。窑门口东侧距操作间地表高0.26米，西侧距火膛底高0.73米。用长方形土坯垒砌而成。北壁残存3块立砌的长方形土坯，南壁残存7层平砌的长方形土坯。窑门口下部平铺一块土坯。土坯被火烘烤呈青色，长0.33、宽0.17、厚0.06米。

窑室通长4.08米，用长方形土坯垒砌而成，表面抹一层草拌泥。由火膛和窑床两部分组成。火膛平面呈半球形。前端靠近窑门处宽1.57米，后部与窑床相连处宽2.64米，进深1.32米。券顶。已坍塌，残高1.15米。四壁有很厚的烧结瘤。火膛上部填土中含有碎瓦、碎砖以及大量烧结瘤和坍塌物，底部有很厚的烧结面，残留有大量木炭。窑床平面呈梯形。前部宽2.64米，后部宽2.8米，进深2.76米，残高1.12米。窑床与火膛地面高差0.68米。窑床与火膛间砌一道阻火墙，墙宽0.23米。四壁有青灰色烧结面。南侧壁面上有数道刻痕，间距和深浅不一，疑为加工工具的痕迹。填土为黑褐土，内含大量碎砖以及窑瘤、碎瓦、木炭等。

烟道位于窑室后壁上。共3条。系在生土上掏挖而成，平面呈长方形，口部用土坯封堵。主烟道位于西壁正中，较宽直。宽0.36、进深0.3、残高1.47米。进烟口位于烟道底部，与窑室底齐平。两侧边各贴立一块长方形土坯。长0.25、宽0.21米。烟道口上部用立砌的长方形土坯封闭，外表与窑室壁齐平。现存土坯一块，长0.36、宽0.25、厚0.06米；南烟道距南壁0.2米，北距主烟道0.9米。烟道向主烟道倾斜，侧面呈弧形。宽0.28、进深0.2米，残高1.03米。进烟口位于烟道底部，与窑室底齐平，长0.21、0.24米。烟道口上部用平砌的土坯封闭。现存土坯14层。土坯长0.23、宽0.15、厚0.06米。北侧烟道距北壁0.2米，南距主烟道0.87米。烟道向主烟道向南倾斜，侧面呈弧形，宽0.28、进深0.2、残高1.34米。进烟口位于烟道底部，与窑室底齐平，长0.21、宽0.24米。烟道口上部用平砌的土坯封闭。现存土坯10层。土坯长0.23、宽0.15、厚0.06米。烟道内有大量的灰褐色粉状灰土（图一七）。

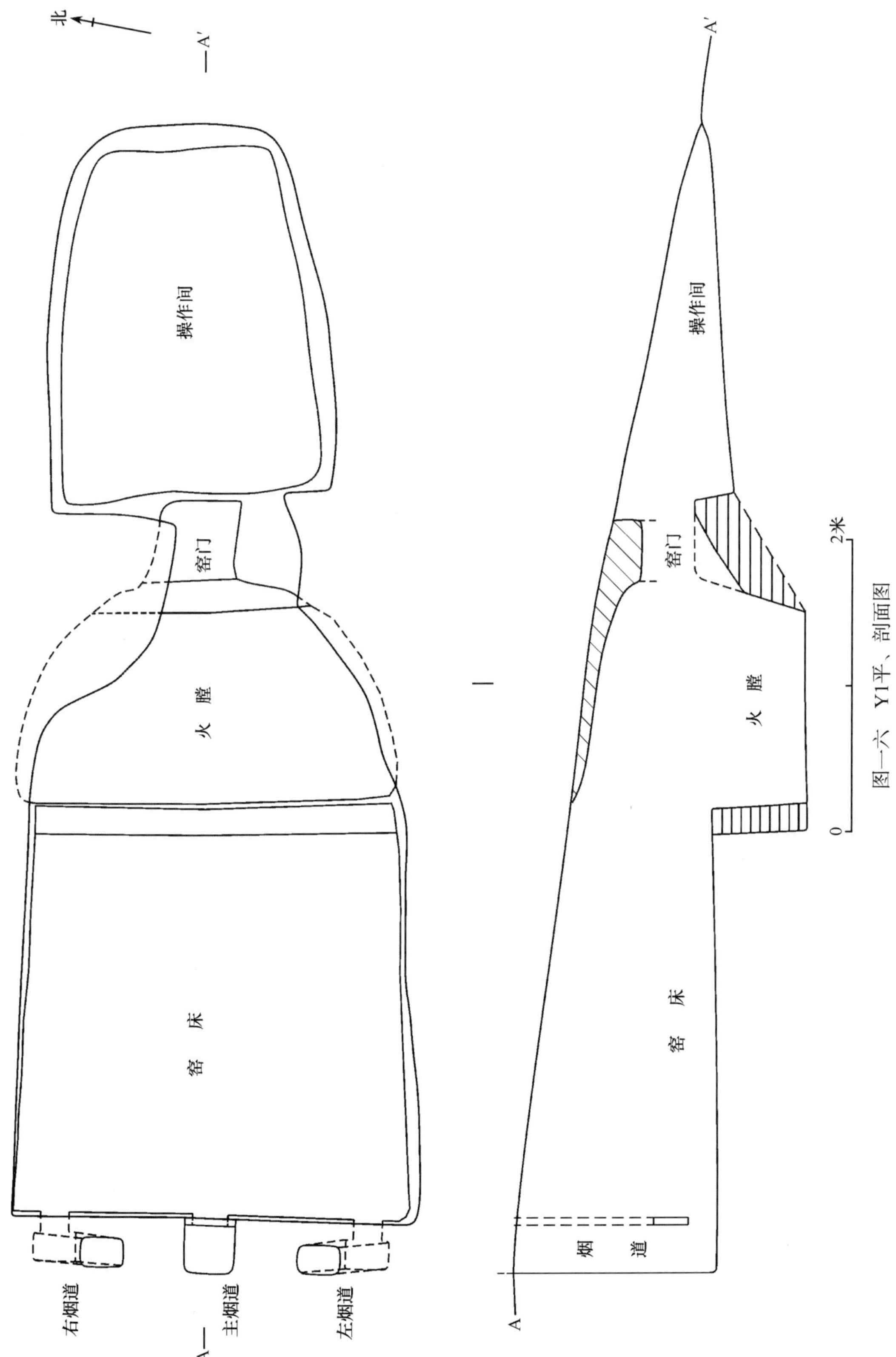

图一六　Y1平、剖面图

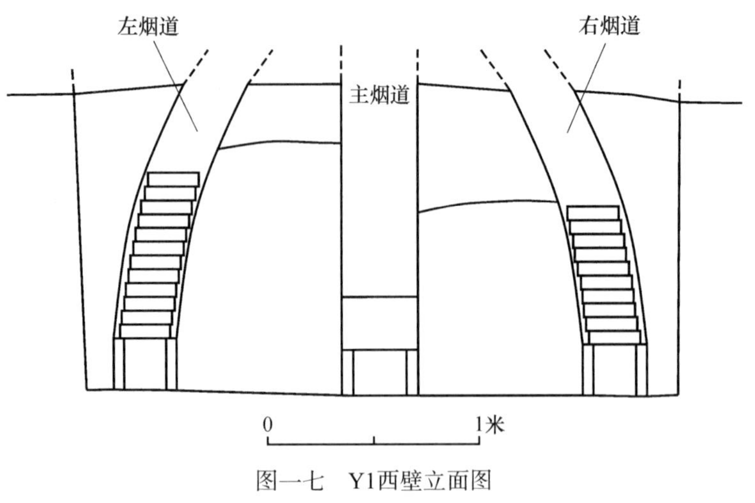

图一七　Y1西壁立面图

（二）出土遗物

窑内出土板瓦、筒瓦、瓦当、青砖等建筑材料和陶器残片等遗物。均残碎不完整。提取标本13件。其中建筑材料7件、陶器6件。

1. 建筑材料

7件。其中瓦当2件、筒瓦1件、板瓦2件、砖2件。

瓦当　2件。均为云纹瓦当。残，无法复原。当面仅存一组云纹。内外各有两周弦纹。旁边有一道竖直凸棱界格。云头间山字形纹装饰。

Y1：5，仅存四分之一。残径7.4、厚2.5厘米（图一八，10）。

Y1：6，仅存小半部分。残径6.8、厚2、残长3.5厘米（图一八，11；图版一，4）。

筒瓦　1件。Y1：2，残，无法复原。夹砂灰陶。轮制。瓦舌和瓦身分别制作后套接而成。套接处较粗糙，指压痕迹明显。外壁饰绳纹，内壁饰布纹。残长12.8、宽13.4、高7厘米，壁厚1.4厘米（图一八，9）。

板瓦　2件。残，无法复原。夹砂灰陶。平面略呈梯形。

Y1：11，外壁饰绳纹，绳纹到瓦头处留有约3厘米的留白。内壁为布纹，内壁布纹直至瓦头。残长15.6、残宽15、厚1.4厘米（图一八，5）。

Y1：12，外壁饰斜压绳纹，瓦头处无留白。内壁为席纹，部分有布纹印记（席纹压印在布纹上）。残长13.7、残宽18.6、厚1.5厘米（图一八，2）。

砖　2件。残。长方形。青灰色，夹砂灰陶，火候较高。表面布满烧结的草拌泥。

Y1：13，长23、宽15.6、厚5.6厘米（图一八，12）。

Y1：7，长36、宽25、厚7.6厘米（图一八，6）。

2. 陶器

6件。器形主要有盂、盆、豆形器、器底等。均残。

盂　1件。Y1：1，可复原。敛口，平沿，折肩，肩部有一道凸棱，斜腹，平底。口径22.6、底径18、高16.5厘米（图一八，1）。

盆　3件。仅存口部及颈部，部分可复原。夹砂灰陶。轮制。宽平沿。方唇，斜腹。

Y1：4，敞口。唇部有一凹痕。微折肩，肩部有一道折棱。口径47、残高4.4厘米（图一八，7）。

Y1：8，敞口。唇部有一凹痕。口径37.6、残高7.6厘米（图一八，8）。

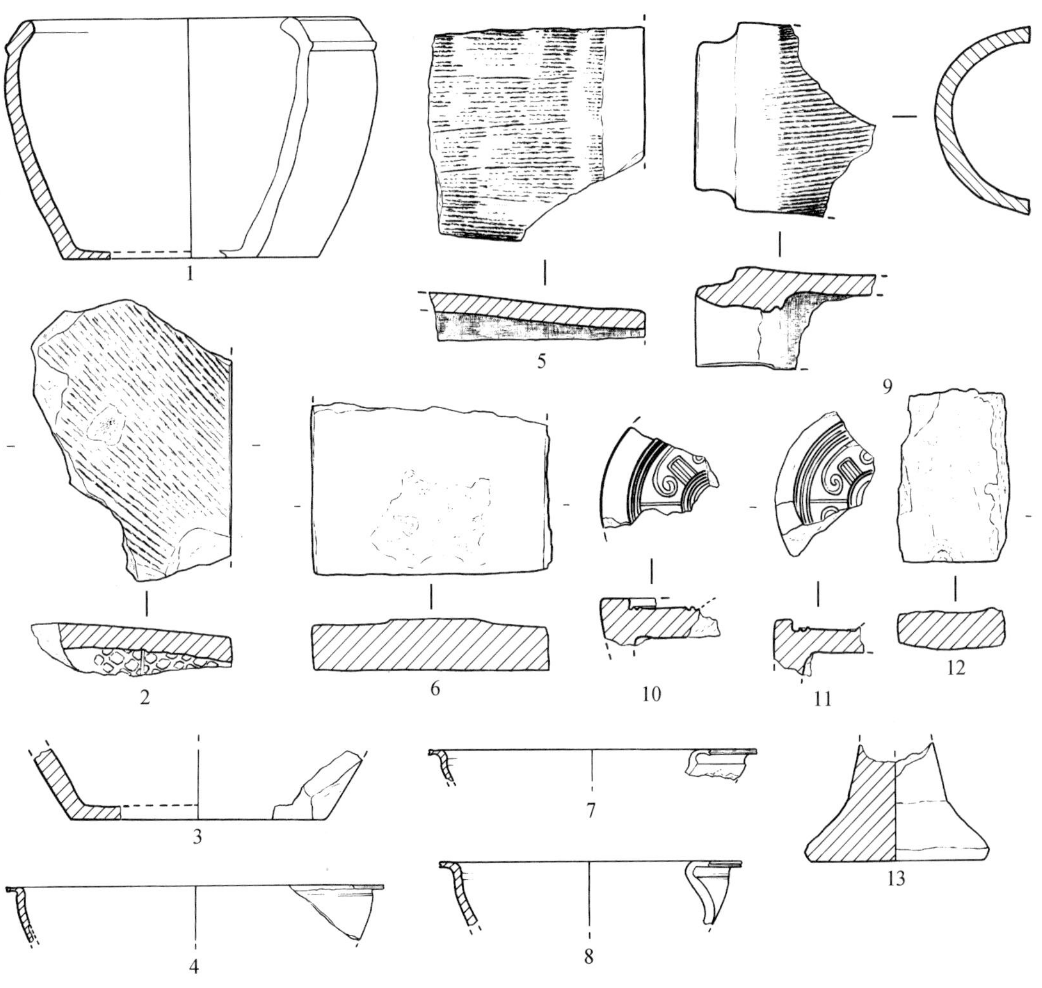

图一八　窑址出土遗物

1. 陶盂（Y1：1）　2、5. 板瓦（Y1：12、Y1：11）　3. 陶器底（Y1：10）　4、7、8. 陶盆（Y1：9、Y1：4、Y1：8）　6、12. 砖（Y1：7、Y1：13）　9. 筒瓦（Y1：2）　10、11. 瓦当（Y1：5、Y1：6）　13. 陶豆形器（Y1：3）

Y1：9，敛口。唇微凹。口径54、残高7.8厘米（图一八，4）。

豆形器　1件。Y1：3，仅存部分基座。夹砂灰陶。手制。制作粗糙。长柄、大平底。底内侧手捏痕明显，底外侧切削痕明显。底径13.2、残高8.4厘米（图一八，13）。

器底　1件。Y1：10，残，不可复原。夹砂灰陶。轮制，轮修痕迹明显。斜腹，平底，素面。底径18、残高4.8厘米（图一八，3）。

五、清代房址

（一）房址形制

编号YJ，位于发掘区东南，西北角被M9打破。依山坡掏挖而成。属于半地穴式结构，顶部已经坍塌。平面略呈曲尺形，通长8.57米。由门道、前室和后室三部分构成。门向80°。门道位于前室东墙中部，平面呈长方形，残长1.8、宽0.95米，门道底部呈西低东高斜坡状。

前室为半地穴式结构，平面呈南北向长方形，南北长4.6、东西宽3.2米。墙体残高1.5米。填土为灰黄土，比较坚硬，里面含少量石块、灰烬和动物骨骼。地面呈黑褐色，比较坚硬。靠东墙地面上有一堆乱石块，可能是倒塌的上部墙体。南墙边有圆形灰坑1座。灰坑剖面呈口小底大的袋状，填土为黄土，较疏松。口部直径0.82、底部直径0.95、深0.7米。北墙边有灶和案台各1座。灶台和案台相连。案台在东，东西长1.57、南北宽0.6、高0.55米。表面抹一层草拌泥；灶台在西，东西长1.25、南北宽0.78、高0.67米。灶坑为圆形，直径0.45、深0.33米。灶口朝南，宽0.26、高0.2米。灶口下有一个二台，长0.9、宽0.4、高0.34米。其右侧放置2块大片石，可能是用于放置炊具之类的物品。烟道开凿于北墙上，剖面呈U形，口部用瓦片封堵。直径0.14、残高0.82米。

后室为窑洞式，顶部已坍塌。平面呈东西向圆角长方形。长4.12、宽2.3、残高1.95米。填土为块状黄土，内含少量灰烬和动物骨骼。四壁比较直，自0.9米处开始内弧。顶部已经坍塌，初步推测应是纵向圆弧顶。后室门开在前室西部南端，门残宽0.5、残高0.7米。门道进深0.5米。后室前部地面呈灰褐色，较坚硬。后部有实心土炕1座。炕东西长2.2、南北与房屋等宽，高0.3米。炕面未经处理，较松软。中部有一片被火烧过的痕迹（图一九）。

（二）出土遗物

出土遗物9件。主要有铜器、铁器、石器和钱币等。

1. 铜器

1件。YJ：2，形似烟嘴。细长圆筒状。长4.3、大口径1.1、小孔径0.2厘米（图二〇，4）。

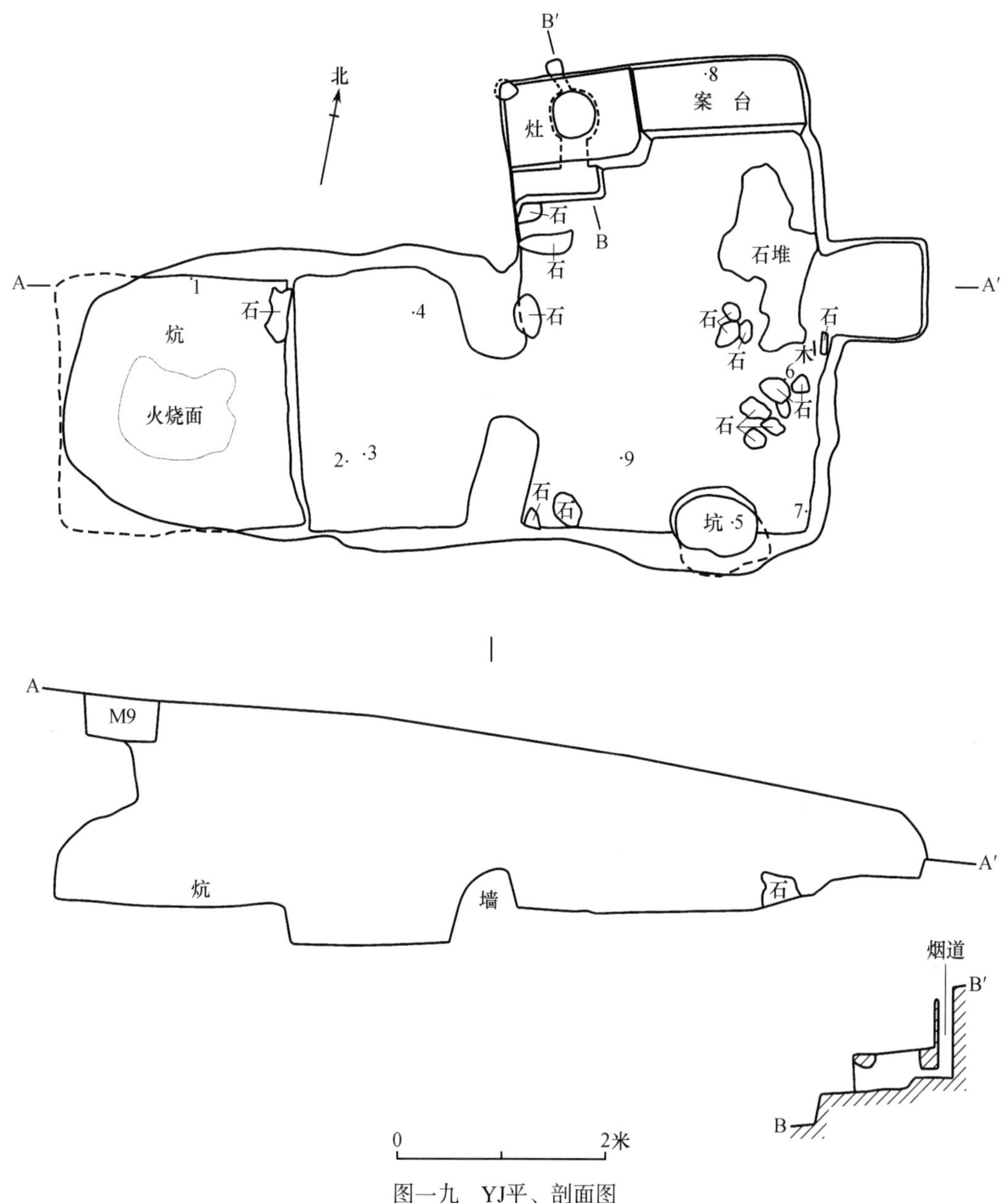

图一九 YJ平、剖面图

1、5、7. 砺石 2. 铜烟嘴 3. 铜钱 4. 铁锤 6、8. 康熙通宝 9. 铁钉

2. 铁器

2件。为锤和钉。均残。锈蚀严重。

锤 1件。YJ：4，羊角锤。方柄、柄末端有一圆环。锤头侧面不规则三角形。正面呈长方形。通长17.2厘米，锤头长5.8、宽2厘米（图二〇，1；图版二，6）。

钉 1件。YJ：9，器身扁平。残长6.4、宽1、厚0.2～0.4厘米（图二〇，5）。

3. 石器

3件。均为砺石。残，无法复原。青色砂岩。

YJ∶1，长方形，磨面微凹，磨痕明显。残长8.6、宽4、厚1.5厘米（图二〇，3）。

YJ∶5，不规则三角形。平面呈三角形。一面有磨痕。残长11.7、宽3.9、厚1厘米（图二〇，6）。

YJ∶7，磨面多已脱落。残长8.9、宽3.4、厚0.9厘米（图二〇，2）。

4. 钱币

3枚。其中康熙通宝2枚。均锈蚀严重。圆形方穿。正面有边廓。

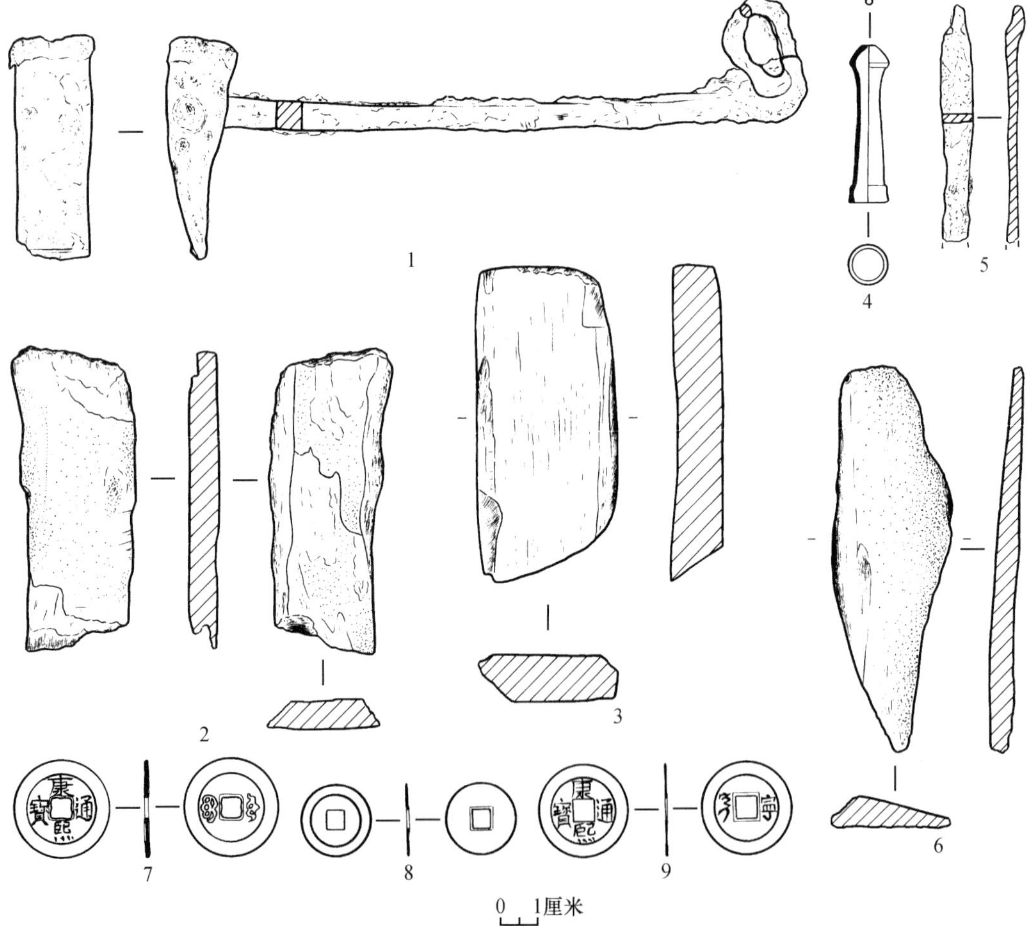

图二〇　清代房址出土遗物

1. 铁锤（YJ∶4）　2、3、6. 石器（YJ∶7、YJ∶1、YJ∶5）　4. 铜器（YJ∶2）　5. 铁钉（YJ∶9）　7～9. 钱币（YJ∶6、YJ∶3、YJ∶8）

钱币　1枚。YJ：3，铭文不清。直径1.9、穿径0.45、厚0.1、边廓宽0.2厘米（图二〇，8）。

康熙通宝　2枚。廓较宽。正面汉文“康熙通宝”四字直读。

YJ：6，背面对书2个满文。直径2.8、穿径0.6、厚0.1、边廓宽0.4厘米（图二〇，7）。

YJ：8，背面对书一个满文和一个似为汉文“寗”字。直径2.6、穿径0.6、厚0.1、边廓宽0.4厘米（图二〇，9）。

六、结　　语

通过2014～2018年连续5年在石城子遗址开展考古发掘及调查勘探工作，我们对于石城子遗址本体的性质、形制布局有了较为明确的认识，并认为石城子遗址应是两汉之际疏勒城的故址[1]。但是在历次石城子遗址考古发掘中，我们的关注点并不仅仅局限于石城子遗址本体的形制布局，还包括石城子遗址周围是否还存在一系列的附属设施方面，例如烽燧、道路、民居、手工业作坊、墓地等，试图通过我们的不断工作来还原石城子遗址生态聚落圈原貌。为此，我们在考古发掘过程中不仅在石城子遗址周边地区进行实地踏查，走访当地居民；同时还借用传统考古勘探和电法、磁法、探地雷达等现代科学技术手段对城西地区进行勘探，并最终在石城子遗址西部坡梁地带发现有墓葬和窑址存在，为复原石城子遗址生态圈提供了一批极为珍贵的资料。

此次发掘的窑址、墓葬数量虽少，但是对于了解石城子遗址及其附属设施的功用、布局具有重要学术意义。

（一）墓葬的文化特征及年代

1. 墓葬的文化特征

墓地位于地势比较高的坡梁上。墓葬分布呈现大分散、小片集中的特点。在墓室形制上，6座为长方形竖穴墓，1座为竖穴二层台墓，2座为长方形竖穴偏室墓。竖穴墓中有4座墓（M4、M5、M6、M8）大致呈南北向排列，分布集中，在墓室形制、墓向、葬具、葬俗葬式及随葬遗物方面等具有很高的一致性，例如墓室深狭，墓向为东西向，墓室内多有槽形棺一类葬具。均为单人葬，葬式为仰身直肢一次葬，头向西。随葬品种类丰富，主要有陶、铜、铁、骨、石、玻璃等，陶器等生活用品多放置在墓主人头一侧，部分墓葬在墓主人头一侧还放置羊头等动物骨骼。铜、铁骨、石、玻璃等小件装饰品多出于墓主人身体附近等，显示其可能存在一定的内在联系。另外2座墓葬（M7、M9）呈东西向排列。墓室比较宽浅，墓向为南北向。一座墓无人骨，另一座墓墓主人为单人葬，葬式为仰身直肢一次葬，头向南，无随葬品。

竖穴二层台墓（M2）墓室较竖穴墓宽、深。南北两壁中部各有宽约20厘米的生土二层台。墓室内大量填石。葬具比较复杂，为一椁一棺结构。棺为箱式，表面蒙绢，并用带金箔片垫片的铁钉固定。墓主人身上穿绢质服饰，带耳环、戒指，手握两小段漆木棍。棺底放置一堆羊距骨，除去腐烂无法提取的还保存下来140余枚，约等于随葬了70只羊的距骨。由此我们推测其地位有可能更高一些。

竖穴偏室墓（M1、M3）分布较分散。M1偏室在竖穴北，有葬具。单人葬，葬式为仰身直肢一次葬，头向西。头一侧放置陶罐、羊头等。身上有小件装饰品。M3偏室在竖穴南，竖穴北还有一个未完工偏室。无葬具。单人葬，葬式为仰身直肢一次葬，头向东。左臂附近放置五铢钱2枚，填土中出1件碎筒瓦。

通过比较分析，我们认为这批墓葬可能体现出三种不同类型的文化特征：一是以M4为首的墓葬与M7、M9两座墓在墓室形制、墓向、葬具、葬俗葬式及随葬遗物方面等存在较大差异。M1、M3两座墓虽然都是采用竖穴偏室的形制，但是在偏室方向、墓向，及墓主人头向、随葬器物等方面也存在较大差异。反观M1在葬俗葬式、出土遗物等方面与以M4为首的墓葬更具共性。这或反映出二者可能在时代或者文化内涵上具有更多的联系。二是M2与M4等墓在葬俗葬式方面比较一致，但是在葬具、随葬品等方面差异较大，与M3一样存在更多来自中原的因素。三是M7、M9两座墓葬与上述两批墓葬的文化特征完全不一致，应属于另一种文化内涵。

2. 墓葬的年代

9座墓葬中存在4组打破关系：M4→M1，M6→M8，M6→X1，清代房址→M9。参照打破关系，并结合各墓的具体特征，可以将它们分为三组。第一组3座，即M4、M5、M6；第二组4座，即M1、M2、M3、M8。X1也可归于此组。第三组2座，即M7、M9。

第二组墓葬中M3出土五铢。由于这2枚五铢具有东汉五铢的特征，初步推断第二组墓葬的年代可能在东汉；第一组墓葬打破了第二组墓葬，其年代当早于第二组墓葬的年代。结合^{14}C测年数据初步推断其年代约在汉晋时期；第三组墓葬无出土遗物，年代有待进一步探讨。

（二）窑址的文化特征及年代

1. 陶窑的文化特征

窑址平面呈马蹄形，由操作间、窑门、窑室（火膛、窑床）、烟道等四部分组成。根据其形制及出土遗物特征，初步推断该窑属于半地穴式结构。其依地势建于坡梁边缘，下半部分掏挖于生土层中，用长方形砖砌壁，表面再抹一层草拌泥。窑室上部高出当时地面。窑室顶应是长方形纵券顶结构。火膛内残留的木炭和灰烬，显示当时烧制器物的燃料应是当地大量分布的树木。三条烟道以中间烟道最大，两侧烟道呈弧形渐渐向中间烟道靠拢，最后集中为一条主烟道伸向空中。

马蹄形窑是比较流行的一种陶窑形制，在新疆地区魏晋时期和唐代陶窑中比较常见[2]，在中原地区也较常见[3]。

窑址出土的砖可以分为三种类型。Ⅰ型：小方砖，长22厘米，宽15厘米，厚5厘米，有剥落痕迹，部分表面有烧结草拌泥印，可能是粘连在砖上的座泥，因窑内加热烧结在砖块表面。此型砖与窑室内烟道上的封闭烟道口的砖相同，应是坍塌的窑砖；Ⅱ型，大方砖，青色，表面平滑，无火烧痕迹，厚约6厘米。此类砖在出土的砖类中体量最多，多是碎片，可能是烧制品；Ⅲ型，大方砖，表面过火呈黑褐色，部分表面烧结形变，并且粘附大量烧结流，厚约5厘米。此类砖与窑室内火膛的残留方砖形制相同，可能是火膛内券顶过火烧结，后废弃坍塌于火膛内，亦属于坍塌的窑砖。

从烧制的器物种类来看，根据装饰纹饰可以将板瓦和筒瓦可分三种类型。Ⅰ型：内壁为布纹，外壁为直压绳纹，内壁布纹直至瓦头，外壁绳纹到瓦头处留有约3厘米的留白；Ⅱ型：内壁为细布纹，外壁平滑无纹饰；Ⅲ型：内壁为席纹，部分有布纹印记（席纹压印在布纹上），外壁为斜压绳纹，瓦头处无留白。

2. 陶窑的年代

陶窑内出土的瓦当纹样为带“山”字间隔的云纹，东边遗址区出土瓦当形制相同。盆的造型亦与遗址区出土的同类器相同。筒瓦、板瓦、Ⅱ型砖的大小和装饰特征也与石城子遗址内出土的同类器物相同[4]。二者年代应该相同，当在西汉末年至东汉初年。

（三）清代房址的文化特征及年代

此次发现的清代房址属于半地穴式结构。虽然房顶已经坍塌，但是房屋形制布局清晰，各部分遗迹功能明确。出土遗物中有康熙通宝实物，为我们确定房子的年代提供了实证。该房址的发掘为探讨该地区清代中晚期以来民居形制的发展演变提供了难得的实例。

附记：此次发掘得到新疆维吾尔自治区昌吉回族自治州奇台县县委、县政府，江布拉克景区管理委员会和新疆维吾尔自治区文物局的大力支持和帮助，在此一并致谢。

领队：田小红

发掘：田小红　吴　勇　冯志东　陈新儒

整理：田小红　吴　勇　冯志东

摄影：吴　勇

绘图：陈新儒　杨亚宁

执笔：田小红　冯志东　吴　勇

注　释

［1］新疆文物考古研究所：《2014年度奇台县石城子遗址考古发掘报告》，《新疆文物》2015年第3、4期；新疆文物考古研究所：《新疆奇台石城子遗址2016年发掘简报》，《文物》2018年第5期；新疆文物考古研究所：《2017年度奇台县石城子遗址考古发掘报告》，《新疆文物》2018年第1、2期。

［2］新疆文物考古研究所：《1988～1997年度民丰县尼雅遗址考古调查简报》，《新疆文物》2014年第3、4期；《高昌故城第三次考古发掘报告》，《新疆文物》2011年第2期。

［3］中国社会科学院考古研究所汉城工作队：《汉长安城窑址发掘报告》，《考古学报》1994年第1期。

［4］同［1］。

阜康市白杨河上游墓群考古发掘简报

新疆文物考古研究所

新　疆　博　物　馆

2016年9月～2017年9月，为配合阜康市抽水蓄能电站项目建设，新疆文物考古研究所、新疆博物馆联合考古队对工程项目涉及的阜康市白杨河上游墓群实施了抢救性考古发掘，共清理墓葬85座、遗址2处。现将发掘情况报告如下。

一、墓地概况

白杨河上游墓群位于阜康市上户沟哈萨克民族乡白杨河村南，白杨河上游三岔子沟附近，西北距阜康市约60千米。墓群地处博格达山北麓山前地带，南邻海拔5445米的博格达山主峰，东、西面为绵延的天山支脉，三面环山，地势南高北低，地理坐标为北纬43°58′58″，东经88°27′17″，海拔1594米。此处近山，春秋多雨，冬早春迟，气候寒凉，多生长耐凉的林木植被，附近有牧民的围栏草场。此地原住几户哈萨克牧民，因建电站均已搬迁。白杨河自南向北流贯狭长的沟谷，其中游地区有白杨河村、白杨河煤矿，下游建有白杨河水库，沟中有贯通南北的柏油路。溯白杨河上游，越天山谷地可到达吐鲁番盆地。

阜康市抽水蓄能电站分为上库区和下库区，两处东西相距约2.5千米，均分布有古墓葬。其中下库区所在的白杨河上游涉及墓葬数量较多，共发掘墓葬84座，分布范围东西约1.2、南北约2.3千米。墓地分为3处，1号墓地位于南端，白杨河出山口的台地上，2、3号墓地分别位于白杨河上游的东岸和西岸（图一）。墓葬散布于山前坡地和台地上，部分位于草场内，多顺山势分布，呈大分散、小聚集的态势。墓葬以石堆墓为主，封堆直径3～10、高0.2～0.6米，石圈墓仅1座，封堆较大的墓葬均被盗扰。墓地中发现石构遗址1处、灶址1座。上库区涉及墓葬数量少，盗掘严重，仅1座墓未盗及墓室（图二～图四；图版三，1、2）。

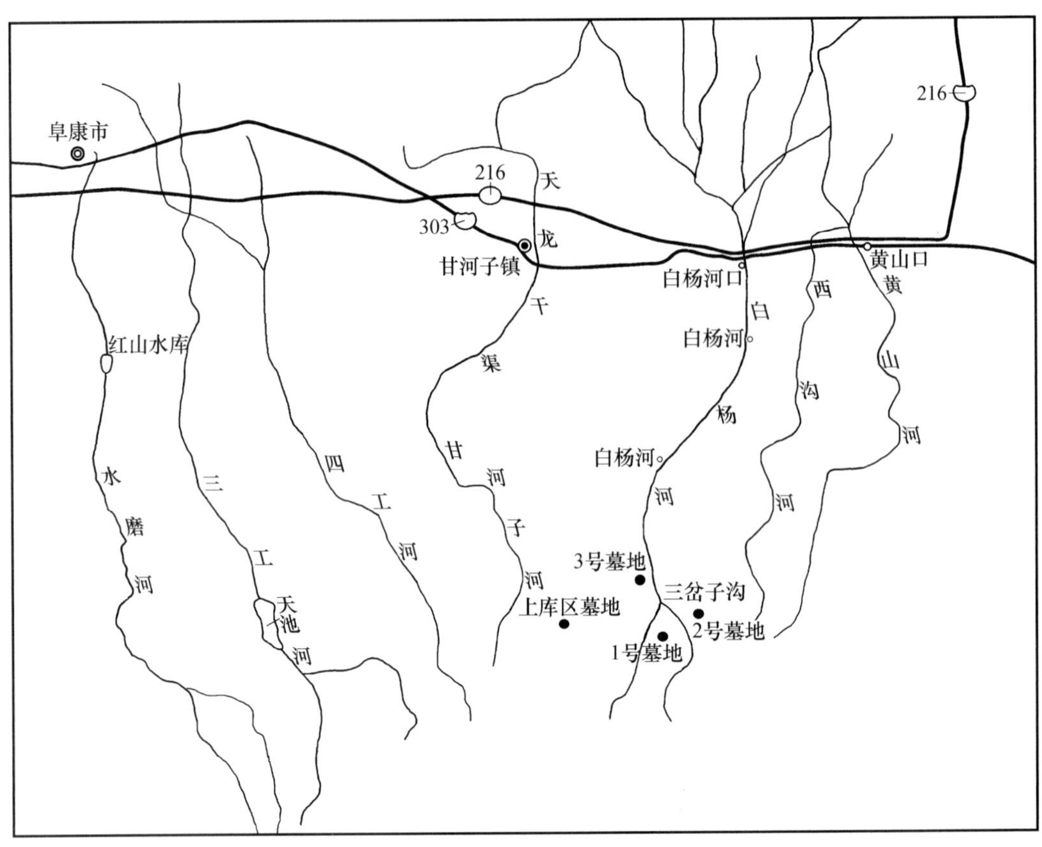

图一　白杨河上游墓群位置及墓地分布示意图

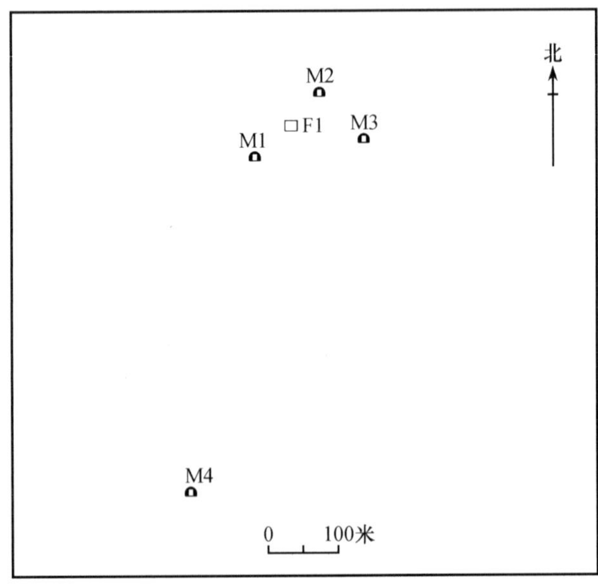

图二　1号墓地墓葬分布图

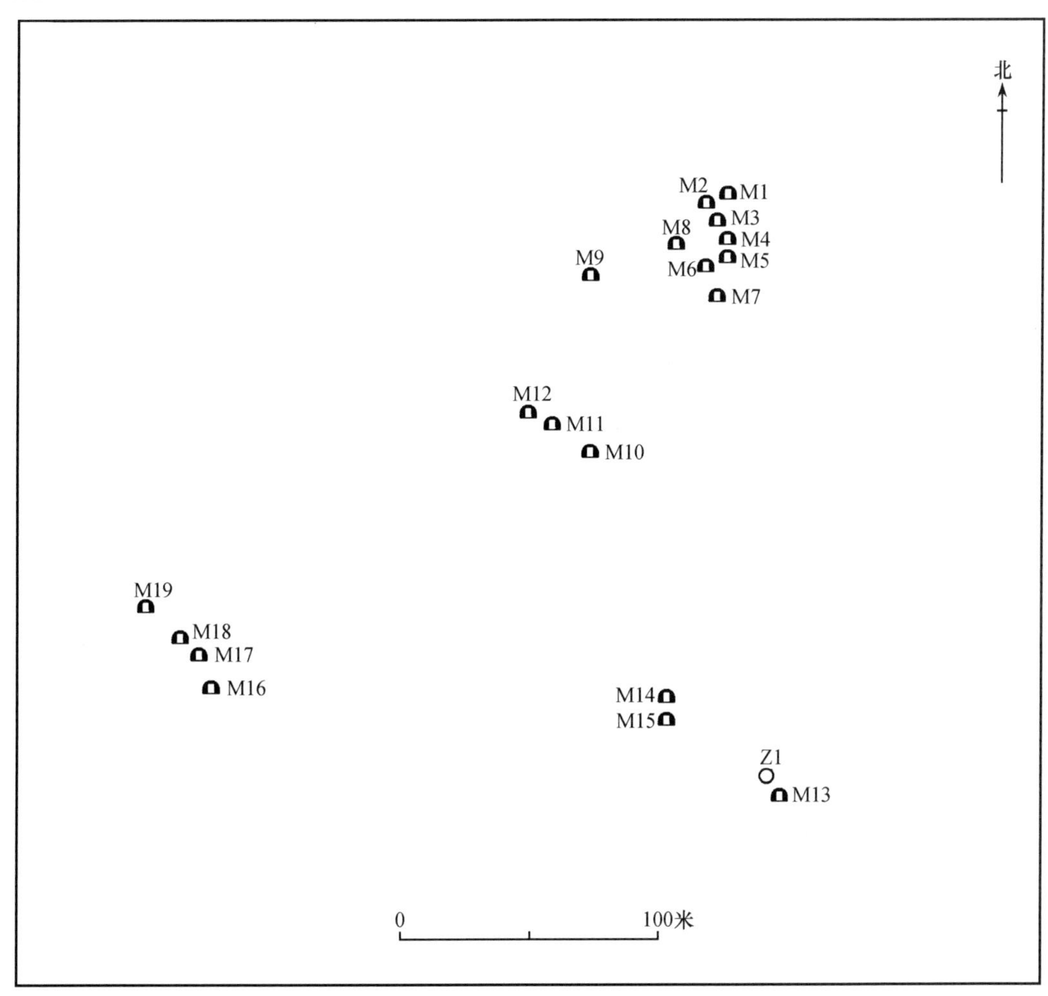

图三　2号墓地墓葬分布图

二、墓　　葬

本次发掘以墓葬为主，共清理85座。根据形制，可分为石棺墓、竖穴土坑墓、竖穴石棺墓、竖穴偏室墓、竖穴洞室墓五种类型，另有地表葬人墓 1 座，无墓室3座。分述如下。

(一)石　棺　墓

共15座。分布在2、3号墓地地势较高的山梁及草场内土丘上。地表多不见封堆，清理表土后露出石棺。石棺由扁平石板围合，个别有盖板，均无底板。石棺大致呈东西向矩形，分大、小两种，因埋藏浅，墓室多被盗扰，仅少数墓室见人骨，葬式有一次葬、二次葬。随葬品较少，见少量铜器及陶器。

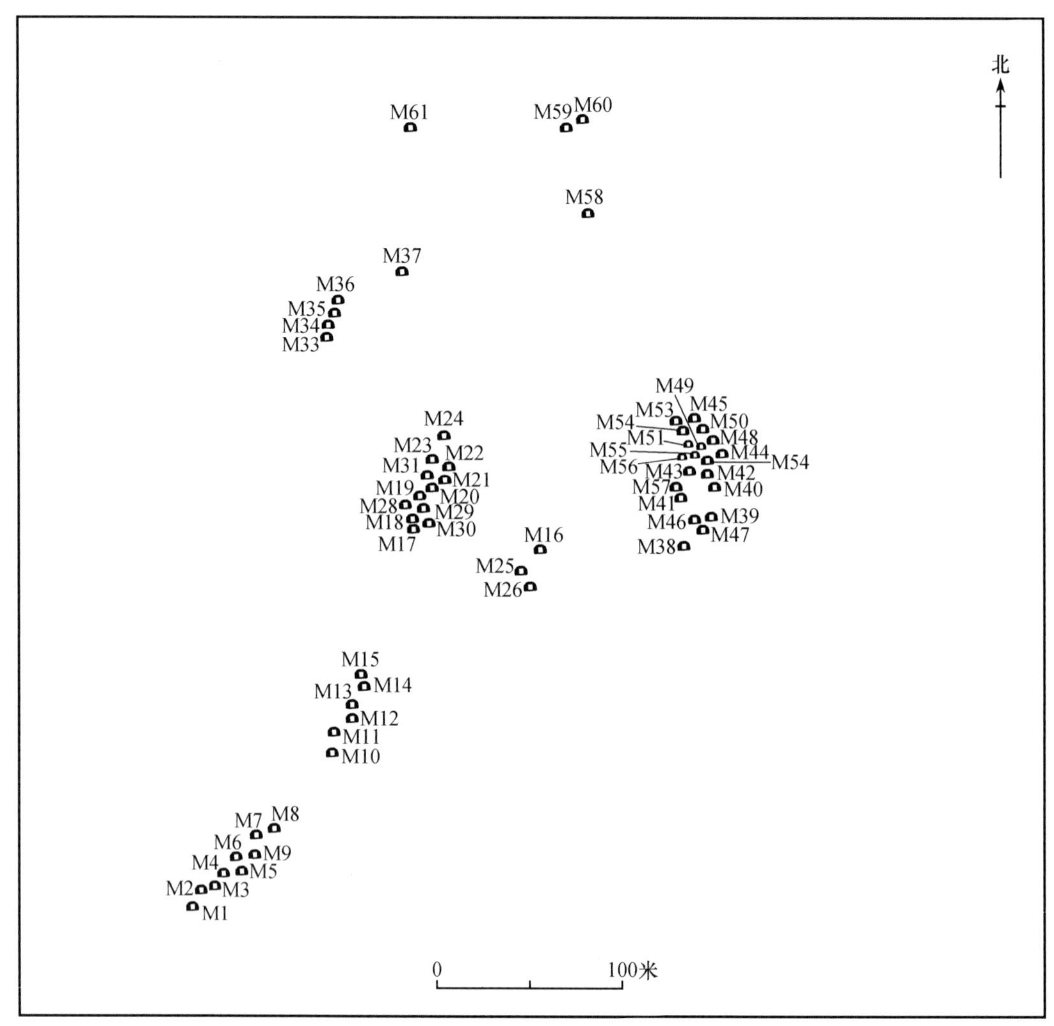

图四　3号墓地墓葬分布图

1. 墓葬举例

ⅡM13　位于2号墓地东南部山梁较高处，西北邻Z1。封堆略高于地表，有少量石块，东西长约2.6、南北宽1.6、高0.1米。墓室位于封堆下中部，竖穴土坑石棺，墓向90°。土坑长1.08、宽0.65米。石棺由4块扁平石板围合，上盖两块青色石板，无底板。石棺呈长方形，内长0.92、宽0.53、深0.4米。棺内填黄土，土质较纯。单人二次葬，墓主人头骨无存，见肢骨、肋骨、肩胛骨等，均不在生理位置，其胫骨、腓骨较粗壮，下端呈铜绿色。从骨殖判断，为一成年男性，脚踝处出土铜卷4件（图五、图六；图版三，5）。

ⅢM50　位于3号墓地草场内土丘的东南部。西北邻M45，东南邻M48。无封堆，清理表土后露出墓口。竖穴土坑石棺，墓向105°。土坑长0.56、宽0.54米，石棺由4块石板围

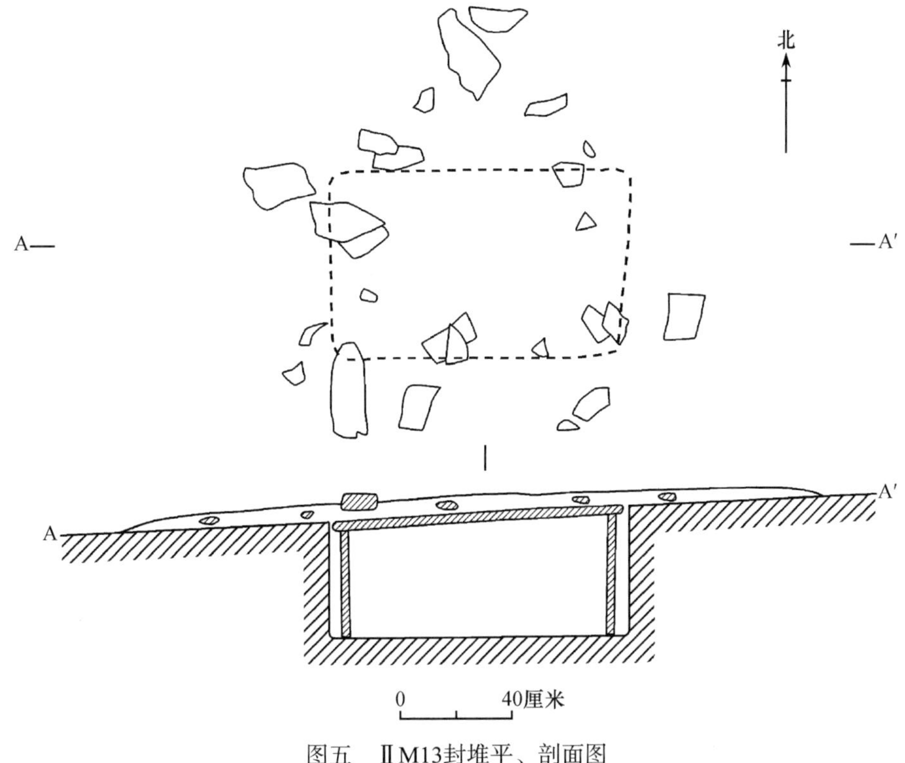

图五　ⅡM13封堆平、剖面图

合，无盖无底，平面近矩形，内长0.43、宽0.36、深0.22米。墓室内填疏松的黄土。石棺内葬一幼儿，头东足西，右侧身屈肢，仅下肢骨保存稍好。无随葬品（图七）。

2. 随葬品

15座墓葬中，仅4座有随葬品，以小件铜器为主，有少量陶器残片。

（1）陶器

2件，均为附加堆纹陶片。

ⅢM51：C1，夹砂灰陶，土黄色陶衣，饰附加堆纹。残长9.5、宽5.5、厚0.6厘米（图八，1）。

ⅢM51：C2，夹粗砂褐陶，素面，有少量附加堆纹。残长6、宽3.8、厚0.4厘米（图八，2）。

（2）铜器

5件（组），有铜锥、铜卷、铜珠、铜片等。

铜卷　共4件，2件基本完整，2件残，均锈蚀。由铜片卷成，空心，不闭合。标本ⅡM13：1，直径0.6、孔径0.4、高0.3厘米（图八，3；图版五，11）。

铜珠　1件。ⅢM51：1，稍残，锈蚀。扁圆柱状，两端略内凹，中穿小孔。长0.9、宽0.7、厚0.5、孔径0.15厘米（图八，4）。

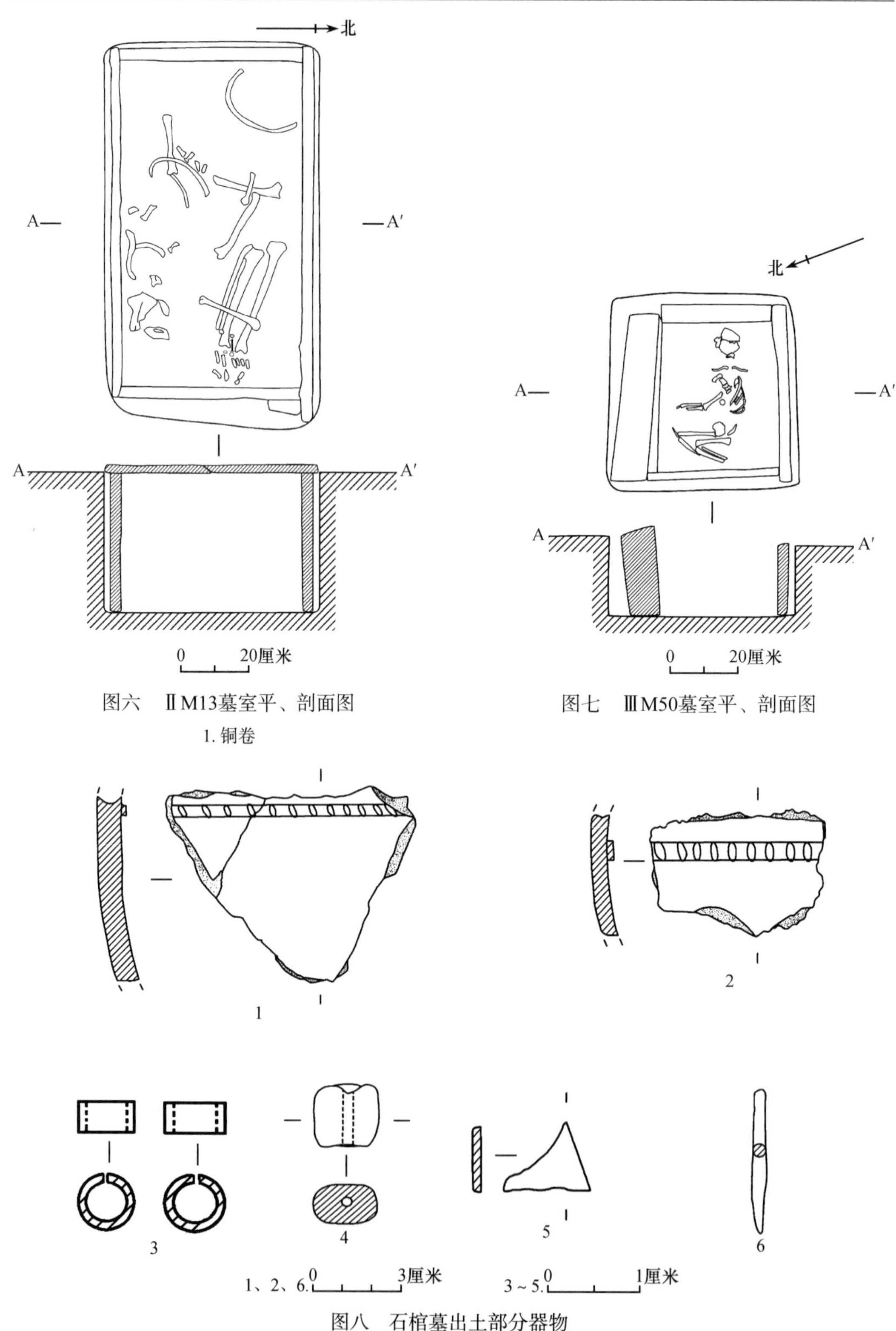

图六　ⅡM13墓室平、剖面图

1. 铜卷

图七　ⅢM50墓室平、剖面图

图八　石棺墓出土部分器物

1、2. 陶片（ⅢM51：C1、ⅢM51：C2）　3. 铜卷（ⅡM13：1）　4. 铜珠（ⅢM51：1）
5. 铜片（ⅢM52：C3）　6. 铜锥（ⅢM52：1）

铜片　1件。ⅢM52：C3，残，三角状，表面锈蚀。残边长0.8～1.1、厚0.2厘米（图八，5）。

铜锥　1件。ⅢM52：1，残为两段，锈蚀。锥状，一端略尖。长4.8、直径0.5厘米（图八，6；图版五，12）。

（二）竖穴土坑墓

共41座，分布于整个墓地。地表多有土石混合封堆，墓室呈圆角长方形或椭圆形，有东西向，也有南北向，部分墓底一侧有二层台。多为单人葬，有少量双人葬，三人葬仅见一座。葬式多为仰身直肢，有一座侧身屈肢葬。随葬品有陶器、铜器、铁器、金器、骨器、珠饰等。有3座葬马墓，仅葬一马，随葬铜带饰、马镫、箭箙等。

1. 墓葬举例

ⅡM19　位于2号墓地西南部草场内，东南邻M18。近圆形土石混合封堆，直径约4、高0.3米。墓口开于封堆下偏西部。竖穴土坑墓，墓室呈圆角长方形，长2.4、宽1.18、深1.1米，墓向270°。墓室内填砂砾土，含石子较多。单人一次葬，仰身直肢，头西足东，头略右侧。骨殖完整，为一成年女性个体。墓主人双耳带铜耳环，右肩外置铜镜1件、铁刀1件，右盆骨外侧置2件铜饰，左足东侧出土铁马镫1件（图九、图一〇）。

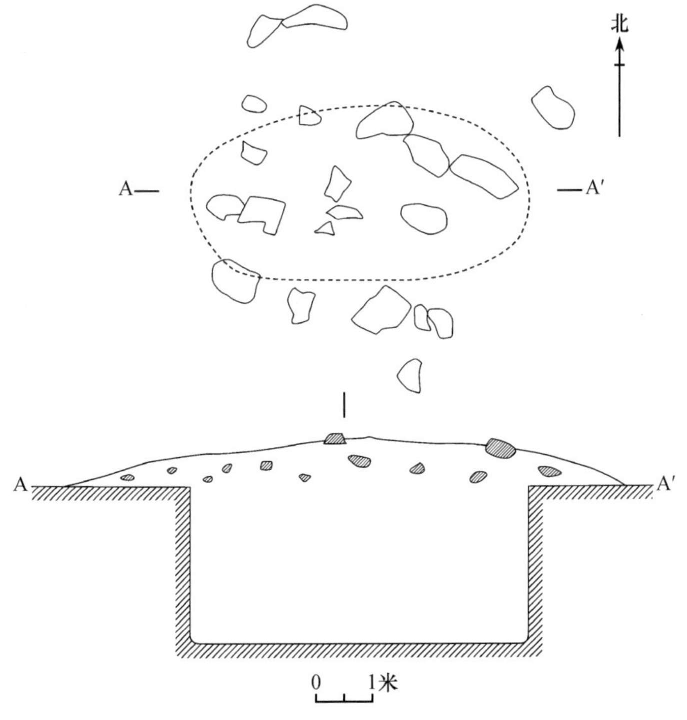

图九　ⅡM19封堆平、剖面图

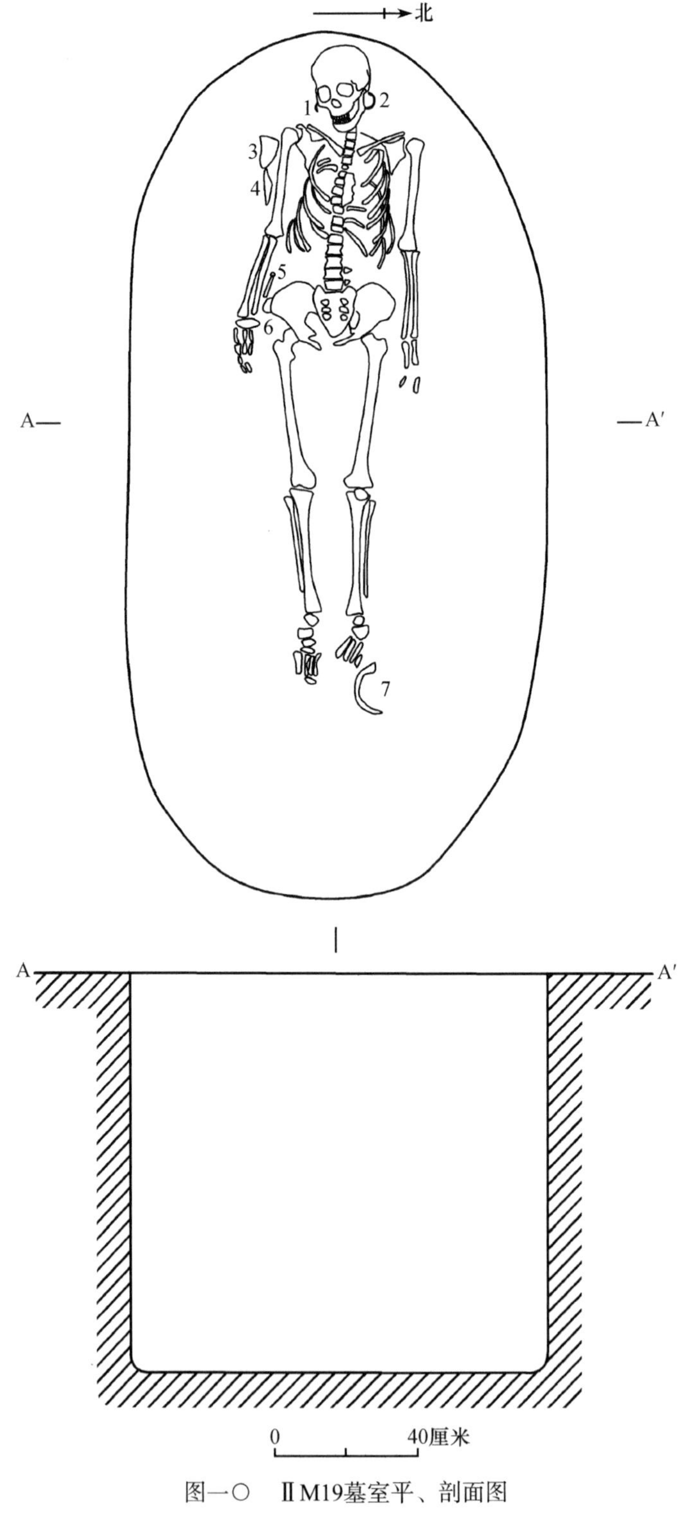

图一〇　ⅡM19墓室平、剖面图

1、2. 铜耳环　3. 铜镜　4. 铁刀　5、6. 铜饰　7. 铁马镫

ⅢM35　位于3号墓地西北部山梁上，M34和M36之间。土石混合封堆，呈不规则形，长4.45、宽4.25、高0.4米。墓口开于封堆下中部，竖穴土坑，平面呈圆角长方形，长3.1、宽1.76、深1.5米，北侧有宽0.55～0.75、高0.1米的二层台，墓向300°。墓室内填黄土，含少量石块。葬3个个体，均为一次葬，仰身直肢。1人居中，头东足西，双手置于腹部。头左侧置陶罐1件、陶钵2件。两人位于两侧，均头西足东，内侧下臂呈对称状斜置腹部。两人头中部置陶钵2件、陶杯1件，北侧个体头顶部置羊椎骨和铁刀1件。居中者为成年男性，两侧均为成年女性（图一一、图一二）。

ⅡM14　位于2号墓地东南部山前缓坡上，南与M15封堆相连。土石混合封堆，长4.8、宽3.8、高0.4米。墓口开于封堆下中部，竖穴土坑，墓室呈椭圆形，长径2.7、短径1.6、深1.5米，墓向242°。墓坑内填砂砾土，含石子和粗砂。墓主人位于墓室南侧，单人一次葬，侧身屈肢，头西足东，面侧向北。除头骨、肢骨基本完整外，其余骨殖酥

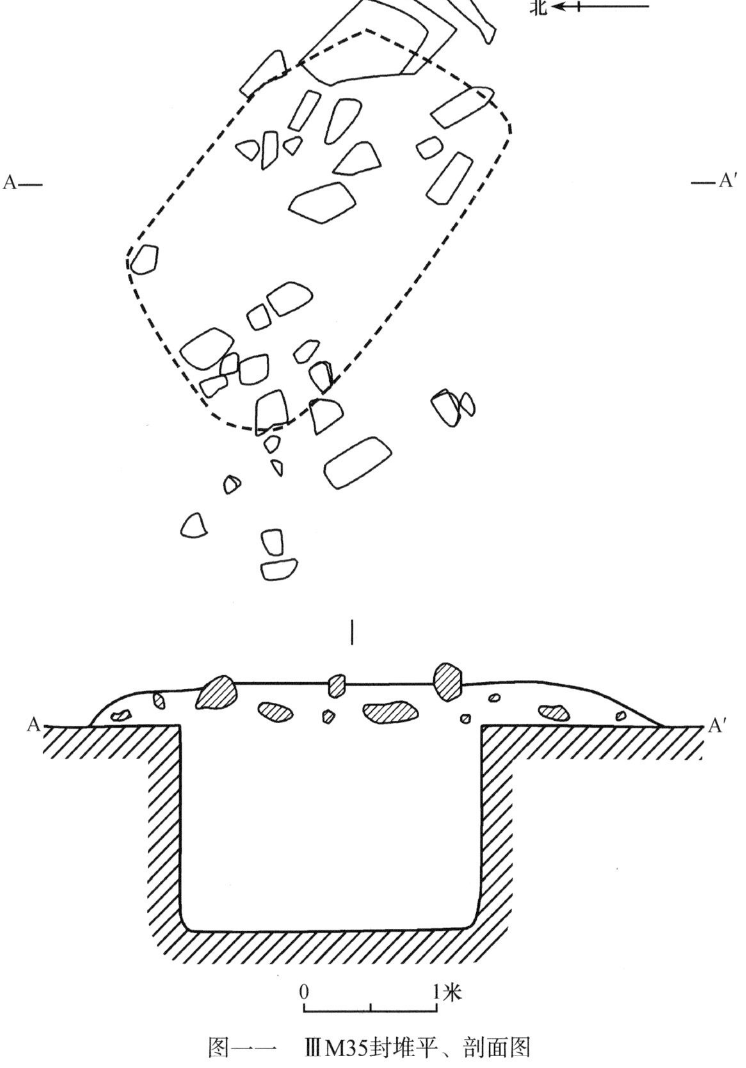

图一一　ⅢM35封堆平、剖面图

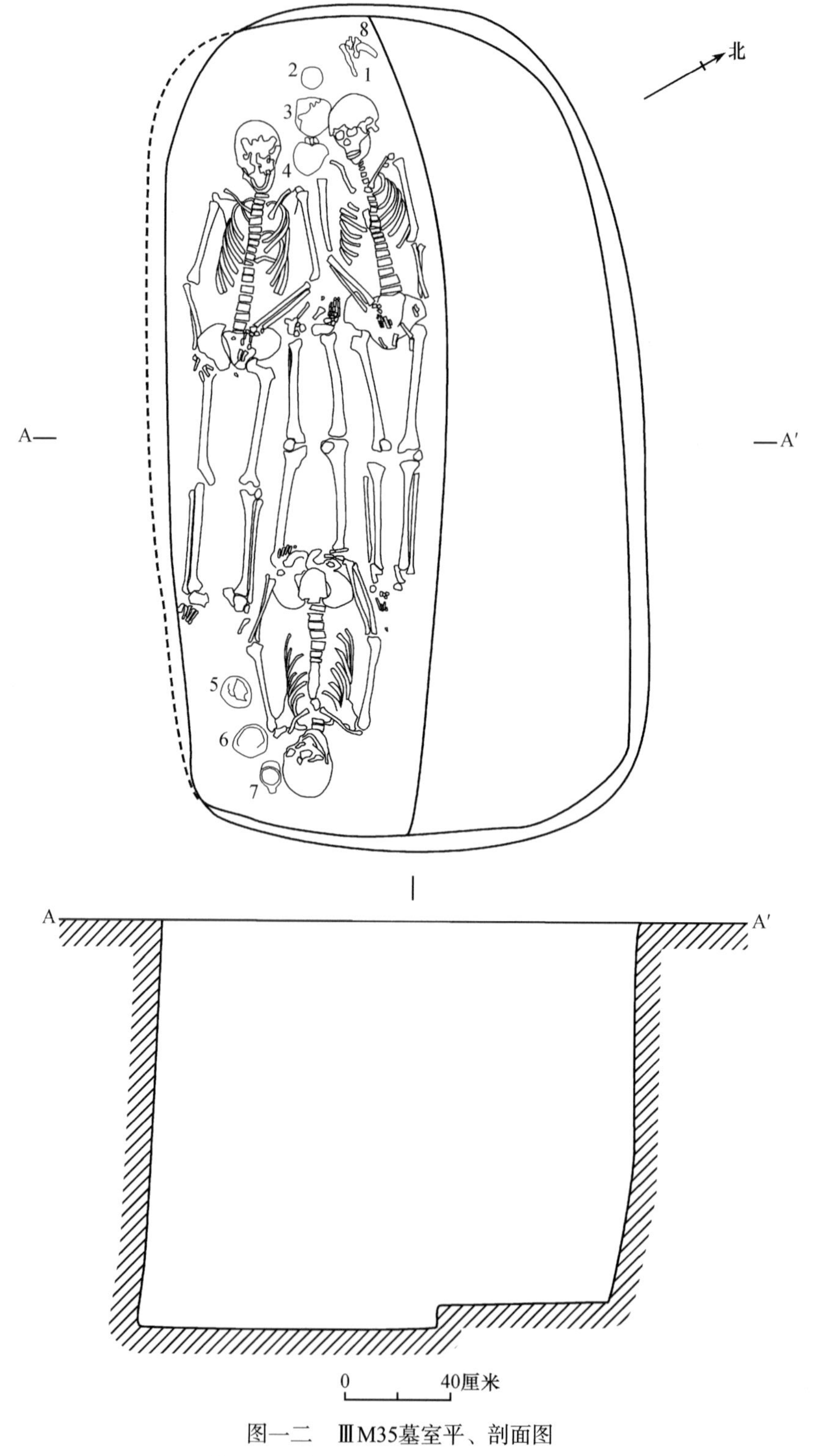

图一二　ⅢM35墓室平、剖面图

1. 铁刀　2. 陶杯　3～6. 陶钵　7. 陶罐　8. 羊椎骨

朽。墓主人为一老年男性，头部左上端置灰陶罐、小陶罐各1件，铁器1件，陶器表面均泛碱（图一三、图一四）。

ⅡM17　位于2号墓地南部草场内，西北邻M18。近圆形土石混合封堆，直径4、高0.48米，封堆上牧草茂盛。墓室位于封堆下中部，平面呈圆角长方形，长2.2、宽1.1、深0.38米，墓向178°。墓室内填黄土，含少量石子。葬1马，头南足北，马面向西，颈部枕一石块，石块下压有羊肋骨。马骨基本完整，头骨略残。马北侧置裹桦树皮的箭箙1件，箭囊北端有铜带饰1件、两端各有1件箭镞，马腹部有少量铜带扣和带饰（图一五、图一六）。

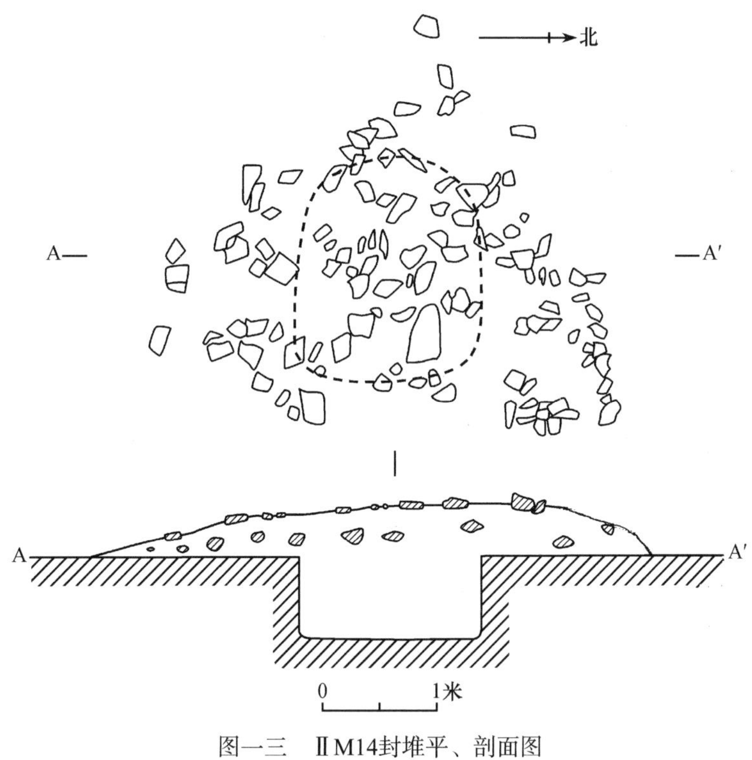

图一三　ⅡM14封堆平、剖面图

2. 随葬品

41座墓葬中，26座墓出土随葬品，随葬器物有陶器、铜器、铁器、珠饰等。陶器以素面为主，有少量彩陶，器形以罐为主，有少量壶、瓶、钵、盆；铜器以带具饰件及铜镜等佩饰为主；铁器有马镫、箭镞等。珠饰多为玛瑙珠。其中3座葬马墓多出土铜带饰、马镫等，有的随葬有箭箙。

（1）陶器

共40件，以单耳罐为主，双耳罐及无耳罐较少，个别带有圈足。陶器多为实用器，器形中罐最多，钵次之，陶钵个别带双鋬或四鋬。

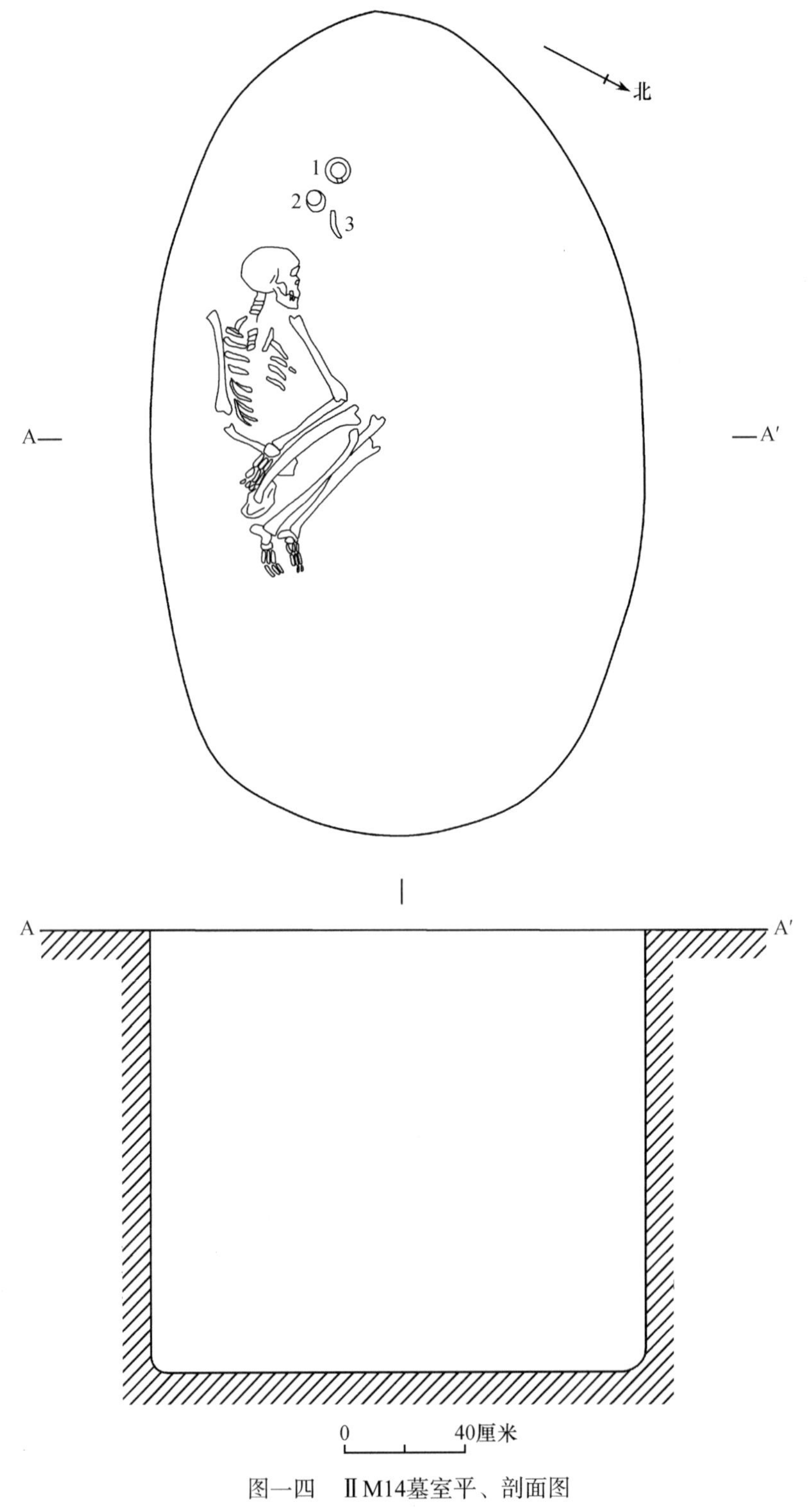

图一四　ⅡM14墓室平、剖面图
1、2. 陶罐　3. 铁器

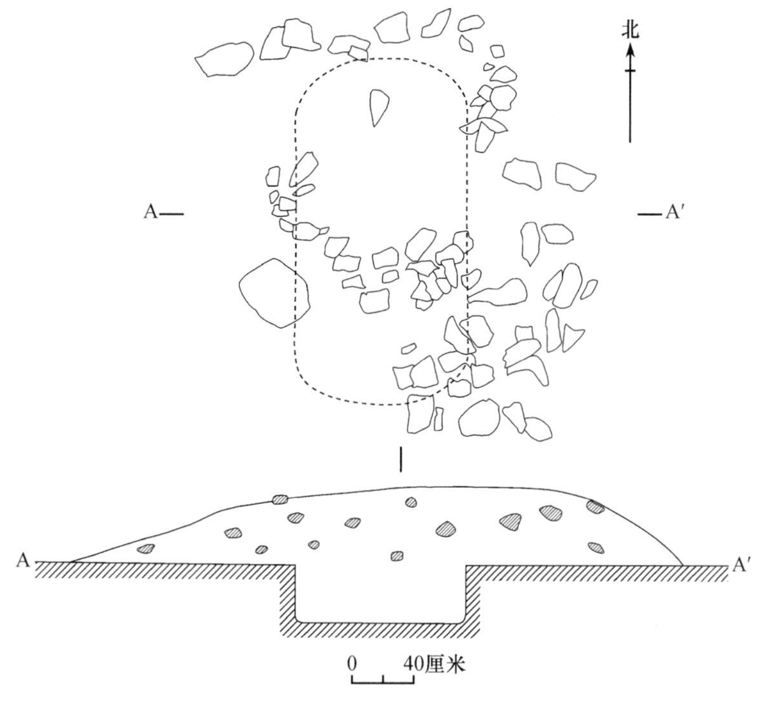

图一五 ⅡM17封堆平、剖面图

单耳罐 共19件。

标本ⅢM20：1，夹粗砂红陶，手制，素面，表面施红陶衣。敞口，圆唇，高领，鼓腹，平底，沿肩宽带耳。腹部有烟炱。口径8.3、腹径13.2、底径7.8、通高16厘米（图一七，1；图版四，14）。

标本ⅢM20：2，夹砂红陶，手制，素面，表面施红陶衣。敞口，圆唇，高领，鼓腹，平底，颈肩耳。口径6.1、腹径9.2、底径3.7、通高11.5厘米（图一七，2；图版四，16）。

标本ⅢM18：1，夹砂红陶，手制，素面。敞口，方唇，矮领，鼓腹，平底，颈腹宽带耳。腹部有烟炱。口径7.7、腹径10.3、底径5.2、通高11.6厘米（图一七，3）。

标本ⅢM19：1，夹砂红陶，手制，素面，表面施红陶衣。敞口，圆唇，矮领，鼓腹，平底。沿腹耳，腹部有烟炱。口径6.8、腹径9.1、通高9.4厘米（图一七，4；图版四，2）。

标本ⅢM31：2，夹砂灰陶，手制，素面，表面磨光。敞口，圆唇，矮领，鼓腹，圈足，足残。沿腹耳，耳顶部高于口沿，器表有烟炱。口径16.5、腹径17.3、足径5.5、通高11.7厘米（图一七，5）。

单耳彩陶罐 2件。

标本ⅡM2A：1，夹砂红陶，手制，红底黑彩。微敞口，平唇，直颈，鼓腹，小平底，颈腹耳。口沿内、外均饰一周倒三角纹，颈、腹间施一周浅黄色宽带，其上部为长

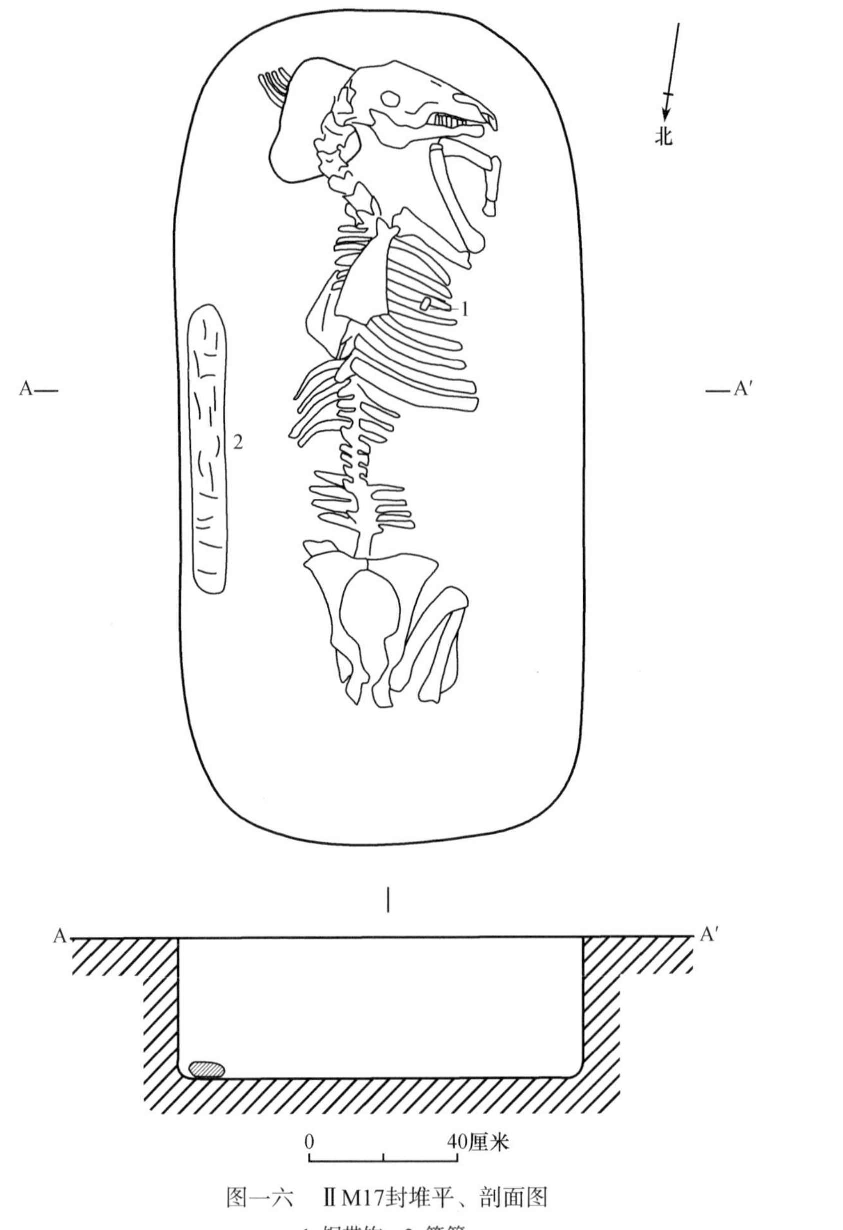

图一六　ⅡM17封堆平、剖面图

1. 铜带饰　2. 箭箙

三角间缀黄色圆点，下部为7组几何图案，每组7或8条曲线收至腹底。耳至腹底饰两道长曲线。一侧纹饰已漫漶。口径8、腹径11、底径6.6、通高12厘米（图一七，8；图版四，1）。

双耳彩陶罐　1件。ⅡM2A：3，修复。夹砂灰陶，陶质较粗，手制。微敞口，平唇，矮领，鼓腹，平底，沿腹对称带状耳。口沿外饰一周倒三角纹，腹部饰几组变形曲线纹，彩已漫漶。腹部有烟炱痕迹。口径7、腹径8.5、底径5、通高8厘米（图一七，10；图版四，7）。

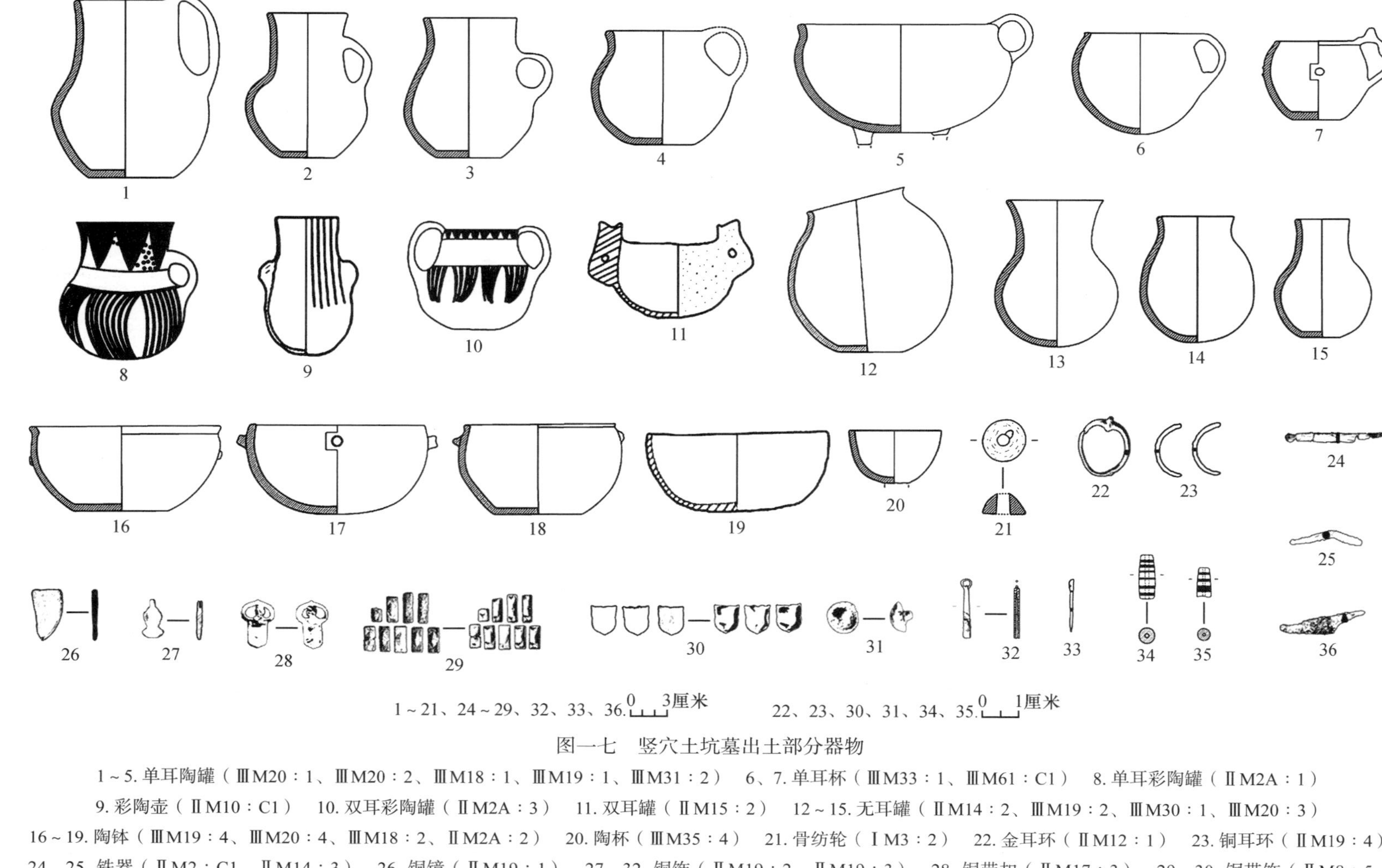

1～21、24～29、32、33、36. 0 3厘米　22、23、30、31、34、35. 0 1厘米

图一七　竖穴土坑墓出土部分器物

1～5. 单耳陶罐（ⅢM20：1、ⅢM20：2、ⅢM18：1、ⅢM19：1、ⅢM31：2）　6、7. 单耳杯（ⅢM33：1、ⅢM61：C1）　8. 单耳彩陶罐（ⅡM2A：1）　9. 彩陶壶（ⅡM10：C1）　10. 双耳彩陶罐（ⅡM2A：3）　11. 双耳罐（ⅡM15：2）　12～15. 无耳罐（ⅡM14：2、ⅢM19：2、ⅢM30：1、ⅢM20：3）　16～19. 陶钵（ⅢM19：4、ⅢM20：4、ⅢM18：2、ⅡM2A：2）　20. 陶杯（ⅢM35：4）　21. 骨纺轮（ⅠM3：2）　22. 金耳环（ⅡM12：1）　23. 铜耳环（ⅡM19：4）　24、25. 铁器（ⅡM2：C1、ⅡM14：3）　26. 铜镜（ⅡM19：1）　27、32. 铜饰（ⅡM19：2、ⅡM19：3）　28. 铜带扣（ⅡM17：3）　29、30. 铜带饰（ⅡM8：5、ⅡM17：1）　31. 铜扣（ⅡM17：2）　33. 铜针（ⅠM3：1）　34、35. 玛瑙珠（ⅢM28：1、ⅢM28：2）　36. 铁刀（ⅡM19：5）

双耳罐　1件。ⅡM15：2，修复。夹砂灰陶，手制，素面，陶质较细。敛口，圆唇，弧腹，平底。口沿至腹部对称饰鸡冠状耳，中部有孔。口径12、底径7、通高8.5、孔径0.6厘米、耳高于口2.5厘米（图一七，11；图版四，8）。

无耳罐　4件。

ⅡM14：2，修复。夹砂红陶，手制，素面。口微敞，平唇，矮领，球腹，底部不平，向一侧倾斜。腹、底部烟炱痕迹较重。口径8.5、腹径13.5、底径8、通高11.5～14.4厘米（图一七，12）。

ⅢM19：2，夹砂红陶，手制，素面。敞口，圆唇，高领，鼓腹，圜底。口径7.4、腹径9.5、通高11.7厘米（图一七，13）。

ⅢM30：1，夹粗砂红陶，手制，素面，器表施红陶衣。敞口，方唇，矮领，束颈，鼓腹，圜底，耳残，器表有烟炱。口径5.3、腹径8、通高9.8厘米（图一七，14）。

ⅢM20：3，口部略残。夹砂红陶，手制，颈、肩部交接处一圈未饰陶衣，其余施红陶衣。口微敞，方唇，直领，鼓腹，小平底。口径4.6、腹径8.1、底径3.3、通高10.1厘米（图一七，15；图版四，12）。

彩陶壶　1件。ⅡM10：C1，修复。夹砂土黄陶，手制，通体红彩。口微敞，平唇，直领，溜肩，弧腹，圜底。一侧腹部有烟炱。颈、腹间饰扁平双系耳，中有小孔，一耳完整。通体饰红色竖条纹，其中一耳近侧有两组菱格纹。口径6、腹径8、底径4、通高13厘米（图一七，9；图版四，13）。

陶钵　8件，部分有双錾耳或乳钉。

标本ⅢM19：4，夹砂灰陶，手制，素面。敞口，方唇，折沿，短束颈，腹微鼓，平底。口沿下有对称的m形錾耳，底部中心有一钻孔。口径16.7、底径8.2、通高7.6、孔径0.3厘米（图一七，16；图版四，10）。

标本ⅢM20：4，夹粗砂红陶，手制，素面。敛口，方唇，鼓腹，圜底，口沿下饰对称的4个乳钉。器表有烟炱痕迹。口径14.7、通高8.2厘米（图一七，17）。

标本ⅢM18：2，夹砂灰陶，手制，素面。敛口，圆唇，折沿，束颈，腹微鼓，平底。口沿下有对称的m形双錾耳。口径13.2、腹径14.2、底径7.5、通高8厘米（图一七，18）。

标本ⅡM2A：2，夹粗砂红陶，手制，素面。口微敛，方唇，弧腹，平底。腹上部一侧有耳，仅存下部，原状不明。与耳对应的腹部一侧有烟炱痕迹。口径18、底径12.5、高8厘米（图一七，19）。

陶杯　4件，多为单耳。

标本ⅢM33：1，夹粗砂灰陶，器表施红陶衣，敞口，平沿，方唇，矮领，束颈，鼓腹，圜底，沿腹耳。口径、腹径8.4、底径8.6、通高8厘米（图一七，6）。

标本ⅢM35：4，夹砂灰陶，手制，素面。敞口，方唇，弧腹，平底。口径7.1、通高4.5厘米（图一七，20）。

标本ⅢM61：C1，夹砂灰陶，手制，素面。敛口，方唇，矮领，鼓腹，平底。沿腹耳。耳上部有一乳钉，腹部两侧各饰一圆形乳钉，一乳钉残失。耳对应的腹部有U字形附加堆纹。口径7.7、腹径、底径4.8、通高6.5厘米（图一七，7；图版四，5）。

（2）铜器

13件（组）。有镜、耳环、针、带具饰件等。

铜镜　2件。标本ⅡM19：1，残。素面，窄缘。上端一孔已残，旁有一小孔。残长9、最宽5、厚0.2、缘宽0.3、孔径分别为0.3、0.1厘米（图一七，26）。

铜耳环　1组（2件）。标本ⅡM19：4，残，锈蚀。由铜条弯曲成半圆，一端略尖，一端平。残长7、铜条径0.3厘米（图一七，23）。

铜饰　3件。

标本ⅡM19：2，锈蚀，上、下两片拼合而成。似葫芦形，底部为弧形，腹下有两条横线，中空，附着少量麻布。通长6、最宽3.5厘米（图一七，27；图版五，14）。

标本ⅡM19：3，稍残，锈蚀。由扁平铜条对压而成，两端有孔，中部粘合。头端较窄，有两道压痕，穿系1铜环。末端残留少许织物，似为挂在腰间的饰件。通长7.5、宽0.4～0.8、铜环直径1.1厘米（图一七，32）。

铜针　1件。ⅠM3：1，锈蚀。一端略尖，一端略平，上端有直径约0.1厘米的针眼。长4.3、最大径0.2 厘米（图一七，33）。

铜带具饰件以带扣、带饰为主，大多散落。

ⅡM17：3，铜带扣，1件，扣舌长方形，扣环花瓣形，外侧均有尖状凸起，扣针锈附有铁块。通长3.7、舌宽1.5、环宽2.5、厚0.5厘米（图一七，28）。

ⅡM17：1，铜带饰，3件，近长方形，一端有花瓣形凸起，一端有对称曲线，两侧对称内收。表面平整，背面内凹，有2个柱状铆钉。长1.7、宽1.6、高约0.7厘米（图一七，30）。

ⅡM8：5，铜带饰，9件，锈蚀，1件残缺。平面呈长方形，正面有菱形凸起，背面内凹，有2个柱状铆钉。长3.2～3.9、宽1.3～1.5、高约0.8厘米（图一七，29）。

铜扣　1件。ⅡM17：2，锈蚀。呈蘑菇状，背面有1柱状扣钉。纽径0.8、通高0.6厘米（图一七，31）。

（3）铁器

11件。有刀等。

ⅡM19：5，铁刀，刃部残为两段，锈蚀。柄部较尖，刃部前窄后宽，呈三角形。通长11、柄长4、宽1.2、刃长7、最宽2.2、最厚1厘米（图一七，36；图版五，13）。

ⅡM14：3，铁器，形制难辨，通体锈蚀。由厚铁片弯折成钝角，一侧和前端正面有裂口。通长10、宽1～1.5、厚0.3～0.7、侧面裂口长4、表面裂口长3厘米（图一七，25）。

ⅡM2：C1，铁器，残为6段，形制难辨。通长24、最宽2.2厘米（图一七，24）。

（4）骨器

1件。ⅠM3：2，纺轮，骨殖磨制而成，表面光滑，呈半圆形，中部穿孔。底部较平，一边磨圆。底径3.5、高1.4、孔径0.9厘米（图一七，21；图版五，1）。

（5）金器

1件。ⅡM12：1，耳环，由金丝弯曲成近圆形，耳环下端中部铸U形金片，末端金丝稍细，相交闭合。长径1.8、短径1.6、丝径0.1～0.2厘米，重1.95克（图一七，22；图版五，10）。

（6）珠饰

2件，蚀花玛瑙珠。

ⅢM28：1，褐色玛瑙珠，表面光滑，有白色蚀花，腰鼓形，中穿小孔。残长2、直径0.8、孔径0.1厘米（图一七，34；图版五，6）。

ⅢM28：2，浅黄色玛瑙珠，残缺。腰鼓形，表面有白色蚀花，中穿小孔。残长1.4、直径0.7、孔径0.1厘米（图一七，35）。

（三）竖穴石棺墓

共8座，均分布在3号墓地。地表多有土石封堆，个别无封堆，清理表土后露出墓口。墓室为石室，均为东西向，多有条石拼合的盖板。以单人葬为主，有少量双人葬。均一次葬，仰身直肢，头西足东。随葬品以陶器为主，有罐、钵、杯组合，见少量铁器及珠饰、羊骨等。

1. 墓葬举例

ⅢM23　位于3号墓地中部山梁偏北，东北邻M24。土石混合封堆，略呈圆形，直径3.7、高0.2米。墓室位于封堆下中部，平面为圆角长方形，长2.5、宽1.2、深0.8米，墓向275°，条石围成石室，西侧有2块石盖板，石室长2.4、宽1.1、深0.3米。墓室内填黄土，含少量石块，墓底铺碎砂石。墓室内葬2人，南侧为成人，仰身直肢，头西足东，头侧向左下方，下肢骨断开。其左侧为一幼儿，头骨残。墓主人头两侧分别置单耳罐1件、陶钵1件，头左上方置羊椎骨和铁刀1件，右侧出土红玛瑙珠1件，头下出土铁簪1件。为母子合葬（图一八、图一九；图版三，3）。

2. 随葬品

8座墓均有随葬品，有陶器、铜器、铁器、珠饰等，陶器较多，有罐、钵、杯（瓶）器物组合。铁器有铁刀、铁簪等。

（1）陶器

共24件，有罐、钵、杯、瓶多种器形，均为素面，夹砂陶质，多为实用器。其中

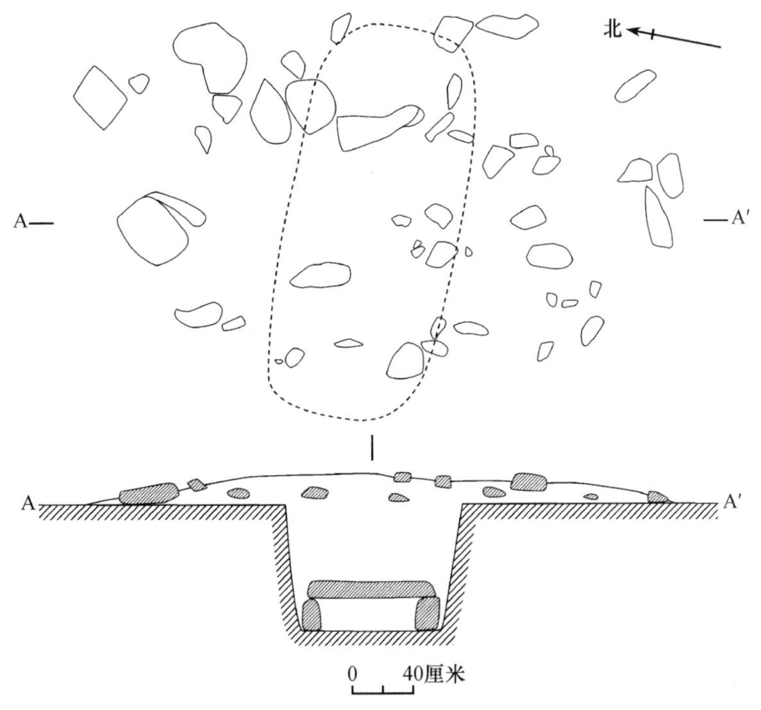

图一八 ⅢM23封堆平、剖面图

罐、杯数量较多，钵次之，瓶最少。

罐 8件。以单耳罐为主，双耳罐1件，带流罐1件。

标本ⅢM23：1，单耳罐，夹砂红陶，手制，素面。敞口，圆唇，高领，鼓腹，平底。颈肩耳，器表有烟炱。口径7、腹径9.1、底径4.7、通高14.1厘米（图二〇，1）。

标本ⅢM21：2，单耳罐，夹粗砂红陶，手制，素面，器表施红陶衣。敞口，圆唇，矮领，鼓腹，圜底。颈肩耳。器表有烟炱。口径6.5、腹径8.9、通高11.25厘米（图二〇，2）。

标本ⅢM36：3，单耳罐，夹砂灰陶，手制，素面，口微残。口微敞，圆唇，矮领，鼓腹，平底，腹耳，耳顶部饰一乳钉，器表满布烟炱。口径8.2、腹径12.1、底径7.9、通高10.2厘米（图二〇，3）。

标本ⅢM21：1，单耳罐，夹粗砂红陶，手制，素面。敛口，圆方唇，腹微鼓，平底，沿腹宽带耳。器表有烟炱。口径10.8、腹径11、通高9厘米（图二〇，4）。

标本ⅢM27：1，单耳带流罐，修复。夹砂红陶，手制，素面。口微敞，圆唇，矮领，短宽流，鼓腹，圜底，颈肩耳，器表有烟炱。口径8、腹径11.6、底径3.9、通高13.9厘米（图二〇，6；图版四，3）。

标本ⅢM36：1，双耳罐，夹细砂灰陶，素面，小口微侈，斜圆唇，微束颈，口沿下有一周宽约1厘米的附加堆纹，鼓腹，平底，双腹耳，一耳残失。口径7、腹径14、底径8.5、通高15.8厘米（图二〇，5；图版四，11）。

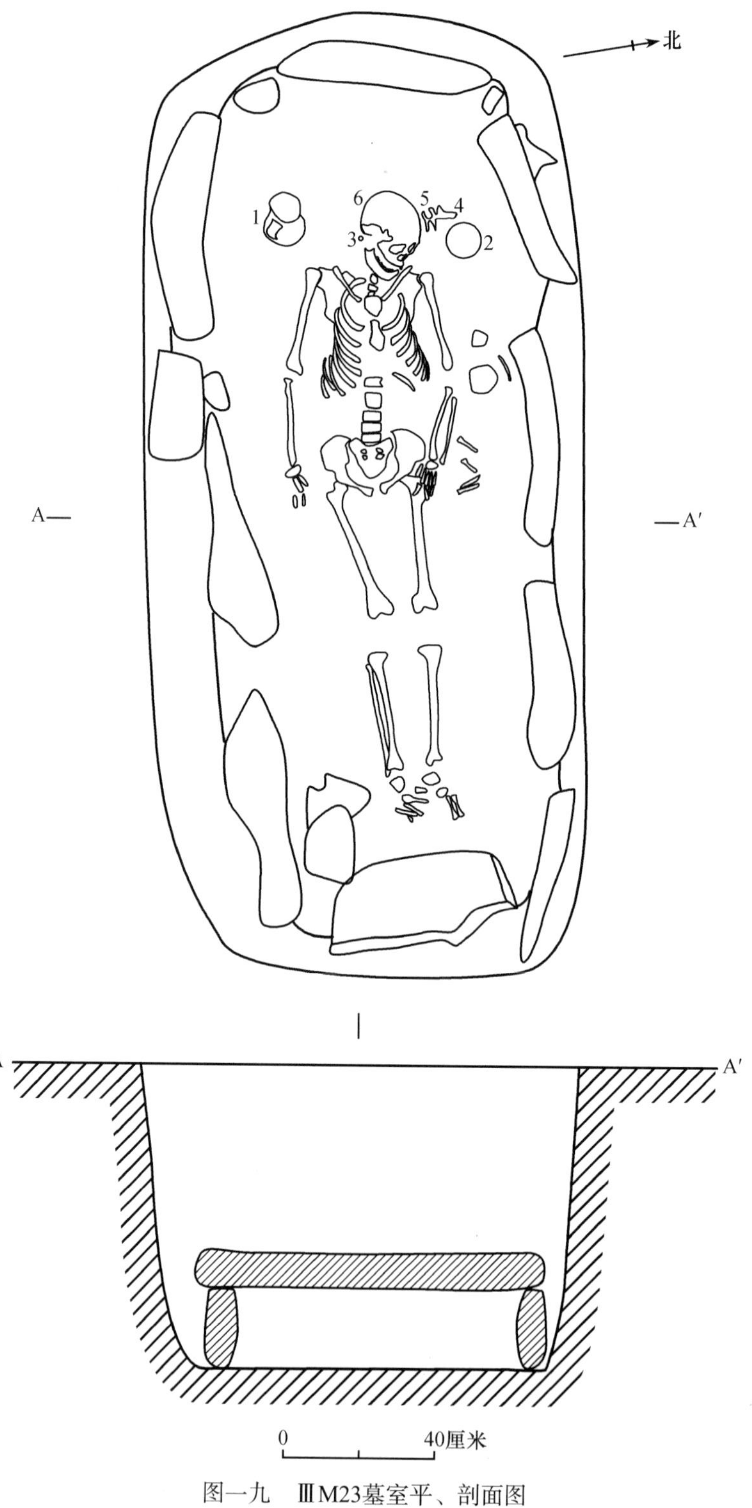

图一九　ⅢM23墓室平、剖面图

1. 陶罐　2. 陶钵　3. 玛瑙珠　4. 羊椎骨　5. 铁刀　6. 铁簪

钵　6件，其中1件带四鋬耳。

标本ⅢM22：2，夹粗砂红陶，手制，素面。敛口，圆唇，腹微鼓，圜底。器表有烟炱。口径7.5、底径3.2、通高7.1厘米（图二〇，15）。

标本ⅢM22：3，夹砂灰陶，手制，素面。敛口，方唇，鼓腹，圜底，器表有烟炱。口径13、通高6厘米（图二〇，17）。

标本ⅢM23：2，夹砂红陶，手制，素面。敛口，斜方唇，鼓腹，圜底。器表有烟炱。口径10.6、通高7.3厘米（图二〇，14）。

标本ⅢM27：2，夹砂灰陶，手制，素面。敛口，斜唇，矮领，鼓腹，圜底，肩部饰有一组大，一组小相向对称的m形鋬耳，器表有烟炱。口径8.3、腹径9.4、通高5.6厘米（图二〇，16；图版四，9）。

标本ⅢM36：5，修复。夹砂灰陶，手制，素面，口微敛，圆唇，弧腹，平底。口径15.4、腹径、底径6.5、通高6.15厘米（图二〇，18）。

壶　2件。

ⅢM22：1，夹粗砂红陶，手制，素面。敞口，圆唇，高领，鼓腹，平底，腹部饰倒U形的双鋬耳。口径6.5、腹径10.5、底径5.4、通高16厘米（图二〇，9；图版四，6）。

ⅢM34：1，夹砂红陶，敞口，圆唇，高领，垂腹，平底，器表有烟炱。口径5、腹径7.7、底径5.8、通高13.2厘米（图二〇，8）。

瓶　1件。ⅢM36：6，夹砂灰陶，手制，素面。敞口，圆唇，高领，束颈，垂腹，圜底，表面有烟炱。口径5.3、腹径5.5、通高11.8厘米（图二〇，7；图版四，15）。

杯　7件。其中1件耳顶部饰一乳钉，1件腹部饰附加堆纹。

标本ⅢM22：4，夹粗砂红陶，手制，素面。敛口，圆唇，鼓腹，圜底。沿腹耳，器表有烟炱。口径6.3、腹径7、通高6厘米（图二〇，12）。

标本ⅢM23：C1，夹砂灰陶，手制，素面。敞口，平沿，矮直颈，腹鼓，圜底，沿腹耳。口径4、腹径5.1、通高6厘米（图二〇，13）。

标本ⅢM27：3，夹砂灰陶，手制，素面。口微敞，圆唇，矮领，鼓腹，圜底，沿腹耳，耳顶部高于口沿。口径4.9、腹径6.6、通高6.8厘米（图二〇，11）。

标本ⅢM34：3，夹粗砂红陶，手制。直口，斜唇，直腹，平底，腹耳。腹部有一圈宽约0.5厘米的附加堆纹，其上有斜向戳印纹，器表有烟炱。口径7.8、底径7.3、通高8.3厘米（图二〇，10；图版四，4）。

（2）铜器

2件，均为耳环。标本ⅢM21：3，残，锈蚀。由铜丝弯成，残为半圆环，一端略锐。直径1.5、铜丝径0.17厘米（图二〇，19）。

（3）珠饰

2件，均为红玛瑙珠。

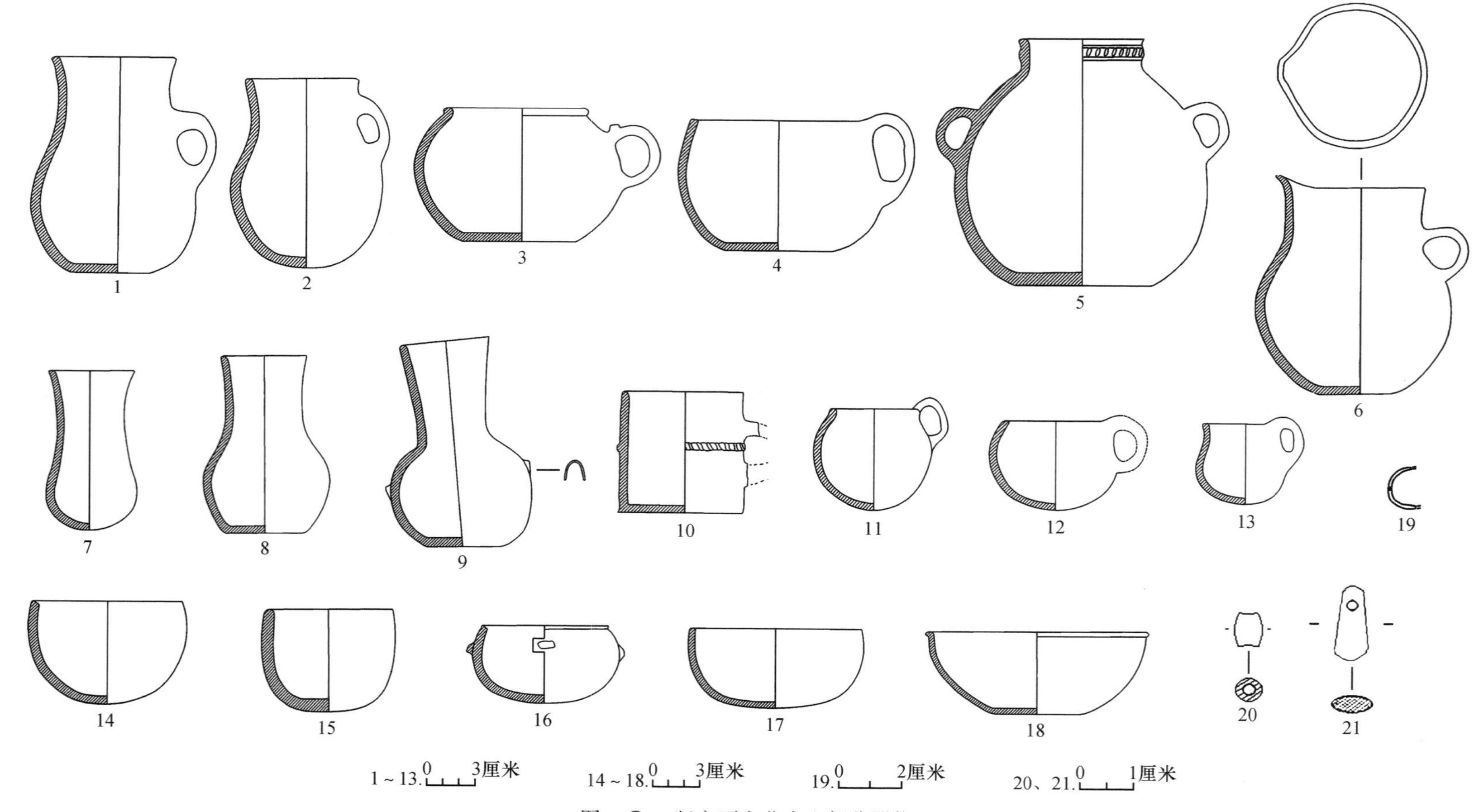

图二〇　竖穴石室墓出土部分器物

1～4. 单耳陶罐（ⅢM23：1、ⅢM21：2、ⅢM36：3、ⅢM21：1）　5. 双耳陶罐（ⅢM36：1）　6. 单耳带流陶罐　（ⅢM27：1）　7. 陶瓶（ⅢM36：6）　8、9. 陶壶（ⅢM34：1、ⅢM22：1）　10. 筒形陶杯（ⅢM34：3）　11～13. 单耳陶杯（ⅢM27：3、ⅢM22：4、ⅢM23：C1）　14～18. 陶钵（ⅢM23：2、ⅢM22：2、ⅢM27：2、ⅢM22：3、ⅢM36：5）　19. 铜耳环（ⅢM21：3）　20、21. 玛瑙珠（ⅢM23：3、ⅢM32：3）

ⅢM23：3，腰鼓形，中穿孔。长0.78、直径0.6、孔径0.25厘米（图二○，20；图版五，7）。

ⅢM32：3，枣核状，上窄下宽，上部扁平，穿一孔，底部磨圆。长1.7、最大径0.7、孔径0.15厘米（图二○，21；图版五，8）。

（四）竖穴偏室墓

共11座，分布在2号和3号墓地。地表有土石封堆，墓室为东西向，偏室以北侧居多，南侧较少，墓主人位于偏室内，另一侧殉马，均为单人一次葬，仰身直肢。随葬品以铜器、铁器为主，有少量骨器。除偶见纺轮外，不见其他陶器。

1. 墓葬举例

ⅡM7　位于2号墓地北部山梁，北邻M6。近圆形土石混合封堆，直径5.6、高0.5米。顶部有深1.2米的盗洞。墓室位于封堆下中部，平面呈椭圆形，长径2.3、短径1.7、深1.65米，墓向280º。墓室内填黄土，含少量石籽。墓室西南部深约1米处见马头骨、肩胛骨、前肢骨等。墓主人位于北侧偏室宽约0.8、高约0.2米的二层台上，单人葬，仰身直肢，头西足东，头抵青石，面侧向北，左臂压在盆骨下，骨殖保存较好，为一成年男性个体。墓底西南部见少量马骨，有残头骨、椎骨、肢骨及肋骨等。墓主人北侧置箭箙1件，右股骨近端内侧出土开元通宝1件。从封堆盗洞及散乱的马骨判断，该墓被盗掘，马骨被扰至墓室上层（图二一～图二三）。

ⅢM12　位于3号墓地南面山梁中部，北邻M13，封堆为砂砾岩堆积，平面近圆形，直径6.2、高0.6米。墓室位于封堆下中部，平面呈圆角长方形，长2.8、宽1.4、深1.8米，墓向264º。墓室内填黄土，含少量石块。偏室位于北侧，进深0.2、高0.9米。墓主人位于偏室内，为成年女性，单人一次葬，仰身直肢，头西足东，左耳带耳环，头左侧置铜镜1件，头下及盆骨右侧各出土铁刀1件，左、右手各有1枚铜戒指。马葬于南侧，头西足东，面向墓主人，马头下出土铁马衔1件，腹部出土铁马镫1个（图二四、图二五；图版三，4）。

2. 随葬品

11座墓葬中，10座有随葬品，以铜器、铁器为主，陶器仅见纺轮。铜器以带扣、带饰等带具饰件为主，另有马镫等马具，铜镜、耳环等装饰品，部分墓内随葬箭箙。

（1）陶器

纺轮　1件。ⅡM1B：7，泥制红陶，手制。圆形，一侧稍薄，表面光滑，背面稍有缺损。中部穿孔。直径3、孔径0.7、厚0.6～0.9厘米（图二六，6）。

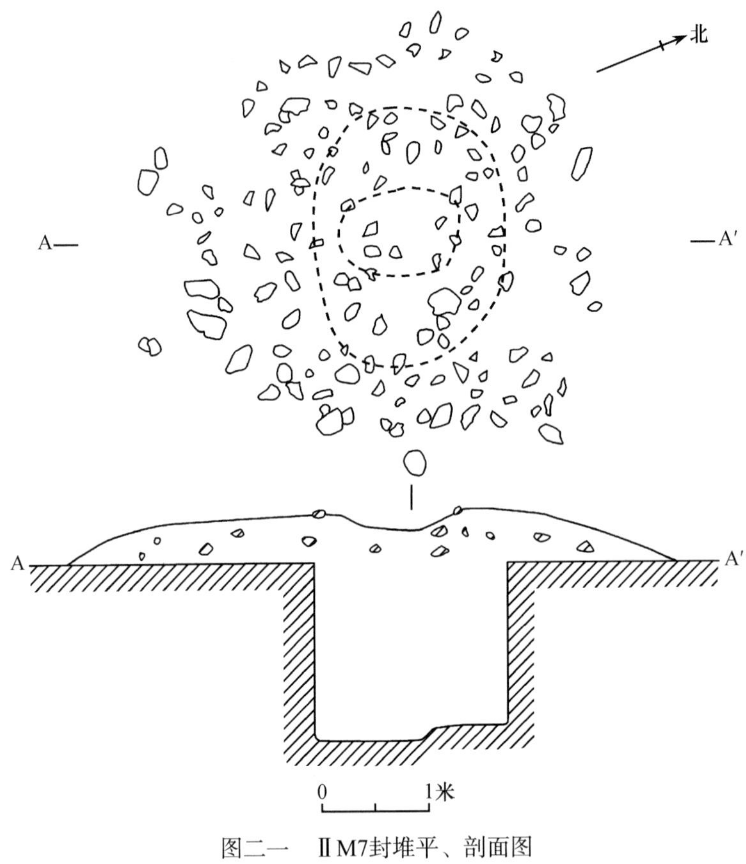

图二一　Ⅱ M7封堆平、剖面图

（2）铜器

25件（组）。有铜镜、耳环、戒指、铜环等佩饰以及刀柄、带具饰件等，另有开元通宝1件。

铜镜　2件。标本Ⅱ M1B：1，残存少半部。正面似有团花图案，镜缘凸出。镜面上附着麻布片，背面附有皮质镜囊。镜残长11.5、残宽6、缘宽0.6、镜厚0.1、缘厚0.2厘米（图二六，1；图版五，17）。

铜钱　1件。Ⅱ M7：1，开元通宝，完整，锈蚀。圆形方孔，币文清晰，一周有凸棱。直径2.4、穿径0.7厘米，重4.05克（图二六，2；图版五，5）。

铜耳环　3件（组）。

Ⅱ M10：6，残。铜丝弯曲而成，不闭合。长径2.5、短径2.2、丝径0.2厘米（图二六，4）。

Ⅱ M16：1，1组（2件），锈蚀。圆环形，由圆形空心铜条弯曲而成，不闭合。环外侧中部浅痕不明显。外径2.1、内径0.7、铜条径0.7、开口0.3厘米（图二六，5；图版五，20）。

Ⅲ M12：3，稍残，锈蚀。圆形铜条弯曲而成，不闭合。下端对称附着两个铜条。直径2.4、丝径0.4厘米，铜条分别长0.6、0.7厘米（图二六，31）。

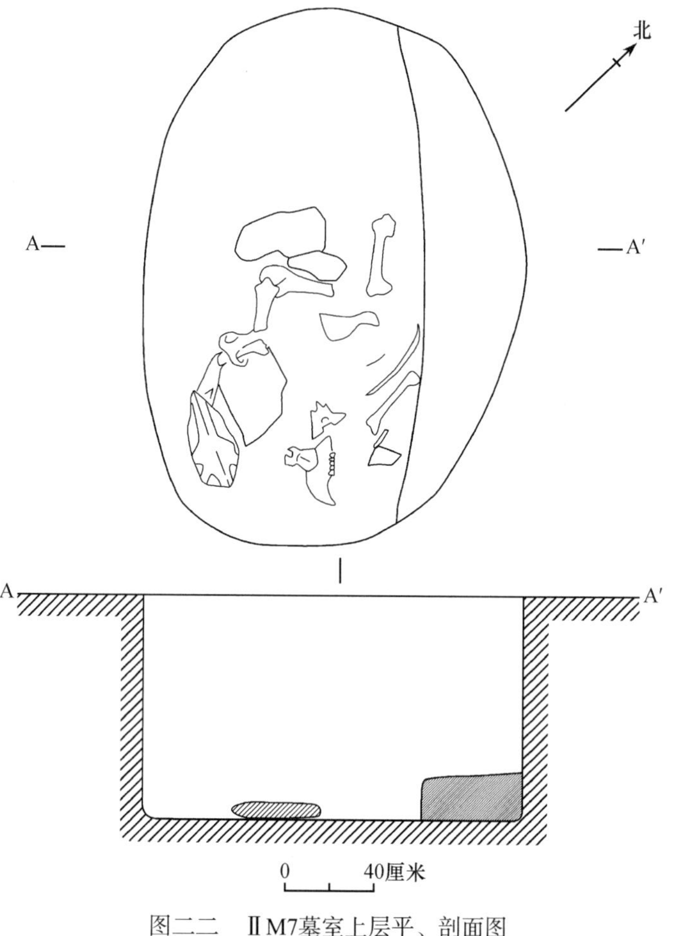

图二二 ⅡM7墓室上层平、剖面图

铜戒指 1组（2件）。

ⅢM12：2-1，锈蚀。环形，铜条略扁，戒面稍宽，上有对称分布的4个乳突。直径2.3、环径0.3、戒面宽0.9厘米（图二六，29）。

ⅢM12：2-2，锈蚀。环略扁，戒指下端铜条较窄，至戒面渐宽，戒面平整。长径2.4、短径2.3、戒面宽1.04厘米（图二六，30）。

铜环 1件。ⅡM1B：2，由铜丝弯曲成圆环，环上穿附着少量皮革。直径2.7、孔径2、丝径0.3厘米（图二六，3；图版五，15）。

铜刀柄 1件。ⅡM1B：4，由上下两片弧起的铜片对合而成。平面呈梯形，中部两侧对称有小环。表面有平行线将铜片分隔为三部分，均有镂孔。铜片中夹有细线绳、锈铁块等。通长4.8、宽1.3～2.2、厚0.9～1.1厘米（图二六，7；图版五，19）。

铜带具饰件 共13件（组）。有铜带扣、铜带饰等，部分附着在皮带上。

铜带扣有大、中、小三种。

ⅢM40：C1-1，形饰倒挂的葫芦，上端有长方形扣环，中部有桃心形孔，正面对称饰

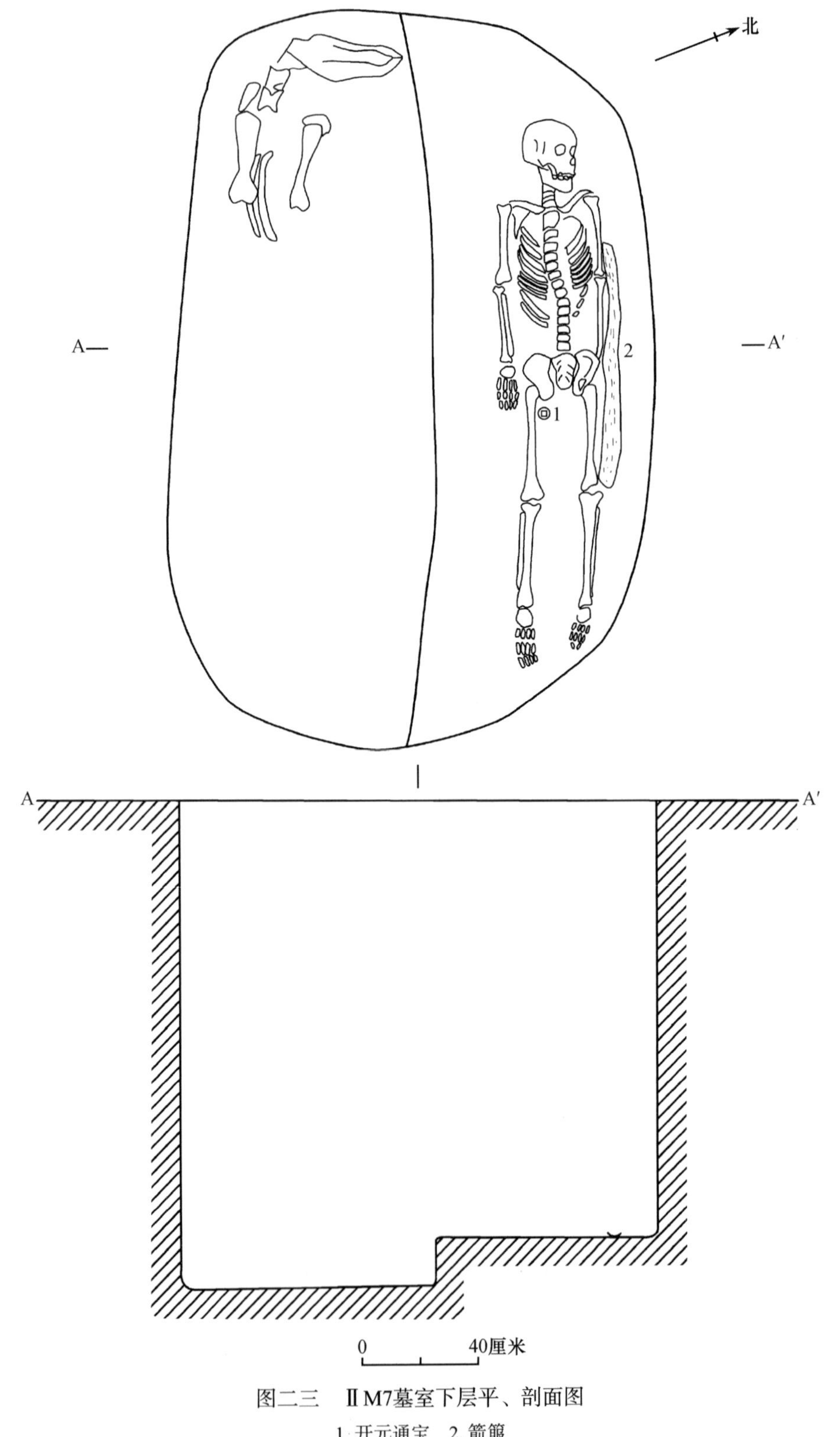

图二三　ⅡM7墓室下层平、剖面图

1. 开元通宝　2. 箭箙

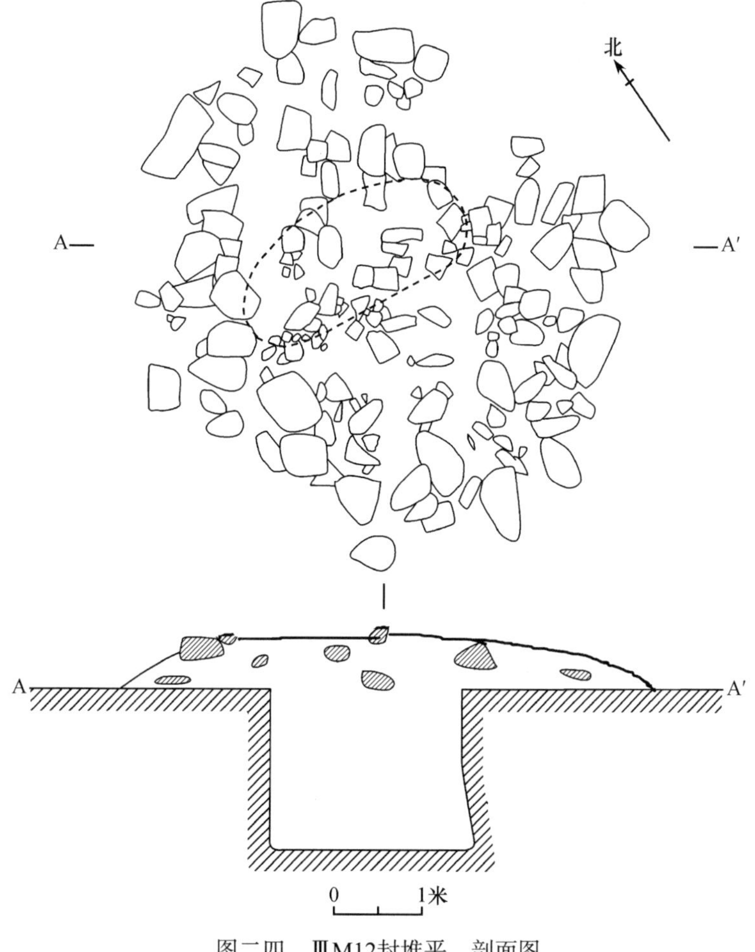

图二四　ⅢM12封堆平、剖面图

花草、忍冬纹，背部有两铆钉。通长7、最宽2.9、厚0.4厘米（图二六，8；图版六，8）。

ⅢM25：1-1，呈倒挂葫芦状，上端有长方形孔，孔上残留窄皮条，中部有桃心孔。背部内凹，底端及两侧外缘有对称的短线纹。通长6.4、最宽2.8、厚1厘米（图二六，9；图版六，1）。

ⅢM25：1-2，由扣环、扣柄、扣针构成，椭圆形扣环上翘，尾部接铜片对折后以铆钉相连圆角长方形扣柄，扣柄背部有铆钉。环及柄外缘有短线对称分布。最长4.4、柄宽1.6厘米（图二六，10；图版六，2）。

ⅢM25：1-2-2，扣环椭圆形，扣柄圆角长方形，背部有2铆钉。扣针锈蚀或残，小带扣扣环外缘有平行短线纹。分别长4、2.6、2.4、1.9厘米不等（图二六，11）。

铜带饰　1组。

ⅢM25：1-3，方形带銙，部分附在皮带上，个别散落。方形，四角各有一铆钉连接背板，下端均有长方形“古眼”，四边中心有短竖线纹。分大小两种。分别长1.5、高0.5～0.9厘米（图二六，16；图版六，3）。

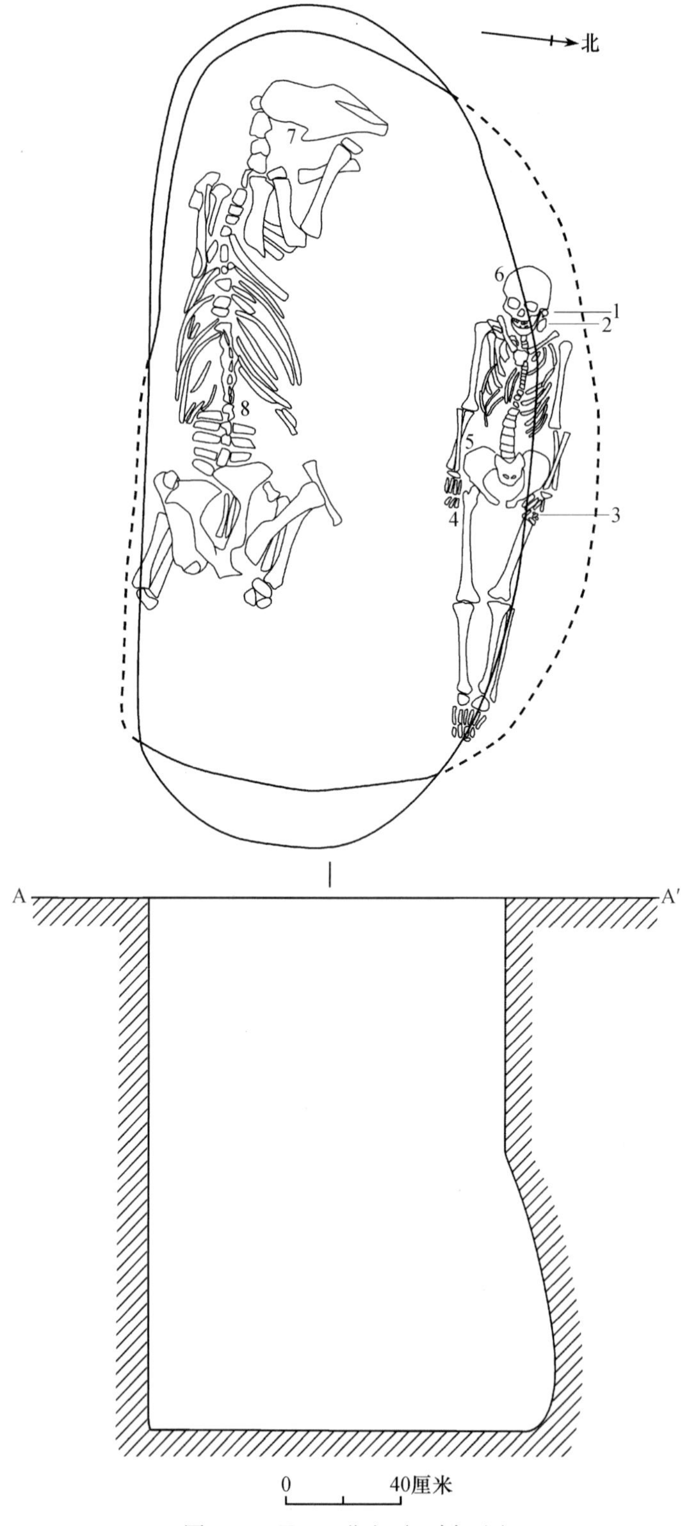

图二五　ⅢM12墓室平、剖面图

1. 铜耳环　2. 铜镜　3、4. 铜戒指　5、6. 铁刀　7. 铁马衔　8. 铁马镫

ⅢM25：1-4，铜扣，圆形，中空，底部有扣板，边缘有3个扣眼，中部略鼓，扣眼中残留有窄皮带。直径2.6、厚0.9厘米（图二六，17；图版六，4）。

ⅢM25：1-5，带銙，桃心形，上有长方形銙眼，背部有2铆钉。长2.4、宽2.2厘米（图二六，18；图版六，5）。

ⅢM25：1-6，带銙，椭圆形，上有长方形銙眼，背部有3铆钉连接背板。长2.3、宽1.9厘米（图二六，19；图版六，6）。

ⅢM25：1-7，带銙，半圆形，有长方形銙眼，背部有1个铆钉。长2.3、宽1.4厘米（图二六，20；图版六，7）。

ⅢM25：1-9，带箍，长方形。长1.4、宽0.9、高0.9厘米（图二六，21；图版六，9）。

ⅢM25：1-10，带饰，心形，素面，背部有一铆钉。长1.8、宽0.8厘米（图二六，22；图版六，10）。

ⅢM25：1-11，带饰，桃心形，周缘有凸棱，正面有丫形图案，背面有1铆钉。长1.5、厚0.3厘米（图二六，23；图版六，11）。

ⅢM25：1-12，带饰，半圆形，背部有铆钉扣合背板，边缘有短线纹。直径1.5、厚0.6厘米（图二六，24；图版六，12）。

ⅢM25：1-13，带饰，圆形，素面，背部有1铆钉。直径1.2、厚0.5厘米（图二六，25；图版六，13）。

ⅢM25：1-14，铜鉈尾，圆首方形，背部有3个铆钉与背板相接，四面中心有平行短线纹。大者长2、宽1.2、高0.6厘米，小者长1.6、宽0.9、高0.3厘米（图二六，26；图版六，14）。

（3）铁器

8件，有刀、镞、马镫等。

标本ⅡM10：4，铁镞，锈蚀。三棱镞。通长8.1、镞长5.5、最宽1.6厘米（图二六，32）。

（4）骨器

3件（组），有弓弭、马镳等。

弓弭　1组（2件）。用条形骨片磨制而成，中间略宽，两端略窄，表面光滑，背面有磨痕。其中1件正面两端有刻磨痕迹，另1件一端缺损。标本ⅡM7：2，长19.5、宽1～2.3、最厚0.3厘米（图二六，13；图版五，2）。

骨器　1件。ⅡM10：2，由条形骨片制成，中间略弧起。表面光滑，背面粗糙。长10.9、宽1.4～1.5、最厚0.3厘米（图二六，14；图版五，4）。

马镳　1件。ⅢM60：1，稍残。用动物骨加工而成，近一字形，前端稍弯曲，略窄。正面平滑，背面中部略凹。表面等距钻2个椭圆形孔。通长16.5、最宽2.5、厚0.7厘米，孔长径分别为1、1.2厘米（图二六，15；图版五，3）。

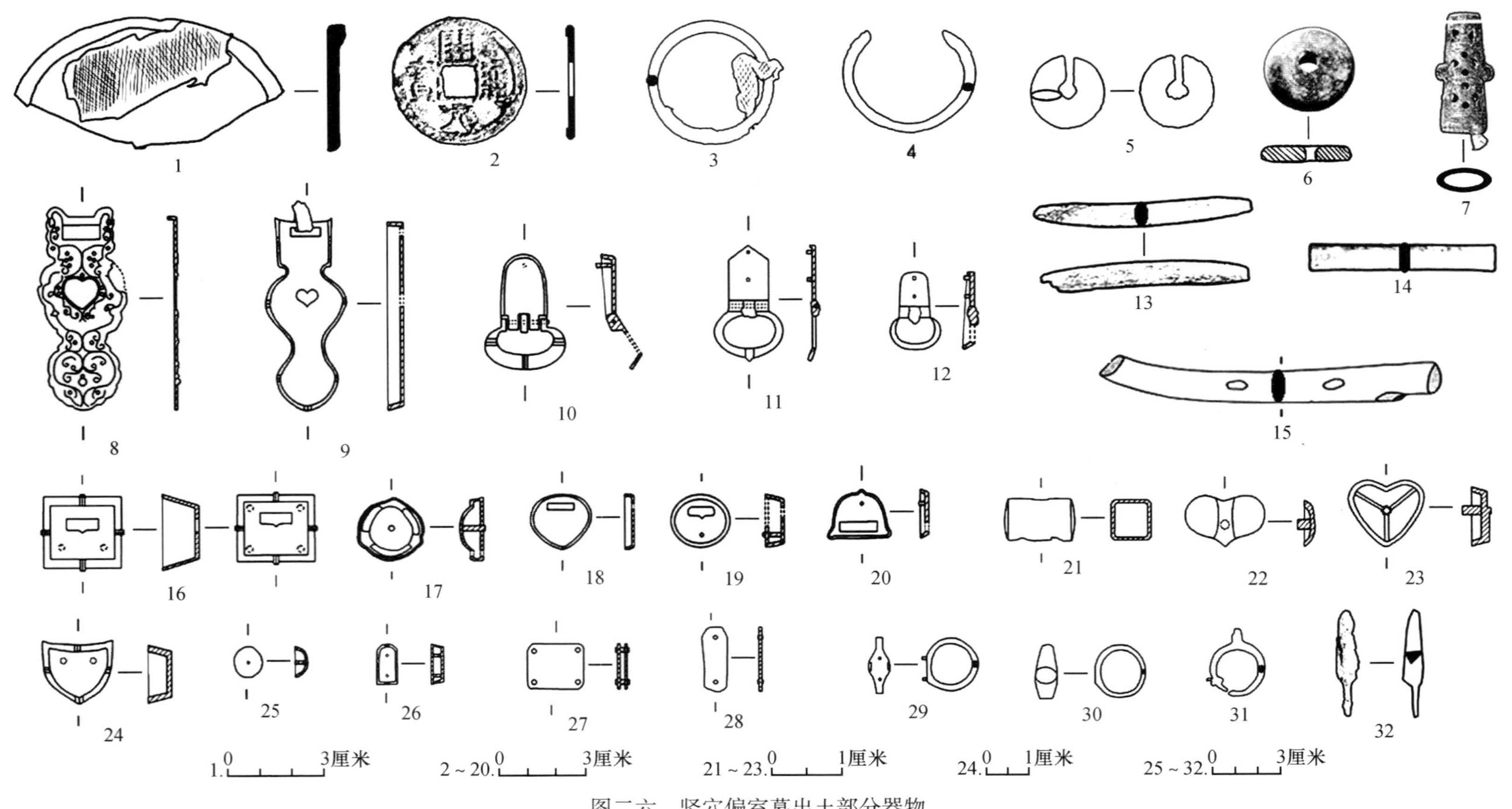

图二六　竖穴偏室墓出土部分器物

1. 铜镜（ⅡM1B：1）　2. 开元通宝（ⅡM7：1）　3. 铜环（ⅡM1B：2）　4、5、31. 铜耳环（ⅡM10：6、ⅡM16：1、ⅢM12：3）　6. 陶纺轮（ⅡM1B：7）　7. 铜刀柄（ⅡM1B：4）　8～12. 铜带扣（ⅢM40：C1-1、ⅢM25：1-1、ⅢM25：1-2、ⅢM25：1-2-2、ⅢM25：1-2-3）　13. 弓弣（ⅡM7：2）　14. 骨器（ⅡM10：2）　15. 骨马镳（ⅢM60：1）　16～28. 铜带饰（ⅢM25：1-3、ⅢM25：1-4、ⅢM25：1-5、ⅢM25：1-6、ⅢM25：1-7、ⅢM25：1-9、ⅢM25：1-10、ⅢM25：1-11、ⅢM25：1-12、ⅢM25：1-13、ⅢM25：1-14、ⅢM40：C1-7、ⅢM40：C1-8）　29、30. 铜戒指（ⅢM12：2-1、ⅢM12：2-2）　32. 铁镞（ⅡM10：4）

（五）竖穴洞室墓

共6座，分布在2、3号墓地。洞室位于墓道西侧，与墓道垂直，呈T形。墓主人位于洞室内，墓道内殉马，均为单人一次葬。随葬品有马鞍、马镫等马具、铜带具、带饰以及牌饰、铜镜、耳环等佩饰，陶器仅见纺轮。与竖穴偏室墓随葬器物较为相似。

1. 墓葬举例

ⅡM9 位于2号墓地西面的山梁上，东北邻M8。近圆形土石封堆，直径5.2、高0.5米，墓口开于封堆下中部，竖穴洞室墓，墓向270°。墓室上层为砂砾石，下层为黄土，土质较硬。墓道位于东部，西侧开洞室，洞室口以4层石块封堵。墓道呈圆角长方形，长1.8、宽1.1、深1.5米。洞室略呈圆角长方形，长2.1、进深1.1、高0.6米。单人一次葬，墓主人仰身直肢，头西足东，面侧向南，骨殖基本完整，为一成年女性。墓主人头部右侧随葬羊椎骨，有木柄铁刀1件，左耳处有铜耳环1件，颈部有珠饰2件，右肩外侧有对虎纹铜牌饰1件、素面铜牌饰1件、银环1件、陶纺轮1件（图二七、图二八）。

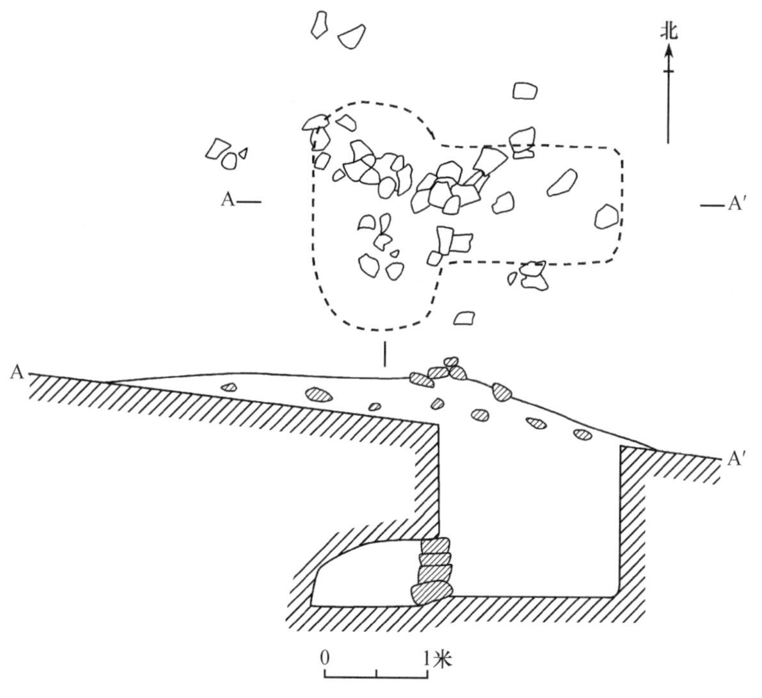

图二七 ⅡM9封堆平、剖面图

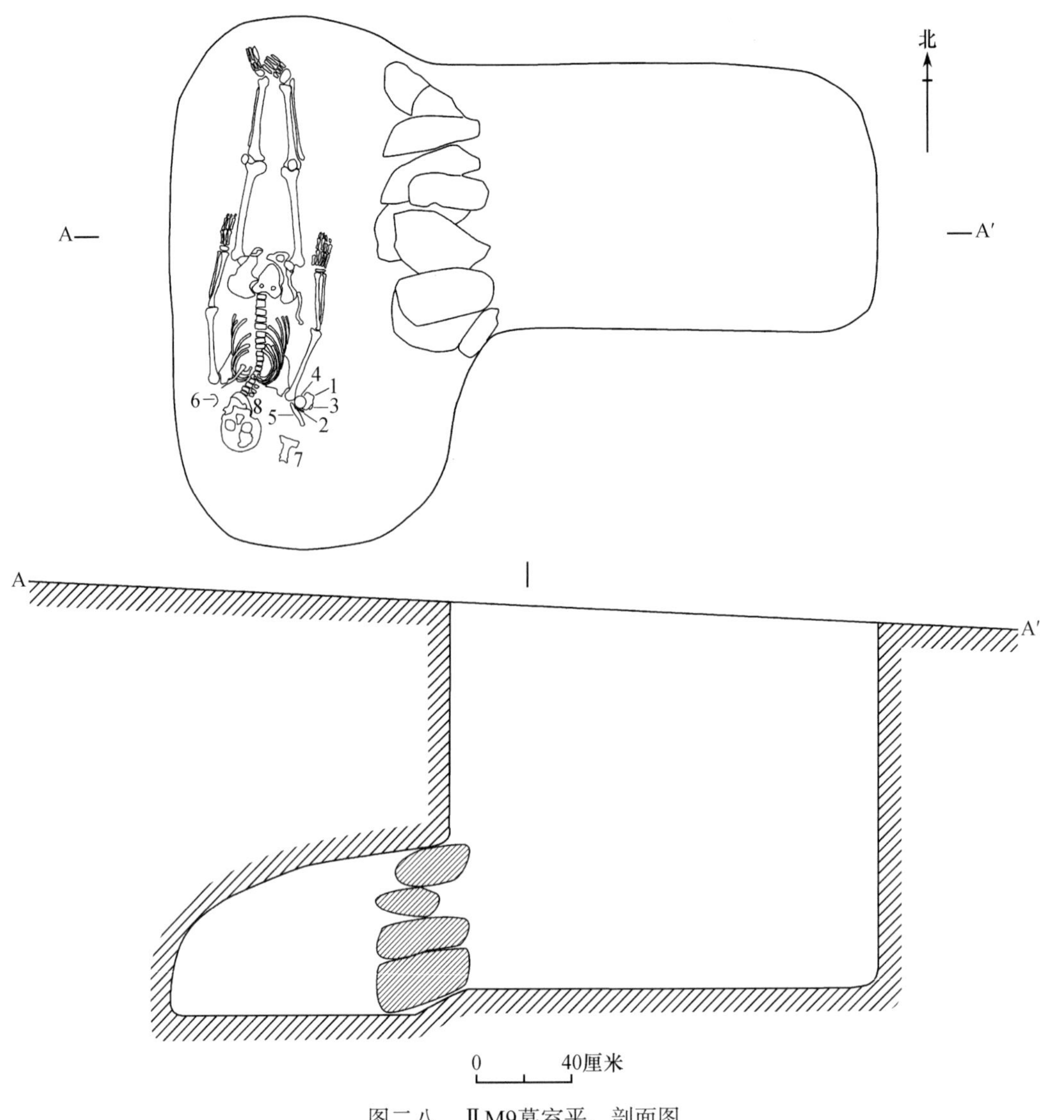

图二八　ⅡM9墓室平、剖面图

1、2. 铜牌饰　3. 银环　4. 陶纺轮　5. 木柄铁刀　6. 铜耳环　7. 羊椎骨　8. 珠饰

2. 随葬品

6座墓葬中，4座有随葬品。器类有铜器、铁器、木器、珠饰等，陶器仅见纺轮。

（1）陶器

1件，纺轮。

ⅡM9：3，泥制红陶，圆台形，中穿孔，一面粘附锈铁块，边缘略有缺损。直径2.7、孔径0.7、厚0.8厘米。铁块残长4、残宽0.6～1.4厘米（图二九，7）。

（2）铜器

12件（组），有牌饰、手镯、耳环、带具饰件等。

牌饰　2件。

ⅡM9：1，对虎纹，两虎相对而立，虎首及前肢相连，尾部上翘。牌饰两端均有孔，前端孔内系有窄皮条。牌饰巧妙对合两虎轮廓，线条简洁，背面平整。长7.2、宽6、厚0.2厘米（图二九，4；图版五，18）。

ⅡM9：2，锈蚀。素面，不规则圆形，一边有缘。上端有一孔，穿系有皮绳。长径6、短径5.1、缘宽0.6、镜厚0.1、缘厚0.2厘米（图二九，5）。

手镯　3件。

ⅢM16：1，由铜条弯制而成，椭圆形，开口，中部略宽厚。长径6.7、短径5.3、厚0.3～0.5、开口长2.5厘米（图二九，1）。

ⅢM16：2，略锈。由铜片弯卷制成，近椭圆形。两端细，中部渐宽，边缘及中部有平行的凸棱，一端外卷有孔，一端外有凸起。长径7.1、短径4.9、宽0.4～1.5、厚0.3厘米（图二九，2；图版五，16）。

ⅢM16：4，有锈。由宽扁铜条弯曲而成，近圆形，两端略外卷，不闭合。长径5.6、短径5、铜条宽0.8、厚0.16厘米（图二九，3）。

耳环　2件（组）。

ⅡM9：7，残。由木条弯曲成圆环，局部包有皮革，用细线缠绕。直径3.5、环径0.2～0.35厘米（图二九，9）。

ⅢM26：3，1组（1对），锈蚀。铜质，空心圆管制成，环状，不闭合。直径4.4、环径1.3厘米（图二九，6）。

带具饰件　5件（组）。

带扣　1件。SM1：3-1，由扣环、扣柄组成，扣针残失。长3.3、宽1.3厘米（图二九，17）。

带饰　4组。

ⅢM26：1-2，近方形，边略圆，四角呈弧形，中部圆鼓，背面四角有铆钉扣在皮带上。长3.5、宽3、高1厘米（图二九，15）。

ⅢM26：2-1，品字形，边缘略尖，中部略鼓，背部有对称的3铆钉扣合皮带。长2.3、宽1.7、高0.4厘米（图二九，13）。

ⅢM26：2-2，蘑菇形素面，背部有1铆钉可扣接皮带。直径1.2～1.4、高0.5厘米（图二九，14）。

ⅢM16：6，桃心形，背有扣孔。铜扣表面两端对称刻圆圈、斜线，尖部刻叶脉纹。背面扣孔呈长方形。长1.7、厚0.3、孔长0.8、宽0.6厘米（图二九，16）。

SM1：3-2，花形，背部有2个铆钉。长3、宽2、厚0.3厘米（图二九，18）。

SM1：3-3，圭形，锈残。两端各有一小孔，背部2铆钉残失。长3、宽1.4、厚0.3厘米（图二九，19）。

BSM1：3-4，桃形，背部有1个铆钉。长1.4、宽1.2、厚0.2厘米（图二九，20）。

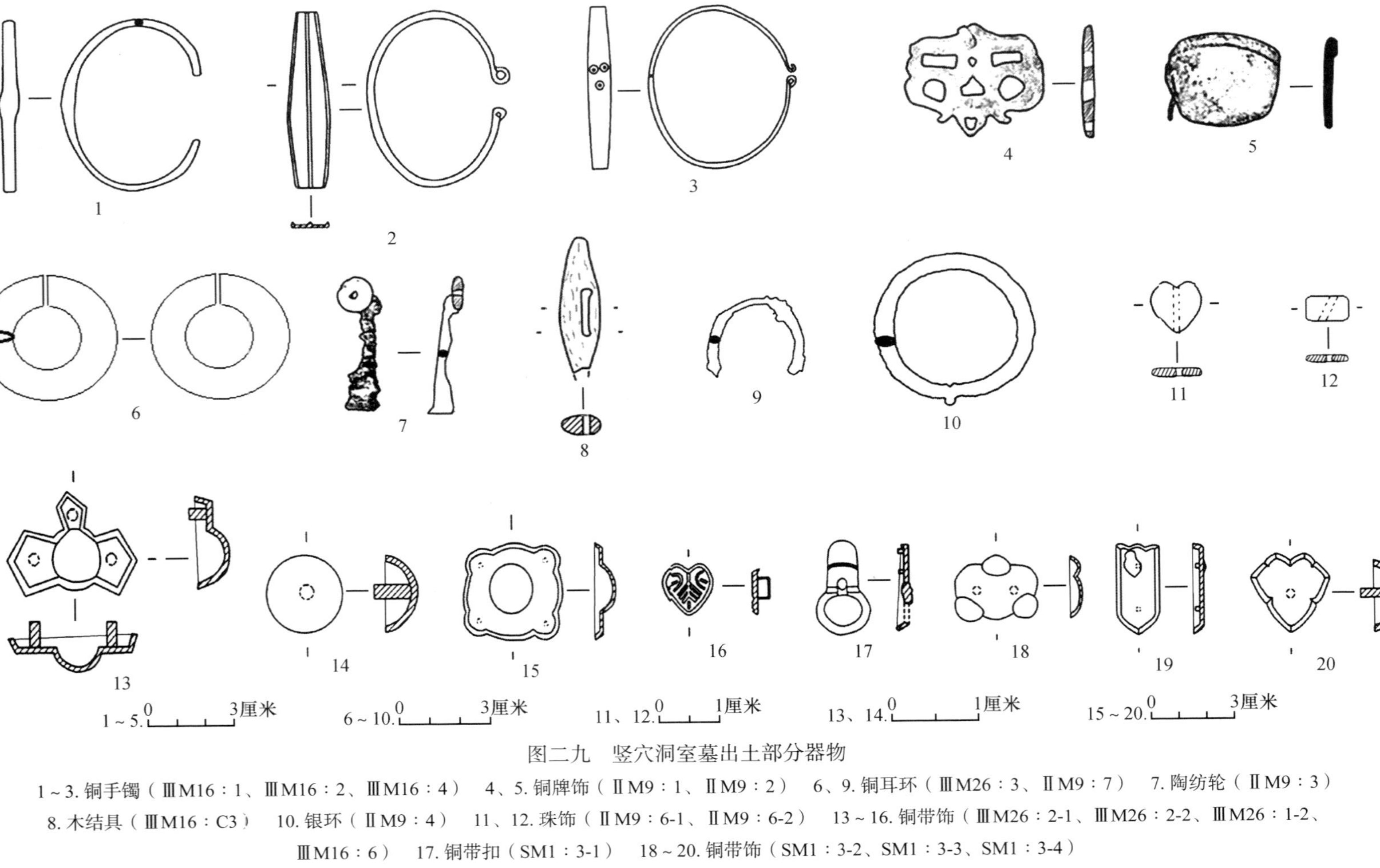

图二九　竖穴洞室墓出土部分器物

1～3. 铜手镯（ⅢM16：1、ⅢM16：2、ⅢM16：4）　4、5. 铜牌饰（ⅡM9：1、ⅡM9：2）　6、9. 铜耳环（ⅢM26：3、ⅡM9：7）　7. 陶纺轮（ⅡM9：3）　8. 木结具（ⅢM16：C3）　10. 银环（ⅡM9：4）　11、12. 珠饰（ⅡM9：6-1、ⅡM9：6-2）　13～16. 铜带饰（ⅢM26：2-1、ⅢM26：2-2、ⅢM26：1-2、ⅢM16：6）　17. 铜带扣（SM1：3-1）　18～20. 铜带饰（SM1：3-2、SM1：3-3、SM1：3-4）

（3）木器

3件。有木盘、结具等。标本ⅢM16：C3，木结具。梭形，木质疏松。一端残，中部有长方形孔。残长5.2、中宽1.4厘米（图二九，8）。

（4）银器

1件。ⅡM9：4，银环，锈蚀。由实心银条弯曲成环状，末端相交闭合，一端上有小环，穿孔。外径5.1、内径4、环径0.4，小环直径0.15、孔径0.08厘米。重6.82克（图二九，10）。

（5）珠饰

2件（图版五，9）。

ⅡM9：6-1，鸡心形，底部略黑，表面银白色，较亮，中部略凹，中心穿孔。长径0.7、短径0.6、厚0.2、孔径0.15厘米（图二九，11）。

ⅡM9：6-2，扁圆形，通体银白色，表面发亮，穿孔。长径0.7、短径0.5、厚0.4、孔径0.2厘米（图二九，12）。

三、遗　址

墓地中发现少量遗址，其中在1号墓地北部清理小型石构遗址1座，2号墓地东南部清理灶址1座。

（一）石构遗址

F1位于1号墓地北部，M1、M2、M3之间。地表有不规则的卵石堆积，其南、西南部发现陶片较多，多为夹粗砂灰陶、红褐陶片，有少量夹细砂土黄色陶片，可辨有罐、钵等器物的残片。堆积中还发现较多马、羊残骨，推测可能为食后所弃。

在堆积西南部发现小型石构遗址，长12.8、宽6.3、深0.8米，形制不规则，有叠压的三层卵石，出土夹砂灰陶罐残片。周围散布卵石，可能是倒塌的墙体，堆积总长26.8、宽14.2米，西南部采集石磨盘1件。遗址东侧有两处烧土遗迹，南侧的直径约1.2米，北侧直径约0.6米，烧结面较硬，周围是黑灰土，未见遗物（图三〇）。

（二）灶　址

Z1位于2号墓地东南部山梁上，地势较高，东南紧邻石棺墓（ⅡM13），相距约0.4米。地表有近圆形的石堆，长有牧草，直径5、高0.3米。封堆下发现少量陶片，其中部为灰土堆积，周围有红烧土。灰堆南北长1.9、东西宽0.5～1米，厚约0.3米，含有炭粒。灶埋于灰堆下，由条形石块围砌，近椭圆形，长径0.8、短径0.6米，东侧石块较多，西侧石块少，内外均为灰烬，灶外北侧发现少量细小的烧骨（图三一；图版三，6）。

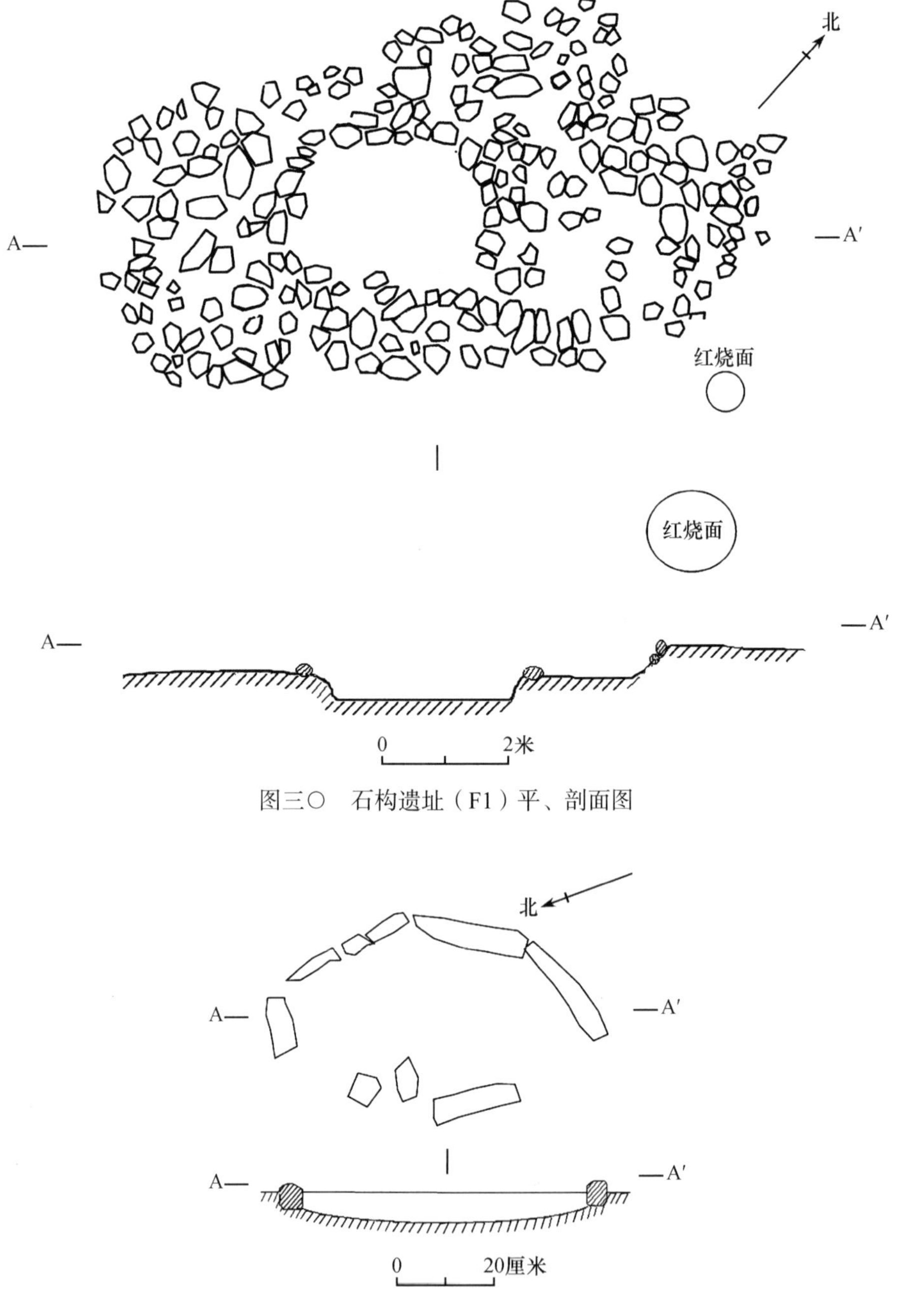

图三〇　石构遗址（F1）平、剖面图

图三一　灶址（Z1）平、剖面图

石构遗址地处白杨河出山口的台地上，为往来白杨河上游的必经之地，此处开阔平坦，遗址可能是一处小型栖息地，遗址东部的烧结面应是用火的遗迹。遗址堆积中见陶片、残畜骨较多，此地可能多次使用。

灶址地处避风向阳的山梁上，灰烬堆积厚，使用时间较长。在灶址东北约2.5米清理出一段残长约4、宽约0.8米的石墙残基，根据尼勒克吉仁台沟口遗址[1]、和静重工业园区古遗址[2]、和硕红山沟遗址[3]等地发掘的同类遗迹推测，可能为一处房址，灶址位于其中。

四、结　　语

阜康市位于昌吉回族自治州中部，地处天山东段博格达山北麓，准噶尔盆地南缘。文献记载显示，春秋战国至秦汉时期，阜康为“山北六国”之卑陆、郁立师国所在地，东汉时属车师后部，北魏属柔然，北周和隋朝属突厥，唐属庭州金满县。

20世纪90年代以来，配合阜康市境内的基本建设，新疆文物考古研究所先后在阜北农场基建队[4]、三工乡[5]、南泉[6]、白杨河[7]、臭煤沟[8]、西沟[9]等地进行了多次考古调查发掘工作，近年又在泉水沟[10]、四工河[11]、黄山河[12]等地进行发掘。本次白杨河上游墓群的发掘，是继2010年之后在该流域的第三次发掘，至此，发掘已涵盖整个流域，对全面揭示白杨河流域考古学文化面貌、构建博格达山北麓区域考古文化序列等具有重要的价值。

（1）墓葬类型丰富，时代脉络清晰。

本次发掘，墓葬数量众多，类型丰富，有石棺墓、竖穴土坑、竖穴石棺、竖穴偏室、竖穴洞室多种类型。从地表特征看，石棺墓封堆低矮或无封堆，其他类型的墓葬多有土石封堆。石棺墓多位于地势较高的山梁或台地上，竖穴石棺墓集中分布在3号墓地，竖穴偏室、洞室墓分布在2、3号墓地，竖穴土坑墓在整个墓地均有分布，数量约占半数，是流行时间最长的墓葬类型，其余类型的墓葬数量相对较少。

石棺墓埋藏浅，多被盗扰，遗物仅见少量铜器和陶片。石棺墓在阿勒泰[13]、博乐[14]、伊犁[15]、塔城[16]、石河子[17]、昌吉[18]、哈密[19]地区均有发现，是新疆天山以北地区典型的一种早期墓葬类型。我们对保存较好的石棺墓做了^{14}C测年，其中ⅡM13年代偏早（见下表），其余标本正在测试尚未出结果。根据富蕴海子口墓地[20]、阜康白杨河中下游墓群[21]石棺墓测年（见下表），结合其他地区的同类墓葬，推测其年代为公元前14～前11世纪，为青铜时代晚期的墓葬遗存。

竖穴石棺墓集中分布，葬式葬俗统一，随葬陶器最为丰富，与阜康臭煤沟墓地[22]、吉木萨尔二工河水库墓地[23]墓葬相似，出土陶器的类型在吐鲁番交河沟北墓地[24]也有发现，年代大体为汉代前后；竖穴土坑墓葬俗葬式多样，随葬器物类型丰富，年代自早期铁器时代延续至晋唐时期。其中有少量葬马墓，葬马墓在白杨河中游、下游及吉木萨尔二工河水库墓地均有发现，与“殉”马不同，体现了对一些特殊的“马”的安葬之俗。

竖穴偏室、洞室墓除墓室方位不同外，其葬俗葬式体现出极大的相似性，均单人一次葬，大多殉马，随葬器物以铜镜、牌饰、耳环等佩饰，以及马具、带具、箭箙等为主，除偶见纺轮外，不见其他陶器，同类墓葬在阜康西沟、白杨河下游、木垒干沟、吉木萨尔二工河水库等墓地均占一定比例，部分墓葬出土有“开元通宝”钱币，为墓葬年代的判定提供了重要依据。根据阜康白杨河流域的墓葬测年（表一），结合周边地区同类墓葬特征，推测竖穴偏室墓年代为7～10世纪。竖穴洞室墓随葬器物与竖穴偏室墓较为相似，埋葬方式更为隐蔽，测年数据显示，该类墓葬的年代比竖穴偏室墓相对略晚（表一），推测可能由竖穴偏室墓发展演变而来。

表一　阜康白杨河上游墓群与周边地区墓葬^{14}C测年数据对比表

墓葬类型	墓地名称	墓葬编号	^{14}C年代	树轮校正年代
石棺墓	阜康白杨河上游墓群	ⅡM13	3255 ± 25 BP	1612BC～1495BC
	阜康白杨河中下游墓群[25]	ⅣBM228	3030 ± 30 BP	1396BC～1195BC
		ⅣBM291	2990 ± 30 BP	1301BC～1118BC
	富蕴海子口墓地[26]	M8A	3020 ± 40 BP	1397BC～1156BC
		M8B	2960 ± 40 BP	1286BC～1031BC
火塘（ⅡM13附近）	阜康白杨河上游墓群	Z1	烧骨：2940 ± 25 BP	1221BC～1051BC
			灰烬：2925 ± 30 BP	1215BC～1022BC
竖穴土坑墓	阜康白杨河上游墓群	ⅡM18	1380 ± 25 BP	614AD～674AD
		ⅡM19	985 ± 20 BP	996AD～1050AD
竖穴偏室墓	阜康白杨河上游墓群	ⅡM7	1220 ± 25 BP	764AD～886AD
		ⅡM16	1090 ± 25 BP	893AD～1013AD
	阜康白杨河墓地[27]	M25	1395 ± 30 BP	640AD～720AD
		M36	1170 ± 30 BP	860AD～900AD
竖穴洞室墓	阜康白杨河上游墓群	ⅡM9	880 ± 25 BP	1119AD～1220AD
	阜康白杨河墓地	M12	890 ± 25 BP	1155AD～1260AD
		M13	980 ± 30 BP	1020AD～1170AD
		M16	995 ± 25 BP	1020AD～1060AD
		M37	1155 ± 25 BP	880AD～990AD

（2）墓葬、遗址、岩画一体，游牧特征显著。

白杨河上游地处博格达山北麓山前，依山傍河，牧草茂盛，是理想的放牧之地。白杨河发源于博格达山北部冰川，是阜康市最大的河流，在河流出山口的台地上，分布大量冰川漂砾石，其中部分褐色岩石的向阳面刻有岩画，岩画图案以北山羊为主，多已漫漶。墓地中发现有零星的遗址，遗址堆积中畜骨丰富。显然，白杨河上游的气候及环境，决定了这里自古以来以牧为主的生业方式和经济形态。

目前发现有火塘的房址中，尼勒克吉仁台沟口房址的年代为青铜时代[28]，和静重工业园、和硕红山沟遗址中的房址年代约为公元前4世纪左右[29]。火塘（灶址）在阜康以东的木垒四道沟遗址中也有发现，有直径约0.8米的圆形卵石底灶[30]。我们对白杨河上游灶址（Z1）内的灰烬及烧骨均作了测年（表一），数据基本一致，年代约为公元前13世纪，与吉仁台沟口遗址的房址年代较为接近。这些零星的火塘、灶址遗迹，为我们探索早期人类生活方式提供了重要材料。

（3）地处天山通道，文化交流特征突出。

白杨河流域地处沟通南北、联结东西的十字通道，其上游地区位于通道的前沿。自白杨河上游向南，越天山沟谷地可到达吐鲁番盆地；自白杨河下游向北，可与丝绸之路北道相连。白杨河上游墓群出土的各类器物，充分显示了文化交流的特征。

从陶器特征来看，白杨河上游墓群的部分陶器与阜北农场基建队、臭煤沟等墓地陶器有相似之处，属于四道沟上层类型，年代大致在公元前 7 ~ 前 4 世纪，属于苏贝希文化的范畴[31]。苏贝希文化遗存主要集中在博格达山南北两侧山前地带或山谷间[32]，白杨河上游陶器与苏贝希文化器物第二组及第三组早段器形相似，这些器物在苏贝希墓地以及乌鲁木齐柴窝堡林场墓地[33]、萨恩萨依墓地[34]、吐鲁番交河沟北、吉木萨尔二工河水库、木垒干沟等墓地均有发现。苏贝希文化第二期年代在公元前7 ~ 前5世纪，第三期早段年代在公元前5 ~ 前3世纪，第三期晚段已经进入西汉时期[35]。白杨河上游地处南北疆交流的前沿，受其影响明显。

墓群中的竖穴偏室、洞室墓以及葬马墓中，均出土马具及带具、箭箙等，不见常用陶器，与早期墓葬明显不同，应为晚期活跃于天山北部游牧民族的遗存，而“开元通宝”钱币、团花纹铜镜等均体现出中原文化对该地的影响。此外，墓地出土的各类珠饰及牌饰等，不仅体现了人们对美好事物的喜爱和追求，也是白杨河上游与外界沟通交流的反映。

附记：本次发掘得到昌吉州文物局、阜康市文体广电局（文物局）的大力支持和帮助，谨致诚挚的谢意！

领队：阮秋荣

发掘：闫雪梅　张铁男　张　杰　多斯江
宋会宇　鲁礼鹏　艾尼瓦尔
付　昶　王新磊　张奋强

绘图：张奋强　阿力木　鲁礼鹏　付　昶
艾尼瓦尔　王新磊　冯　超
多斯江　徐佑成　闫雪梅

照相：刘玉生　鲁礼鹏　王新磊　闫雪梅
修复：尼加提　哈　里　宋会宇
执笔：闫雪梅　鲁礼鹏　张奋强

注　释

［1］新疆文物考古研究所：《2015年尼勒克吉仁台沟口遗址和墓地考古收获》，《新疆文物》2015年第3、4期。

［2］新疆文物考古研究所：《和静县和静重工业园区古遗址考古发掘报告》，《新疆文物》2015年第1期。

［3］新疆文物考古研究所：《和硕县红山沟遗址考古发掘报告》，《新疆文物》2016年第2期。

［4］新疆文物考古研究所、阜康市文管会：《阜康市阜北农场基建队古遗存调查》，《新疆文物》1995年第1期。

［5］新疆文物考古研究所：《阜康市三工乡古墓葬发掘简报》，《新疆文物》1999年第3、4期。

［6］新疆文物考古研究所：《阜康市南泉“胡须”墓发掘简报》，《新疆文物》1996年第2期。

［7］新疆文物考古研究所：《阜康市白杨河墓地发掘简报》，《新疆文物》2012年第1期；《阜康市大黄山一分厂墓地发掘报告》，《新疆文物》2013年第2期。

［8］新疆文物考古研究所：《阜康市臭煤沟墓地发掘简报》，《新疆文物》2012年第1期。

［9］新疆文物考古研究所：《阜康市西沟墓地、遗址考古发掘简报》，《新疆文物》2016年第1期。

［10］新疆文物考古研究所2017年6月发掘，资料已整理。

［11］新疆博物馆考古部2017年6～8月发掘，资料已整理。

［12］新疆文物考古研究所、新疆博物馆2017、2018年发掘，资料正在整理。

［13］新疆文物考古研究所：《2009年阿勒泰市克孜加尔墓地考古发掘简报》，《新疆文物》2010年第1期；新疆文物考古研究所：《富蕴县海子口墓地考古发掘简报》，《新疆文物》2018年第3、4期；新疆文物考古研究所：《哈巴河县阿依托汗一号墓群考古发掘报告》，《新疆文物》2017年第2期。

［14］新疆文物考古研究所：《温泉县阿日夏特水库墓群考古发掘简报》，《新疆文物》2012年第2期。

［15］新疆文物考古研究所：《2014年尼勒克乌吐兰墓地考古发掘报告》，《新疆文物》2015年第2期。

［16］新疆文物考古研究所：《塔城白杨河墓地考古发掘简报》，《新疆文物》2012年第2期；新疆文物考古研究所：《和布克赛尔县219国道松树沟墓地考古发掘报告》，《新疆文物》2018年第1、2期。

［17］新疆文物考古研究所、石河子市博物馆：《石河子市古墓》，《新疆文物》1994年第4期。

［18］新疆文物考古研究所：《阜康市三工乡古墓葬发掘简报》，《新疆文物》1999年第3、4期。

［19］新疆文物考古研究所：《新疆木垒县干沟遗址发掘简报》，《文物》2013年第12期。

［20］ 新疆文物考古研究所：《富蕴县海子口墓地考古发掘简报》，《新疆文物》2018年第3、4期。

［21］ 2017～2018年新疆文物考古研究所发掘，资料正在整理，部分墓葬作了测年。

［22］ 新疆文物考古研究所：《阜康市臭煤沟墓地发掘简报》，《新疆文物》2012年第1期。

［23］ 新疆文物考古研究所：《吉木萨尔二工河水库墓地发掘报告》，《新疆文物》2013年第1期。

［24］ 联合国教科文组织驻中国代表处、新疆文物事业管理局、新疆文物考古研究所：《交河故城——1993、1994年度考古发掘报告》，东方出版社，1998年。

［25］ 新疆文物考古研究所、新疆博物馆2017、2018年发掘，资料正在整理。

［26］ 新疆文物考古研究所：《富蕴县海子口墓地考古发掘简报》，《新疆文物》2018年第3、4期。

［27］ 新疆文物考古研究所：《阜康市白杨河墓地发掘简报》，《新疆文物》2012年第1期。

［28］ 新疆文物考古研究所：《2015年尼勒克吉仁台沟口遗址和墓地考古收获》，《新疆文物》2015年第3、4期。

［29］ 新疆文物考古研究所：《和静县和静重工业园区古遗址考古发掘报告》，《新疆文物》2015年第1期；新疆文物考古研究所：《和硕县红山沟遗址考古发掘报告》，《新疆文物》2016年第2期。

［30］ 新疆维吾尔自治区文管会：《新疆木垒县四道沟遗址》，《考古》1982年第2期。

［31］ 郭物：《新疆史前晚期社会的考古学研究》，上海古籍出版社，2012年。

［32］ 邵会秋：《新疆史前时期文化格局的演进及其与周邻文化的关系》，科学出版社，2018年，第92页。

［33］ 新疆文物考古研究所等：《乌鲁木齐市柴窝堡林场Ⅰ、Ⅲ、Ⅳ号点墓葬发掘》，《新疆文物》2000年第1、2期。

［34］ 新疆文物考古研究所：《新疆萨恩萨伊墓地》，文物出版社，2013年。

［35］ 邵会秋：《新疆史前时期文化格局的演进及其与周邻文化的关系》，科学出版社，2018年，第92页。

附表　阜康白杨河上游墓群墓葬、遗址统计表

墓号	封堆	墓葬形制	墓向（°）	人数	年龄	性别	葬式				随葬器物	备注
							一次葬	二次葬	仰身直肢	侧身屈肢		
ⅠM1	近圆形土石封堆	竖穴土坑	60	1	成人						陶盆1、石磨盘2、石锄2、单耳彩陶罐1	被盗，骨殖不全
ⅠM2	近圆形土石封堆	竖穴土坑	10									被盗无人骨
ⅠM3	近圆形土石封堆	竖穴土坑	280	1	成人	女	√		√		铜锥1、骨纺轮1	
ⅠM4	圆形石圈石堆	竖穴土坑	263	1	小		√		√			
ⅡM1A	近圆形土石封堆	竖穴土坑	294				√			√		葬1马
ⅡM1B		竖穴偏室	294	1	成人		√		√		铜镜1、铜环1、铜带具1组、陶纺轮1、铜刀柄1、织物2	殉1马
ⅡM2A	近圆形土石封堆	竖穴土坑	290								单耳彩陶罐1、陶钵1、双耳彩陶罐1	被盗人骨少
ⅡM2B		地表葬人	243	1			√		√			
ⅡM3	近圆形土石封堆	竖穴土坑	262				√			√		葬1马
ⅡM4	近圆形土石封堆	竖穴土坑	180	3								多人葬
ⅡM5	近圆形土石封堆	竖穴洞室	273	1							被盗，少量人骨	
ⅡM6	近圆形土石封堆	竖穴洞室	260	1	成人						被盗，少量人骨	

续表

墓号	封堆	墓葬形制	墓向（°）	人数	年龄	性别	葬式				随葬器物	备注
							一次葬	二次葬	仰身直肢	侧身屈肢		
ⅡM7	近圆形土石封堆	竖穴偏室	280	1	成人	男	√		√		“开元通宝”1、骨弓弭1	
ⅡM8	近圆形土石封堆	竖穴土坑	270				√			√	铜带饰5、铁马镫1	葬1马
ⅡM9	近圆形土石封堆	竖穴洞室	270	1	成人		√		√		铜牌饰2、陶纺轮1、铜耳环1、木柄铁刀1、珠饰2	
ⅡM10	近圆形土石封堆	竖穴偏室	270	1	成人	男	√		√		彩陶壶1、骨器1、铜带扣1、铁镞1、穿孔石器1、铜耳环1	殉1马
ⅡM11	近圆形土石封堆	竖穴土坑	280	1	小孩		√					俯身葬
ⅡM12	近圆形土石封堆	竖穴土坑	240	1	成人	女	√		√		金耳环1、铁刀1	
ⅡM13	近圆形石堆	石棺墓	90	1	成人	男		√		√	铜卷4	
ⅡM14	土石混合封堆	竖穴土坑	242	1	成人	男	√			√	陶罐1、小陶罐1、铁器1	
ⅡM15	近圆形土石堆	竖穴土坑	280	1	成人	女	√		√		陶罐1、陶钵1	
ⅡM16	椭圆形石堆	竖穴偏室	240	1	成人	女	√		√		铜耳环2、铜饰件2、铜带具1条、铜脚链2、铁马镫2	
ⅡM17	近圆形土石封堆	竖穴土坑	178				√			√	箭箙1、铜带扣1、铜带饰3、铁镞2	葬1马
ⅡM18	近圆形土石堆	竖穴土坑	272	1	成人	男	√		√		铁刀1	

续表

墓号	封堆	墓葬形制	墓向（°）	人数	年龄	性别	葬式				随葬器物	备注
							一次葬	二次葬	仰身直肢	侧身屈肢		
ⅡM19	近圆形土石堆	竖穴土坑	270	1	成人		√		√		铜镜1、铜饰件2、铜耳环2、铁刀1、铁马镫1	
ⅢM1	不规则石堆											无墓室
ⅢM2	近圆形土石封堆	竖穴土坑	305	2	成人	女	√		√		陶杯1、彩陶壶1	
ⅢM3	无封堆	石棺墓	125									无人骨
ⅢM4	无封堆	石棺墓	76									无人骨
ⅢM5	无封堆	石棺墓	45									无人骨
ⅢM6	近圆形土石封堆	竖穴土坑				男					铜戒指1、耳环1、铜扣1、铜饰3、铁镞1、铜环1、织物1	被盗墓
ⅢM7	近圆形石堆	竖穴土坑										无人骨
ⅢM8	近圆形石堆	竖穴土坑										无人骨
ⅢM9	无封堆	石棺墓	0									无人骨
ⅢM10	近圆形石堆										单耳罐1、石磨盘2	无人骨
ⅢM11	近圆形石堆											无墓室
ⅢM12	近圆形石堆	竖穴偏室	264	1	成人	女	√		√		铜镜1、铜戒指2、铜耳环1、铁刀1、马镫1、马衔1	殉1马

续表

墓号	封堆	墓葬形制	墓向（°）	人数	年龄	性别	葬式				随葬器物	备注
							一次葬	二次葬	仰身直肢	侧身屈肢		
ⅢM13	近圆形石堆	竖穴土坑										无人骨
ⅢM14	近圆形石堆	竖穴土坑										无人骨
ⅢM15	近圆形土石封堆	竖穴土坑	300	1	成人	男	√		√		铁刀1	
ⅢM16	圆形土石封堆	竖穴洞室	195	1	成人	男	√		√		铜镯4、马鞍1、木盘1、箭杆1、铁镞2、铁刀1、带饰4、铜扣4、箭菔1、骨饰1、木结具1	
ⅢM17	圆形土石封堆	竖穴土坑	305	1	成人	男	√		√		陶罐1、陶钵1、铁刀1、砺石1	
ⅢM18	近圆形石堆	竖穴土坑	290	1	小孩		√		√		单耳罐1、陶钵1、铜耳环1	
ⅢM19	不规则土石封堆	竖穴土坑	235	1	成人	女	√		√		单耳罐2、陶壶1、陶钵1	
ⅢM20	不规则石堆	竖穴土坑	317	1	成人	男	√		√		单耳罐2、陶罐1、陶钵2、铁刀1	
ⅢM21	近圆形土石封堆	竖穴石棺	315	1	成人	男	√		√		单耳罐2、铜耳环1、铁簪1、铁刀1	
ⅢM22	近圆形土石封堆	竖穴石棺	315	1	成人	女	√			√	陶瓶1、陶钵1、陶杯2、铁簪1	
ⅢM23	土石封堆	竖穴石棺		2	成人	女	√		√		单耳罐1、陶钵1、玛瑙珠1、铁刀1、铁簪1	
ⅢM24	近圆形土石封堆	竖穴石室	305									被盗

续表

墓号	封堆	墓葬形制	墓向（°）	人数	年龄	性别	葬式				随葬器物	备注
							一次葬	二次葬	仰身直肢	侧身屈肢		
ⅢM25	近圆形土石封堆	竖穴偏室	284	1	成人	男	√		√		铜带具1组、铁镞7、铁马镫1、刀鞘1、织物1	殉1马
ⅢM26	近圆形土石封堆	竖穴洞室	303	1	成人	女	√		√		铜带具1组、铜脚链1、铜耳环2、铁马镫2、木马鞍1、箭箙1	殉1马
ⅢM27	封堆不明显	竖穴石棺	15	1	成人	男	√		√		单耳带流罐1、陶钵1、单耳杯1	
ⅢM28	无封堆	竖穴土坑	305	1	成人		√		√		蚀花玛瑙珠2	
ⅢM29	无封堆	竖穴石棺	10	1	成人	男	√		√		陶钵1	
ⅢM30	无封堆	竖穴土坑	335	1	成人	男	√			√?	陶罐1	
ⅢM31	封堆不明显	竖穴土坑	305	1	成人	女					单耳罐2	少量人骨
ⅢM32	无封堆	竖穴石棺	133	1	成人	女	√		√		陶杯1、铜耳环1、玛瑙珠1	
ⅢM33	圆形土石封堆	竖穴土坑	310	1	成人	男	√		√		单耳罐1	
ⅢM34	圆形土石封堆	竖穴石棺	295	2	成人	男		√			陶壶1、陶杯2	1成人1孩
ⅢM35	不规则土石封堆	竖穴土坑	300	3	成人		√		√		陶罐1、陶钵4、陶杯1、铁刀4	1男2女
ⅢM36	圆形土石封堆	竖穴石棺	305	1	成人	男	√		√		双耳罐1、单耳罐3、陶钵1、陶壶1	
ⅢM37	圆形土石封堆	竖穴土坑	135									无人骨

续表

墓号	封堆	墓葬形制	墓向（°）	人数	年龄	性别	葬式				随葬器物	备注
							一次葬	二次葬	仰身直肢	侧身屈肢		
ⅢM38	不规则形石堆	竖穴土坑	305	1	成人	男	√		√		兽首、铜刀1	
ⅢM39	近圆形石堆	竖穴偏室	290	1	成人	女	√		√		铜耳环2	
ⅢM40	近圆形土石堆	竖穴偏室	295								铜带具1组、铁马镫1	被盗墓
ⅢM41	无封堆	石棺墓	140	1	成人					√		
ⅢM42	不规则形石堆	竖穴土坑										无人骨
ⅢM43	不规则形石堆	竖穴土坑										无人骨
ⅢM44	不规则土石封堆	竖穴偏室	294	1	成人	男	√		√		铜带扣1、铁镞4、铜饰1、马衔1	殉1马
ⅢM45	圆形石堆	竖穴土坑	274	1	成人	男	√		√		铜镜1	
ⅢM46	无封堆	石棺墓	130									无人骨
ⅢM47	无封堆	石棺墓	104									无人骨
ⅢM48	无封堆	石棺墓	120	1	幼儿							少量人骨
ⅢM49	无封堆	石棺墓	120									少量人骨
ⅢM50	无封堆	石棺墓	105	1	幼儿		√			√		
ⅢM51	无封堆	石棺墓	84	1	成人						铜珠1、陶片4	少量人骨
ⅢM52	无封堆	石棺墓	120	1	成人					√	铜锥1、铜片1、陶片2	
ⅢM53	无封堆	石棺墓	105	1	成人	男	√			√	铜管1、铜耳环1	

续表

墓号	封堆	墓葬形制	墓向（°）	人数	年龄	性别	葬式				随葬器物	备注
							一次葬	二次葬	仰身直肢	侧身屈肢		
ⅢM54	无封堆	竖穴土坑	305								铜铆钉1	少量人骨
ⅢM55	无封堆	竖穴土坑	305									少量人骨
ⅢM56	无封堆	竖穴土坑	310								石磨盘1、铜片1	少量人骨
ⅢM57	无封堆	石棺墓	103	1								少量人骨
ⅢM58	圆形土石封堆	竖穴土坑	75	多人				√			陶罐1、铁器1	
ⅢM59	椭圆形土石堆	竖穴偏室	300	1	成人							少量人骨
ⅢM60	圆形土石封堆	竖穴偏室	295	1	成人						陶钵1、铁器1、骨马镳1	少量人骨
ⅢM61	封堆被破坏										陶杯1	被盗墓
FSM1	近圆形土石封堆	竖穴洞室	294	1	成人	女	√		√		马鞍1、铜带具1组、铜耳环2、马镳1、马镫1、马衔1、木柄铁锥1、铜刀柄2、织物1	殉1马
Z1	近圆形石堆										烧骨	
F1	不规则积石堆	不规则形									夹砂陶器残片、残畜骨、石磨盘（采集）	

阜康市四工河墓地发掘简报

新疆博物馆考古部

2017年7月初至9月底，为配合阜康市四工河水库工程建设项目，新疆博物馆考古部对工程涉及的古墓葬进行了抢救性清理发掘，共计发掘清理墓葬57座，现将考古发掘简报如下。

一、地理位置

昌吉州阜康市四工河水库建设项目坝址位于阜康市四工河进山口以南7千米处，墓地就位于四工河水库坝址以南约3千米的范围内，沿四工河西岸台地的山梁上呈链状或集中分布（图一）。地理坐标为北纬44°4′16.7″，东经88°5′27.66″，海拔974米。

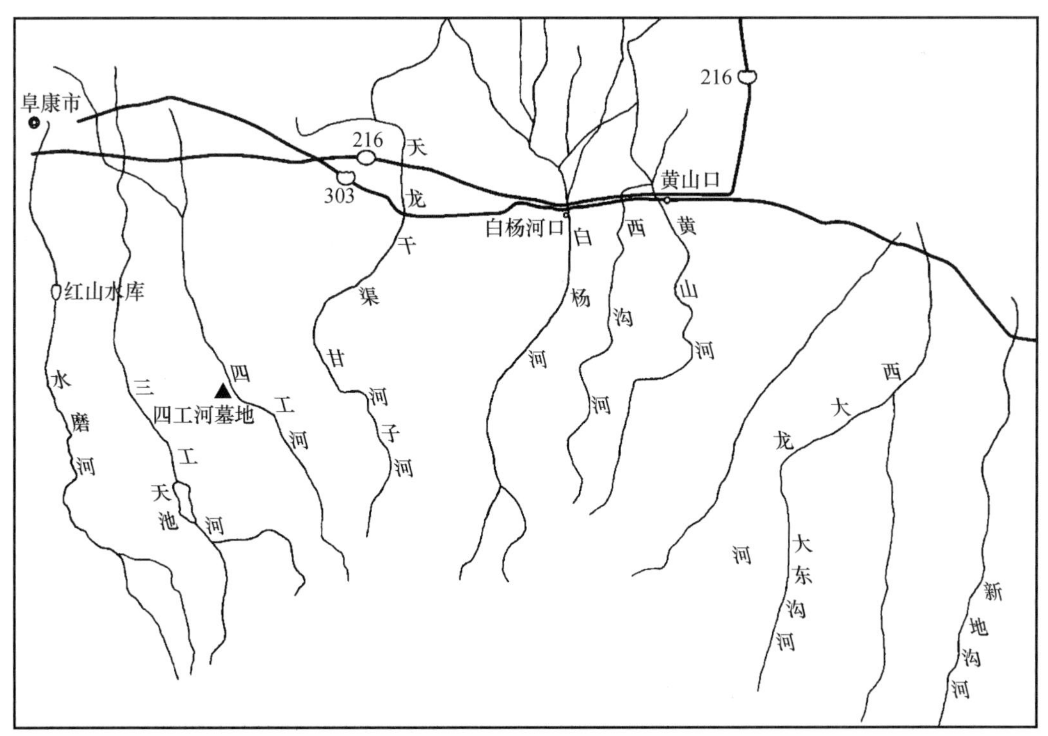

图一　阜康市四工河墓地位置示意图

二、墓地概述

墓葬分布在四工河西岸连绵起伏的二级台地的山梁上。这些山梁褶皱起伏、高低有别，地表生长着牧草及低矮灌木，适宜放牧；其灌溉及人畜用水主要来自于从南向北流淌的四工河，而四工河的河水则来源于博格达山北麓的冰雪融水。

由于墓葬沿四工河西岸南北分布距离较长，所以我们借用四工河水库项目方对水库淹没区的划分，由南向北沿四工河河床西岸，分别在S区以南、S区、D区和A区四个点进行了发掘清理工作。其中S区以南清理了15座、S区清理了29座、D区清理了9座、A区清理了4座（图版七，1）。

从墓地墓葬的空间布局上看，四工河西岸台地上的墓葬分布相对分散，个别片区则相对集中。相对集中的墓葬间距较小，近者封堆相连。墓葬地表封堆多不明显，多为土石混合而成，有圆形、橄榄形和长方形等，有些是石堆和石围组合而成的混合封堆。封堆以直径2～5米的居多，个别墓葬封堆直径可达6～8、高0.2～0.5米，还有个别墓葬顶部或侧方有明显的盗坑（图二）。

三、墓葬形制

57座墓葬中除了7座在土石混合封堆下面不见明显考古遗迹现象外（即无墓室），其余墓葬依墓室结构可分为竖穴土坑墓（26座）、竖穴土坑石棺墓（5座）、竖穴土坑石室墓（2座）、竖穴墓道偏室墓（12座）、竖穴墓道洞室墓（5座）等5大类；竖穴墓道偏室墓的偏室与墓道相对应的方向有东、南、西、北之分，具体情况为南偏室5座、东偏室1座、北偏室2座、西偏室1座，其中5座墓的竖穴墓道内有殉马现象。竖穴墓道洞室墓的墓道一般位于洞室的东部，墓道底部均陪葬有一匹马。葬式以单人仰身直肢葬为主，少量双人合葬。

因墓葬地处四工河西岸河床的二级台地上，土质潮湿，有机物质不易保存，像铁器、纺织品等均朽蚀或腐蚀严重，多不易辨别器形。加上人为盗扰因素，故出土遗物不多；目前可见出土遗物质地以陶、铜、铁为主，少量金、银、琉璃、骨器和纺织品等遗物，出土遗物达170余件（组）。

（一）竖穴土坑墓

共26座。地表均有平面略呈圆形、长方形或不规则形，且大小不等的土石混合封堆，大部分为仅在地表露出了部分的卵石和周围的石围组成，绝大部分墓葬被盗扰。现择5座保存稍好，随葬遗物较多的加以介绍。墓室平面呈圆角长方形或方形，深浅不等，多为东西向或近东西向。葬式以单人仰身直肢葬为主，头向多向西，个别为双人葬。出土遗物很少，主要有陶器、铜器、铁器及少量金器、骨器和石器等。

1. M8

位于四工河水库大坝S区外南端，四工河西岸河床二级台地的第一道山梁上，南邻M14，西南与M6相望。

不规则形土石混合封堆依山梁而建，其间长满杂草，封堆上石头露出地表的较少，置放很乱，但封堆中没有任何遗物出土。长4.8、宽3.1、高约0.3米（图三）。

圆角长方形竖穴土坑墓，墓向332°。墓口平面为圆角长方形，长2.9、宽1.36、深约0.3米；墓室填土为黄土，距墓口深约1.4米，开始出现个体骨殖和随葬遗物。墓底平面亦为圆角长方形，长2.8、宽1.46、深约1.56米。

单人葬。墓底埋葬有一个个体的骨殖，因土质潮湿，个体骨殖保存很差，动辄呈粉状。头向西北，面朝南，仰身直肢葬。另外在墓室西北角有一些马的残骨殖。在个体颅骨西侧旁靠近西壁，随葬有1件灰陶罐，口、腹有裂痕但可复原；墓室北壁近东角出土了1件较小的石磨盘；另外在个体胸部发现残铁器1组，残为9块，在左臂和肋骨间出土残铁箭镞2件，另在左手手指旁和右臂外侧分别各出土了1件残铁刀，右手指旁也出土了1件残铁刀（图四）。

出土随葬遗物不多，从质地上看有陶器、铁器和石器等，器形有陶罐、残铁刀、残铁箭镞和石磨盘等。

陶罐　1件。M8：1，口形不规整，口、腹有裂痕，近底部残损部分。夹粗砂灰陶，素面，侈口，口部平面略呈椭圆形，圆唇，束颈，深弧腹，平底，器表有使用过的黑色烟炱；通高15.9、口径11.8～12.1、腹径13.4～14、底径8.4厘米（图五，10）。

铁器7件（组）。器形有不明功用的残铁件和残铁刀、残铁箭镞等。

残铁件　2组。

残铁件　1组。M8：2，位于个体胸部，残为9块，看不出明显器形，大块长约5、小块长约2厘米。

残铁件　1组。M8：5，无法辨认器形，位于个体腹部，共有15件残块，能辨认出4个呈环状，其中2个残存一半，2个完整，略呈椭圆形，因锈蚀原因器形不甚规整。

M8：5-1，长径3.2、短径2.7厘米（图五，1）。

M8：5-2，长径3.3、短径2.8厘米（图五，2）。

M8：5-3，长4、残宽3厘米（图五，3）。

M8：5-4，长3、残宽2.6厘米（图五，4）。

残铁刀　3件。其中1件完全解体。

M8：4，柄缺失，刀体呈楔形，从残存刀体看，一侧较厚，应为刀背，因锈迹斑斑，看不出刀刃。残长6.5、宽0.6～1.6、背厚0.4厘米（图五，9）。

北

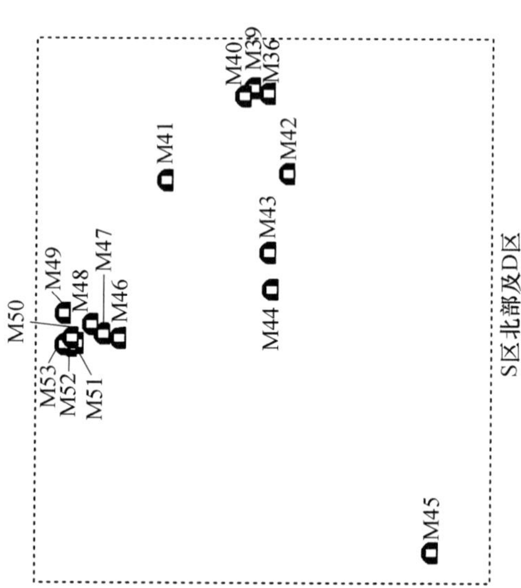
M40
M39
M36
M41
M42
M43
M44
M49
M48
M47
M46
M50
M53
M52
M51
M45
S区北部及D区
M57
M56
M54
M55
A区

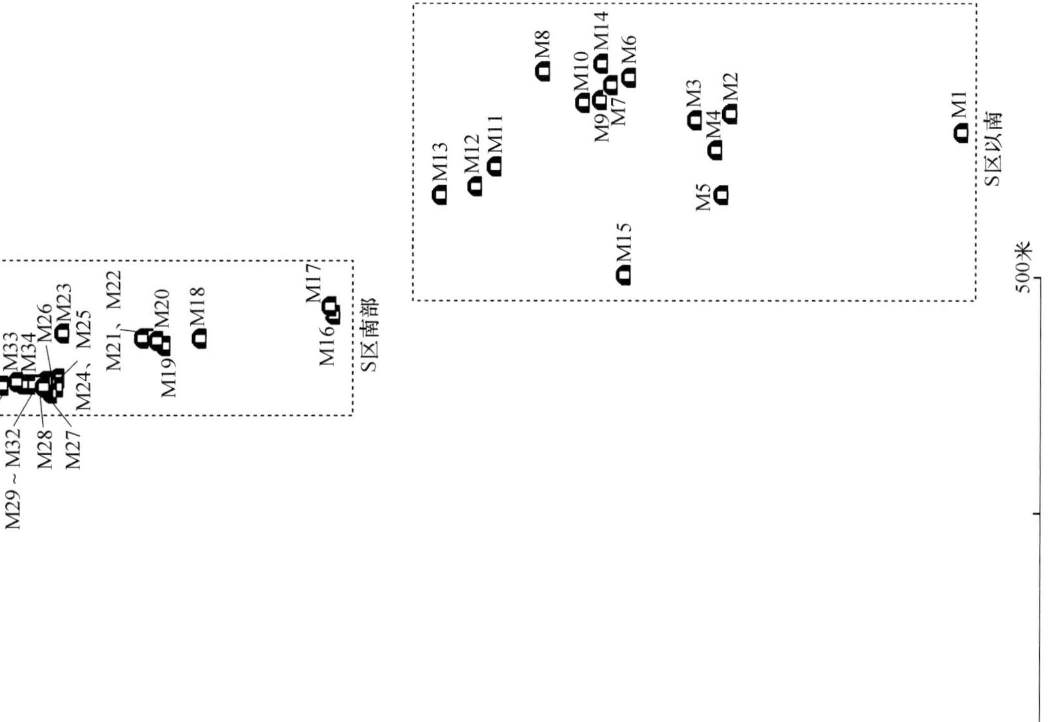

图二 阜康市四工河墓地墓葬分布图

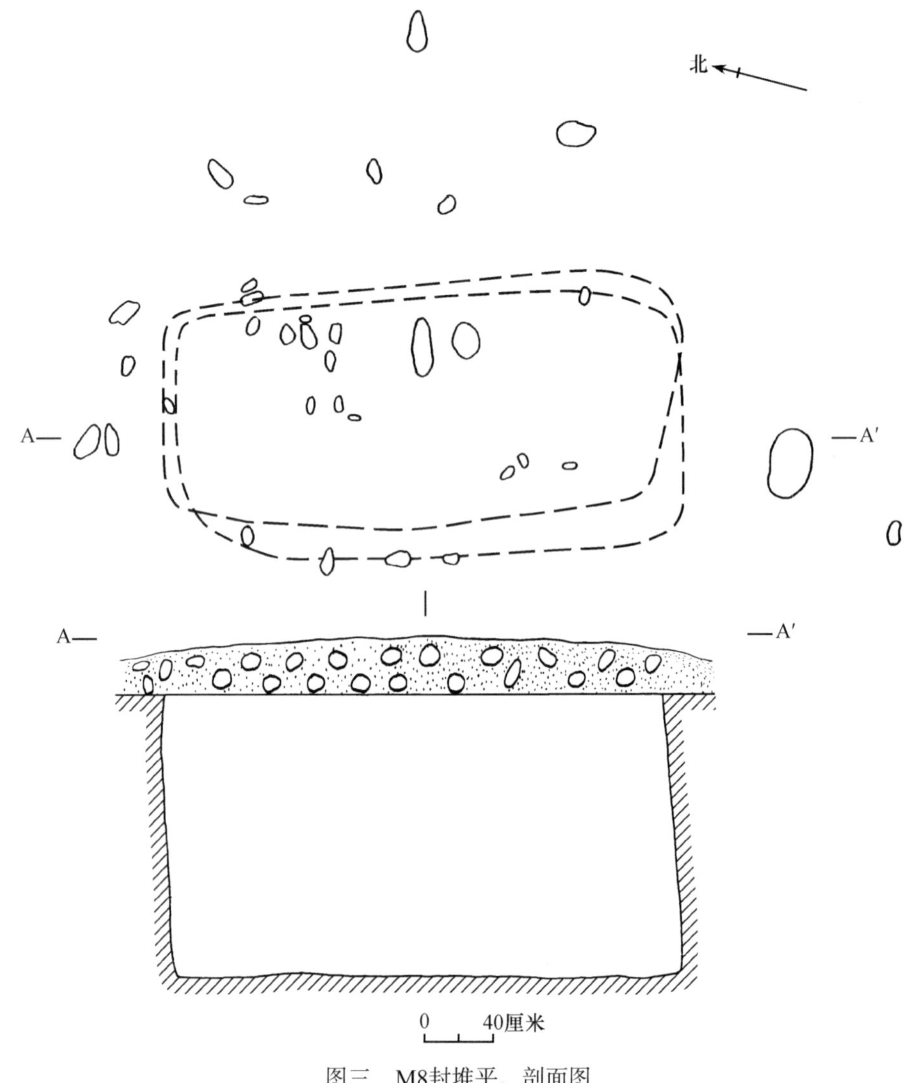

图三　M8封堆平、剖面图

M8：6，柄残断，单刃，刀体上残存木鞘残片，柄端锈斑很厚，从横断面看截面呈锥形，残长6.2、宽1.7、厚0.6～0.8厘米（图五，8）。

M8：7，残损严重，已完全解体，大小不一，最长的约8厘米。

铁箭镞　2件，均残损。其上锈蚀严重，均呈三翼型，尾端带有残箭铤，其上残存木屑。

M8：8-1，残长5.5、翼宽1.8厘米（图五，5）。

M8：8-2，残长4.7、宽1.9厘米（图五，6）。

石磨盘　1件。M8：3，一端稍残。体呈椭圆形，一面圆弧，一面平齐，横截面近半圆形。残长15.2、宽5.5～7.9、厚2.4～4.4厘米（图五，7）。

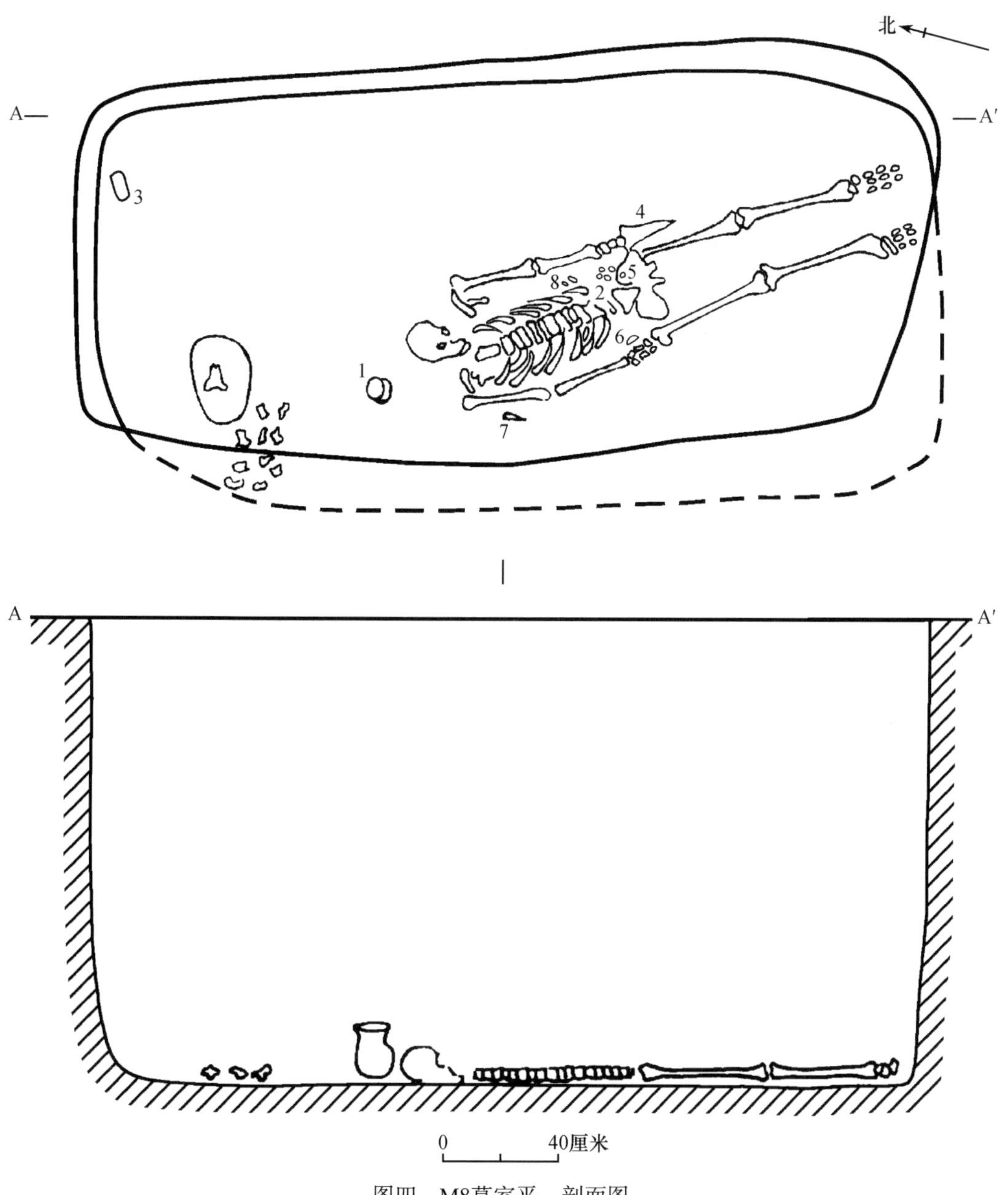

图四　M8墓室平、剖面图

1. 陶罐　2、5. 残铁件　3. 石磨盘　4、6、7. 残铁刀　8. 残铁箭镞

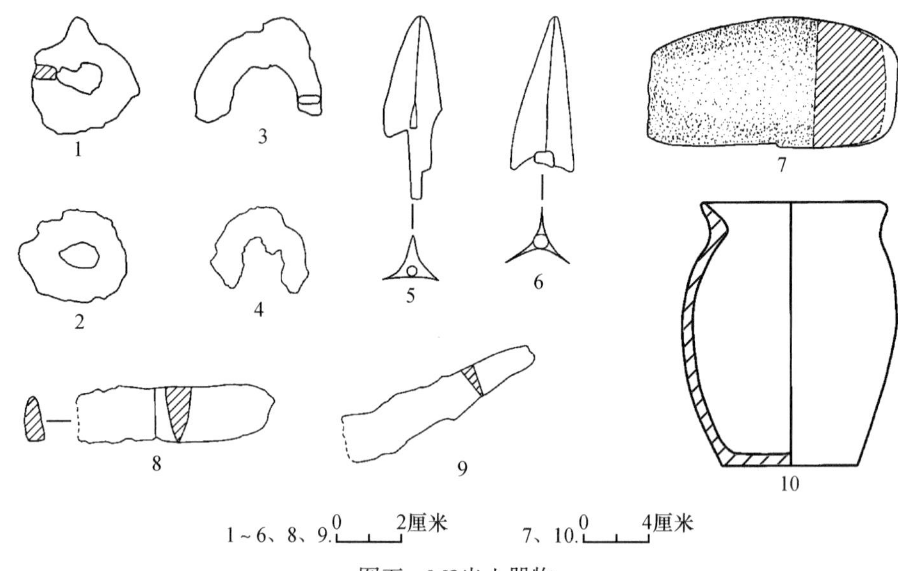

图五　M8出土器物

1～4. 残铁件（M8：5-1、M8：5-2、M8：5-3、M8：5-4）　5、6. 残铁箭镞（M8：8-1、M8：8-2）　7. 石磨盘（M8：3）　8、9. 残铁刀（M8：6、M8：4）　10. 陶罐（M8：1）

2. M26

位于四工河水库S区内南端，四工河河床西岸的二级台地上；西北、西部分别与M28、M27相望，南部和东南部分别与M25、M24相邻。

圆形土石混合封堆，其间长满青草。地表封堆不明显，清除青草后石堆明显，北部卵石较多，南部少，中心几乎无卵石，形成石围，应该是盗扰造成的。封堆直径7.25～7.75、残高0.3～0.4米（图六）。

圆角长方形竖穴土坑墓，墓向260°。墓口长2.76、宽1.92、深0.3～0.4米；在墓口西部1.2米处的封堆下随葬有2件残红陶罐；墓口有近椭圆形的卵石石圈，长径2.9、短径2.7米。墓室填土为黄土和大、小卵石的混合土，直到距墓口深约2.2米处才出土了残陶片和个体的颅骨残片、锁骨及右上臂骨。墓底平面亦为圆角长方形，长2.9、宽1.72、深3.2米。

双人合葬，墓底有2个个体的骨殖。在墓底南侧有1个20～30岁左右的男性个体，其左臂、右小臂和下肢骨均在原解剖位置，余皆被扰乱。从残存骨殖看，个体应头向西，仰身直肢葬，面向不明。在墓底西北角发现有被扰乱的B个体婴儿骨殖。靠近北侧和东北侧墓壁的墓底，残存五处大小不一的小土坑，有的为圆形，有的是长方形，原因不明。

出土遗物不多，以铜器为主，其次为残陶器等。除了封堆中出土的2件残红陶罐及墓室填土中出土的1件残陶片外，在A个体左臂外侧处发现1件残铜扣舌、1件锈蚀很严重的残铁器，以及1件环形铜钮扣饰，里面残存皮革；在其左下臂里侧发现1件残存皮革

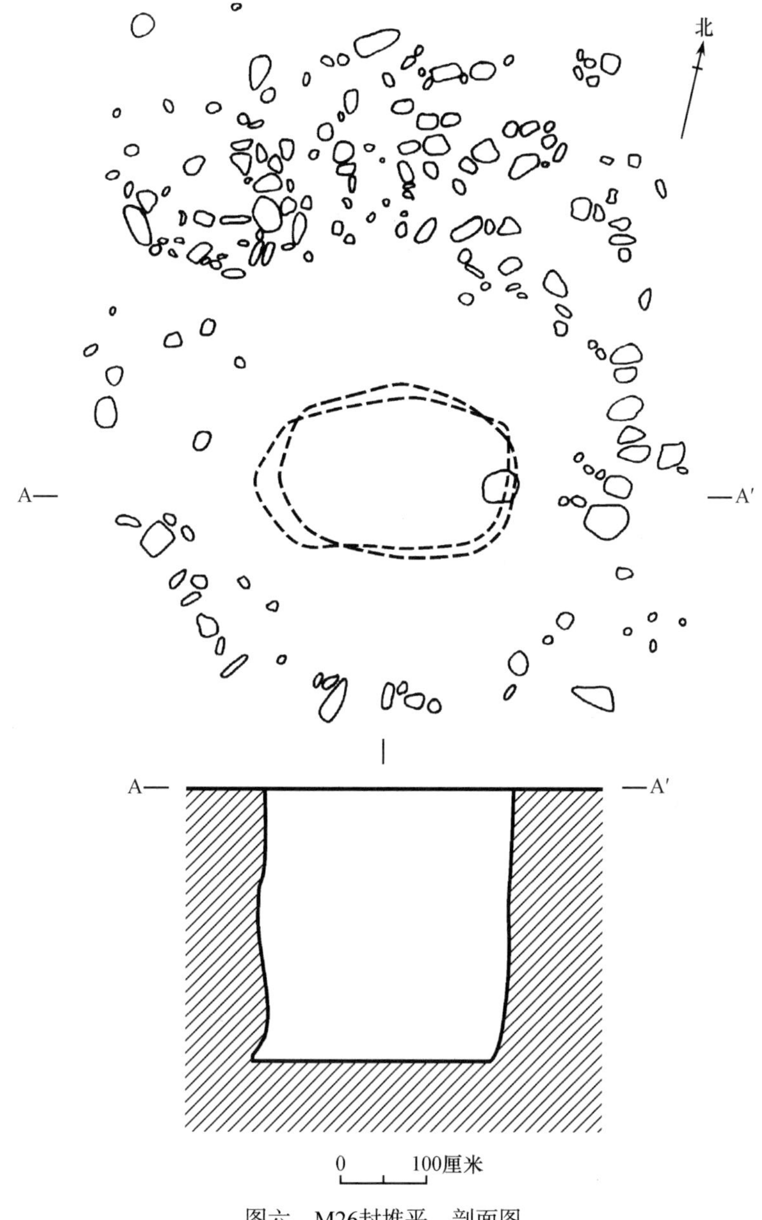

图六 M26封堆平、剖面图

的长方形铜扣，1件残存皮革的鸟首铜带扣，以及1件残留皮革的铜带钩饰（图七）。

因扰乱，出土随葬遗物非常少，除了封堆下随葬的2件残红陶罐外，墓室底部随葬的遗物基本上以铜器为主，仅少量铁器。器形多为实用性的铜饰件。

铜器 5件。器形有铜扣舌、铜纽扣、铜带扣和铜带钩等。

铜扣舌 1件。M26A：2，舌头稍有残损。体呈蛇形弯曲状，扣舌一端加工成环形状，中间为圆形穿孔，扣舌横截面为圆形。残长4.5、直径0.3～0.4厘米（图八，5）。

铜纽扣 1件。M26A：4，完整。体呈圆形，中部凸起，背部中间有一个圆柱，上

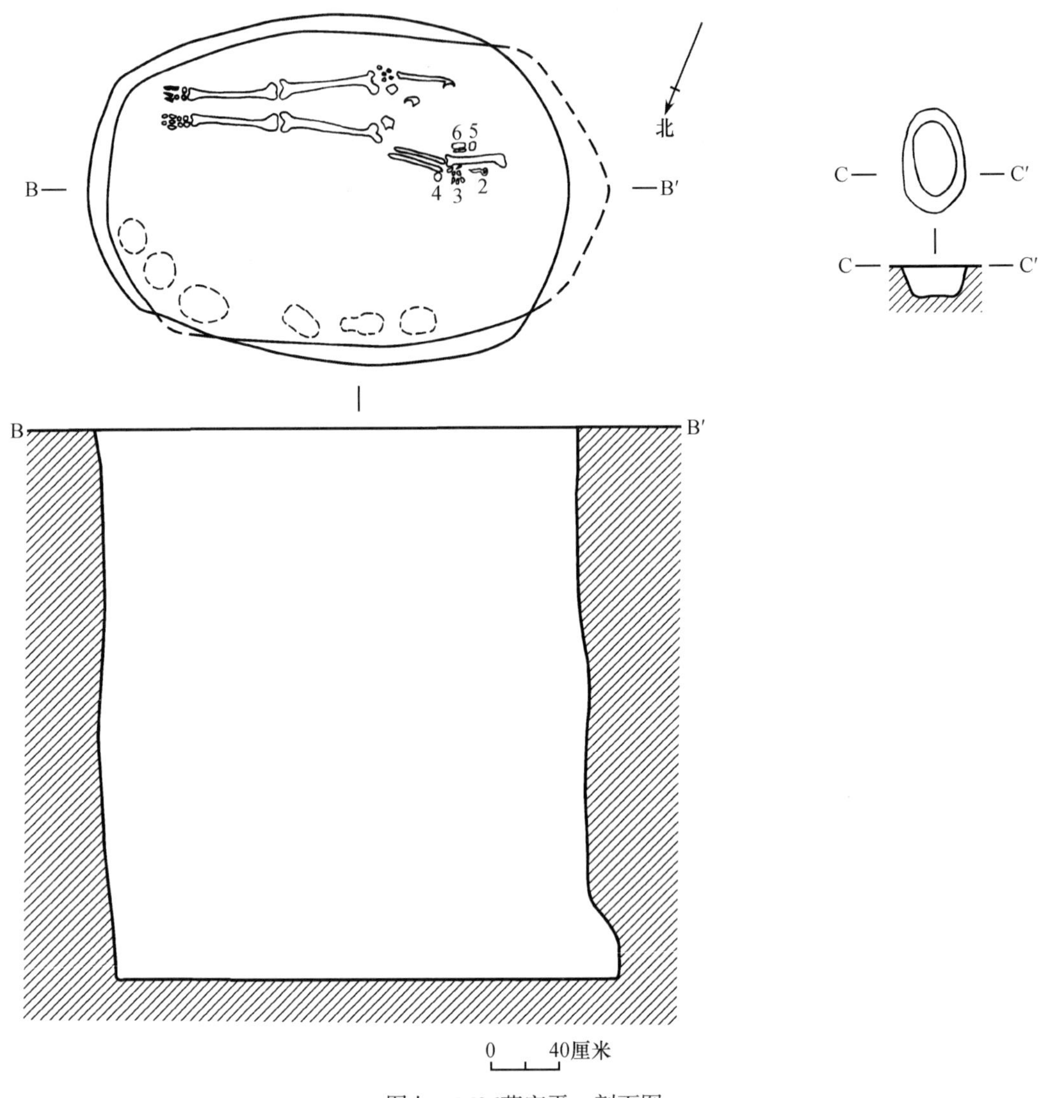

图七　M26墓室平、剖面图

1. 残陶片（压住）　2. 铜扣舌　3. 残铁件　4. 铜纽扣　5. 铜带扣　6. 铜带扣及铜带钩

面残存皮革。通高0.9、直径4、壁厚0.2、杆径0.45厘米（图八，3）。

铜带扣　2件。根据形制不同，可分二型。

A型　1件。M26A：5，完整。体呈方形，中空，其间残存皮革；正面上端有一个长方形穿孔，背面有一个方形穿孔。长4、宽4.1、厚0.9厘米（图八，4）。

B型　1件。M26A：6-2，完整。兽首，体近梯形，采用浮雕手法在正面从右到左分别铸造出兽首、扣眼及老鹰抓鹿的形象，并有5个镂孔；背面基本平齐，在宽端两角铸有长方形固定皮条的穿孔。通高1.9、长7.9、宽3.1 ~ 3.6、厚0.3厘米（图八，1）。

铜带钩　1件。M26A：6-1，完整。一端外凸形成圆形，背面有固定皮革的横梁，另一端加工成U形，钩体横截面近半圆形。通长7.8、柄宽1.6、高1.1厘米（图八，2）。

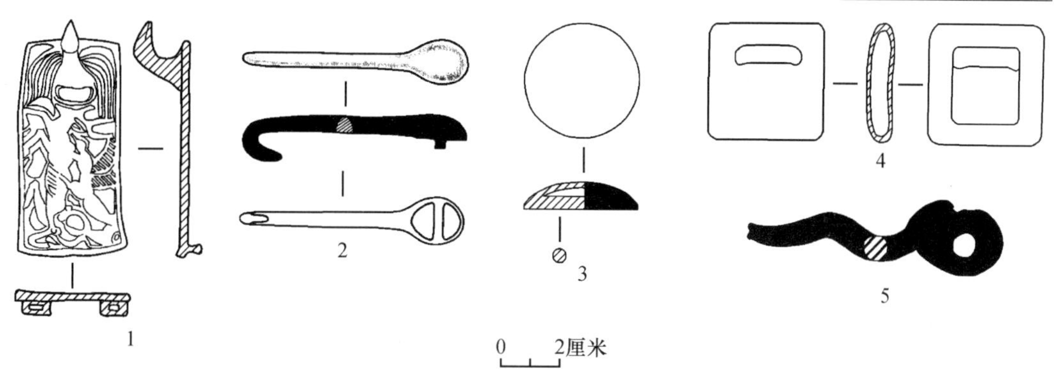

图八 M26出土铜器

1、4. 铜带扣（M26A：6-2、M26A：5） 2. 铜带钩（M26A：6-1） 3. 铜纽扣（M26A：4）
5. 铜扣舌（M26A：2）

铁器 1件。M26A：3，残存7块，形状不规则，大小粗细不均，看不出器形，亦不清楚功用，其中一块与M34：C6形制相似。

3. M28

位于四工河西岸二级台地上，四工河水库大坝S区中部一道山梁的东面缓坡下面，地势上南高北低。其东南、西南和北部分别与M26、M27和M30相邻。盗扰。

近圆形土石混合封堆，地表封堆不明显，在倾斜的平面上仅能看见部分裸露在地表上的卵石分布，其间布满正在逐渐枯黄的青草。直径3～3.6、高0.1～0.2米（图九）。

圆角长方形竖穴土坑墓，墓向265°。墓口平面呈圆角长方形，墓口堆积有大致呈圆形的石圈，直径约3米。墓口长2.44、宽1.16、深0.1～0.2米；墓室填土为黄土，其间夹杂大量鹅卵石，大小不一。墓底亦为圆角长方形，长2.36、宽1.2、深约1.1米。

单人葬。墓室底部残存一个未成年个体的骨殖，但是个体颅骨不见，下颌骨亦不在原解剖位置，且足骨、髌骨也被扰乱，根据残存骨殖可判断个体头向朝西。

墓室出土遗物不多，在个体右肱骨右侧出土2件陶罐；髋骨处发现1件青铜饰及1颗黑色石珠，中部皆有穿孔，可能为腰带上装饰物（图一〇）。

出土遗物极其匮乏，从质地上看仅有陶器、铜器和石器等，器形包括单耳陶罐、铜饰件和石珠等。

陶器 2件。均为单耳陶罐，夹砂红陶，一素面，一彩绘。

M28：1，口、腹有裂缝。夹砂红陶，素面，直口，颈、腹部带状耳，溜肩，弧腹，圜底。通高10.5、口径9.6、腹径11.8厘米（图一一，2）。

M28：2，残裂。口微敞，近直，口、肩带状耳，溜肩，鼓腹，平底；口沿外侧至肩部饰白色陶衣，其上绕口沿外侧饰一周倒三角纹，腹部绘变形的三角纹，内填斜线

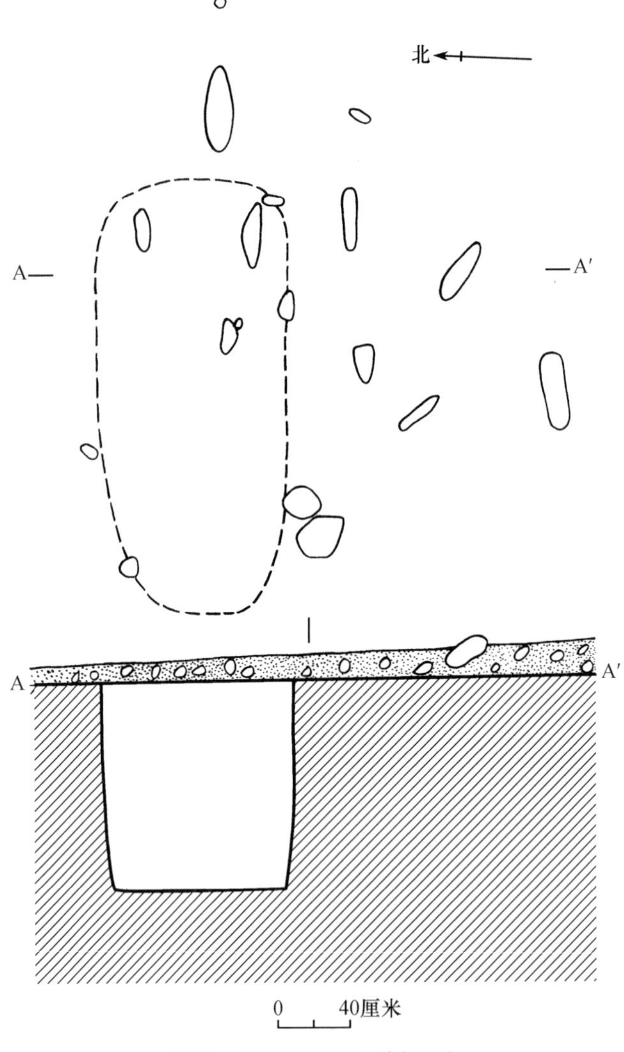

图九　M28封堆平、剖面图

纹；口沿内侧亦饰连续的倒三角纹，与耳对应的前方腹部外侧残存使用后的黑色烟炱。通高13.2、口径10.6、腹径15.5、底径7.2厘米（图一一，1）。

铜器　1件。M28：3，铜饰件，完整。体呈圆台状覆斗形，功用不明。通高0.8、上口径0.7、下口径2.3、厚0.15厘米（图一一，4）。

石器　1件。M28：4，石珠，完整。石质，黑色，体呈圆台形，中心有一个圆形穿孔，纵剖面为梯形。通高0.7、直径0.9～1.3、孔径0.35厘米（图一一，3）。

4. M34

位于四工河水库大坝S区的中部，北部、南部分别与M37、M38相邻，地势南高北低。扰乱。

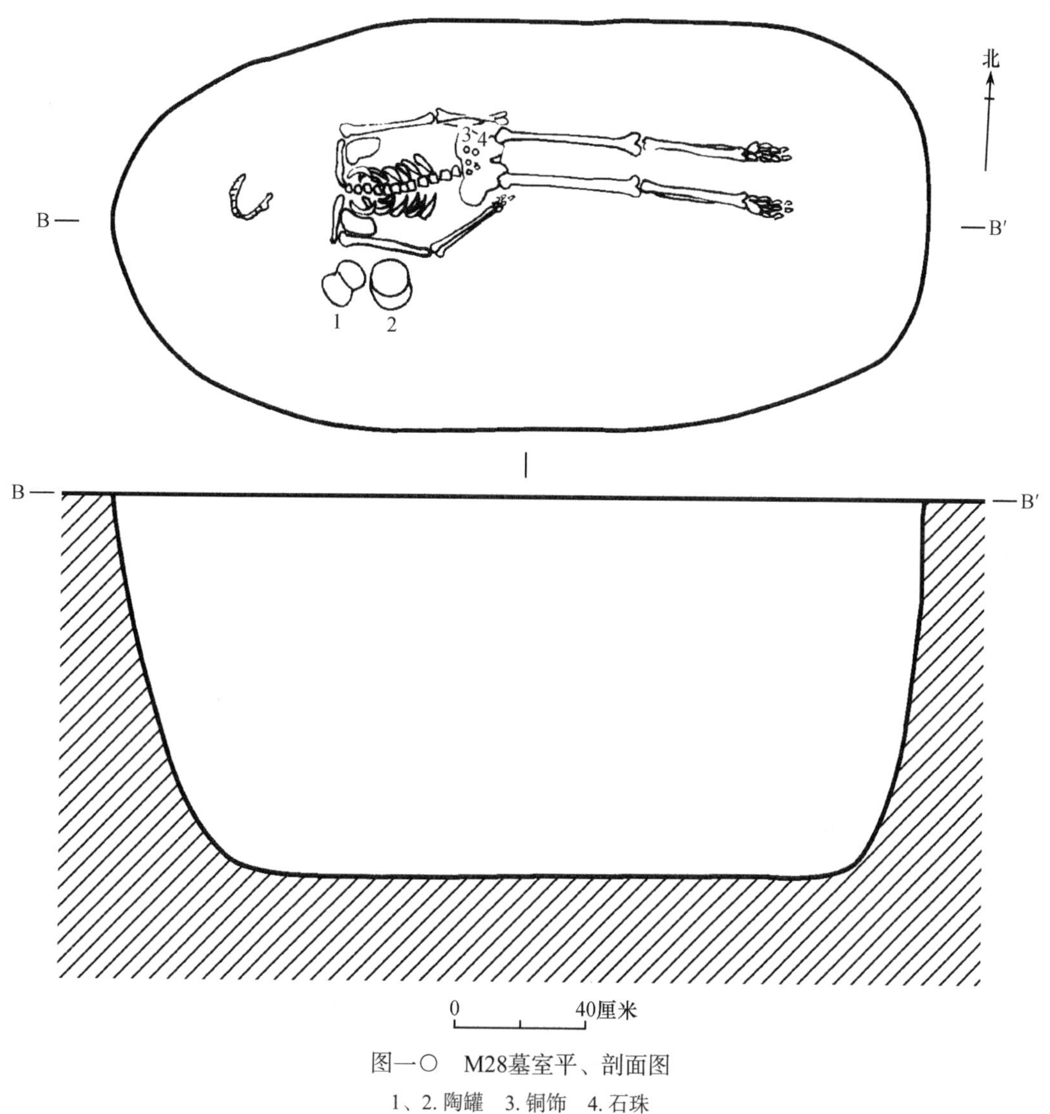

图一〇　M28墓室平、剖面图
1、2. 陶罐　3. 铜饰　4. 石珠

近圆形土石混合封堆，地表南部高，北部较低。地表有部分卵石裸露，其间长满青草。直径5、高0.2～0.5米（图一二）。

圆角长方形竖穴土坑墓，墓向265°。墓口平面呈圆角长方形，长2.5、宽1.58，深0.2～0.5米；墓室填土为大块卵石和黄土的混合土，土质较松软，距墓口深约2.2米时土质开始变硬，土色不变；而且南侧墓壁开始向南内收。距墓口深3～3.2米处时，在填土中有呈长条状的红色腐烂木屑的痕迹。填土中相继出土了残陶片、铁带钩、圆形铁扣、铁器残件等遗物。墓底平面亦为长方形，长约2.9、宽1.78、深约3.6米。

单人葬，墓室底部南侧残存1个20～30岁的青年女性，南侧比北侧稍低，形成一个生土台。个体扰乱比较严重，肩部以上破坏殆尽，仅剩眉骨以上部分的颅骨位于左胸处，左上臂亦斜置于胸部，均不在原解剖位置，其他肢体骨殖亦保存不好；从残存骨殖

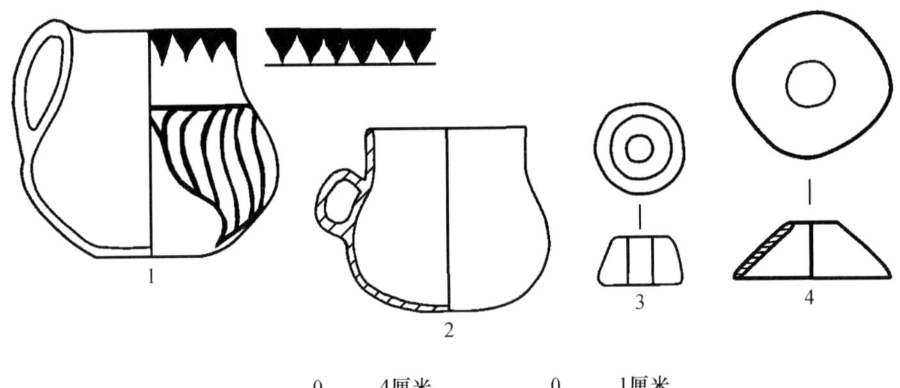

图一一　M28出土器物

1、2. 单耳陶罐（M28：2、M28：1）　3. 石珠（M28：4）　4. 铜饰（M28：3）

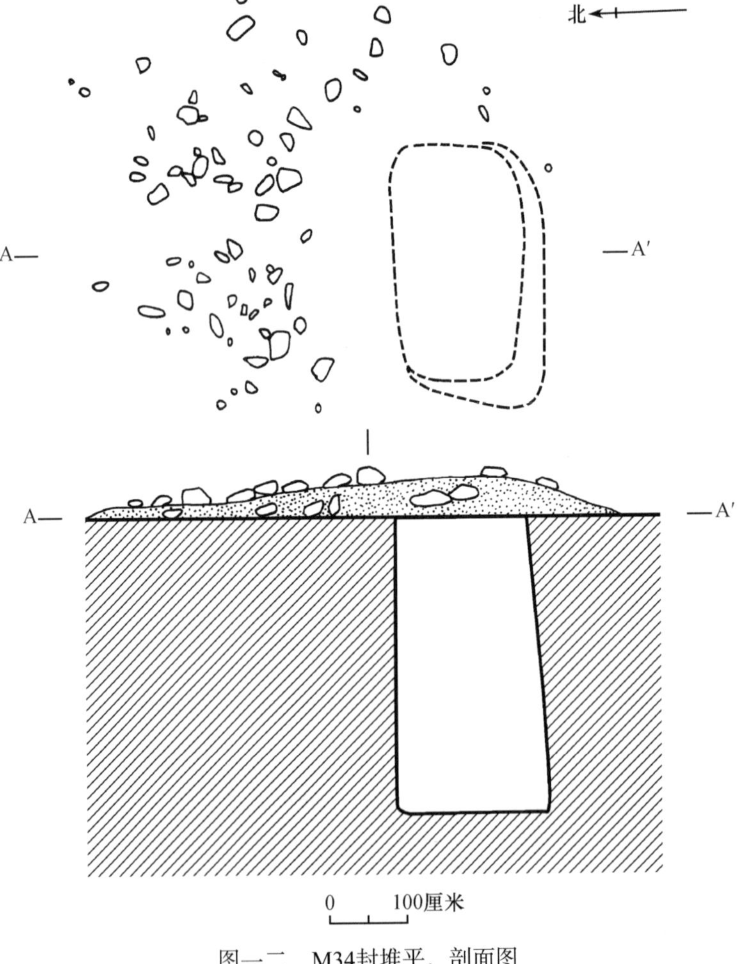

图一二　M34封堆平、剖面图

看，个体应头向西，面向不明，葬式为仰身直肢葬。在个体头部偏西，靠近墓室西壁的墓底随葬有3件陶器，由北向南依次为单耳彩陶罐、单耳短流彩陶罐和羊首单耳红陶罐，除北侧单耳彩陶罐口沿残损外，余下2件陶罐均保存完好（图一三）。

出土遗物不多，填土中出土的大多已经残损不全，近墓室底部陶器保存较好。以陶器和铁器为主，器形有单耳带流罐、单耳罐、铁带钩和铁扣等。

陶器 3件。均为红陶，形制各不相同。

单耳彩陶罐 1件。M34：1，口部残损。夹细砂红陶，口微敞，近直；口、肩带状耳，溜肩，球腹，平底；口沿外侧颈、肩结合处和肩部分别绘制一道弦纹，口沿外侧弦纹之上绘连续的X形纹，肩部弦纹以下绘弯月纹，内填细线纹，口沿内侧亦绘制斜线纹。通高11.6、口径8.4、腹径13、底径7.5厘米（图一四，2）。

单耳带流彩陶罐 1件。M34：2，完整。红陶，口微敞，近直，短平流较宽，口、肩带状耳，溜肩，球腹，平底；口沿外侧颈、肩结合处及肩部分别绘制一道弦纹，口沿外侧弦纹之上绘制对立的三角纹，肩部弦纹以下绘制旋涡纹，内填斜线纹，口沿内侧亦绘连续的黑色倒三角纹，因脱落严重，已模糊不清。通高17.2、口径11、短径9.3、腹径15.8、底径8.2厘米（图一四，1）。

羊首单耳红陶罐 1件。M34：3，完整。素面，夹砂红陶，敛口，颈部不明显，肩、腹兽首耳，耳上部有羊首造型，溜肩，球腹，小平底。与羊首耳对称的腹部外侧残存使用过的烟炱痕迹。通高7.8、口径8.3、底径4.3厘米（图一四，3）。

铁器 2件。均为填土中出土，因锈蚀而有残损。

铁带钩 1件。M34：C3，两端皆有残损。铁质，体近S形，一端较粗，一端稍细，粗端截面呈圆角长方形，细端为长方形。残长8厘米（图一四，4）。

铁扣 1件。M34：C6，完整。铁质，体呈圆形，底平，上部外凸呈弧面，中空，四周对称各有1个长方形穿孔。通高1.8、直径3.5、孔径长1.1、孔径宽0.5厘米（图一四，5）。

5. M38

位于四工河水库大坝S区中部偏南的一道山梁的东部斜坡下，地势南高北低。其西南、西北部分别与M33、M34相邻。

近圆形土石混合封堆，与地表持平，地表长满即将枯黄的青草，外围有一个石圈，中心地表卵石不明显，似乎有人为动过的迹象。直径6～7、高约0.4米。清除草皮和表层土之后，墓口可见石围，东西长4.1、南北宽3.9米（图一五）。

圆角长方形竖穴土坑墓，墓向265°。墓口平面亦为圆角长方形，长2.6、宽1.7、深约0.4米；墓室填土为黄色细颗粒土，其间夹杂有马牙和陶片。在墓室西侧距地表深约1.35米处，发现有黑色木炭和棕红色木头遗迹，已成粉末状。墓底平面亦为圆角长方形，长约2.5、宽1.64、深1.75～1.9米。

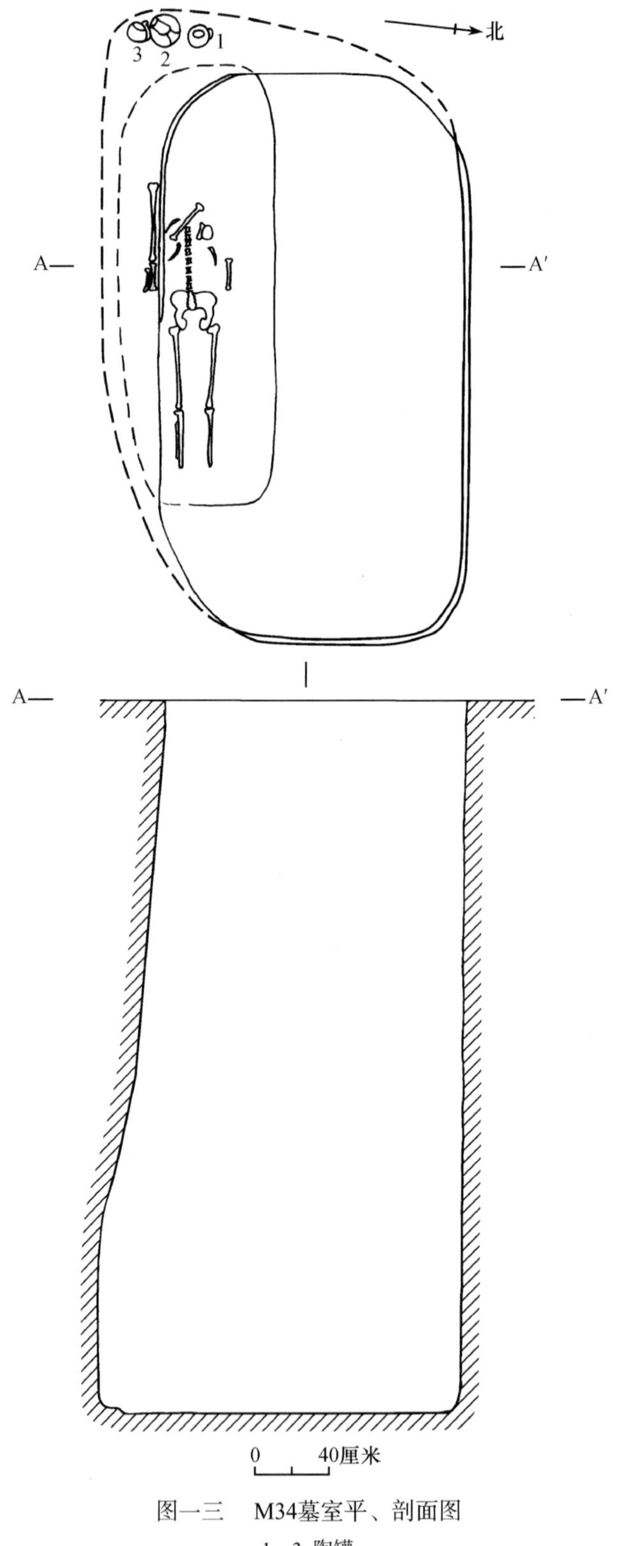

图一三　M34墓室平、剖面图

1～3. 陶罐

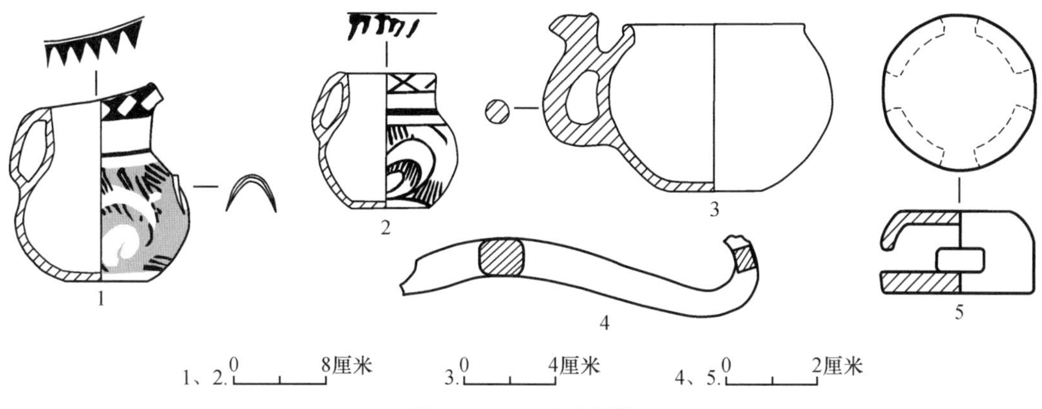

图一四　M34出土器物

1. 单耳带流彩陶罐（M34：2）　2. 单耳彩陶罐（M34：1）　3. 羊首单耳红陶罐（M34：3）
4. 铁带钩（M34：C3）　5. 铁扣（M34：C6）

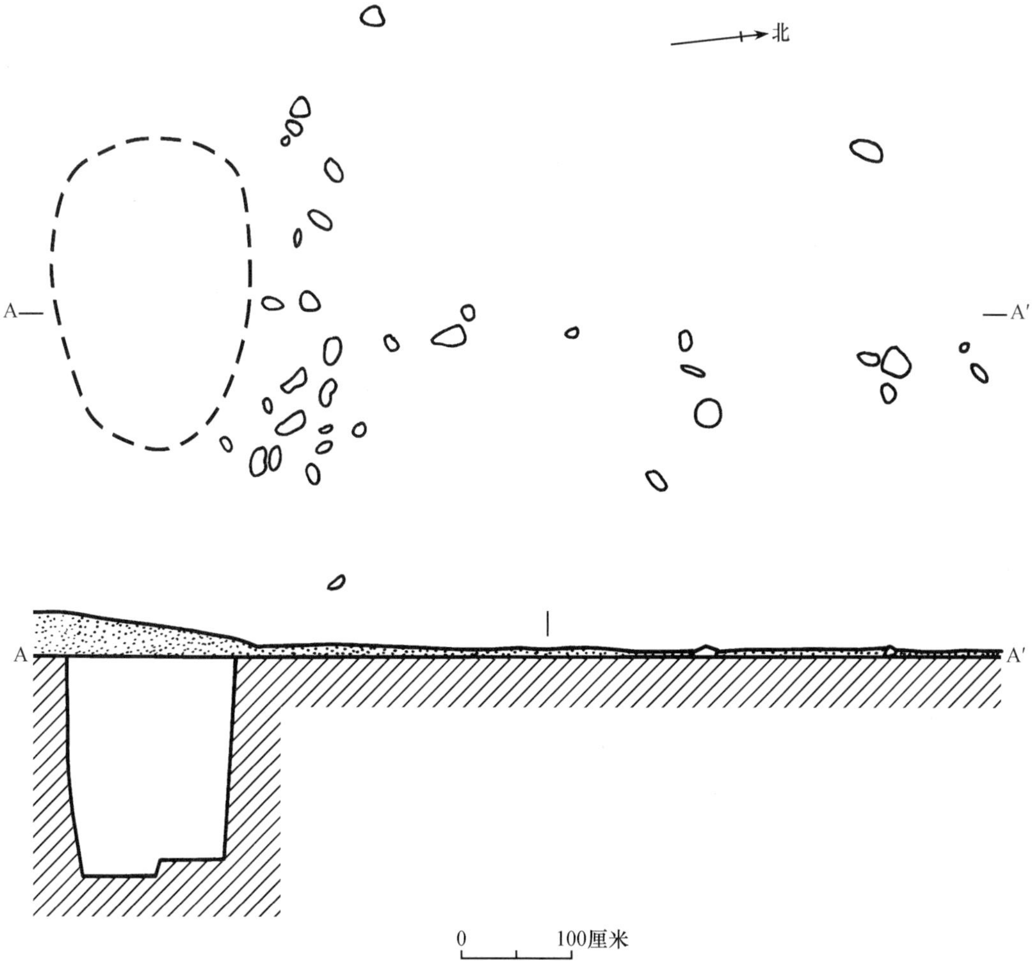

北
A
A′
0 100厘米

图一五　M38封堆平、剖面图

双人合葬，墓室底部埋葬有2个个体（编号A、B），其中A个体为20～25岁的青年女性，头向西，面朝上，仰身直肢葬，骨骼保存较好，仅左臂及左脚有些损坏。B个体为未成年人，位于A个体的左臂处，已被扰乱。

墓室底部出土遗物较多。在A个体的颅骨左侧及左肩旁出土了4件陶罐和1件陶钵、1件石研磨器、1件残铁棒等，在A个体颅骨顶部发现2件金耳坠和1件残铁棒，在左耳出土了1件金耳环，在A个体的右臂内侧和肋骨下分别出土了1件金耳坠（图一六）。

出土遗物比较丰富，按质地分陶器、金器、铁器和石器，以陶器为主，金器次之。器形包括陶罐、陶钵、金耳环、金耳坠、残铁棒和石研盘等。

陶器　5件。其中单耳陶罐3件，单耳双系陶罐1件，单耳陶钵1件。

单耳陶罐　3件。均为红陶或红褐陶质，其中1件器表有彩绘纹样。

M38：1，基本完整。素面，淡红陶，陶色不均，有少许灰色；口微敞，圆唇，颈微束，颈、肩带状耳，深弧腹，平底。通高19.1、口径9.9、腹径17.3、底径7.5厘米（图一七，12）。

M38：4，口沿残损小部分。红陶，直口，溜肩，弧腹，平底；颈、腹部带状耳，

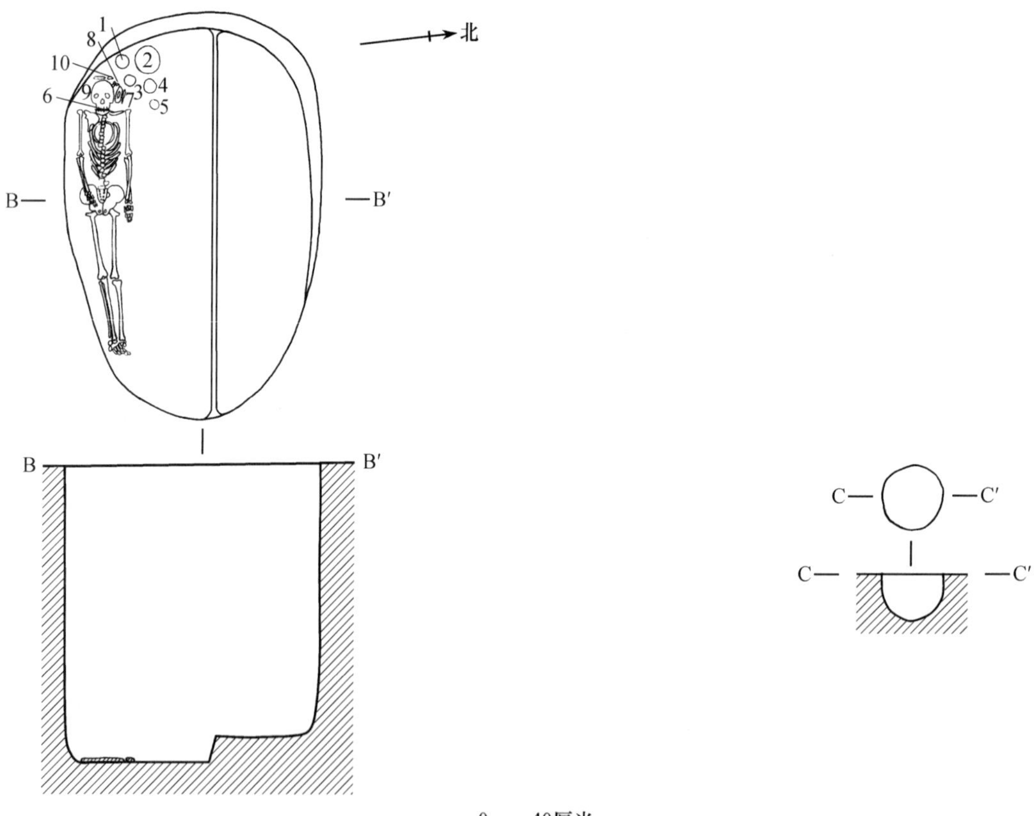

图一六　M38墓室平、剖面图

1、5. 单耳陶罐　2. 单耳陶钵　3. 单耳双系彩陶罐　4. 单耳彩陶罐　6. 石研磨盘　7、10. 铁棒　8. 金耳坠　9. 金耳环

颈、肩结合处绘有一道弦纹，上部在近白色陶衣上绘褐色正反三角纹，内填斜线纹，腹部亦用褐彩绘内填斜线的三角纹，因褐彩脱落严重不甚清楚。通高15、口径9.1、腹径13、底径6.2厘米（图一七，14）。

M38：5，素面，完整。红褐陶，侈口，圆唇，颈、肩带状耳，长颈微束，溜肩，鼓腹，小平底。通高10.8、口径6.5、腹径9.8、底径5厘米（图一七，4）。

单耳双系彩陶罐　1件。M38：3，完整。红陶，口微敞，圆唇，颈微束，弧腹，圜底。颈、肩带状耳，双系对称位于耳部左右两侧的肩部位置，口沿外侧至肩部饰有深黄色陶衣，其上用褐彩在颈肩部绘有一道弦纹，上下分别绘有几何纹样，因脱落已不清。通高9、口径6.5、腹径8、底径3.5厘米（图一七，11）。

单耳陶钵　1件。M38：2，口、腹有裂缝。素面，夹砂红陶，口微敛，近直，斜弧腹，圜底，腹部贴塑有一个带状耳，通高7.3、口径19厘米（图一七，13）。

金器　5件。其中金耳环1件，金耳坠4件。

金耳环　1件。M38：9，完整。由金耳环和绿松石组合而成，最上端是一根截面为圆形的金丝弯曲而成的环形，其交错处焊接一个稍小的圆形金环，其上再套一个更细小的穿有一个圆柱状绿松石的金圈。通长2.9、宽1.2厘米（图一七，3）。

金耳坠　4件。形制基本相同。完整。均体呈长算珠形，中部略外凸，中间穿有一个圆孔，横截面呈圆形。

M38：8-1，通高0.5、直径0.15～0.35、孔径0.12厘米（图一七，9）。

M38：8-2，通高0.6、直径0.3～0.45、孔径0.25厘米（图一七，6）。

M38：8-3，通高0.6、直径0.3～0.45、孔径0.25厘米（图一七，7）。

M38：8-4，通高0.6、直径0.3～0.45、孔径0.25厘米（图一七，8）。

铁器　3件。均为残铁棒。

M38：7，两端残损；体呈圆柱状，横截面为圆形，器形、功用不明。残长8.1、直径0.7厘米（图一七，10）。

M38：10，残铁棒，残断，存2节。体呈圆柱状，横截面为圆形，器物用途不明。

M38：10-1，残长7.5、直径0.7厘米（图一七，1）。

M38：10-2，残长3.2、直径0.7厘米（图一七，2）。

石器　1套。

石研磨盘　1套。M38：6，石质，由研磨盘和研磨棒组成，研磨盘体呈圆角梯形，平底，正面中间有一道凹槽；研磨棒呈不规则柱状，横截面呈圆角三角形，研磨盘长8.6、宽0.28～0.38、厚0.6～1.5厘米；研磨棒长10.4、宽2.15、厚1.9厘米（图一七，5）。

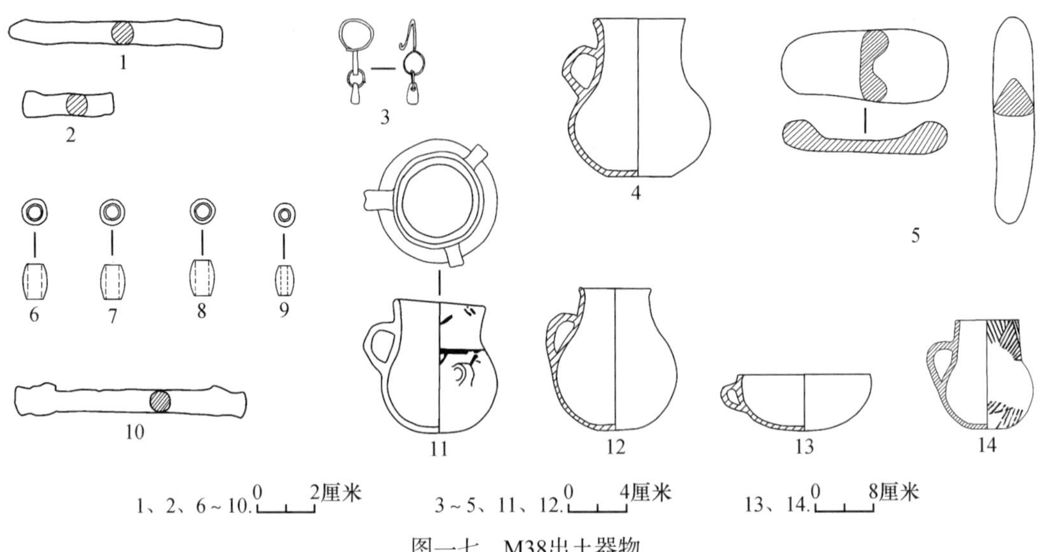

图一七　M38出土器物

1、2、10. 铁棒（M38：10-1、M38：10-2、M38：7）　3. 金耳环（M38：9）　4、12、14. 单耳陶罐（M38：5、M38：1、M38：4）　5. 石研磨盘（M38：6）　6～9. 金珠（M38：8-2、M38：8-3、M38：8-4、M38：8-1）　11. 单耳双系罐（M38：3）　13. 单耳陶钵（M38：2）

（二）竖穴土坑石棺墓

共5座。封堆为橄榄形或石圈和石块堆积。墓口均有石板或石头堆积，墓室有深有浅，扁平石板围成石棺，无底。除盗扰外，均为一次葬，葬式为单人仰身直肢葬。随葬品多寡不一，其中3座墓葬无遗物出土，1座墓葬出土5件，1座墓葬出土20件（组）；以陶器为主，另有少量铁器、铜器、骨器和石器等。现选墓葬形制较完整或出土遗物较好的3座墓葬加以介绍。

1. M6

位于四工河水库S区南部以外的南端，四工河西岸河床的二级台地上，东侧紧靠四工河河谷。北部与东北部分别与M7和M14相邻，西南与M3相望。

橄榄形土石混合封堆，长10.1、宽8.1、高约0.8米，方向342°。封堆中部顶端有部分卵石露出地表，表层厚约0.2米，其中夹杂大量草根，因此封堆表层的土质比较坚硬；封堆中部直至墓口的土质松软，夹杂少量的草根，湿度较大。封堆东侧近中间有盗洞，盗洞平面呈椭圆形，长0.6、宽0.5米。封堆中部发现有红烧土、炭粒，红烧土的范围长0.7、宽0.55米，东北—西南走向，在东北侧有4个石块，西南侧有碎陶片，从陶质和陶色判断，这些陶片应同属一件陶器。封堆中发现有陶片和兽骨。陶片可分为三类：泥质灰陶、粗砂灰陶和粗砂红陶（图一八）。

圆角长方形竖穴土坑石棺墓，墓向255°。墓口开口于封堆底部东侧，墓口平面呈圆

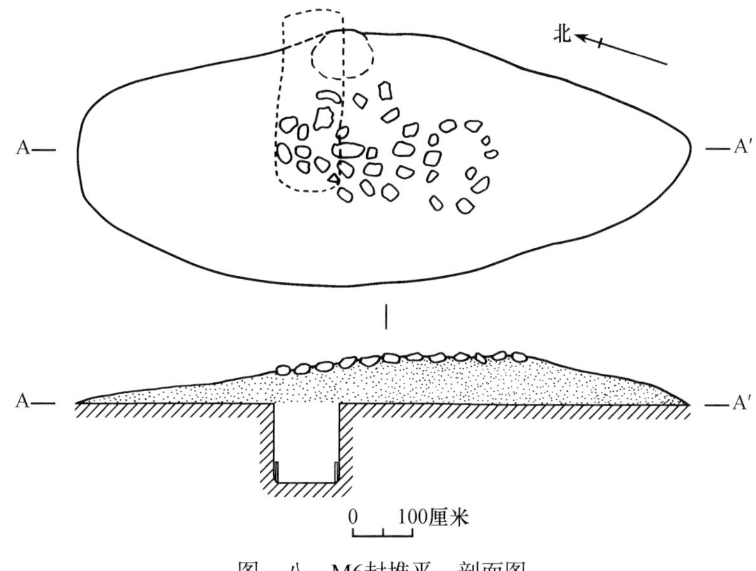

图一八 M6封堆平、剖面图

角长方形，长2.9、宽1～1.2、深约0.75米；墓口东侧有石板覆盖。墓室填土为黄土，土质松软，湿度较大，夹杂有碱块，且有零星个体骨殖。墓室底部有石棺，石棺盖和石棺底部均为石板，石棺平面基本为长方形，长约2、最宽处为0.64、高约0.4、墓底深1.18米，东西两端叠压有石块。

单人葬。由于墓葬盗扰严重，个体骨殖散乱于石棺中，主要集中于西北角，为一个25岁左右的青年男性。从出土的个体骨殖来看应为单人葬，头向、面向及葬式均不明。在石棺内填土中发现3块小残铁块，锈蚀严重，无法辨别器形。石棺南侧外有1件残木棒，腐朽严重，已呈粉末状（图一九）。

2. M17

位于四工河水库库区S区的最南端，四工河河床西岸二级台地的山梁东侧斜坡上。北部与M18相望，西邻M16。盗扰。

不规则土石混合封堆，外围有一个石圈，因盗掘，石圈、封堆均被破坏，封堆东侧还残存盗掘的痕迹。封堆长5.9、宽5.1、高0.08～0.3米。在封堆西侧距地表深约0.4米处发现一个祭祀坑，直径约0.7米，其中出土夹砂残红陶罐1件，陶罐口部盖有一块青石，罐中有动物骨骼，距离东侧墓室仅0.4米（图二〇）。

长方形竖穴土坑石室墓，墓向285°。墓口平面呈长方形，长2.48、宽1.18、深0.08～0.3米。墓室填土为黄土，夹杂大量的大卵石和石板，其间出土了2件残陶片、个体残肢骨、动物骨骼以及1件单耳陶杯等；墓底平面亦为长方形，石室已经完全被破坏，长2.5、宽1～1.24、深0.54～1.44米。

单人葬，墓底南侧残存一个35～50岁的中年男性个体，头向西，面朝北，仰身直

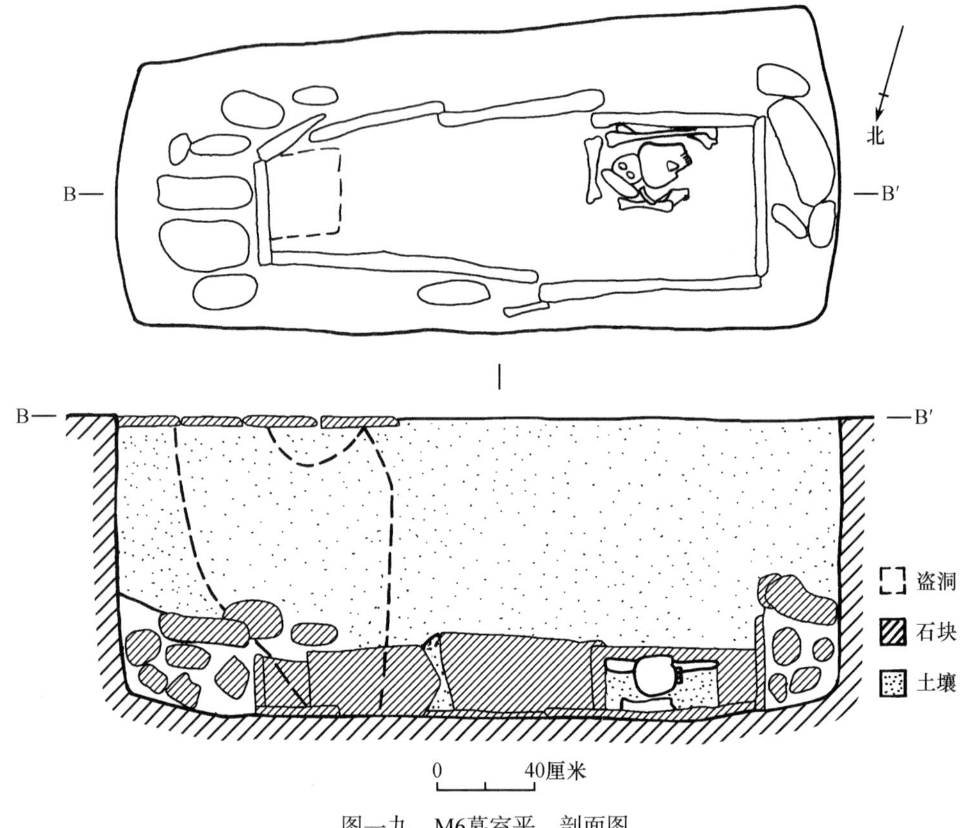

图一九　M6墓室平、剖面图

肢葬，个体骨殖保存较差。

墓底出土遗物主要是陶器，在个体头部和左肩旁出土了5件陶器，器形包括陶罐、陶杯和陶钵等（图二一）。

出土遗物均为陶器，共计7件。除了在墓室西端外的封堆祭祀坑和墓室东端填土中采集到2件陶器外，其余陶器均在墓室底部出土的。器形包括陶罐、陶杯和陶钵等。

陶罐　4件。器形稍有差异，有单耳双系罐、单耳罐和单耳带流罐之别。

单耳双系彩陶罐　1件。M17：C1。口沿残缺，红陶，颈、肩带状耳，耳两侧腹部中间还对称有双系，球腹，平底。带状耳上竖向饰有三道斜线纹，腹部饰旋涡纹，因表面被碱层覆盖，纹样不清。通高23、腹径22、底径11.9厘米（图二二，1）。

单耳陶罐　2件。其中1件饰有彩绘纹样。

M17：3，残裂，可复原。加细砂红陶，口近直，方唇，口、肩带状耳，颈较长，溜肩，球腹，圜底；器表在颈、肩部结合处饰一道黑彩弦纹，其上在白色的陶衣上绕口沿外部一周饰连续的黑彩半圆形纹，内填两道弦纹，其下在腹部饰黑色正、反三角纹，内填弦纹。通高16、口径10.2、腹径15.4厘米（图二二，7）。

M17：5，素面，口、腹有裂缝。夹砂陶，陶色不均匀，有灰色、淡红色，以淡红

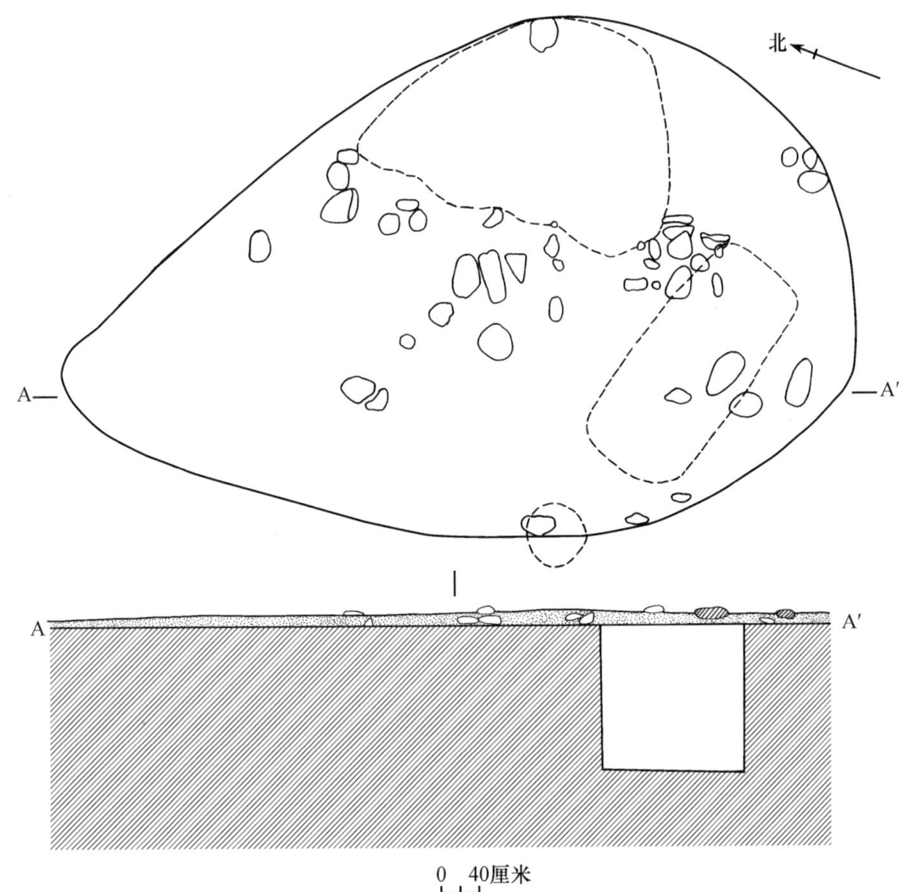

图二〇　M17封堆平、剖面图

色为主；敞口，圆唇，口、腹带状耳，颈稍束，鼓腹，圜底。通高13.4、口径10.6、腹径13.5厘米（图二二，6）。

单耳带流陶罐　1件。M17：1，短流稍残，口、腹有一条裂缝。素面，红陶，陶色不均，部分呈褐色；侈口，短流，口、肩桥耳，长颈，微束，鼓腹，圜底。通高17.5～18、口长径14、短径11.7、腹径17.2厘米（图二二，2）。

陶杯　2件。单耳。

M17：C4，耳残。素面，夹粗砂灰陶，近直口，微侈，口、肩耳，颈、肩结合部界限明显；溜肩，弧腹，圜底，器表被碱层所覆盖。通高5.2、口径5.1、腹径6厘米（图二二，5）。

M17：2，口沿稍残，耳残缺。夹砂红陶，素面；口近直，腹部稍弧，平底。通高6.5、口径9.7、底径6.6厘米（图二二，3）。

陶钵　1件。M17：4，素面，口、腹有裂痕。夹砂陶，陶色不均匀，红褐、灰色兼有，直口，斜弧腹，圜底不明显，在腹部偏中贴塑有一个横錾耳。通高8.3、口径17.3厘米（图二二，4）。

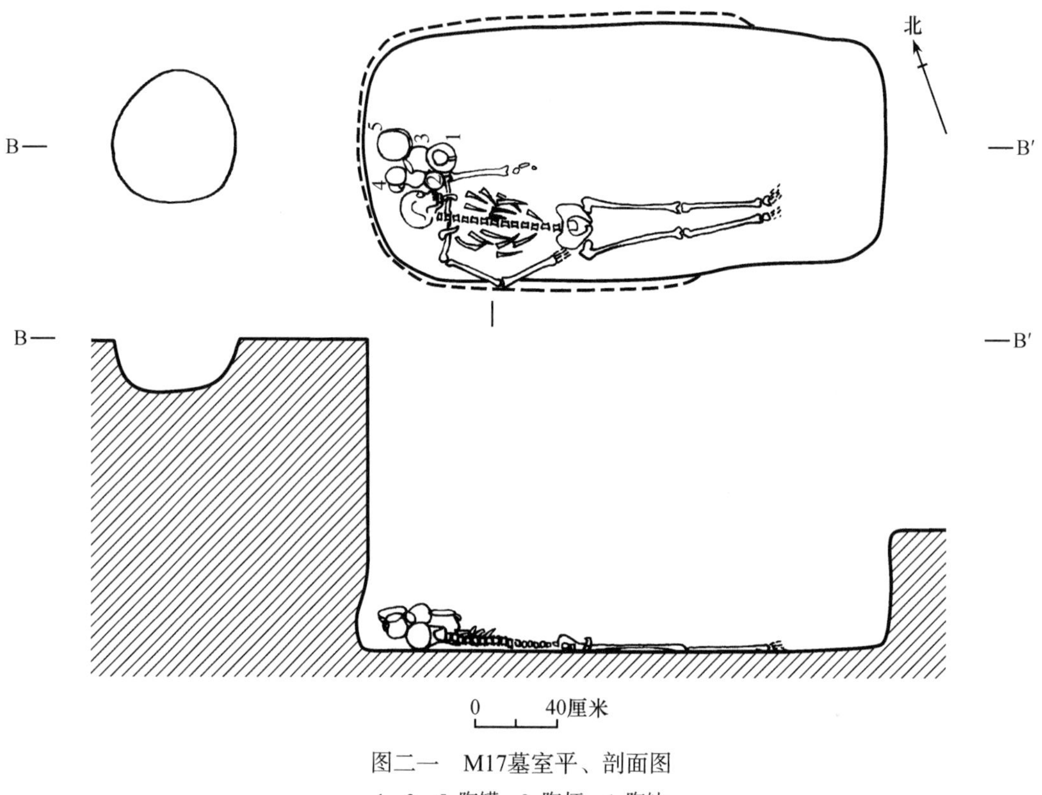

图二一　M17墓室平、剖面图
1、3、5. 陶罐　2. 陶杯　4. 陶钵

3. M37

位于四工河水库大坝S区中部偏南的一道山梁的东侧上坡上，地势南高北低，西高东低。南部与M34相邻，东部与小山坡上的M35相望。

近长方形土石混合封堆，地表堆积不甚明显，基本与地表持平，大部分卵石在地表草丛中裸露部分不多。表层土为颜色较深的黑色腐殖土，夹带草根，甚至还有马牙、羊骨、陶片、黄色颜料石等，封堆南侧偏西处出土石球1件。封堆长4.6、宽2.1、高0.2～0.4米（图二三；图版七，2）。

圆角长方形竖穴石棺墓，墓向255°。清除封堆积石后，露出了墓口堆积的圆形卵石层；墓口平面呈圆角长方形，长2.36、宽1.74、深0.2～0.4米；墓室填土夹杂大小不等的卵石很多，排列很有规律，基本上是一层石头一层土。在距墓口深约2.5米处的地方出现了较大的石板，四周垂直，中间平铺。石板北壁以北石头较少，填土很纯净。石板之下，距墓口深约3.4米开始，卵石明显减少，其下出现了一个厚约0.5米的真空层。距墓口深约3.9米处，有一层木头平铺在石板范围内。再向下又是一层石板，这样石板和木头相间，共有三层石板和三层木头，第三层下面才是石棺墓室。墓底长2.52、宽1.8、深约4.5米。

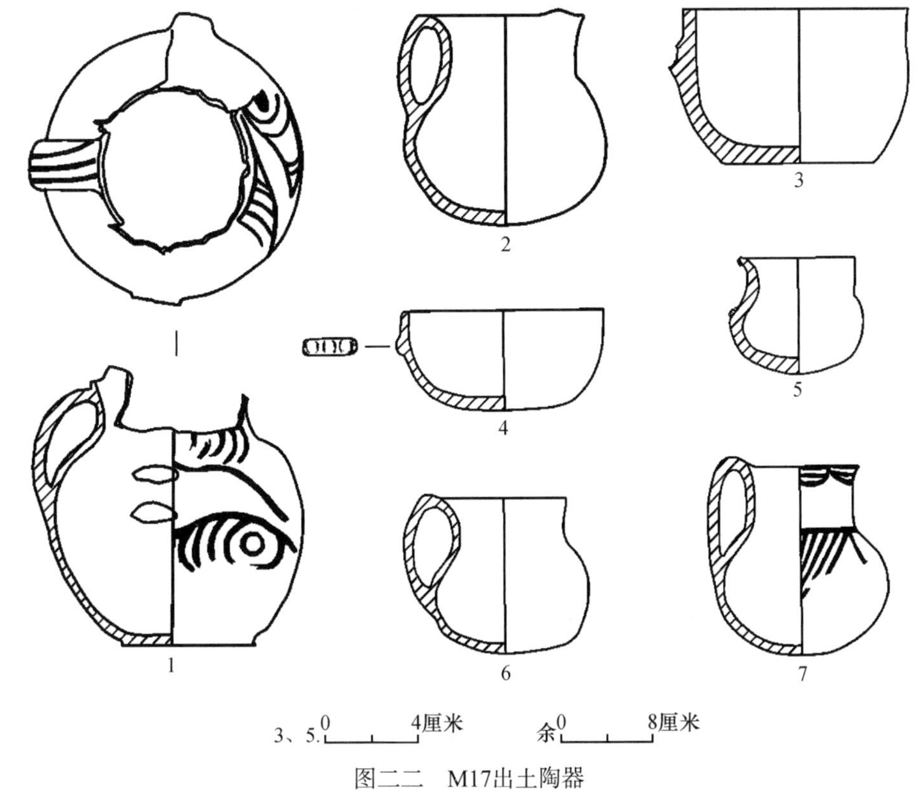

图二二　M17出土陶器

1. 单耳双系彩陶罐（M17：C1）　2. 单耳带流陶罐（M17：1）　3、5. 单耳陶杯（M17：2、M17：C4）　4. 陶钵（M17：4）　6、7. 单耳陶罐（M17：5、M17：3）

单人葬，石棺中有一个25～35岁的男性个体，头朝西，面朝上，葬式为仰身直肢葬。个体骨骼保存较好，但是在个体左股骨中部偏上有增生现象，且关节骨质疏松。

在个体颅骨顶部出土骨管1件，西南侧石板上出土铜扣饰1组和单耳陶碗、单耳陶杯各1件；在石棺南侧偏中出土了菱形铜花瓣饰1组（3件）和残铁件1件；在个体颅骨右侧靠近石棺有1件单耳带流陶罐，右肩旁出土1件单耳带流陶杯；在个体颈部出土1件铜项圈，右手处出土1组残铁器，左手处出土残铁箭镞1件；另外在墓室石棺南壁外沿上残存1件残铁件（图二四）。

出土遗物较多，除封堆中采集的石球外，余皆在石棺或墓底出土。从质地上看，有陶器、铁器、铜器、骨器和石器等，以陶器、铁器和铜器为主，骨器、石器次之。

陶器　4件。均为夹砂陶，陶色有红陶和灰陶之分，手制。器形有单耳陶碗、单耳陶钵和单耳带流陶罐等。

单耳陶碗　1件。M37：4，口、腹残损部分。素面，夹砂红陶，口近直，斜弧腹，平底，腹部有一个带状单耳，耳上侧有一个圆形乳钉，在耳对应的腹部外侧贴塑有一个短横鋬耳。通高6.5、口径15.8、底径7厘米（图二五，8；图版七，5）。

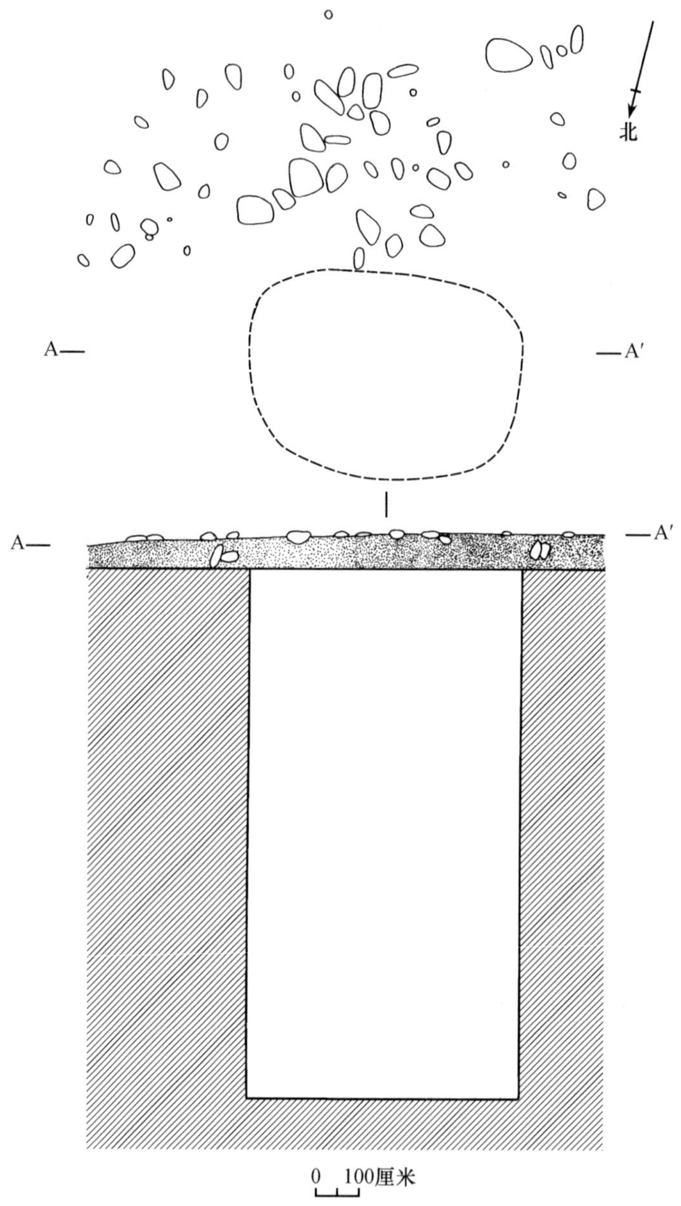

图二三　M37封堆平、剖面图

单耳陶钵　1件。M37：5，完整。灰陶，口微敛，弧腹，圜底，口、腹带状耳，在耳的左、右两侧腹部外侧和前方腹部外侧偏左分别贴塑有一个云纹。通高5.2、口径10.5、腹径11厘米（图二五，9）。

单耳带流陶罐　2件。其中1件为夹砂红陶，1件为夹砂灰陶，均素面。

M37：7，口、腹有裂痕，耳残，已修复。夹砂红陶，敞口，短颈，微束，短平流；口、肩带状耳，溜肩，弧腹，平底。短平流外侧和腹部均残存使用过的烟炱痕

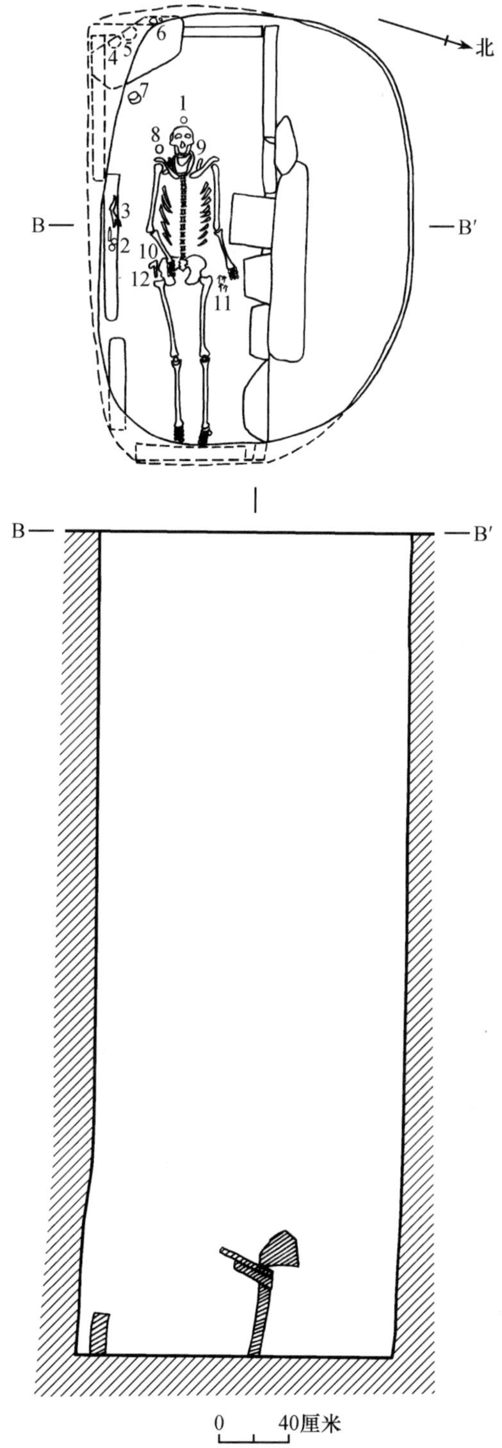

图二四　M37墓室平、剖面图

1. 骨管　2. 菱形铜花瓣饰　3、10、12. 残铁件　4. 单耳陶碗　5. 单耳陶钵　6. 铜饰件　7、8. 单耳带流陶罐　9. 铜项圈　11. 铁箭镞

迹。通高16.1、口径长12.8、短径11.5、腹径15.6、底径8.6厘米（图二五，3；图版七，7）。

M37：8，完整，器形较小。加细砂灰陶，口微侈，圆唇，短平流，口、肩带状耳，颈微束，溜肩，弧腹，小平底。通高6.7、口长径5、短径4.2、腹径6.2、底径2.8厘米（图二五，5）。

铁器　7件（组）。均残损严重，除1件铁箭镞可辨器形外，余皆不知功用。

残铁件　6件（组）。

M37：3，残损严重，存2件，难以判断器形，功用不明。

M37：3-1，长2.1、宽1.2、厚1厘米。

M37：3-2，长1.2、宽0.9、厚0.5厘米。

M37：10，其中3件较完整。2件形制基本相同，体呈Y形，下端呈两面刃状，中间厚。另1件为中空的铁管，内残存粗木棍，功用均不明。

M37：10-1，体呈Y形，Y端右侧残缺，下端呈两面刃，中间较厚，截面为菱形。残长10.4、残宽2.5～3、厚0.8～1.8厘米（图二五，14）。

M37：10-2，体呈Y形，Y端右侧残损，下端亦为两面刃，顶端残断，截面为菱形。残长8.7、残宽1.8～3.4、厚0.5～1.4厘米（图二五，15）。

M37：10-3，体呈U形管，残存一半，中空，内存一截木头。残长6、残宽3.2、木柄直径1.2～2.2厘米（图二五，6）。

M37：12，1组。残断为4截。体近Y形，在Y的上部还有一个长且弯曲的造型，其

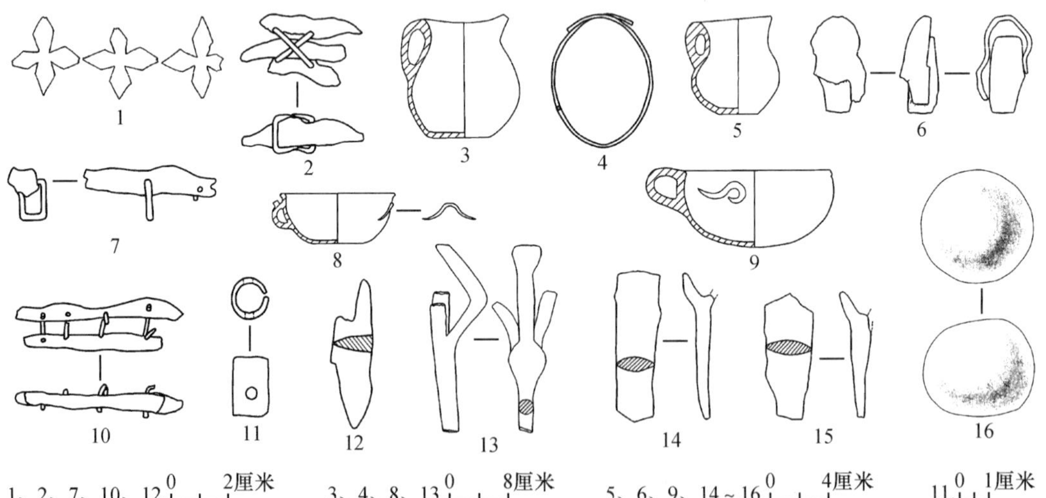

图二五　M37出土器物

1. 菱形铜花瓣饰（M37：2）　2、7、10. 铜扣饰（M37：6-2、M37：6-3、M37：6-1）　3、5. 单耳带流陶罐（M37：7、M37：8）　4. 铜项圈（M37：9）　6、13～15. 残铁件（M37：10-3、M37：12、M37：10-1、M37：10-2）　8. 单耳陶碗（M37：4）　9. 单耳陶钵（M37：5）　11. 骨管（M37：1）　12. 铁箭镞（M37：11）　16. 石球（M37：C2）

上锈迹斑斑，器形、功用不明。残长25.2、高7.6、截面直径2厘米（图二五，13）。

铁箭镞　1件。M37：11，两箭翼残缺。尾部箭铤呈圆柱状，其上残存木箭杆残质。残长5.1、残宽1.4、厚0.6厘米（图二五，12）。

铜器　7件（组）。包括菱形铜花瓣饰3件、铜扣饰3组和1件铜项圈。

菱形铜花瓣饰　3件。

M37：2，铜质，其中1件残损。直接用铜片剪制而成，花瓣呈菱形。尺寸分别为长2.3、宽2.6厘米；长2.6、宽2.4厘米；残长2.7、残宽2.2厘米（图二五，1）。

铜扣饰　3组。

M37：6，质地为铜、木，残存三段。木头上残存的铜件为固定木板所用的铜扣，铜扣均呈长方形（图版七，6）。

M37：6-1，两条残木头上残存4个铜扣，依次排开。残长5.8、宽1.7厘米（图二五，10）。

M37：6-2，木条上残存一个长方形铜扣。残长4、宽0.9厘米（图二五，2）。

M37：6-3，三个残木条上残存2个铜扣，且呈十字形交叉。残长4.6、宽1厘米（图二五，7）。

铜项圈　1件。M37：9，完整。铜质，直接用一根截面为圆形的铜丝弯曲制成。略呈椭圆形。长径17.5、短径14.5、截面直径0.4厘米（图二五，4；图版七，8）。

骨器　1件。

骨管　1件。M37：1，残，可复原。骨质，直接截取骨管制成，在近中心一侧对穿有一个圆形钻孔。通长1.9、直径1.2～1.3、厚0.2、孔径0.4厘米（图二五，11；图版七，3）。

石器　1件。

石球　1件。M37：C2，石质，完整，直接用石头加工而成，体呈球形，一侧有一个小平面。直径7.7、高6.4厘米（图二五，16；图版七，4）。

（三）竖穴土坑石室墓

共2座。橄榄形土石混合封堆，均被盗扰。墓口有石头堆积或石板。墓室呈圆角长方形，深浅不等。未扰乱墓葬显示葬式为单人仰身直肢葬，头向西。出土遗物有少量铜器和珠饰等。此类墓葬数量少，形制特殊，故分别加以介绍。

1. M3

位于四工河水库S区外南端，四工河西岸二级台地的一道山梁上。南部和西部与M2和M4相邻，西南与M1相望。

橄榄形土石混合封堆，封堆依山梁而建，近南北向，长12.4、宽5.75、高约1.2米。

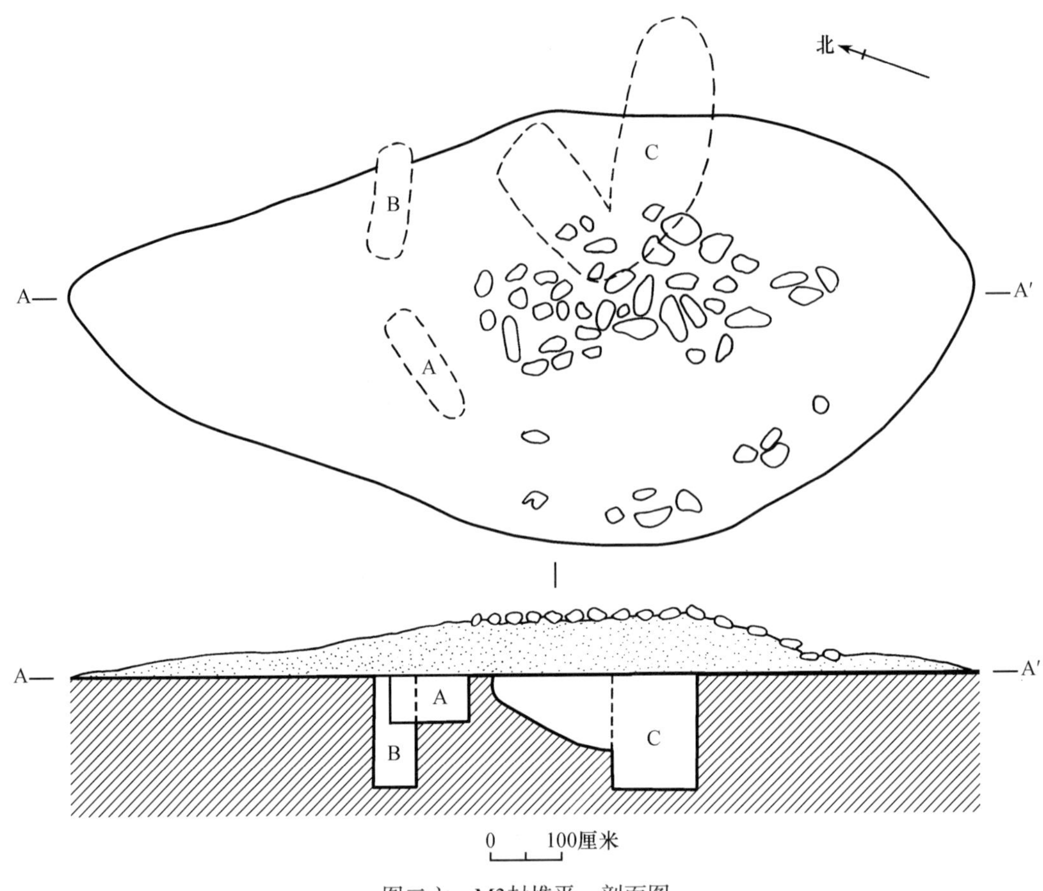

图二六　M3封堆平、剖面图

A. A墓室　B. B墓室　C. C墓室

封堆上长满青草，顶端布满大小不等的卵石。封堆北侧呈阶梯状，南侧较为平缓，东侧有盗洞。封堆周围地表的草地上散布有残陶片，与封堆填土中夹杂的火候较低的夹砂红残陶片一致，同时填土中还出土了个体骨殖，说明已经被盗扰了（图二六）。

圆角长方形竖穴土坑墓和石室墓，墓室共有3个，封堆下北部偏西的墓室编号为A，东侧的墓室编号为B，南侧被盗扰的墓室编号为C。

A墓室为竖穴土坑石室墓，墓向240°。墓室填土为很纯的黄土。墓底有用石板和扁圆卵石拼成的石室，墓底保存有一个35～50岁的男性个体，头向西南，面朝上，颅后枕有一块长且四角圆滑的扁青石，葬式为仰身直肢葬。石室长约2.06、宽约0.6、深约0.6米。无随葬遗物出土（图二七，1）。

B墓室为圆角长方形竖穴土坑墓，墓向270°，位于A墓室东侧。墓室口上盖有零乱的石板，长2.4、宽0.4～0.64、墓底深约1米；墓室填土为纯黄土，墓底葬有一个20～35岁的青年男性个体，头向西，面朝南，颅后亦枕有长且四角圆滑的青石，葬式为仰身直肢葬。墓室底部无随葬遗物出土（图二七，2）。

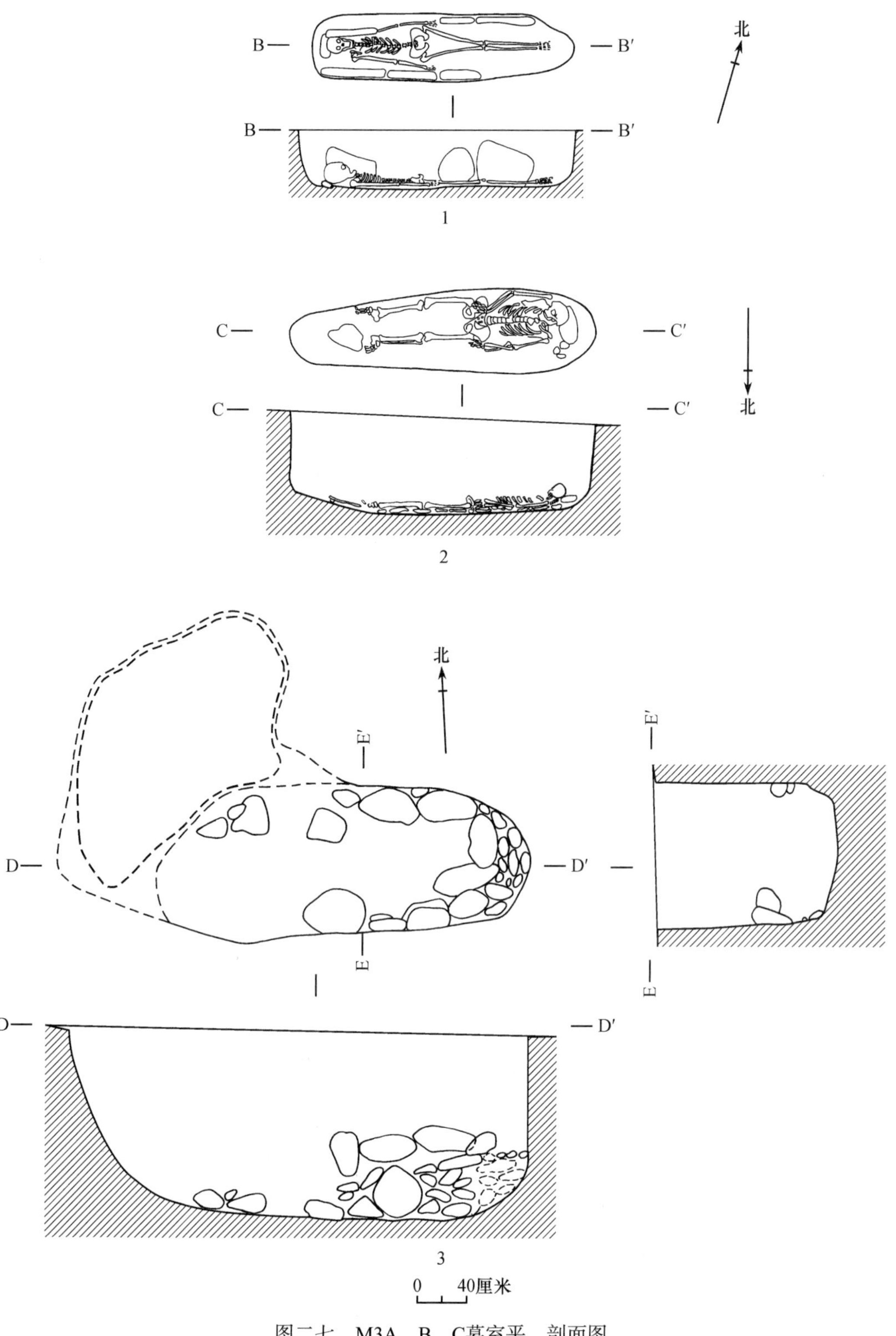

图二七 M3A、B、C墓室平、剖面图

C墓室位于B墓室的南侧，为圆角长方形竖穴土坑石室墓，墓向275°。墓室西北侧与盗洞相连，室壁几乎垂直，长2.4、宽1.2、深约1.4米；墓室底部四周有大卵石围城的石室，底部铺有一层碎砾石层。因盗掘，墓底不见个体完整骨殖，个体头向、面向及葬式均不明；盗洞呈不规则圆形，盗洞长约1.58、宽约1.2、深约1.1米（图二七，3）。

墓室填土中仅出土了2块残陶片及少量个体骨殖残片，再无其他随葬遗物出土。

2. M12

位于水库大坝S区南端的一道山梁顶端，东南部与M11相望，北邻M13。盗扰。

橄榄形土石混合封堆，基本上呈南北向，长13.25、宽7.5、高约0.5米。封堆北部呈二层台阶状，其上有用卵石人为堆积的石围；封堆顶部有散乱砾石堆积，南侧较为平缓。封堆东侧有2个盗洞，盗洞均向西南向延伸（图二八）。

圆角长方形竖穴土坑石室墓，封堆下从南向北依次分布有2个墓室，按照发掘顺序，南侧墓室编号为A，北侧墓室编号为B，两墓室相距最近的距离为0.63米。

A墓室为竖穴土坑石室墓，墓向265°。墓口残存石板和大卵石堆积，平面呈圆角长方形，长约2.5、宽1～1.3、深约0.5米；墓室填土为黄土，夹杂大小不等的石块。墓底长2.44、宽1、距墓口深约1.12米（图二九，1）。

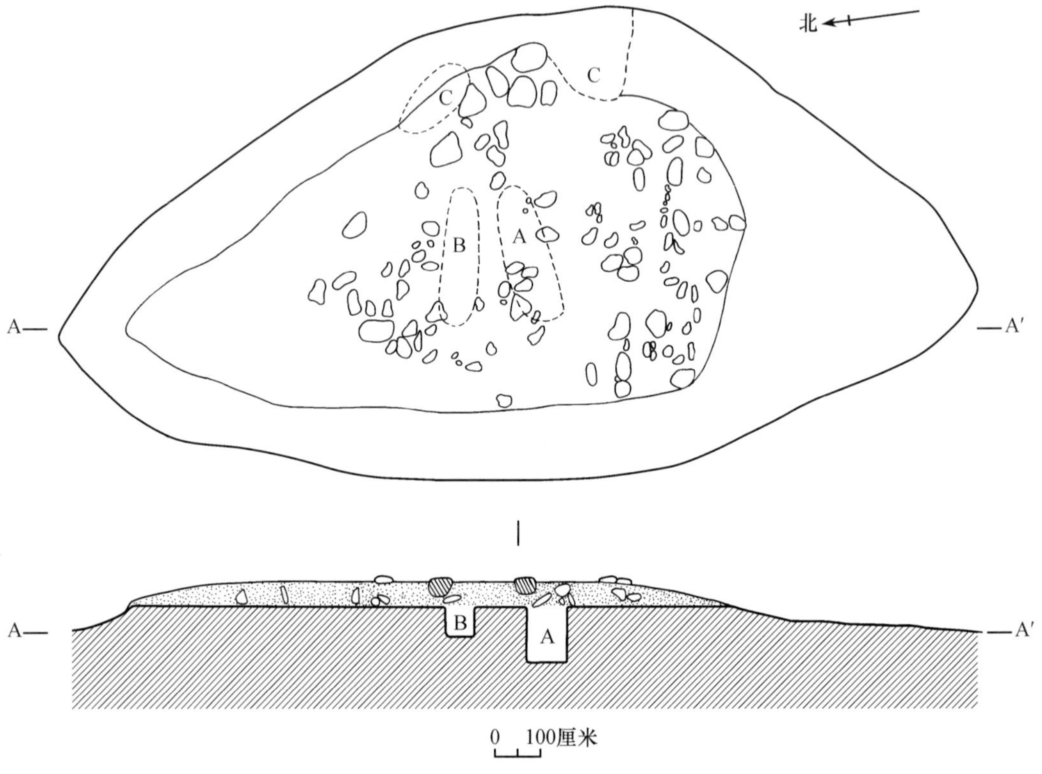

图二八　M12封堆平、剖面图

A. A墓室　B. B墓室

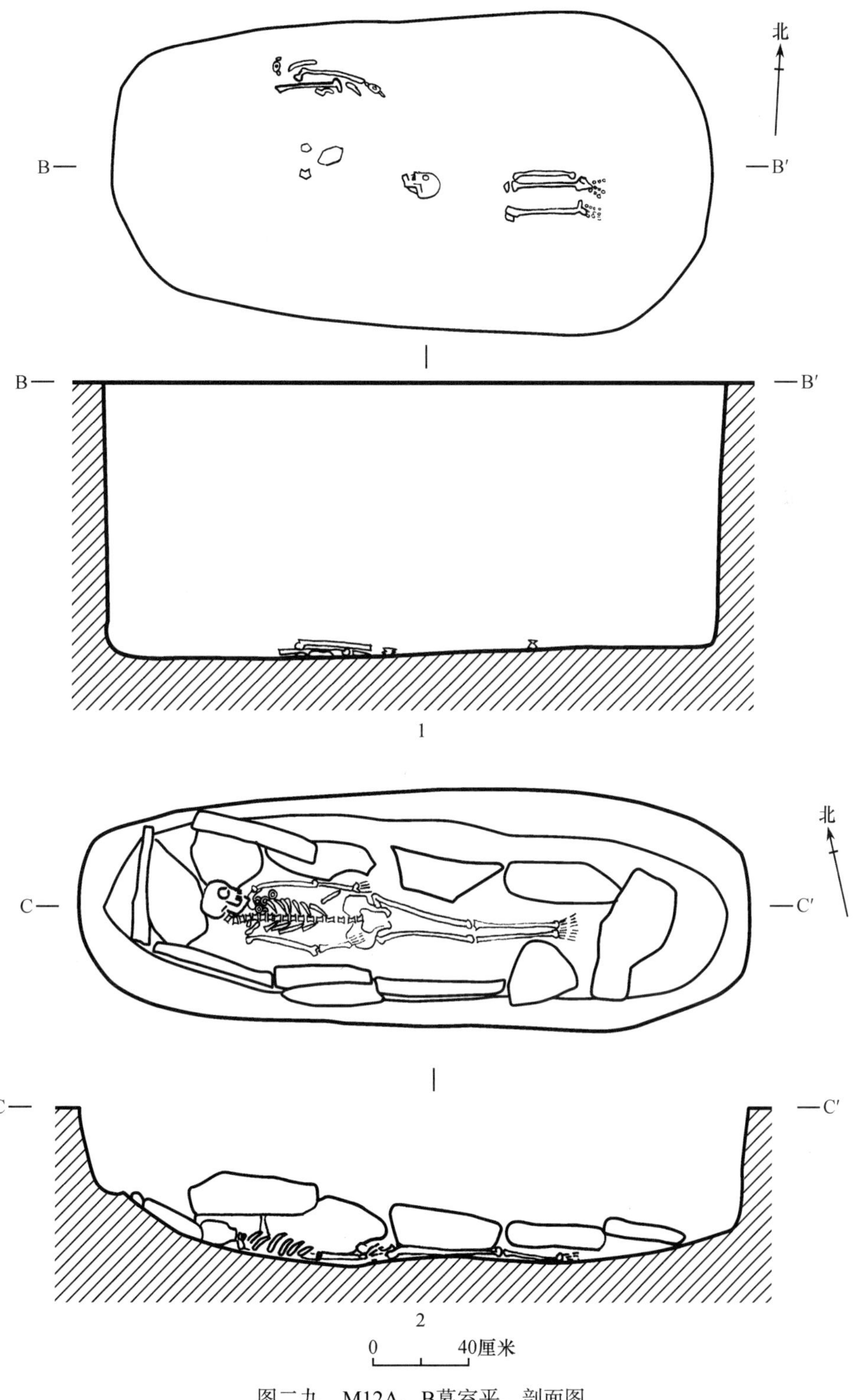

图二九　M12A、B墓室平、剖面图

单人葬，个体为20～35岁的成年女性。因扰乱严重，个体骨殖保存较差，除了双腿下肢骨外，均脱离原解剖位置，被人为的堆积在墓室的西北角，葬式不明，亦无随葬遗物出土。

B墓室为竖穴土坑石室墓，287°。墓口有卵石和石块堆积，没有扰动。墓口平面呈圆角长方形，长2.8、宽0.98、深约0.5米；墓室填土为黄土，其间夹杂有散乱的石板碎块；墓底长2.7、宽0.8、距墓口深约0.6米（图二九，2）。

单人葬，个体为20～35岁的成年女性。头向西，面朝北，骨殖保存较A墓室好，仰身直肢葬。

随葬遗物不多，除了填土中的残陶片和羊骨外，在个体胸前出土了石珠项链，其中22颗完整，9颗残损。另外在个体小臂和腰部之间出土了1件铜镜。

出土遗物极其匮乏，仅有1件项链和青铜镜1件。

项链　1件。M12B：3，由算珠形石珠组成，其中完整的有22颗，残9颗，少数石串珠上还刻有同心圆纹。石串珠大小不一，大的通高1.2、直径1.1、孔径0.5厘米；小的通高0.9、直径0.9、孔径0.2厘米（图三〇，1；图版八，3）。

铜镜　1件。M12B：4，素面，铜质，周缘稍有残损。体近圆形，边缘有一个很小的束腰柄，可能用于悬挂所用。直径8.4、柄长0.8、宽1.2～1.8厘米（图三〇，2；图版八，4）。

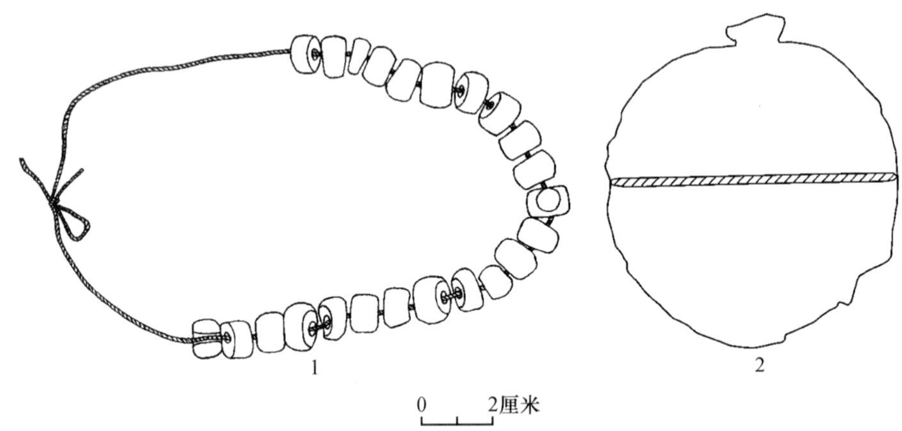

图三〇　M12B墓室出土器物

1. 项链（M12B：3）　2. 铜镜（M12B：4）

（四）竖穴墓道洞室墓

共5座。地表有长方形、圆形或近圆形土石混合封堆，其中2座墓葬被盗扰。洞室一般位于墓道的西端或西南端，墓道口均有填石，墓道内亦皆有殉马；未扰乱的墓葬显示葬式为单人仰身直肢葬；出土遗物有铜器、铁器、琉璃珠饰等，以铜、铁马具居多，另有少量木器。现以出土遗物稍多的2座保存完好和1座被盗扰墓葬为例加以介绍。

1. M20

位于四工河水库库区S区的南端，四工河河床西岸的二级台地上，紧靠西岸河床的最东端。南部与M18相望，西南与M19相距4米左右，北与M21相邻。未盗扰。

近长方形土石混合封堆，中心卵石露出地表的不多，故地表上封堆不明显，基本上与地表持平。封堆长4、宽3.46、高约0.3米（图三一）。

圆角长方形竖穴墓道洞室墓，墓向68°。墓道口上方，除东部外，西、南、北部等有规律地摆放着大小不等的卵石，组成长3.06、宽2.36米的长方形石围，长方形石围中间亦有石堆。墓道口平面呈圆角长方形，长2.1、宽1.12、深约0.3米；墓道底平面亦为圆角长方形，长2、宽1.02、深约1.34米；洞室平面近椭圆形，长2.44、进深约1.36、高

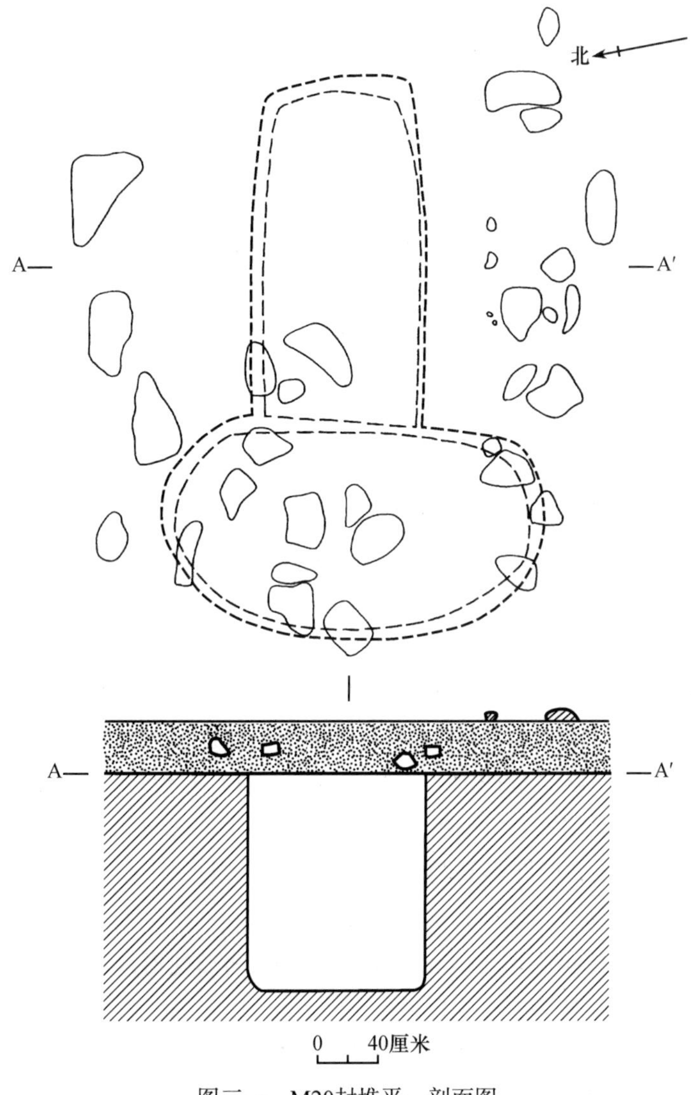

图三一 M20封堆平、剖面图

约0.66米。墓道填土为黄土，土色很纯，直到墓道底部。墓道底部随葬有一匹马，马背朝南，马头向西，嘴朝北，因为土壤中含碱量较高且潮湿，马的骨殖腐烂很严重，无法采集，只采集了牙齿作为标本。洞室位于墓道的西侧，因塌陷，封门及洞室形制不明，填土亦为纯黄土。

单人葬。洞室底部靠近西侧室壁，埋葬一个35～50岁的女性个体。头向南，面朝上，仰身屈肢葬，下肢漆关节向左右两侧弯曲形成罗圈腿状。

出土遗物不多，主要是铜器、铁器，少量木器和珠饰等。墓道底部马嘴下出土残铁马衔1件，马嘴东侧有残马带具及其上装饰的铜饰件18件；在马前腿间和马背中部外侧各出土残铁马镫1件，另在马后腿处出土残铁件1件。

洞室中个体双耳随葬1对铜耳环，保存较好；左手和腰部之间出土1件残铁刀，左、右脚趾下各有1颗小琉璃珠；在个体右侧靠近洞室东南角随葬有1件椭圆形木盘和圆形木碗，木盘长约30、宽14、高约3厘米，其上盛放有羊肩胛骨和羊肋骨；木碗口径约10、高8～10厘米。因土质较潮湿，木器已与土壤融合为一体了，无法提取，但可辨认出形状（图三二）。

出土遗物较少，以铁器和铜器为主，少量珠饰和木器。铁器主要是铁马衔、铁马镫、铁刀等，均残损。铜器多为马具铜饰件，少量个体的配饰以及木器等。

铁器　4件（组）。器形有马衔、马镫、刀和功用不明的残件。

马衔　1组。M20：1，残损严重，呈颗粒状，截面近圆形。

马镫　1副。M20：2，因锈蚀严重，残为碎块，镫鼻等形制不清，待经过除锈处理后修复再看。

残件　1件。M20：3，出土于马后腿处。体近圆形，中空，因其上锈蚀严重，功用不明。直径4.9～5.2、横截面直径1.2厘米（图三三，4）。

刀　1件。M20：5，刀体残损部分。单面刃，横截面呈锥形，刀柄稍窄，比刀体稍长，横截面亦为锥形。残长10.9、宽1.4、厚0.6、柄宽0.7～1.3、厚0.3～0.5厘米（图三三，2）。

铜器　18件（组）。器形主要为马具的铜饰件和个体佩戴的铜耳环等。

铜耳环　1对。M20：4，完整。体呈圆形，在悬挂处的扣眼旁有一断面，双环上还残存缠绑的绢条，横截面呈椭圆形。斜外径5～5.2、内径2.1、横截面长径1.8、短径1.4～1.55厘米；另1件外径5.1、内径2.2、横截面长径1.8、短径1.4厘米（图三三，1）。

铜饰件　18件。根据饰件形制的差异，可分为四型。

A型　4件。心形铜饰，素面，大小有别。

标本M20：1-1，体呈心形，背部中心有一个细圆形柱形铆钉，背板不见。长1.8、宽1.2、铆钉长0.8厘米（图三三，9）。

B型　7件。尖首矩形铜饰，素面，两侧边缘圆滑。

标本M20：1-2，尖首，尾端近矩形，背部均有2个细圆柱状铆钉，背板不见。长

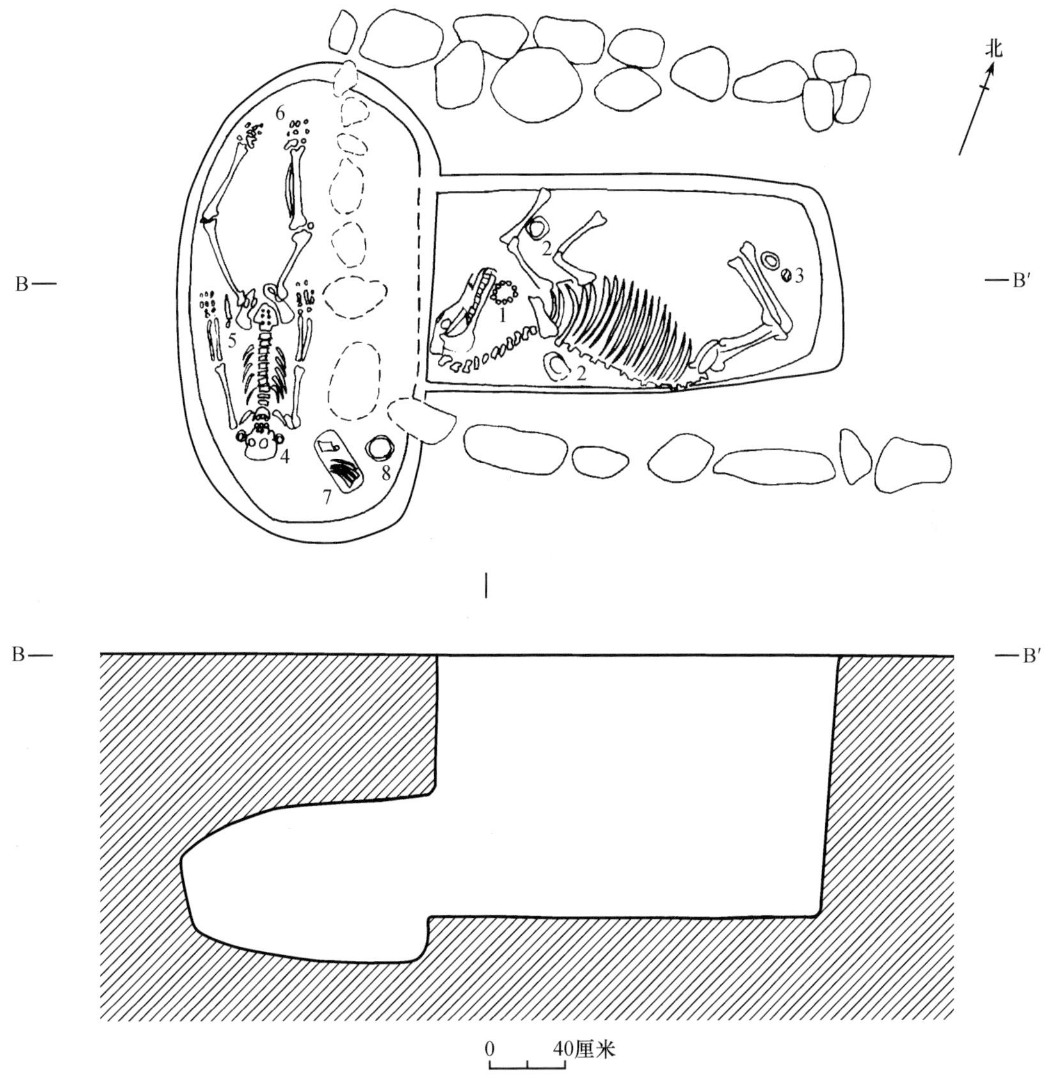

图三二　M20墓室平、剖面图

1. 铁马衔　2. 铁马镫　3. 残铁件　4. 铜耳环　5. 铁刀　6. 琉璃珠　7. 木盘　8. 残木碗

1.9、宽1.5、铆钉长0.8厘米（图三三，8）。

C型　6件。尖首矩形铜饰，素面，两侧边缘和尾端呈波浪状。

标本M20：1-3，尖首，尾端略内收，与两侧一样呈波浪状，背部有两个细圆柱状铆钉，背板不见。长2.4、宽1.2、高0.7厘米（图三三，7）。

D型　1件。M20：1-4，桃形铜饰，残为两半。素面，体近桃形，中心起泡，并穿有一孔；背部上侧有2个铆钉，下端有一个细圆柱状铆钉。长径4.5、短径4.3、厚1厘米（图三三，3）。

琉璃珠　2件。琉璃质，色黑，形制相似。体呈鼓形，两端均有一个圆台面，腹部凸出，中心穿有一孔，截面近亚字形。

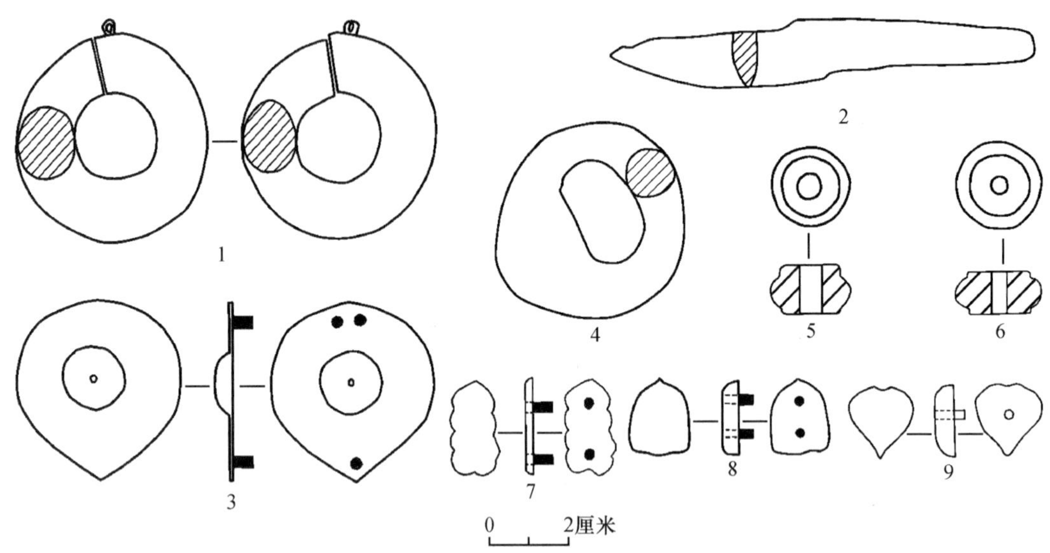

图三三　M20出土器物

1. 铜耳环（M20：4）　2. 铁刀（M20：5）　3. D型铜饰件（M20：1-4）　4. 残铁件（M20：3）
5、6. 琉璃珠（M20：6-1、M20：6-2）　7. C型铜饰件（M20：1-3）　8. B型铜饰件（M20：1-2）
9. A型铜饰件（M20：1-1）

M20：6-1，高0.3、直径0.5、孔径0.5厘米（图三三，5）。

M20：6-2，高0.25、直径0.55、孔径0.1厘米（图三三，6）。

木器　2件。器形有木盘和木碗，因朽蚀严重，与填土融为一体，无法提取，仅能看出轮廓。

木盘　1件。M20：7，长约30、宽14、高约3厘米。

木碗　1件。M20：8，口径约10、高8～10厘米。

2. M22

位于四工河S区南端，四工河河床西岸的二级台地上，紧靠西岸河床的最东端，其南部与M21相邻。

近长方形土石混合封堆，地表覆盖有植被，大小不一的卵石部分裸露于地表，无明显堆积；表土层土质疏松，呈黄褐色，夹杂有大量草根。封堆长2.4、宽1.4、高约0.3米（图三四）。

圆角长方形竖穴墓道洞室墓，墓向为76°。墓道口平面为圆角长方形，口长2.56、宽1.04～1.14、深0.3米；墓道底亦为圆角长方形，底长2.44、宽1～1.04、深0.4～1.16米。墓道填土为黄土，墓道口有大小不一的鹅卵石分布。墓道底部随葬一匹马，为东西向，头朝西，口部朝北，侧身屈肢。

洞室位于墓道西端，填土为黄土；洞室底部呈圆角长方形，长2.2、进深1.26、深

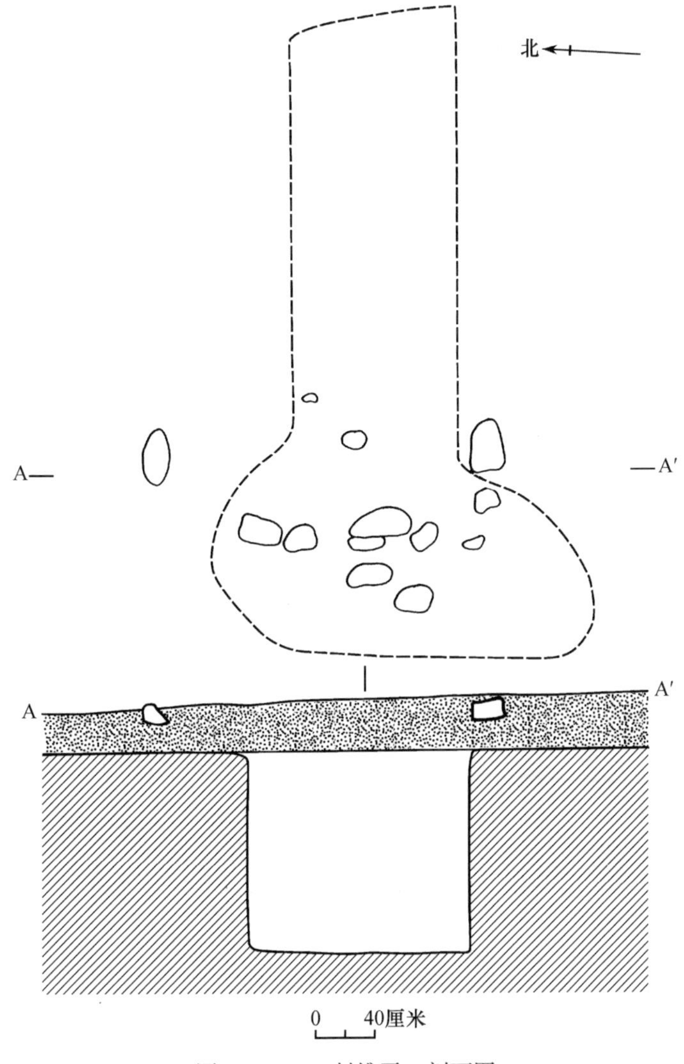

图三四 M22封堆平、剖面图

约0.88米。

单人葬。洞室底部在原解剖位置保存有一个25～35岁的女性个体，头向南，面朝上，仰身直肢葬，其中左脚为平放，跟骨朝下，右脚侧放，跟骨朝西。个体周围的土色呈暗红色，脚跟骨处土色呈黑色，可能是墓主人所穿衣服和鞋腐烂造成的。

出土遗物不多，有铁器、铜器和木器等，以铁器和铜器为主。在马头周围和马嘴两侧及附件分别出土了马具铜饰件68件，马镳1对和1件马镫，另1件马镫在右前蹄，马嘴里还出土1件残铁马衔；洞室个体的双耳部位出土铜耳环1对，在个体右臂外侧靠近洞室壁有1件椭圆形木盘和1件圆形木碟，但均已腐朽，无法采集。其中木盘内装有羊肩胛骨和羊排，木碟为敞口，圜底，口径约为13、高约3厘米。其内放有形制不明的残铁片。另外，在个体右侧肩胛骨下出土残铁刀1件（图三五；图版七，9）。

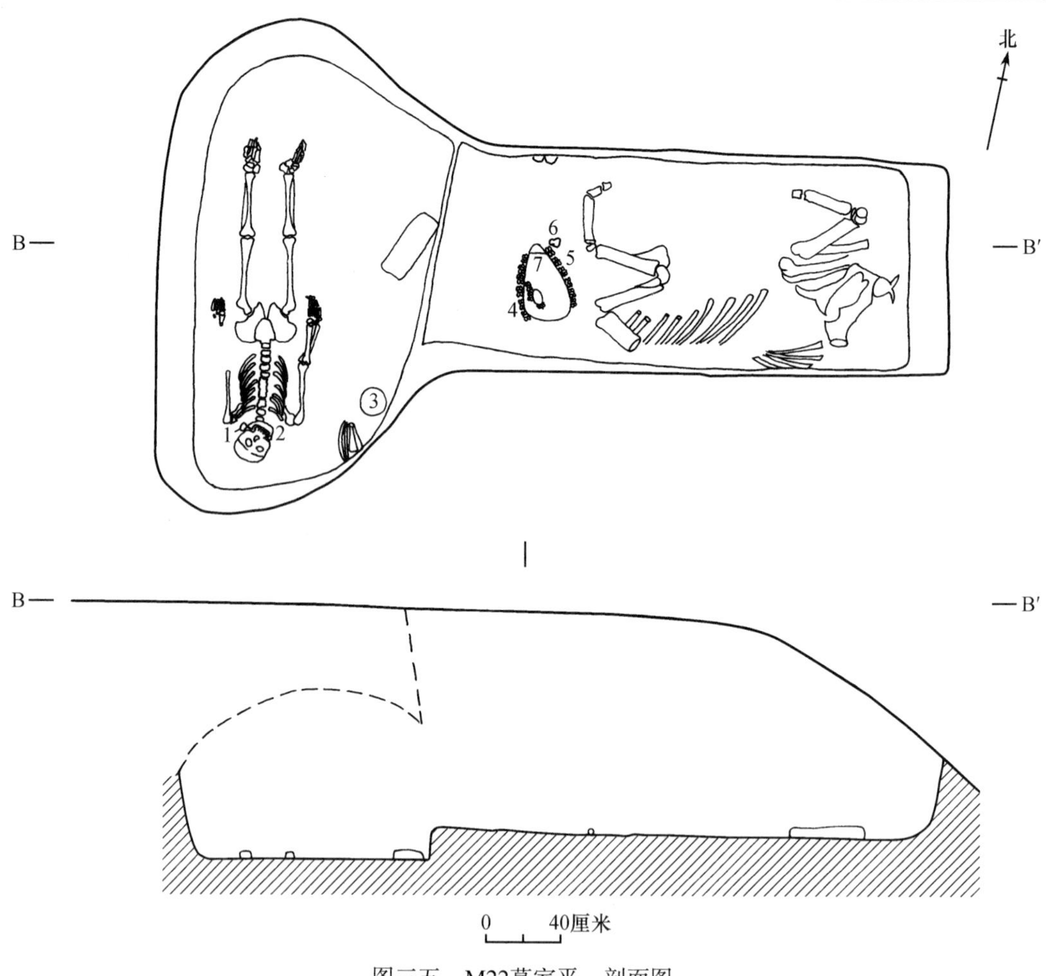

图三五　M22墓室平、剖面图

1. 铜耳环　2. 木柄铁刀　3. 残铁片　4. 铜饰件　5. 马镳　6. 铁马镫　7. 铁马衔

出土遗物以铜器和铁器为主，铜器最多；木器最少，且朽蚀殆尽。铜器主要有铜耳环、马具铜饰件等；铁器主要是铁马镳、马衔、马镫、木柄铁刀和残铁片等，均残损严重；木器主要为木盘和木碟等，因环境潮湿，已腐烂无存。

铜器　68件（组）。器形主要为铜耳环、马具铜饰件等。

铜耳环　1组（1对）。M22：1，1件完整，1件残断。形制相同，铜质，体呈圆形，中空，横截面为圆形，在铜耳环结合部的外侧中部有一个供悬挂的扣眼。1件外径5～5.1、内径2.75～2.8、横截面直径1.1厘米；另1件外径5.1、内径2.8、截面直径1.1厘米（图三六，11；图版八，1）。

马具铜饰件　66件。铜质（图版八，2），根据形制差别，可分为五型。

A型　50件。其中3件残损，均体呈长方形四瓣花形，四角向上凸起呈圆形，形制基本相同。标本M22：4-1，背部纵向分布有2个铆钉，长2.25、宽2、厚0.4厘米（图三六，6）。

B型　7件。尖首矩形。根据正面铸造纹饰的差别，可分三亚型。

Ba型　3件。正面铸造凸起的菱形。标本M22：4-2，中部为凸起的菱形，背部纵向分布有2个铆钉。通长3.1、宽1.5、高0.45厘米（图三六，9）。

Bb型　3件。正面中部铸造一道棱。标本M22：4-3，中部竖向凸起一道棱，背部纵向分布2个铆钉。通长3.3、宽1.6、高0.3厘米（图三六，10）。

Bc型　1件。M22：4-4，素面。尖首端略窄，形似子弹头，背部中间纵向分布有2个铆钉。通长3、宽1.4、高0.35厘米（图三六，4）。

C型　3件。尖首亚腰形。标本M22：4-5，尖首，腰部微束，尾端呈三折状，中部凸起一道棱，背部中间纵向分布有2个铆钉。通长2.2、宽1.4、高0.3厘米（图三六，8）。

D型　6件。凸形铜饰，形制相同，其中2件残损。标本M22：4-6，体呈凸字形，下端中间凸起形成圆形，背部上端左、右两侧及下端各有一个铆钉。通长4.5、宽3.3、高0.3～0.95厘米（图三六，3）。

E型　1件。M22：4-7，桃形铜饰，完整。体呈桃形，中间凸起形成圆形，背部中间纵向分布有2个铆钉，但上端铆钉已经残缺。通长3.5、宽3.5、高0.1～0.6厘米（图

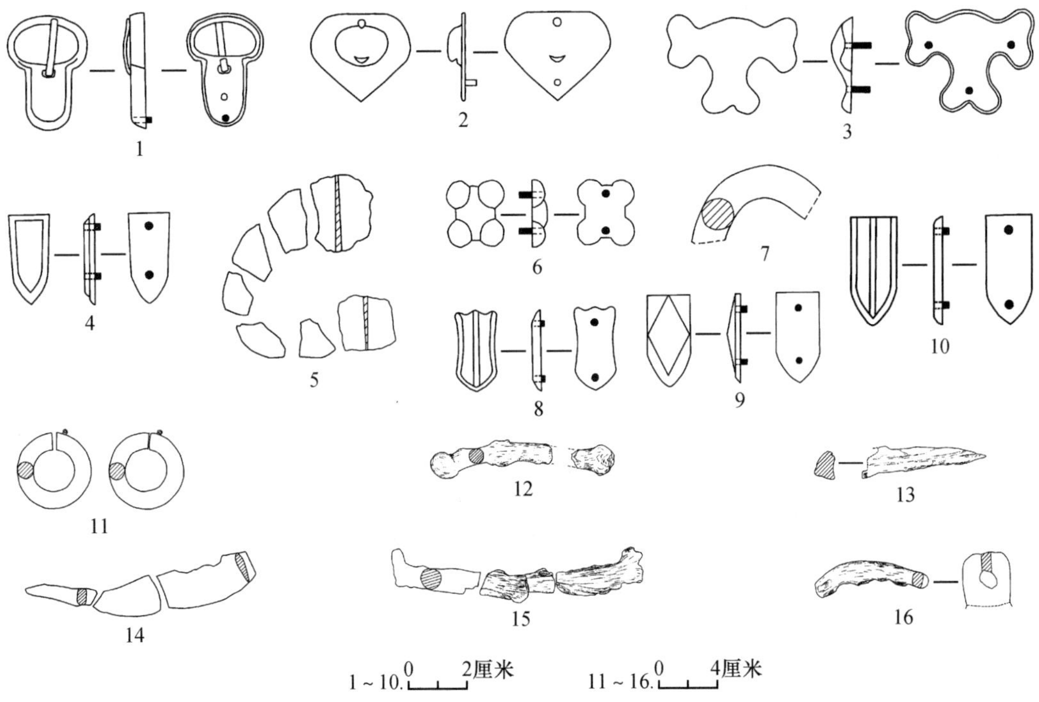

图三六　M22出土器物

1. 铜带扣（M22：4-8）　2. E型马具铜饰件（M22：4-7）　3. D型马具铜饰件（M22：4-6）　4. Bc型马具铜饰件（M22：4-4）　5. 残铁片（M22：3）　6. A型马具铜饰件（M22：4-1）　7、16. 铁马镫（M22：6-1、M22：6-2）　8. C型马具铜饰件（M22：4-5）　9. Ba型马具铜饰件（M22：4-2）　10. Bb型马具铜饰件（M22：4-3）　11. 铜耳环（M22：1）　12、13. 铁马镳（M22：5-1、M22：5-2）　14. 木柄铁刀（M22：2）　15. 铁马衔（M22：7）

三六，2）。

铜带扣　1件。M22：4-8，完整，扣环、扣柄一体铸造。扣环呈椭圆形，扣舌为铁质，已锈烂；扣柄呈圆角长方形，扣柄背部纵向分布有2个铆钉，其中偏中间一个已经脱落残缺。长3.4、扣环宽2.8、柄宽1.7、厚0.5厘米（图三六，1）。

铁器　5件（组），主要为刀、残片和马的配饰等。

木柄铁刀　1件。M22：2，刀体残缺部分。木、铁质，柄较细且木柄脱落，刀身厚重，单刃，柄横截面近圆角长方形，刀体横截面呈圆锥形。残长8.5、柄宽0.8、厚0.5、刃宽2.1、厚0.9厘米（图三六，14）。

残片　1组（7片）。M22：3，出土于个体右侧木碗内，残损成数片。铁质，体近椭圆形，中间厚，四周薄，形制不明。残长4.5、残宽5.4、厚0.1～0.25厘米（图三六，5）。

马镳　1组（1对）。均残损。

M22：5-1，位于马头右侧，因锈蚀而残断。两端略呈蒜头状，从残存较好的部位看镳体呈圆柱状，横截面为圆形。长8.5、径1.1厘米（图三六，12）。

M22：5-2，位于马头左侧，残损严重，仅存一节，形制不明，因锈蚀故横截面亦不规整。残长8.9厘米（图三六，13）。

马镫　1组（1对）。均残损。

M22：6-1，残损严重，仅存镫鼻、踏板的一部分，镫鼻呈环状，踏板较宽，但残碎。残长4.8、横截面直径1.1厘米（图三六，7）。

M22：6-2，残损严重，仅存踏板一侧与镫鼻相连接的镫环的一部分，截面近椭圆形，镫鼻近方形，中心有穿孔。镫环残长8、镫鼻残长3.7、宽3.3、厚0.7～0.9厘米（图三六，16）。

马衔　1件。M22：7，残为多段，但锈迹斑斑。从残存衔体看，横截面呈圆形，其余形制不明。残长17.3、直径1.4厘米（图三六，15）。

3. M53

位于四工河水库坝址D区北端一道山梁的北面坡上，南邻M52，东南与M50相望，盗扰。

近圆形土石混合封堆，地表封堆比较平缓，随坡面地势而南高北低，地面上有散乱的大块砾石分布。封堆直径约4.6、高0.2～0.46米（图三七）。

长方形竖穴墓道洞室墓，墓向30°。墓道口平面近圆角长方形，近封门处稍窄，长2.76、宽0.88、深0.2～0.46米。墓道底部平面亦为圆角长方形，长2.46、宽0.9、深1.6米；墓道因盗扰已经不很规则，盗墓者从墓道西侧进入墓室，原本呈长方形的墓道被人为挖成梯形。墓道中随葬有一匹马，因扰乱均不在原解剖位置。填土比较松软，为黄褐色颗粒土；填土中石头分布散乱，在距墓口深约1.1米处的墓道中部出土残铁件1件；在

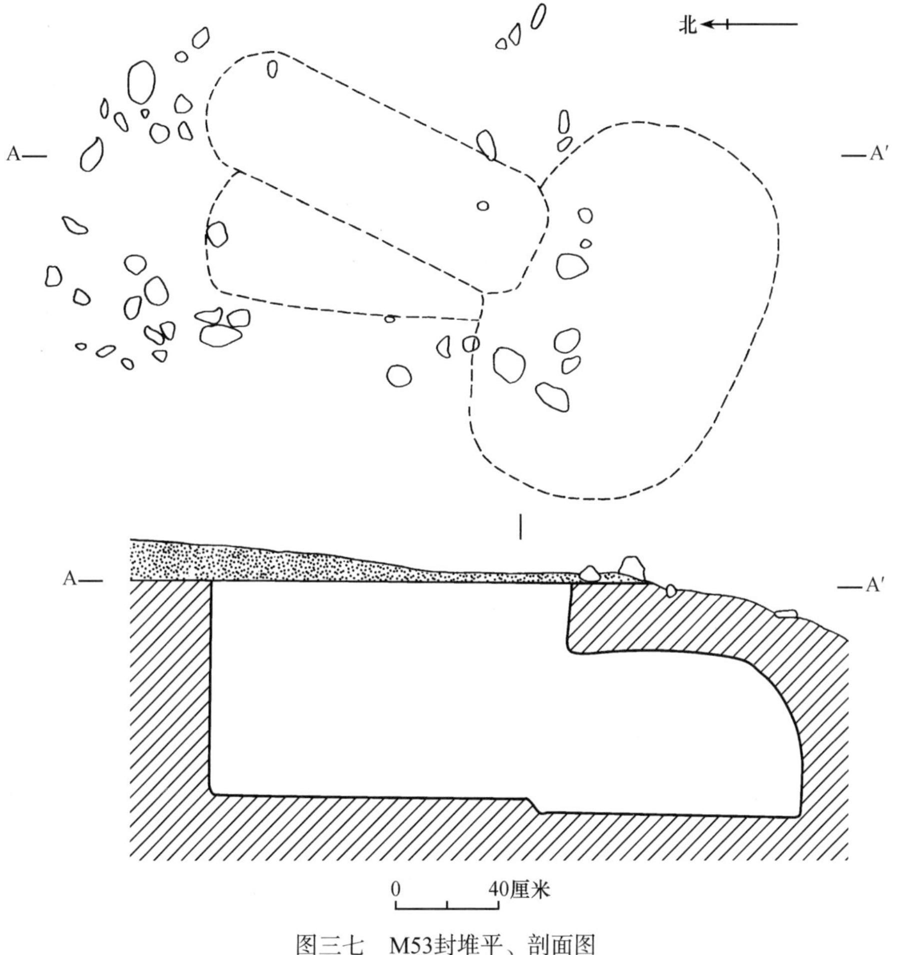

图三七　M53封堆平、剖面图

深约1.3米的墓道北侧出土椭圆形铜饰件1件，在深约1.35米处的墓道北侧靠近墓壁处出土一块马骨碎片，呈酥粉状，旁边出土了4件圆首或尖首铜饰件及1件铜带扣；墓道填土在深约1.3米处土质土色有所转变，由黄褐色颗粒填土开始向黄色沙质填土变化，填土中夹杂有小碱颗粒，墓道南壁发现有规律的大块砾石堆积，根据砾石堆积周围的土质土色变化初步判断为洞室墓石封门，但封门有人为破坏的痕迹，封门被盗墓者从外向内推倒后垮塌在墓室，其中在墓室封门处的填土中出土有1件尖首矩形铜饰和1件铜带箍。

洞室底部平面呈圆角长方形，长2.9、宽2、深1.7米，墓室顶高1.2米。洞室为西北—东南向，与墓道组成T形；洞室盗扰严重，个体骨殖被人为的堆放在洞室的南侧和西侧，经鉴定为一个个体的骨殖。墓主人为35～45岁的中年女性，墓主人颅骨两耳处和下颌骨位置均有铜锈痕迹，可能有铜器随葬，因盗掘已不见；在洞室东部偏北靠近东壁处的填土中发现有1件木柄红漆碗的红漆皮和1件锈蚀严重的残铁刀，根据红漆皮的形状推测是一件单耳红漆木碗，但已经腐朽，仅剩下色泽非常鲜艳的红色漆皮痕迹（图三八）。

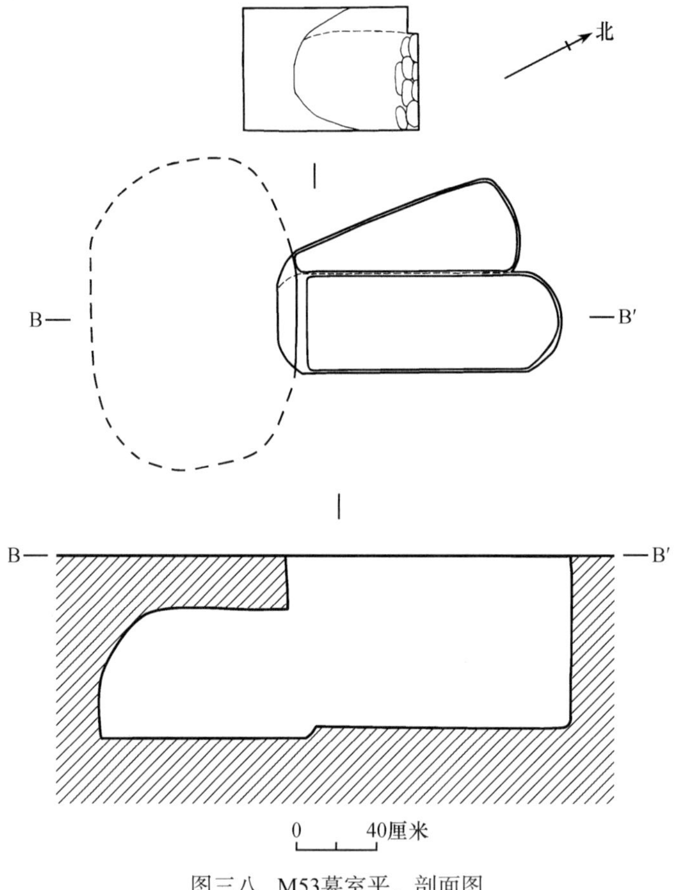

图三八　M53墓室平、剖面图

因盗掘因素，墓葬出土随葬品很少，所出随葬品均从墓道或墓室的填土中出土。质地比较单一，仅有铁器、铜器和木器三种。

铁器　2件。器形有残铁件和铁刀两种。

残铁件　1件。M53：C1，其上锈蚀严重，看不出器形。残长3.5、残宽2厘米。

铁刀　1件。M53：C6，残断。单刃，刀背较厚，刃稍薄，横截面近锥形。残长6、厚0.2～0.5厘米（图三九，6）。

铜器　9件。均为马具上的装饰品。

椭圆形铜饰件　1件。M53：C2，残损近1/4。铜质，体近椭圆形，中间凸起呈弧形，背部中间纵向分布有2个铆钉。长3.9、宽2.2、厚0.3～0.7厘米（图三九，5）。

矩形铜饰件　6件。根据差异，可分二型。

A型　1件。M53：C3-1，圆首矩形铜饰，圆首，尾端呈矩形，正面中间有一道凸棱，尾部背面有1个铆钉。长2.2、宽1.15、厚0.2～0.4厘米（图三九，9）。

B型　5件。尖首矩形铜饰，其中1件残损。

标本M53：C3-2，素面，尖首，尾端呈矩形，外侧呈波浪状，背面有1个铆钉。长

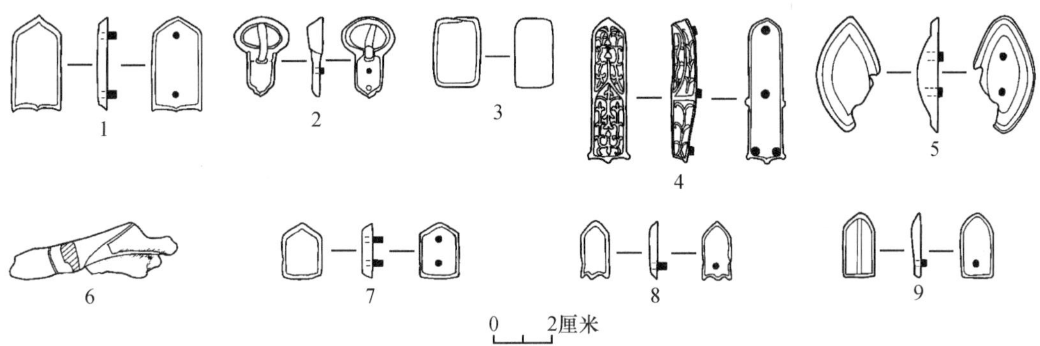

图三九　M53出土器物

1、4、7、8. B型矩形铜饰件（M53：C3-3、M53：C4-1、M53：C3-4、M53：C3-2）　2. 铜带扣（M53：C3-5）　3. 铜带箍（M53：C4-2）　5. 椭圆形铜饰件（M53：C2）　6. 铁刀（M53：C6）　9. A型矩形铜饰件（M53：C3-1）

2、宽1、厚0.3～0.55厘米（图三九，8）。

标本M53：C3-3，体形稍大，素面，尖首，尾端呈矩形，外侧呈波浪状，背面纵向排列有2个铆钉。长3.2、宽1.7、厚0.35～0.65厘米（图三九，1）。

标本M53：C3-4，体形较小，素面，尖首，尾端呈矩形，背面纵向排列有2个铆钉。长1.9、宽1.4、厚0.35～0.7厘米（图三九，7）。

标本M53：C4-1，完整。尖首，略上翘，平面呈两面坡状，镂空装饰，并铸有忍冬纹；背面在前端和中部纵向分布有2个铆钉，而尾端横向排列也有2个铆钉。长4.7、宽1.2、厚0.9厘米（图三九，4）。

铜带扣　1件。M53：C3-5，铁质扣舌锈蚀严重，铜质扣环呈椭圆形，与长方形扣柄为一整体，扣柄前端略呈尖脊状，背面有2个纵向排列的铆钉。长2.7、宽1～1.9、厚0.25～0.55厘米（图三九，2）。

铜带箍　1件。M53：C4-2，完整。素面，体呈长方形，中空。长2.4、宽1.7厘米（图三九，3）。

木器　1件。因盗掘，填土潮湿而朽蚀无存。

单柄木漆碗　1件。M53：C5，因潮湿原因，木碗已经完全腐烂，仅能看出外形。器表髹有红漆。

（五）竖穴墓道偏室墓

共12座。地表仅露出部分平面呈圆形、长方形的土石混合石堆，依山地地势而建，地表封堆凸起不明显；偏室东、南、西、北向均有，南偏室居多，少量偏室口有卵石堆积，大部分偏室的竖穴墓道内有殉马现象。均单人仰身直肢葬，马头与墓主人方向大部分不一致。随葬品主要为铜器、铁器、骨器、琉璃等，以铜带饰、马镫最有特色。现以保存较好，出土遗物较多的4座墓葬为例加以介绍。

1. M27

位于四工河西岸二级台地上，其东北、东部和东南分别与M28、M26和M25相邻。未盗扰。

近圆形土石混合封堆，地表封堆无明显凸起，仅有大小不一的卵石部分裸露于地表，其间覆盖有植被。直径3～3.2、高0.3～0.5米。表土层土质疏松，呈黄褐色，夹杂有大量草根（图四〇）。

圆角长方形竖穴墓道偏室墓，墓向155°。墓道口上方有直径约为3.9米的圆形石堆堆积，墓道口平面为圆角长方形，长2.66、宽1.3、深0.3～0.5米；墓道填土为纯黄褐色土，墓道底部平面亦为圆角长方形，长2.04、宽0.86、深约1.74米；底部随葬有一匹马，头朝西北，口部朝西，颈椎骨竖直，四肢呈匍匐状，保存完整。偏室位于墓道西侧，长1.77、进深0.6、高约0.5米。

单人葬。偏室底部埋葬有一个35～50岁的女性，颅骨残破，头向东南，面朝上，葬式为仰身直肢葬，双脚跟骨朝右侧放。在个体骨殖下发现有一层红色夹杂黑色的土

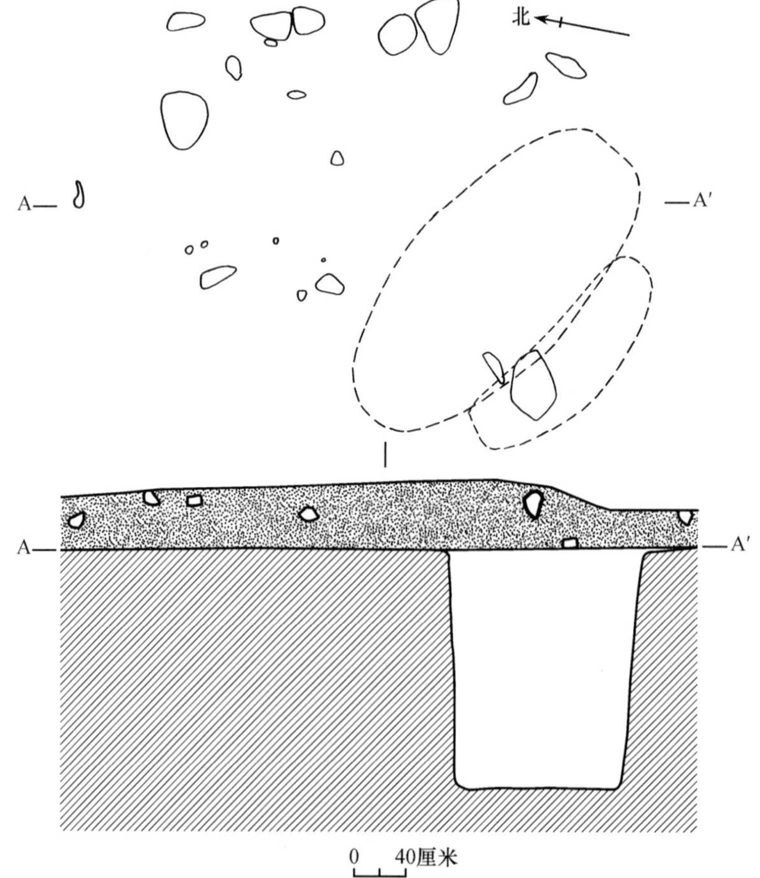

图四〇　M27封堆平、剖面图

壤，推测可能有无盖木棺存在。

偏室内随葬遗物较多，以铜器为主，其次为铁器，另有少量琉璃器和绿松石等。在个体双耳上出土了铜耳环1对，在颅骨右侧底部和右肩南侧出土残铜镜1件，颈椎下出土了3颗琉璃珠，在个体左关节处出土木柄铁锥1件；另外，在个体右手小指、中指、食指和左手的食指、中指、无名指上各戴有1枚铜戒指；在个体左脚脚尖处出土琉璃珠2颗，在个体右小臂下出土了残铁箭镞和残铁矛各1件，后在做解剖性清理时又在个体的颈部下出土绿松石珠1颗。

墓道内随葬的马主要出土的是铁器，在马嘴中出土残铁马衔1件，马嘴左右各出土1件马镳，在马肋骨右侧和左侧肩胛骨处各有1件残铁马镫，同时在马肋骨右侧出土残铁马扣1件（或可能是右侧马镫的镫鼻）（图四一）。

出土遗物比较丰富，计有21件（组）。以铜器和铁器为主，少量珠饰和绿松石等。

铜器　8件（组）。主要器形有铜耳环、铜镜和铜戒指等，以铜戒指居多。

铜耳环　1组（1对）。M27：1，完整，形制相同，均用截面为圆形的铜丝弯曲成圆形或椭圆形；1件直径2.2、丝径0.3厘米；另1件长径2.8、短径2.5、丝径0.25厘米（图四二，10）。

铜镜　1件。M27：2，素面，部分残缺，形成弯月形；体呈圆形，镜面略呈凸形，背面四周边缘有一道凸棱；从残存位置看，缺口处可能是镜柄位置。直径11.6、厚0.25厘米（图四二，12）。

铜戒指　6件。体呈圆形或椭圆形，根据戒面形制的差异，可分为三型。

A型　4件。戒面呈菱形。根据戒面有无镶嵌物可分为二亚型。

Aa型　2件。体近呈圆形，戒面无镶嵌物。

M27：5，完整，戒面四角分别各有一个乳钉。环径2.1～2.3、环厚0.3厘米；戒面长径1.5、短径1.3厘米（图四二，13）。

M27：6，完整，横截面近椭圆形，戒面四角均有一个小乳钉。环径2.4～2.6、环厚0.3厘米；戒面长径1.3、短径1.2厘米（图四二，14）。

Ab型　2件。体近呈圆形或椭圆形，戒面有镶嵌物。

M27：9，完整，下端有开口；戒面上对称有几个乳钉，中心镶嵌一个圆形物，因锈蚀质地不明。环径2.25、宽0.3、厚0.15厘米；戒面长径1.8、短径1.5厘米；镶嵌物长径0.9、短径0.8厘米（图四二，3）。

M27：10，完整。体近椭圆形，戒面上有4个对称的乳钉，中间镶嵌有一个凸起的弧面物，质地不明；环长径2.7、短径2.4、厚0.2厘米；戒面长径1.5、短径1.3、镶嵌物直径0.8厘米（图四二，5）。

B型　1件。M27：7，完整，体呈圆形，戒面平整，呈椭圆形，在椭圆长径一端有一个乳钉。环径2.2、环厚0.15厘米；戒面长径1.3、短径1厘米（图四二，4）。

C型　1件。M27：8，残断成三节。体呈圆形，戒面呈弧形，中间略宽，至两侧逐

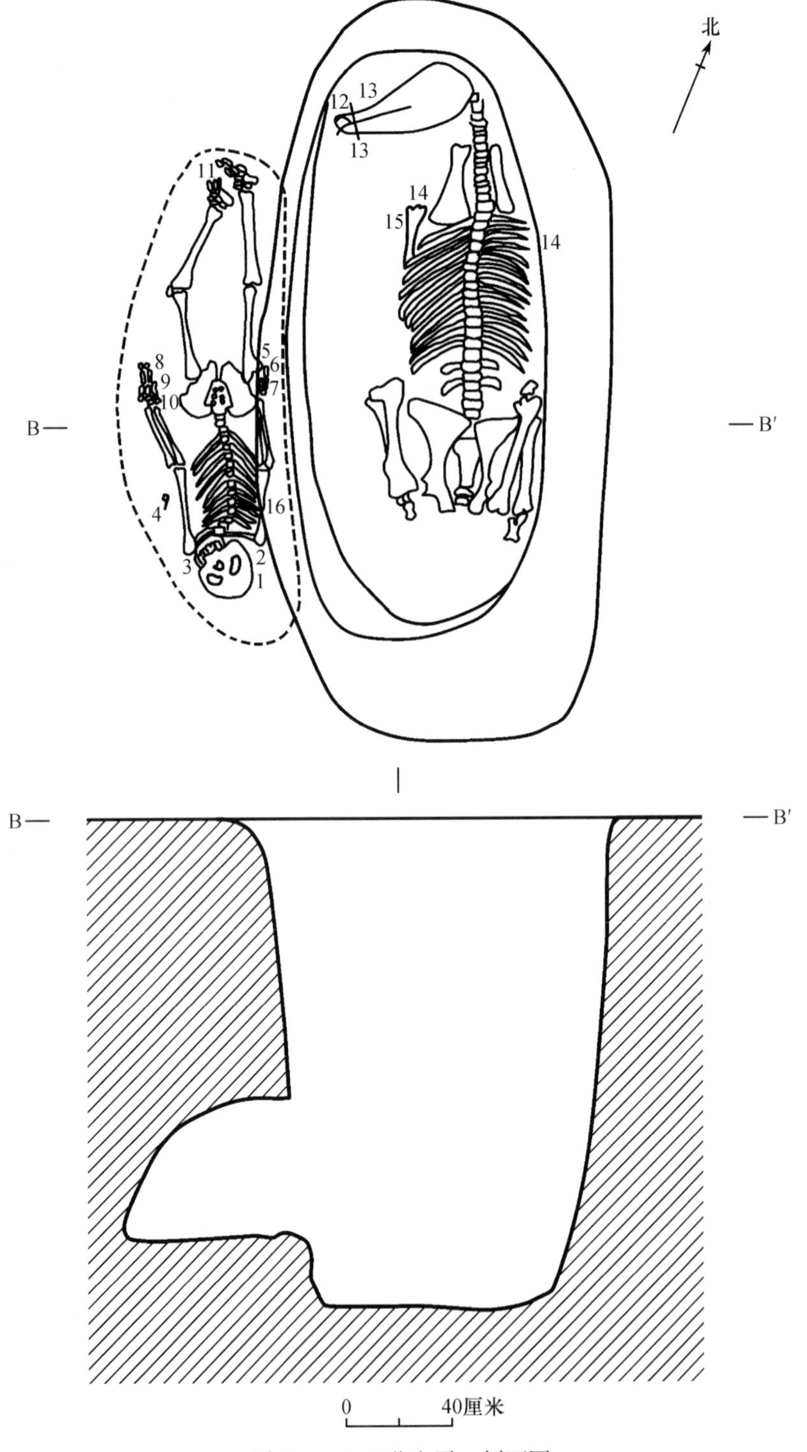

图四一　M27墓室平、剖面图

1. 铜耳环　2. 铜镜　3、11. 琉璃珠　4. 木柄铁锥　5～10. 铜戒指　12. 铁马衔　13. 铁马镳　14. 铁马镫　15. 铁件　16. 铁箭镞

渐收缩变窄，横截面亦呈弧形。环径2、厚0.18、戒面宽0.9厘米（图四二，9）。

铁器 7件（副）。主要器形有木柄铁锥、铁马衔、铁马镳、铁马镫、残铁件、铁箭镞和铁矛等。

木柄铁锥 1件。M27：4，残断为多段，铁柄上一侧残存木质柄，外用桦树皮捆绑加固；铁锥呈长三角形，横截面为圆角长方形。残长7.7、宽1.3、厚0.2厘米（图四二，19）。

铁马衔 1件。M27：12，铁质，残损严重，基本上均为碎块，无法复原，从残存较大者看，衔体呈柱状，横截面为圆形。残长3.8、直径1.35厘米（图四二，17）。

铁马镳 1副。铁质，均残损不全。

M27：13-1，其上锈蚀严重，仅存镳体末端的一部分；体近锥形，稍有弯曲，横截面近椭圆形。残长7.7、长径0.8～2.2、短径0.6～1.8厘米（图四二，18）。

M27：13-2，仅存一部分，其上还残存马衔的环，残存马镳呈柱状，横截面近圆形。残长10.6、直径0.6～1.8厘米（图四二，20）。

铁马镫 1副。均铁质，因锈蚀严重，无法完整提取。

M27：14-1，位于马肋骨右侧，形制与左侧马镫相同。

M27：14-2，位于马肩胛骨左侧，与填土形成一体，痕迹保存完整，体呈8字形。

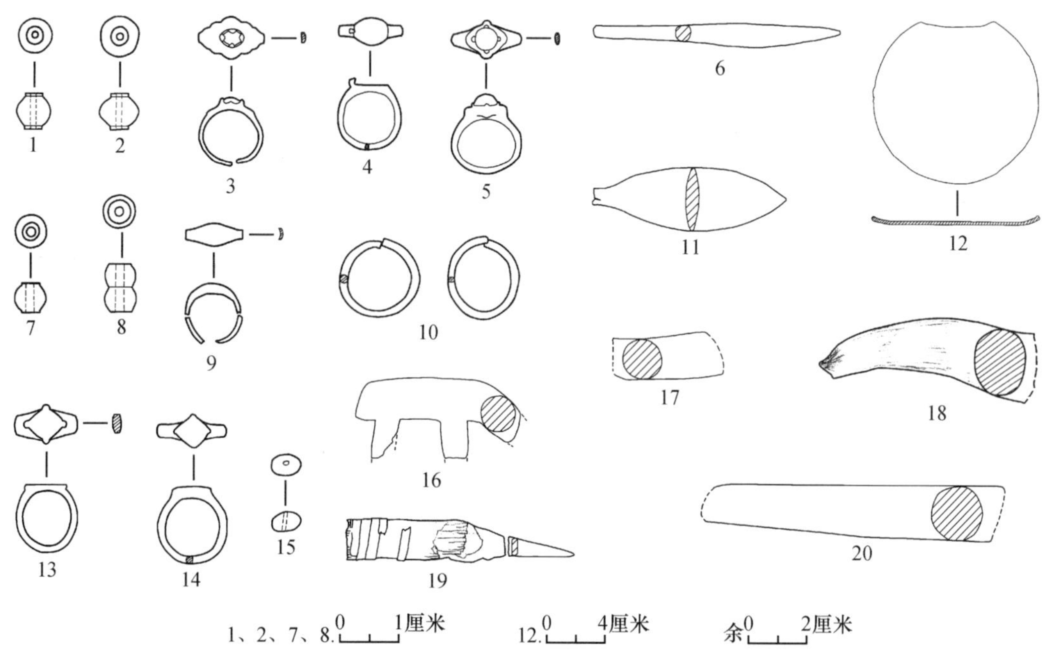

图四二 M27出土随葬品

1、2. 琉璃珠（M27：11-1、M27：11-2） 3～5、9、13、14. 铜戒指（M27：9、M27：7、M27：10、M27：8、M27：5、M27：6） 6. 铁箭镞（M27：16） 7、8. 琉璃珠（M27：3-1、M27：3-2） 10. 铜耳环（M27：1） 11. 铁矛（M27：16-1） 12. 铜镜（M27：2） 15. 绿松石珠（M27：17） 16. 残铁件（M27：15） 17. 铁马衔（M27：12） 18、20. 铁马镳（M27：13-1、M27：13-2） 19. 木柄铁锥（M27：4）

系绳处镫鼻较小，呈方形，镫环较大，呈圆形，镫板为宽扁状，其余皆为柱状。

残铁件　1件。M27：15，器表锈蚀严重，铁质圆柱一端稍微弯曲，但残断；平直端与弯曲同向有两根圆柱，亦残断，故形制、功用不明。残长5.8、直径1.2～1.4厘米（图四二，16）。

铁箭镞　1件。M27：16，铁质，箭翼均残损缺失，箭头形制不明，尾部有圆柱状箭铤，其上残存木质痕迹。残长8.5、宽0.8、铤径0.4～0.7厘米（图四二，6）。

铁矛　1件。M27：16-1，铁质，柄残断；器表锈蚀严重，体呈梭形，中间厚，两侧薄，横截面呈梭形。残长6.7、宽2.15、厚0.4厘米（图四二，11）。

珠饰　6件。质地有琉璃和石质。

琉璃珠　5件。琉璃质，形制相同。

M27：3，3件，其中2件粘连在一起。完整，体呈鼓形，中间穿孔，横截面为圆形。

M27：3-1，通高0.5、直径0.55、孔径0.15厘米（图四二，7）。

M27：3-2，通高0.8、直径0.55、孔径0.15厘米（图四二，8）。

M27：11，2件。完整。器表因氧化而发亮，形制相同，均体呈鼓形，中心穿孔。

M27：11-1，通高0.6、直径0.6、孔径0.1厘米（图四二，1）。

M27：11-2，通高0.6、直径0.7、孔径0.1厘米（图四二，2）。

绿松石珠　1件。M27：17，石质，完整。体呈椭圆形，淡蓝色，上端从中心斜向左下方穿有一个圆孔。通高0.6、长径1、短径0.7、孔径0.15厘米（图四二，15）。

2. M41

位于四工河水库大坝S区的最北端的一处二级台地上，南与M42相距约50米，东南与M40、M39隔沟相望，西南坡下是M43和M44。

近圆形土石封堆，地表卵石堆积较多，其间长满逐渐枯黄的青草。从地表上可看出封堆外围有石圈，中间卵石放置零乱，可能被扰乱。封堆直径约3.7～4.6、高约0.3米（图四三）。

圆角长方形竖穴墓道偏室墓，墓向274°，墓道平面为圆角长方形，长2.6、宽1.2、深约1.16米；偏室位于墓道的北侧，填土为黄土，土质较软。偏室底部平面亦近圆角长方形，长2.6、宽0.64、高约0.46米。

单人葬，偏室底部埋葬有一个20～25岁的青年男性个体，头向近西，面朝北，葬式为仰身直肢葬。其南部的竖穴墓道底部陪葬有一匹马。

偏室底部出土遗物不多，因靠近河床，填土潮湿，大多数随葬品已经锈蚀。出土遗物基本上都是铜器、铁器等，多为马具上的铜饰和配件。在个体脚趾骨和盆骨处出土了10件马具上的铜饰，左上臂出土了8件残铁箭镞，右侧腰部出土了1件带有图案的圆形铜饰。

马的骨殖亦腐烂严重，在其周围和嘴部位置发现了残马镫和残马衔等（图四四）。

出土遗物不多，种类也较少，主要是铜器和铁器。

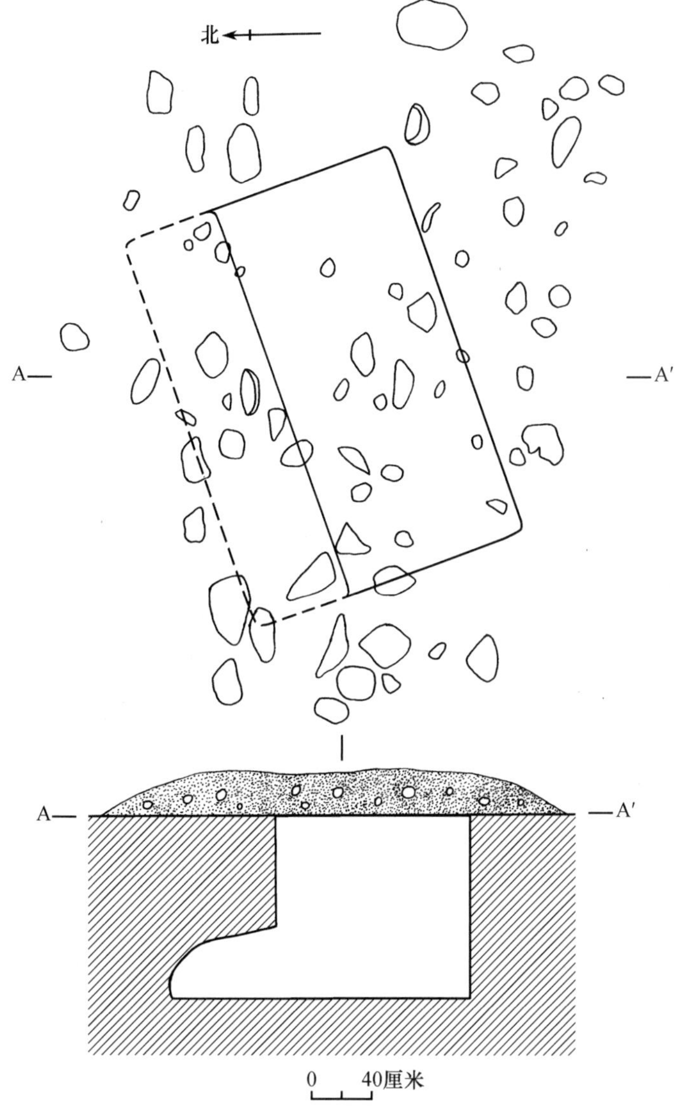

图四三 M41封堆平、剖面图

铜器 11件。器形有铜带扣、铜扣舌、铜带饰和圆形铜饰等。

铜带扣 3件。形制相同，均为单一型的椭圆形扣环，铁质扣舌残断或缺失，圆首矩形扣柄，扣柄背面纵向排列有2个铆钉。

M41：1，圆首矩形扣柄上还套有2个铜带箍。通长3.8、宽1.2～2.4、厚0.2～0.45厘米（图四五，6）。

M41：1-2，扣舌、铆钉残缺。通长3.3、宽1.5～2.3、厚0.2～0.5厘米（图四五，4）。

M41：1-3，铁质扣舌残断。通长3、宽1.2～2、厚0.2～0.5厘米（图四五，1）。

铜扣舌 2件。M41：1-1，形状相同。尖首，上翘，尾端矩形，中部略束腰，背部纵向排列有2个铆钉。通长4.1、宽1.5～1.7、厚0.3～0.7厘米（图四五，3）。

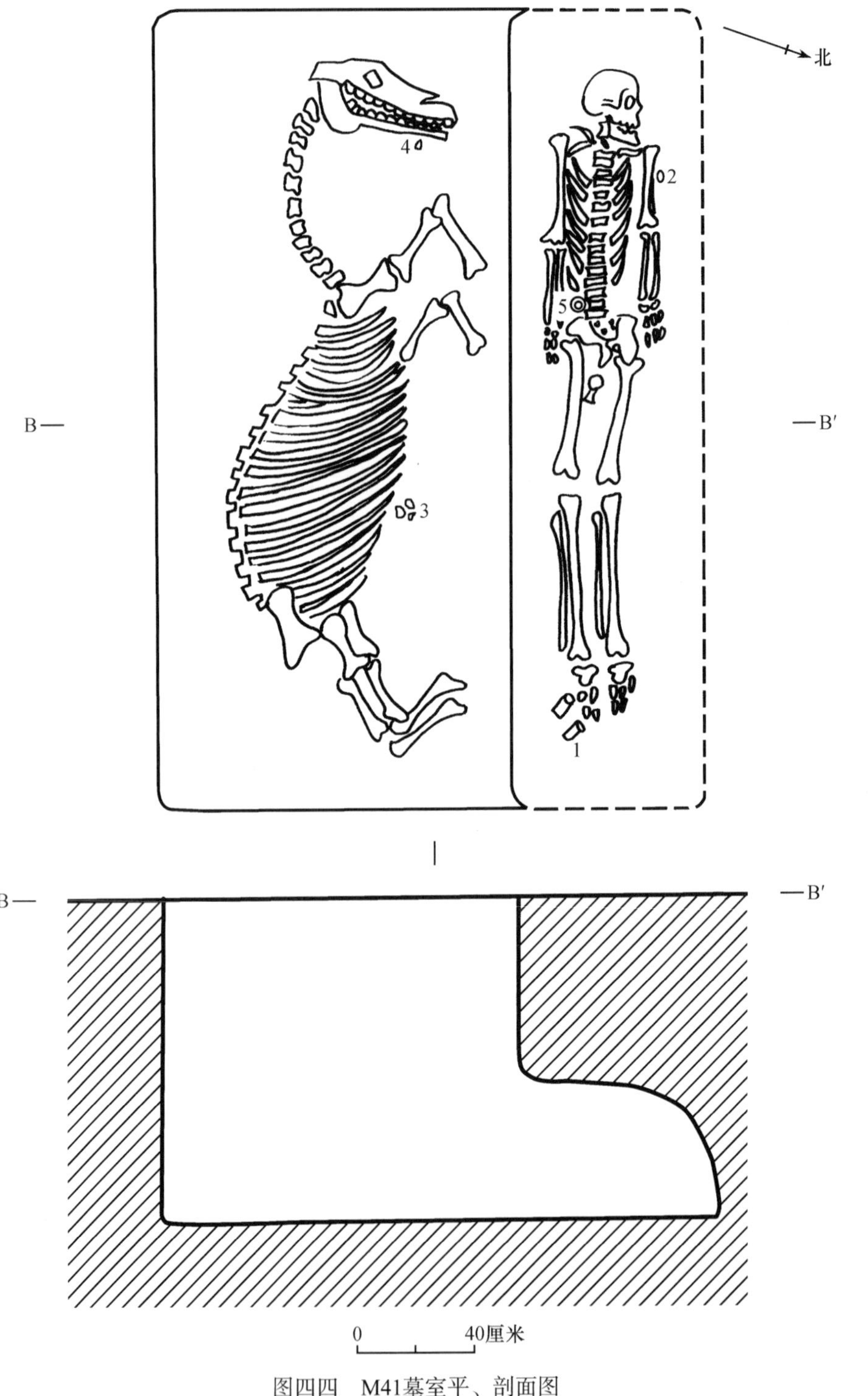

图四四　M41墓室平、剖面图

1. 铜饰件　2. 铁箭镞　3. 铁马镫　4. 铁马衔　5. 铜饰

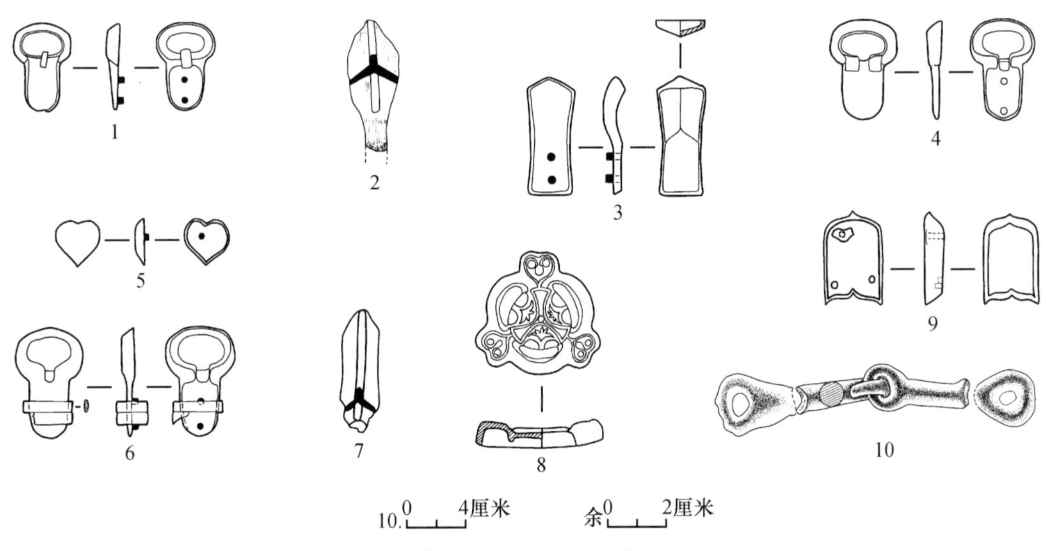

图四五 M41出土器物

1、4、6. 铜带扣（M41：1-3、M41：1-2、M41：1） 2、7. 铁箭镞（M41：2、M41：2-2） 3. 铜扣舌（M41：1-1） 5. B型铜带饰（M41：1-5） 8. 铜饰（M41：5） 9. A型铜带饰（M41：1-4） 10. 铁马衔（M41：4）

铜带饰 5件。根据形制的不同，可分为二型。

A型 1件。M41：1-4，体呈矩形，圆首，中间起尖脊，尾端呈<形，背面有3个铆钉，顶端的1个铆钉有捶打的痕迹。长3.1、宽2、厚0.6～0.7厘米（图四五，9）。

B型 4件。体呈心形，形制相同，中间有一个铆钉。标本M41：1-5，长1.6、宽1.6、厚0.3厘米（图四五，5）。

铜饰 1件。M41：5，完整。铜质，体呈圆形，内层环状物中心穿有一孔，周缘在三处对称连接外层铜环；正面中心三个半圆把圆面分成三部分，每部分铸有2个半圆和一个草纹，外层铜环3个连接处的桃形正面上铸有3个圆点。直径4.2、厚0.5～0.8厘米（图四五，8）。

铁器 10件。主要为铁箭镞、马镫、马衔等，残损严重。

铁箭镞 8件。均残损，其中6件均为残箭铤，铤上可见有木质痕迹，仅存2件箭铤已经残断的三翼箭镞，尾部箭铤截面为圆形，

标本M41：2，残长4.5、翼宽1.75、铤残长1.1厘米（图四五，2）。

标本M41：2-2，残长4.2、翼宽1.2厘米（图四五，7）。

铁马镫 1件。M41：3，出土于个体和马之间，因马和个体头向一致，故应为马右侧的马镫。残存3块，均为马镫踏板的一部分。最大块长8、宽6.4厘米。

铁马衔 1件。M41：4，两端衔环残断，中间部分两环相扣，衔体截面为圆形，通体锈蚀严重。残长22.7、直径1.7厘米（图四五，10）。

3. M50

位于水库坝址D区一道山梁的西北坡下，未盗扰。西南、西部及西北部分别与M51、M52及M53相距4米左右，南部、东南部分别与M47、M48、M49相邻。

不规则石堆墓，石堆不明显，基本与地表持平，部分石块露出地表，形成不规则形石堆。顺坡道地势而建，故地表封堆南高北低。长约2.5、宽2.1米（图四六）。

圆角长方形竖穴墓道偏室墓，墓向185°。墓口堆积有3至4层卵石，不甚规整；墓道口平面为圆角长方形，长2.26、宽1.22、深0.66～0.84米；墓道底部平面亦为圆角长方形，长2.26、宽1.22、深1.7～1.8米。墓道清理至距墓口约1.6米时就出现了马的骨殖，填土为纯净的黄褐色土；偏室位于墓道的西部，平面亦为圆角长方形，长2.26、高0.6、进深约0.78米。

单人葬，偏室底部埋葬有1个25～35岁的成年男性个体，头向近朝南部，面朝上，葬式为仰身直肢葬，其东部墓道底部随葬有1匹马。

个体随葬品较丰富，质地主要包括铁器、铜器、骨器和银器等。在个体头部的双耳各戴有1件黑色的银耳环，胸部随葬有1件箭箙，因腐烂仅存加固的箍带和桦树皮条残件；箭箙内残存10件残铁箭镞及1件鸣镝，胸部右侧肋条上有2件箭箙悬挂所用的圆形铁

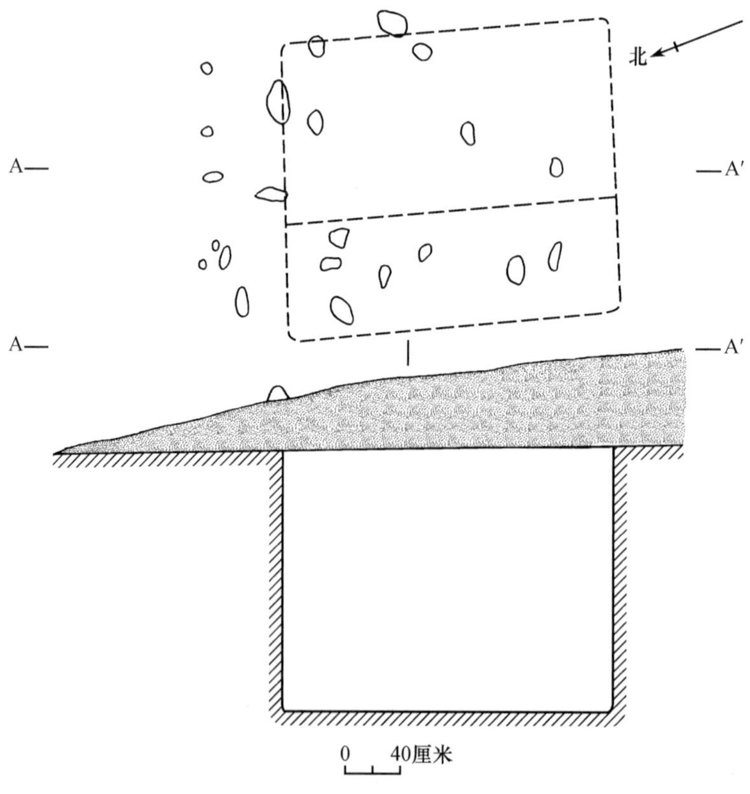

图四六　M50封堆平、剖面图

饰件。腰部及腹部残存大量的铜饰件，应为蹀躞带的附件，约有50件之多。左手腕戴有1件完整的铜手镯，左手无名指戴1枚完整的银戒指；右手腕戴有2件铜手镯，其无名指戴有1枚铜戒指，左、右手腕内侧靠近盆骨各随葬有1件残损的木柄铁刀。在个体左、右脚腕上各有1件铜饰片，可能是所穿鞋子上的装饰物，可惜没有发现鞋子，无法确认。

个体东部墓道随葬有1匹马，马的骨殖比较完整，头向北，尾朝南。在马的前肢两侧各有1件锈蚀的铁马镫，镫环略呈圆形；马的嘴部残存有1件铁马衔，但锈蚀很严重（图四七）。

该墓是为数较少未被盗扰的墓葬之一，出土遗物相对也较多。从质地上看，有铜器、铁器、银器、木制品、皮制品和骨器等，其中以铜器最多，铁器次之。

铜器　72件。器形丰富，以马具配饰、带具和首饰为主。

铜手镯　3件。其中左手腕出土1件，右手腕出土2件（图版八，8）。用截面为椭圆形或半圆形的铜柱加工而成，体近椭圆形，两端结合处较粗。

M50：7-1，残为2段。两端结合处中的一端阳铸三道弦纹，另一端阳铸一道弦纹和2个背靠背的U形纹。长径6.7、短径5.4、横截面长径0.5、短径0.45厘米（图四八，2）。

M50：7-2，残为4段。素面，长径6、短径5.2、横截面长径0.45、短径0.3厘米（图四八，3）。

M50：11，出土于左手腕上，完整。用横截面为近半圆形的铜柱加工而成，表面铸螺旋纹。长径7、短径5.6、横截面长径0.7、短径0.5厘米（图四八，1）。

铜戒指　1件。M50：9，出土于右手无名指，完整。体呈环形状，戒面呈菱形，内镶一个圆形饰物。直径2.2、厚0.2、戒面长1.1、宽0.9厘米（图四八，7；图版八，9）。

铜饰　2件。铜质，形制相似，均为圆首矩形。

M50：5-25，素面，完整。体呈圆首矩形，前端略上翘，中间起脊，背面近中部有1个铆钉。长3.3、宽1.25、厚0.25～0.35厘米（图四九，2）。

M50：12，出土于左脚腕处完整；前端略上翘，尾端为圆角矩形，背面纵向排列有2个铆钉，背板缺失。通长3.3、宽1.3、厚0.4厘米（图四九，1）。

蹀躞带　1条。出土时皮带已朽无存，仅存铜质带具，由8类24件带饰组成。其构成有：

带扣　1件。M50：5-24，皮革残，由铜扣饰、铜鉈尾和铜扣眼组合而成。椭圆形扣环和铜扣舌均套在一根穿在扣柄尾端的铜销子上，扣柄因包在鉈尾和皮革中间，故形制不明。通长6.1、宽2.2～3.4、厚1.1厘米（图四九，5）。

带箍　1件。M50：5-4，完整。体呈长方形，属于B型。长2.9、宽1.7、厚0.75厘米（图四九，25）。

长方形带銙　6件。形制相同。体呈长方形，近长边一侧有一个长方形銙眼，4件上方正面铸有忍冬纹，间有9个小镂孔；背面四角各有1个铆钉，其中1件銙眼中还残存

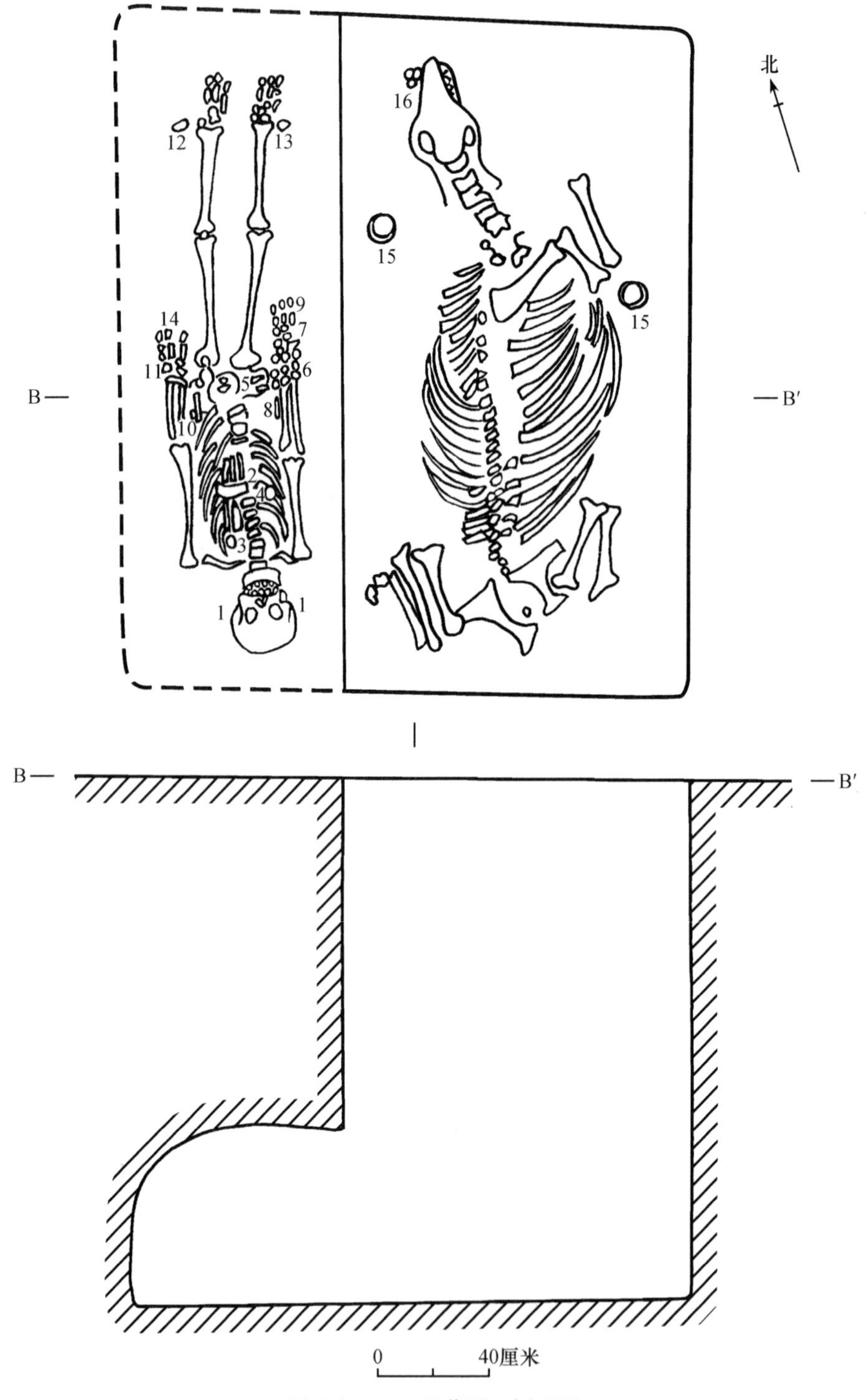

图四七　M50墓葬平、剖面图

1. 银耳环　2. 箭箙　3. 铁箭镞　4、5. 铜饰件　6. 铁扣饰　7、11. 铜手镯　8、10. 木柄铁刀　9. 铜戒指　12. 铜扣舌　13. 铜带扣　14. 银戒指　15. 铁马镫　16. 铁马衔

穿有铜带箍的皮革。

标本M50：4-1，素面，背面四角各有1个铆钉，其中3个脱落。长2.7、宽2.2、后0.4厘米（图四八，16）。

标本M50：5-22a，正面铸有忍冬纹。长2.55、宽2、厚0.55、銙眼长1.35、宽0.45厘米（图四八，11）。

标本M50：5-22b，正面铸有忍冬纹。长2.5、宽2.1、厚0.35、銙眼长1.3、宽0.45厘米（图四八，12）。

半椭圆形带銙　4件。铜质，其中各有2件形制相同，并且左右对称，体呈半椭圆形。

标本M50：5-10a，其右下侧为直角，上侧和左端呈弧线形，且左端略外凸，銙眼上方铸忍冬纹，并在其左右及上方有8个镂孔；背部呈品字形分布有3个铆钉。通长2.5、宽2、厚0.55厘米（图四八，18）。

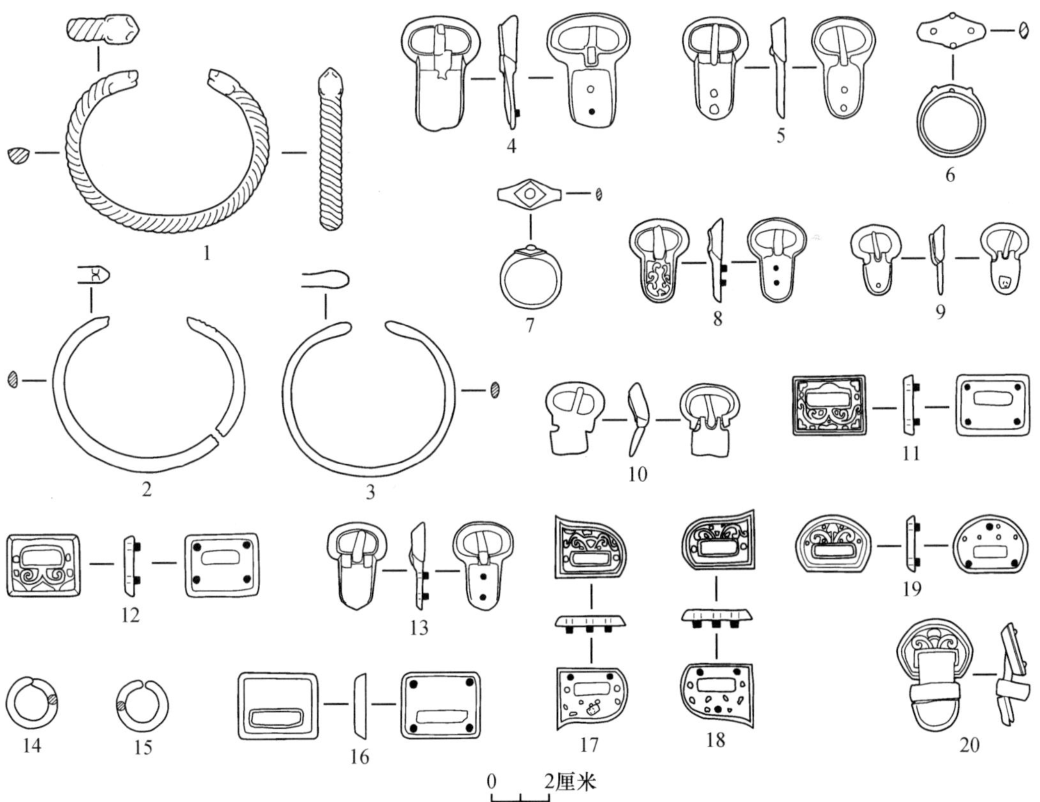

图四八　M50出土器物（一）

1～3. 铜手镯（M50：11、M50：7-1、M50：7-2）　4、5、8、13. A型铜带扣（M50：5-23、M50：4-3、M50：13、M50：4-2）　6. 银戒指（M50：14）　7. 铜戒指（M50：9）　9. Ba型铜带扣（M50：5-26）　10. Bb型铜带扣（M50：5-27）　11、12、16. 长方形带銙（M50：5-22a、M50：5-22b、M50：4-1）　14、15. 银耳环（M50：1-1、M50：1-2）　17、18. 半椭圆形带銙（M50：5-10b、M50：5-10a）　19、20. 半圆形带銙（M50：5-13、M50：5-13a）

标本M50：5-10b，其左下侧为直角，上侧和右端呈弧线形，且右端略外凸，銙眼上方铸忍冬纹，并在其左右及上方有8个镂孔；背部呈品字形分布有3个铆钉。通长2.5、宽2.1、厚0.5厘米（图四八，17）。

半圆形带銙　5件。形制相同。体呈近半圆形，中间有一个长方形銙眼，其下方铸有忍冬纹，及5个镂孔；背面呈品字形分布有3个铆钉。标本M50：5-13，长2.7、宽1.9、厚0.25厘米（图四八，19）。

桃心形扣眼　5件。形制相同，均体呈桃形，顶端开U形口，口底下方铸有忍冬纹，两侧各有一个镂孔，背面呈品字形分布有3个铆钉。

标本M50：5-14，通长2、宽1.6、厚0.4厘米（图四九，18）。

标本M50：5-24b，通长2.1、宽1.6、厚0.5厘米（图四九，6）。

桥形带箍　1件。M50：5-5，铜质，完整。中部弯曲拱起成桥形，一端有1个开口式铆眼。通高1.15、长3.1、宽0.6厘米（图四九，23）。

鉈尾　1件。M50：5-24a，完整。体呈圆首矩形，属B型。正面铸有忍冬纹，并有11个镂孔；从正面凸出的乳钉痕迹看，背面应该呈品字形分布有3个铆钉。通长3.5、宽2.2、厚0.75厘米（图四九，3）。

蹀躞带小带残损严重，均脱离蹀躞腰带，由5类（扣饰、带扣、带箍、扣眼、鉈尾）42件组成，其构成包括：

扣饰　2件。根据形状差异，可分二型。

A型　1件。M50：5-21，铜质，长方形穿孔残损一半。体呈倒挂葫芦状，上端为长方形穿孔，中部为桃形镂孔，下端收缩呈蒜头状。正面通体铸有忍冬纹，间有许多镂孔。残长9、宽1.2～3.5、厚0.5厘米（图五〇，1）。

B型　1件。M50：5-15，铜质，完整。体呈心形上端为长方形穿孔，其上残存皮革，下端呈心形，中间为心形镂孔，绕心形镂孔一周铸有忍冬纹，其间杂有许多小镂孔。通长5.7、宽2.5～3.7、厚0.6厘米（图五〇，5）。

带扣　8件。扣舌有铜、铁质之分，且均因锈蚀而有残损，体形有大、小之别。根据扣环和扣柄制作的差异，可分二型。

A型　4件。单一型，扣环和扣柄为整体制作。椭圆形扣环，圆首长方形扣柄。

M50：4-2，扣柄背部有2个纵向分布的铆钉。通长3、宽1.2～2.05、厚0.2～0.5厘米（图四八，13）。

M50：4-3，扣柄背部有2个纵向分布的铆钉，但均脱落。通长3.5、宽1.3～2.2、厚0.25～0.5厘米（图四八，5）。

M50：5-23，扣柄背部纵向排列有2个铆钉，其中1个已经脱落。长3.9、宽1.6～2.7、厚0.5～0.65厘米（图四八，4）。

M50：13，出土于右脚腕处。铜、铁质，铁质扣舌残。铜扣环呈椭圆形，扣柄为圆角长方形，两者一体铸造；扣柄正面铸有忍冬纹，背面纵向分布有2个铆钉。长2.8、宽

2.1、厚0.45厘米（图四八，8）。

B型　4件。组合型，扣环和扣柄分别制作再组合而成，扣环、扣舌均镶在扣柄尾端的一根铜销子上，便于扣环、扣舌活动。根据扣柄的差异，又可分二亚型。

Ba型　3件。扣柄为圆首长方形，形制相同，仅扣舌质地有差别。其中1件扣舌为铜质，2件为铁质。标本M50：5-26，扣柄背面近圆首端有一个铆钉，便于镶嵌銙尾和皮革。长2.4、宽1.75、厚0.15～0.5厘米（图四八，9）。

Bb型　1件。M50：5-27，扣柄为方形，完整。长2.4、宽1.3～2、厚0.2～0.6厘米（图四八，10）。

带箍　13件。大小有别，根据形制的差异，可分二型。

A型　1件。M50：5-5a，体呈桥形，完整。中部弯曲拱起成桥形，两端呈圆弧状，背部各镶嵌有一个长方形背板的铆钉。通高1、长2.5、宽0.6、厚0.15厘米（图四九，22）。

B型　12件。体呈长方形。

标本M50：2-2，完整。粘附在一块皮革上。长1.65、宽1厘米（图五〇，10）。

标本M50：4-4，完整。通长1.7、宽1.1、厚0.55厘米（图四九，16）。

标本M50：5-9b，长1.6、宽1、厚0.2厘米（图四九，26）。

标本M50：5-13a，完整。在半圆形带銙銙眼中留存的皮革上残存1个半圆和长方形带箍组成的铜饰。通长3.8厘米（图四八，20）。

扣眼　6件。铜质，素面，体呈桃形，中心穿孔大小有别，背部有2～3个铆钉铆合背板。根据其形制的差别，可分为四型。

A型　2件。顶端相连，穿孔最小，背部有3个铆钉。

M50：5-1，长1.4、宽1.1、高0.55厘米（图四九，9）。

B型　2件。顶端断开，穿孔稍大，背部有2个铆钉。

M50：5-2，长1.6、宽1.4、高0.5厘米（图四九，13）。

C型　1件。顶端断开，穿孔最大，背部有2个铆钉。

M50：5-3，长1.25、宽1.25、高0.5厘米（图四九，19）。

D型　1件。顶端部位可能有残损。中间部位铸出V形饰，背面中部有一个圆柱形铆钉。M50：5-6，长1.6、宽1.25、厚0.55厘米（图四九，17）。

銙尾　13件。根据外形差异，可分二型。

半圆形銙尾　6件。体呈半圆形。铜质，大小有别，其中5件素面，1件铸有忍冬纹。根据其弧顶端差别，可分二型。

A型　5件。顶端圆弧，背部有2～3个铆钉。

标本M50：5-16，1件。完整。正面铸有忍冬纹，背部横向分布有2个铆钉。长1.7、宽1.1、厚0.45厘米（图四九，7）。

标本M50：5-17，2件。素面，完整。背部横向分布有2个铆钉。长1.8、宽1.2、厚

0.4厘米（图四九，8）。

标本M50：5-18，1件。素面，完整。体形最小，背部有背板，可看出品字形分布的3个铆钉。长1.45、宽0.95、厚0.4厘米（图四九，12）。

标本M50：5-20，1件。素面，完整，正面有一个铆钉头，背部残存皮革，其上穿有一个长方形的小铜带箍。长2、宽1.4、厚0.55厘米（图四九，11）。

Ab型　1件。顶端呈尖脊。M50：5-19，素面，完整。两侧和尾端呈波浪线纹，其中尾端中部有一个镂孔。长2.3、宽1.25、厚0.45厘米（图四九，10）。

B型　7件。体呈圆首矩形铜质，残损程度各不相同，大小有别，其中3件铸有忍冬纹。但形制基本相同，体呈圆首矩形。

M50：4-5，残断。素面，背面纵向分布有2个铆钉。残长0.8～1.35、残宽

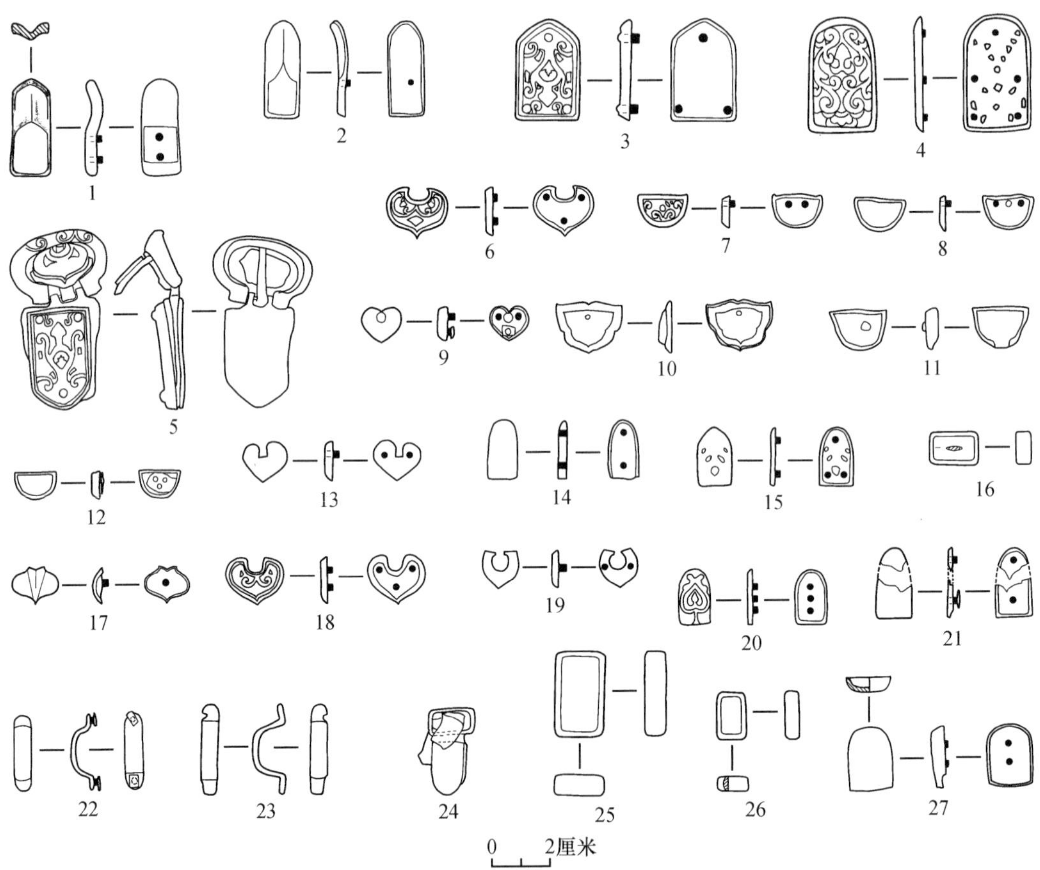

图四九　M50出土铜器（二）

1、2. 铜饰（M50：12、M50：5-25）　3、4、14、15、20、21、24、27. B型銙尾（M50：5-24a、M50：5-12、M50：5-8a、M50：5-8、M50：5-7、M50：4-5、M50：5-9a、M50：5-11）　5. 铜带扣（M50：5-24）　6、9、13、17～19. 桃心形扣眼（M50：5-24b、M50：5-1、M50：5-2、M50：5-6、M50：5-14、M50：5-3）　7、8、11、12. Aa型半圆形銙尾（M50：5-16、M50：5-17、M50：5-20、M50：5-18）　10. Ab型半圆形銙尾（M50：5-19）　16、25、26. B型铜带箍（M50：4-4、M50：5-4、M50：5-9b）　22. A型铜带箍（M50：5-5a）　23. 桥形带箍（M50：5-5）

0.9～1.2、厚0.15～0.4厘米（图四九，21）。

M50：5-7，完整。正面铸有桃形忍冬纹，背面有3个纵向排列的铆钉。通长1.9、宽1.1、厚0.35厘米（图四九，20）。

M50：5-8，稍残。正面有5个大小不等的穿孔，应是锈蚀造成的，原来应为铸造的忍冬纹。通长2、宽1.2、厚0.35厘米（图四九，15）。

M50：5-8a，素面，完整。背面纵向排列有2个铆钉。长2、宽1、厚0.3厘米（图四九，14）。

M50：5-9a，素面，完整。背面铆有皮革，铆钉个数不详，皮革上穿有一个铜带箍。通长1.8、宽1.1厘米（图四九，24）。

M50：5-11，完整。体较小，背部纵向分布有2个铆钉。长2.1、宽1.5、厚0.2～0.6厘米（图四九，27）。

M50：5-12，完整。体较大；正面铸有忍冬纹，间有许多镂孔。背部在圆首一侧有一个铆钉，下部方形尾端呈长方形对称分布有4个铆钉。长3.9、宽2.2～2.4、厚0.4厘米（图四九，4）。

铁器　9件（组）。均保存较差，器形主要有铁扣饰、铁箭镞、木柄铁刀、铁马镫和铁马衔等。

铁扣饰　4件。均锈蚀，且部分还有残损。从残存情况判断，均应体呈圆形，但大小稍有差别。

M50：2-1，因锈蚀圆周部分残缺小部分。中心部分分三等份对称与外围圆周相连。此件应是箭箙上作为悬挂的配件。直径4.1～4.7、高0.5～1.5厘米（图五〇，3）。

M50：6，位于个体右小臂外侧，残损近一半，锈蚀严重。中心部分和外围圆圈分三等分对称相连，连接处左右均镂空。直径4.1、厚0.5～0.7厘米（图五〇，6）。

M50：6-1，周缘残损部分，其上有2个镂孔。残长径2.35、短径2.25、厚0.3～0.5厘米（图五〇，4）。

M50：6-2，完整，但锈蚀严重。中心部分与外围圆周分三等分对称相连。直径4.2、厚0.4～0.5厘米（图五〇，2）。

铁箭镞　1组。M50：3（图版八，6），计有10件。均保存不好，锈蚀严重。根据形制的差异，可分二型。

A型　9件。箭镞横截面呈三棱形。

标本M50：3-1，箭镞锈蚀，尾端箭铤残断。残长11、铤长7.4厘米（图五〇，12）。

标本M50：3-2，箭铤残断为2段。残长14.1、铤长11.2厘米（图五〇，11）。

B型　1件。M50：3-4，箭镞横截面呈三翼形，翼残。体型较大，尾部横截面为圆形的箭铤渐细，其上套有1件骨质鸣镝。残长9.5、翼宽3.9、厚0.3、铤长3.6厘米（图五〇，8）。

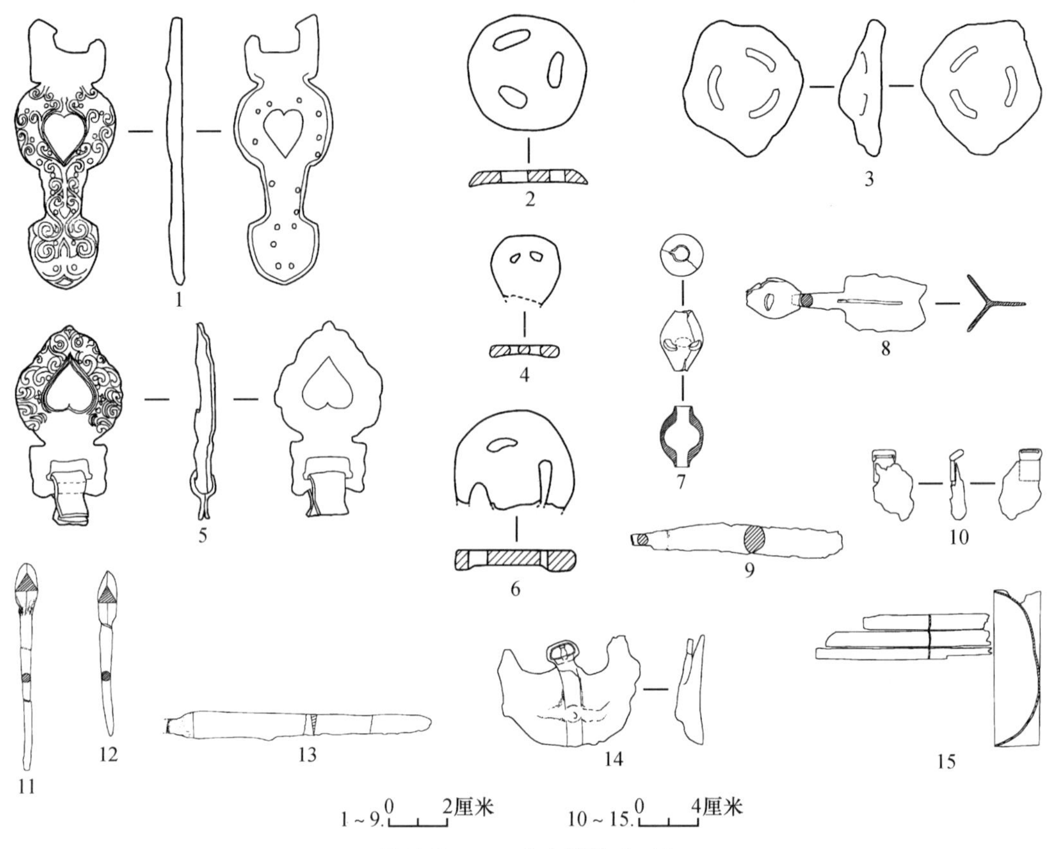

图五〇　M50出土器物（三）

1. A型铜扣饰（M50：5-21）　2～4、6. 铁扣饰件（M50：6-2、M50：2-1、M50：6-1、M50：6）　5. B型铜扣饰（M50：5-15）　7. 骨鸣镝（M50：3-3）　8. 鸣镝铁箭镞（M50：3-4）　9、13. 木柄铁刀（M50：8、M50：10）　10. B型铜带箍（M50：2-2）　11、12. 铁箭镞（M50：3-2、M50：3-1）　14. 小皮囊（M50：5-28）　15. 箭箙残件（M50：2）

木柄铁刀　2件。因锈蚀均残损不一。

M50：8，出土于个体右小臂内侧，木柄及刀鞘残损。因锈蚀严重，刀体形制不明，其上残存木质痕迹；刀柄横截面近圆形，刀体横截面近椭圆形。残长14.5、宽0.8～1.9、厚1.4厘米（图五〇，9）。

M50：10，出土于个体左手腕内侧。木柄缺失，刀体残存3段。单刃，刀背较厚，横截面呈锥形，刀体上残存木屑痕迹。残长18.5、宽1～1.8、厚0.3～0.5厘米（图五〇，13）。

铁马镫　1组（1对）。分别出土于马体前腹部的两侧，因锈蚀残损严重，无法复原；镫鼻、镫环形制不明，仅见残碎的踏板。较大者，左镫长7.5、宽5.5、厚0.5厘米；右镫长6.8、宽5、厚0.5厘米。

铁马衔　1件。M50：16，残碎，无法复原。

银器　2件（组）。完整，均为配饰，器形仅有耳环和戒指两种。

银耳环　1组（1对）。完整，均体呈圆形。均用横截面为圆形的细银丝弯曲而成（图版八，5）。

M50：1-1，环径1.8、银丝截面直径0.3厘米（图四八，14）。

M50：1-2，环径1.8、银丝截面直径0.3厘米（图四八，15）。

银戒指　1件。M50：14，出土于左手无名指。完整，体呈圆形，戒面按菱形四个角的方位铸有4个乳钉。直径2.5、环宽0.5～0.7、厚0.25、戒面长1.5、宽1.2厘米（图四八，6；图版八，10）。

木制品　1组。均为箭箙残件。

箭箙残件　1组。M50：2，残损，仅存箭箙加固的箍带和3片桦树皮条，均用去皮的桦树制成。残长17.5、残宽11.9厘米（图五〇，15）。

皮制品　1件。应为蹀躞带小带上悬挂的小皮囊。

小皮囊　1件。M50：5-28，残存一半，皮质，囊体用皮革加工而成，体呈弯月形，在囊体中间纵向的一条小皮带上残存1件铜带扣。残长9.6、宽7.1厘米（图五〇，14）。

骨器　1件。与较大铁箭镞组合使用。

鸣镝　1件。M50：3-3，残裂。骨质，体呈橄榄形，在近中部位置对称穿有3个椭圆形孔，出土时套在1枚较大铁箭镞的箭铤上。通高4、上端口径1.2、腹径2.9、下端口径0.9、壁厚0.1～0.6厘米（图五〇，7；图版八，7）。

4. M56

位于四工河水库坝址A区东南侧的山梁上，西部与M54相望，西北与M57相距约40米。

近长方形土石混合封堆，其间长满枯草。封堆长4.3、宽3.9、高约0.3米（图五一）。

长方形竖穴墓道偏室墓，墓向278°。长方形竖穴墓道位于偏室的北部，墓道口长2.3、宽1～1.1、深0.3米；墓道底长2.1、宽0.8～1、深1.5米。墓道填土为纯黄土，墓道底部随葬一匹马，因填土潮湿，已经完全酥烂，但可看出马头朝西。在马嘴处出土铁马衔1件。

偏室中部有石墙封门，偏室不规整，近圆角长方形，长1.6～1.8、宽1.34、室底深1.9、室顶高0.9米；偏室填土亦为纯黄土，土质松软，故偏室顶部部分塌陷。

单人葬，偏室中随葬一个35～50岁的中年男性个体，骨骼保存一般，骨质也较酥烂；头朝东，面朝上，葬式为仰身直肢，头向97°。

偏室随葬品不多，以铜、铁器为主。除了墓道马嘴旁出土的残铁马衔外，在偏室与墓道之间出土残铁马镫1副，均已锈蚀、粘连、残断；墓主人左肩左侧有铁箭簇一堆，亦已锈蚀残损；左手左侧有5件残铁器，其中包括残箭铤；绕盆骨有一圈铜皮带饰，共16件；左膝盖左侧有2件残铜饰件和1件残铁刀（图五二）。

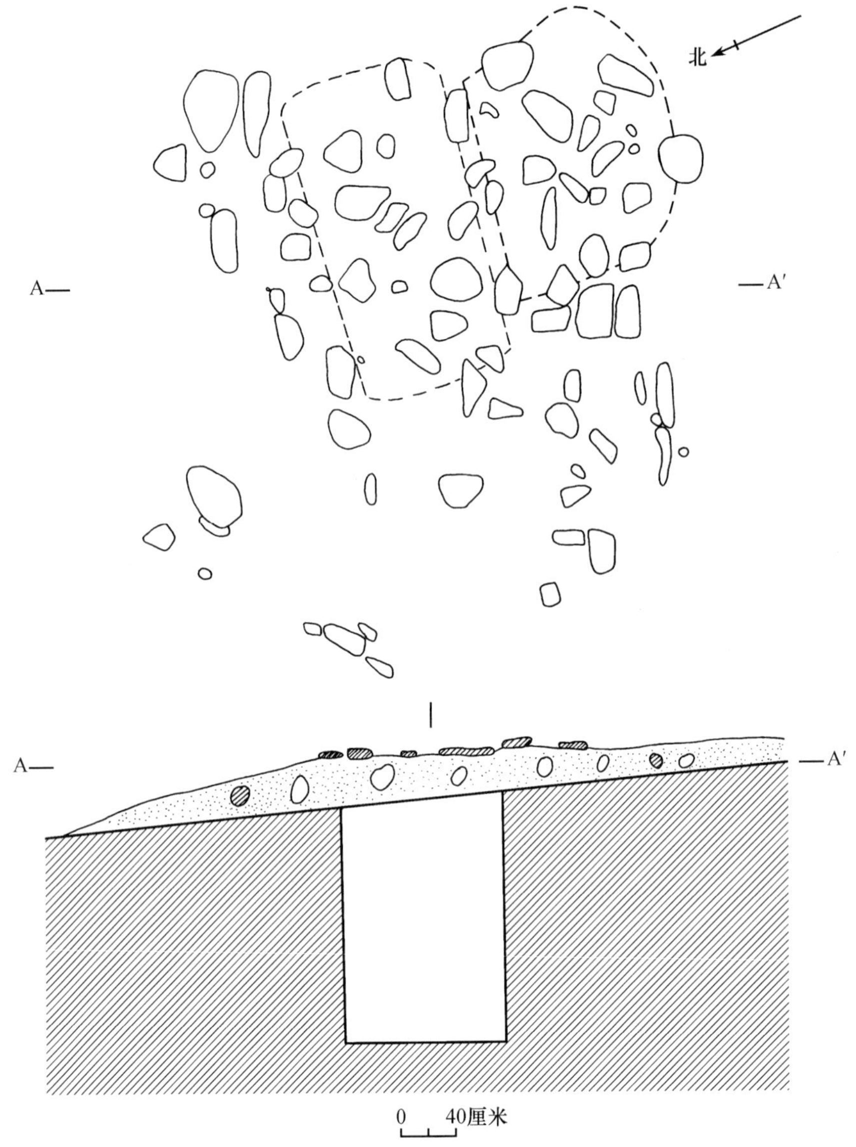

图五一　M56封堆平、剖面图

出土遗物种类较少，只有铁器、铜器和残存的一小块皮革，可能是皮带的残块。

铁器　17件（组）。残损严重，部分残件看不出器形，可辨器形有马衔、马镫、箭镞等。

铁马衔　1件。M56：1，残损严重，已成碎块，无法复原。

铁马镫　1组（1副）。M56：2，均残损严重，无法复原。可辨出镫鼻2件，均呈长方形，中心有一个长方形穿孔；镫环、踏板均残成碎块。

铁箭镞　9件。铁质，均残损不全，其中三棱形箭镞4件，叶形镞3件，残箭铤2件。可分为二型。

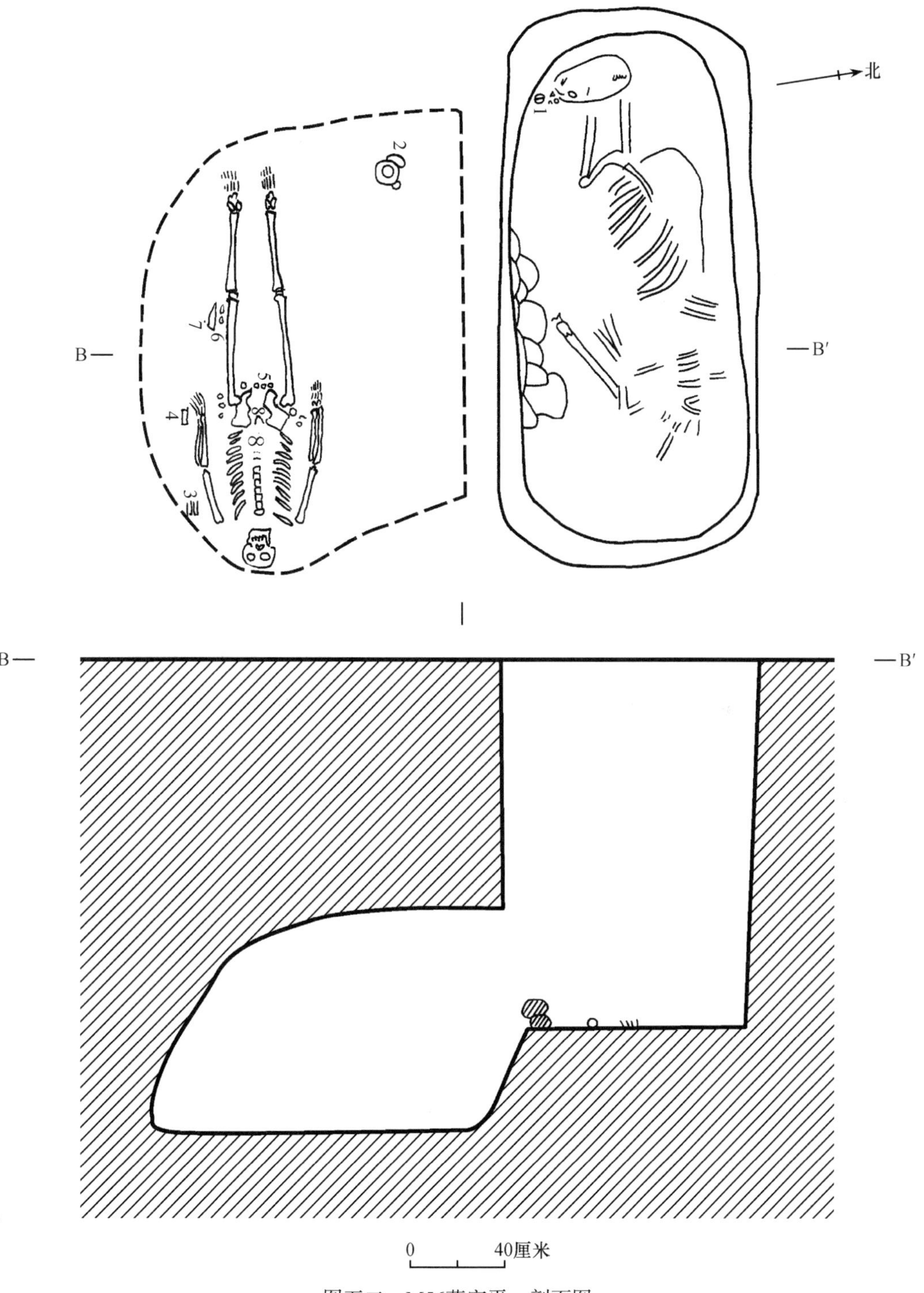

图五二 M56墓室平、剖面图

1. 铁马衔 2. 铁马镫 3. 铁箭镞 4. 残铁器 5. 铜带饰 6. 铜饰件 7. 铁刀 8. 皮革

A型　4件。三棱形箭镞，均锈蚀严重，体呈三棱形，箭铤有不同程度的残断，截面呈圆形，其上残存木屑痕迹。标本M56：3-2，残长6.5、铤残长1厘米（图五三，14）。

B型　3件。叶形箭镞，其中1件残损严重，仅存镞体的小部分。体呈叶形，中间宽，尾部箭铤残断，其中1件好像有銎，内残存箭铤。

标本M56：3-1，体形较大。残长8.8、最宽处4.4、铤残长1厘米（图五三，13）。

标本M56：3-3，体形较小。残长6.9、最宽处2.7、铤残长1.1厘米（图五三，12）。

残铁器　5件。除1件为箭铤残件外，其余均看不出器形，功用不明。M56：4，箭铤呈锥形，已经弯曲变形，其上残存木屑痕迹，截面为圆形。残长4.1、直径0.6厘米。

铁刀　1件。M56：7，残存2段。刀体锈蚀斑斑，其上残存木屑痕迹。单刃，刃部残损严重，刀背较厚，截面呈锥形。残长12.4厘米（图五三，18）。

铜器　18件（组）。以铜带具饰件为主，缝缀于皮带上，皮带已经残朽无存，铜带饰散落于骨盆四周，由带扣、带箍和銙尾等组成；另有少量不明功用的铜饰件。

铜环　2件，完整。形制相同，体呈环状，横截面呈圆形。标本M56：5-1，外径2.9、内径2、丝径0.45厘米（图五三，11）。

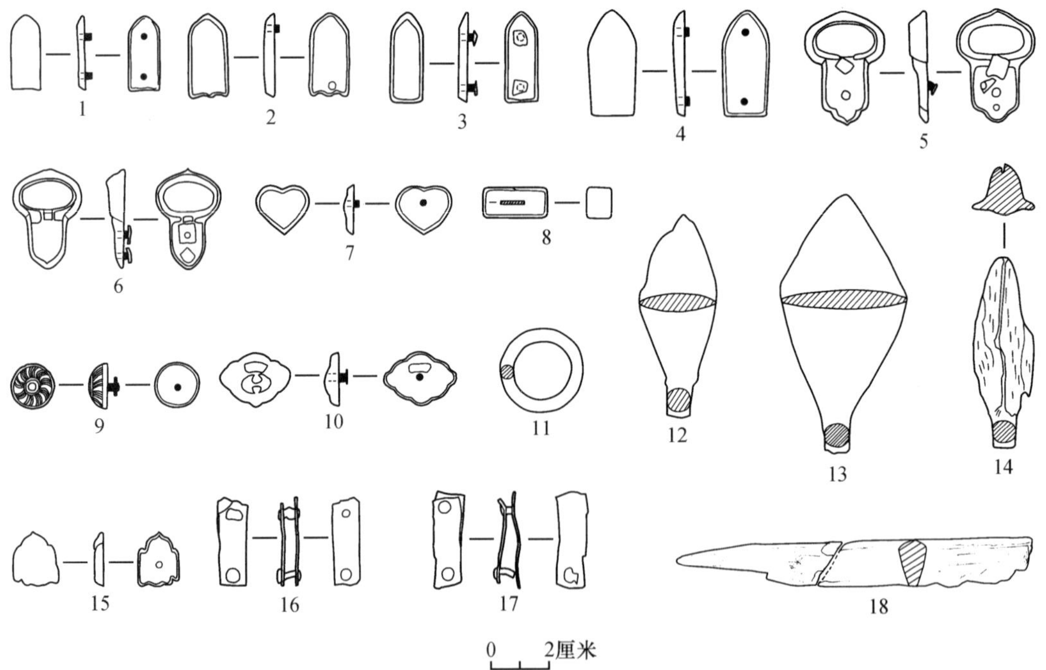

图五三　M56出土器物

1～4. A型銙尾（M56：5-9、M56：5-6、M56：5-8、M56：5-7）　5、6. 铜带扣（M56：5-12、M56：5-11）　7. C型带具铜饰（M56：5-5）　8. 铜带箍（M56：5-3）　9. A型带具铜饰（M56：5-2）　10. B型带具铜饰（M56：5-4）　11. 铜环（M56：5-1）　12、13. B型铁箭镞（M56：3-3、M56：3-1）　14. A型铁箭镞（M56：3-2）　15. B型銙尾（M56：5-10）　16、17. 铜饰件（M56：6-1、M56：6-2）　18. 铁刀（M56：7）

带具铜饰　6件。形状各异，有圆形、椭圆形和心形之别，可分为三型。

A型　3件。圆形铜饰，完整，其中1件扣板缺失。形制相同。标本M56：5-2，体呈圆形，正面向上凸起成弧形，中心有一个同心圆，绕其四周铸造有旋涡纹，背面中心有一个细圆柱形铆钉，其上末端有些带有扣板。通高0.7、直径1.6、钉长1.1厘米（图五三，9）。

B型　1件。M56：5-4，椭圆形铜饰，完整。体呈椭圆形，周边加工成波浪状，长边一侧有一个近圆角长方形穿孔，其下所铸纹样因锈蚀不太清楚，似一对相对的弯月。长2.5、宽1.8、厚0.5厘米（图五三，10）。

C型　2件。心形铜饰，完整。素面，背面中心有一根细圆柱状铆钉，背板缺失。标本M56：5-5，长1.9、宽1.7、厚0.25～0.35厘米（图五三，7）。

铜带箍　1件。M56：5-3，完整。素面，用一根长方形铜条弯曲加工而成，体呈长方形，中空。长2.3、宽1.1、高0.85厘米（图五三，8）。

銙尾　5件。根据形状可分二型。

A型　4件。尖首矩形銙尾，完整。尖首，两侧长边和尾端呈波浪形或平直。

M56：5-6，两侧长边平直，尾端为两道波浪形；背部纵向分布有2个铆钉，其中1个已经脱落。长2.9、宽1.4、厚0.4厘米（图五三，2）。

M56：5-7，体形较大，素面，两侧长边和尾端平直呈矩形，背面纵向分布有2个铆钉。长3.6、宽1.4～1.65、厚0.3～0.4厘米（图五三，4）。

M56：5-8，体形稍小，素面，两侧长边和尾端平直呈矩形，背面纵向分布有2个铆钉，其上保存有扣板。长3.1、宽1.15、厚0.25厘米（图五三，3）。

M56：5-9，体形最小，素面，两侧长边和尾端平直呈矩形，背面纵向分布有2个铆钉。长2.5、宽1、厚0.3厘米（图五三，1）。

B型　1件。M56：5-10，尖首梯形銙尾，铆钉脱落。素面，尖首，波浪状尾端较宽，与两侧短边形成梯形状；背面中心有一根铆钉，但已脱落。长1.8、宽1.6、厚0.3厘米（图五三，15）。

铜带扣　2件。单一型，椭圆形扣环和圆首矩形扣柄为一体铸造。

M56：5-11，铁质扣舌残缺。体形稍小，其背后纵向分布有2个铆钉，末端均保存有扣板。长3.4、宽1.3～2.4、厚0.2～0.6厘米（图五三，6）。

M56：5-12，铁质扣舌残缺。体形稍大，扣柄中心有一个圆形穿孔，近顶端和左侧偏中各有1个铆钉，前者残断，后者保存有长方形扣板。长3.9、宽1.6～2.8、厚0.3～0.6厘米（图五三，5）。

铜饰件　2件。完整，均用2片薄铜片在两端用铆钉连接而成，中空，用途不明。

M56：6-1，长3、宽1、厚0.8厘米（图五三，16）。

M56：6-2，长3.3、宽1、厚0.9厘米（图五三，17）。

（六）无墓室封堆

7座，封堆呈橄榄形和不规则形，其下无墓室和其他遗迹现象，有些封堆中夹杂有少量兽骨。

（1）M5

位于四工河水库S区外的南端，四工河西岸二级台地第三道山梁的东坡半腰上，南部与M1相望，西南与M4、M2和M3相望。

近圆形土石混合封堆，随地势西高东低，地表卵石堆积不多，中间基本上没有，有盗扰的迹象。直径2.5～2.74、高约0.3米。无任何个体骨殖和遗迹现象（图五四）。

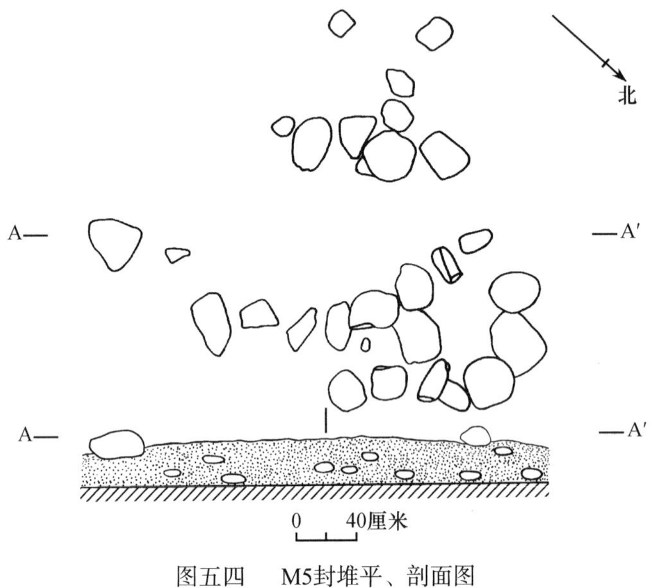

图五四　M5封堆平、剖面图

（2）M7

位于四工河水库S区南端以外的四工河西岸河床的二级台地上，南邻M6，西北、东北分别与M9、M10和M8相望。

橄榄形土石混合封堆，长约8、中间宽约3、高约0.5米；封堆地表被青草覆盖，间杂少量芨芨草；中部偏北有少量大卵石堆积，东侧偏北已被破坏，露出卵石；封堆下无任何遗迹现象（图五五）。

（3）M15

位于四工河水库S区域范围之外的南部，四工河河床西岸三级台地的一道山梁上，地处整个墓群的最西端，南部与M1相望。

橄榄形土石混合封堆，长13、最宽处为5、高0.55～0.94米。封堆的中部顶层有石堆叠压，封堆土质基本为黄土，表层土厚约0.2米，由于土壤中夹杂了大量草根，因此表层土质地比较坚硬，且比较干燥；而封堆中部的土壤土质松软，夹杂少量的草根，湿度较大。封堆中发现有少量的兽骨，此外再无其他遗物和任何遗迹现象（图五六）。

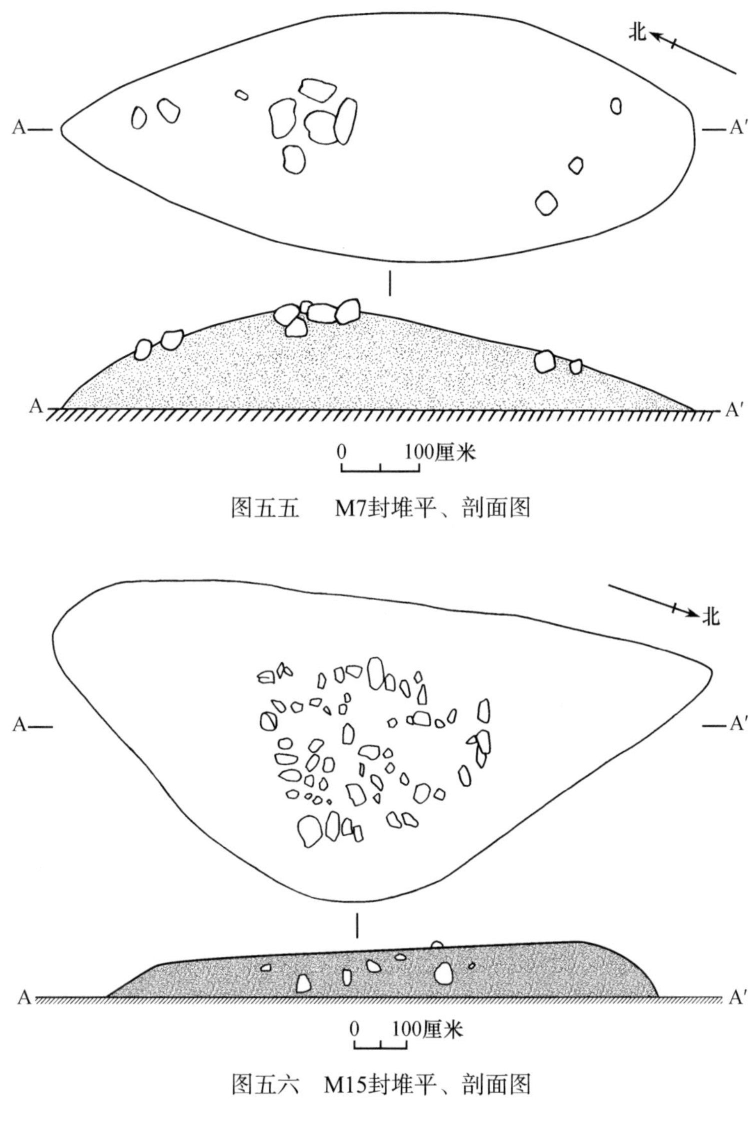

图五五 M7封堆平、剖面图

图五六 M15封堆平、剖面图

四、结　论

四工河流域是天山北麓南北走向的一条重要通道，地理位置相对独特，河流西岸墓葬规模较大。2017年阜康市四工河墓地的考古发掘是近几年来阜康地区配合基本建设的一次重要发掘，也是四工河流域的首次考古发掘。下面就墓地的年代、葬俗及发掘意义等提出一些初步的看法。

（一）墓葬年代

本次发掘的墓葬形制多样，特征鲜明，各墓葬形制之间差异也很明显；但因盗掘，仅有的一座墓葬打破关系的信息也被破坏，出土随葬遗物不多，也没有对典型墓葬进行^{14}C测年。因此，对于这批墓葬年代的判断，我们是采取通过对墓地各形制的典型墓葬及出土遗物的对比，并参考周邻地区文化遗存的特征来判断的。据此，大致可以将这批墓葬分为三期：

第一期是以M17、M37为代表的竖穴土坑石棺墓，以M3、M12为代表的竖穴土坑石室墓及以M28为代表的部分竖穴土坑墓葬，在葬俗上，少量几座墓葬在封堆中部或西部、墓室外围西侧随葬有陶罐，这种习俗与东部相邻的阜康白杨河墓地[1]、吉木萨尔县大龙口墓地[2]阜康市大黄山一分厂墓地[3]，以及柴窝铺林场Ⅱ号地点相同[4]；流行头西足东的仰身直肢葬，随葬品以素面陶质的钵、罐、杯或彩陶罐等最为常见，同时有些墓葬还伴有铜、铁器出土，这点与柴窝堡林场Ⅱ号地点也相同[5]。陶器主要出土于竖穴土坑石棺墓和竖穴土坑墓中，这种现象和吉木萨尔县二工河水库墓地一样[6]。器形种类不多，主要有罐、碗、钵、杯等，器表多有烟炱；从器形和纹样看明显受到了苏贝希文化的影响，属于苏贝希文化的范畴。如M17中出土的陶碗和单耳彩陶罐分别与苏贝希一号墓地[7]、柴窝堡林场墓地Ⅱ号地点[8]出土的同类器物器形一致；器物特点是在口部或颈部至肩腹部装饰扁平的口、肩或颈、肩桥形宽带耳。根据邵会秋先生对苏贝希文化的分期，苏贝希一号墓地属于苏贝希文化的第二期和第三期早段，且邵会秋先生认为其绝对年代分别为公元前7～前5世纪和公元前5～前3世纪[9]，因此，我们初步推定此类形制的墓葬年代在春秋战国时期。

另外，以M3、M12为代表的竖穴土坑石室墓，其葬俗与石棺墓基本相同，但随葬遗物极少，甚至没有，仅在M12B墓室中出土了1件石珠项链和1件青铜镜。石珠与尼勒克县铁列克萨依墓地石棺墓出土项链上的石珠相同[10]，发掘者认为该墓地与公元前5～前3世纪的察布查尔县索墩布拉克墓地同属一个文化范畴[11]。另外在昌吉市努尔加墓地四室墓M34中也出土了一串项链，伴出有铜镜，与四工河墓地两室墓M12的葬制相近，出土遗物也相似，发掘者认为努尔加墓地M34“从文化性质上看，都应属于早期铁器时代”[12]。该墓所出青铜镜很特别，也非常少见。目前在新源县加嘎村墓地M2出土的青铜镜非常相似，仅在短柄上稍有差异。北京大学加速器质谱实验室曾对新源县加嘎村墓地M1出土个体踝骨和M2出土羊骨进行了测试，测年数据分别为2285年±20年和2195年±25年，树轮校正后的年代在公元前4～前3世纪，认定年代在战国时期[13]。因此，我们将四工河墓地此类石室墓的年代下限定在战国时期。

M28所出彩陶罐的器形和纹样与鄯善二塘沟墓地竖穴土坑墓中出土的同类彩陶罐相同，该形制墓葬的年代被定位公元前7～前5世纪[14]，也属于苏贝希文化的范畴[15]。

综上所述，结合墓葬形制和出土遗物的特征，我们初步推断第一期墓葬的年代为春秋战国时期。

第二期是以M26、M34等为代表的竖穴土坑墓，出土了部分铜器、铁器和陶器。其中M26出土的铜钮扣饰与尼勒克县汤巴勒萨伊墓地中期墓葬出土的铜扣相同，发掘者认为“是属于塞-乌孙文化，年代大致在公元前4～前3世纪”[16]。同墓伴出有1件兽首铜带扣，梯形正面浅浮雕有老鹰抓鹿的纹样，其两侧水滴状的镂空装饰与西汉中晚期匈奴的透雕牌饰的的装饰相似[17]。另外同墓伴出的1件方形铜扣，与伊犁州昭苏县喀拉苏墓地出土的方形铜扣有些相近，发掘者推断昭苏县这批墓葬“可能相当于中原汉唐时期”[18]。但M26出土此件铜扣不见扣舌，是否脱落或无扣舌不清楚，形制上的差异说明年代上可能存在早晚关系，应该在喀拉苏墓地的上限。

M34出土铁带钩较细一端弯曲，较粗一端残断，形制不全。在阿勒泰市克孜加尔墓地M7也发现了这种铁带钩，北京大学加速质谱^{14}C测定M7为距今2100年±35年，经树轮校正后，M7的年代在战国晚期至西汉[19]；同墓出土了1件铁饰件，与铜节约有些相似，但这件底部没孔，器形上存在差异。从目前新疆考古出土情况来看，铜节约基本上在青铜时代晚期和春秋时期多见，而铁器出现在公元前1000年左右，早期还没见用铁器做马具的，铁器大量使用是在汉代以后。所以，如果这件铁饰件真是作为节约来使用的话，将意义重大。

因此，根据以上代表墓葬出土遗物的情况，我们推测第二期墓葬的年代为公元前后。

第三期是以M24、M41、M50、M51、M54、M56为代表的竖穴墓道偏室墓和以M20、M22、M52、M57为代表的竖穴墓道洞室墓。竖穴墓道内多有殉马现象，随葬品以铜、铁质地的金属马饰件和马具、铁箭镞、羊肩胛骨和羊肋条等较为常见，还有少量的金银器和骨器等。墓主有的佩戴铜质大耳环，墓室内不见随葬陶器。铜器器形普遍较小，主要为带扣、銙饰、鉈尾、带箍、扣眼等铜带饰以及耳环、戒指和手镯等配饰物。铜带饰主要是马头带饰和墓主人蹀躞带上的配饰等。这类铜带饰在木垒县干沟墓地[20]、阜康市白杨河墓地[21]、乌鲁木齐市萨恩萨依墓地[22]、吉木萨尔县二工河水库墓地[23]等地都有发现。耳环均为圆环状，通常是成对出现，而且有粗细之分和中空实心之别。铁器主要为箭镞和刀，但大多锈蚀严重；箭镞尾部有铤，其上残存木屑痕迹。铁刀主要出土于个体左侧的腰部附近，因锈蚀原因，器形多不完整。金银器主要是金耳坠和银戒指、银耳环等；骨器主要是骨管、骨鸣镝、骨簪和带有圆圈纹的骨饰等，这类骨饰是粘在桦树皮质地箭箙外侧的装饰物。根据这些具有明显游牧狩猎经济特征的出土遗物和埋葬习俗，参考周邻墓地，特别是阜康市白杨河墓地的^{14}C测定数据，我们认为这批墓葬的年代为唐代。

无墓室封堆除了在有些封堆中夹杂有少量兽骨外，没有出土其他遗物，缺乏对比性，无法对其年代和文化属性进行相应的分析。

（二）埋葬习俗及发掘意义

（1）从墓地实际发掘情况来看，该墓地盛行单人葬，仅有2座为母婴合葬，1座成人和少年双人合葬，1座成人双人合葬。有4座墓葬在地表卵石堆积中随葬1件或2件或大或小的陶罐。葬式均为仰身直肢葬，随葬遗物出土多寡不一，因受盗扰原因，大部分墓葬无遗物出土，只有少部分墓葬有遗物出土。

另外，在四工河墓地还有一些很特别的葬俗。一类是在竖穴墓道偏室墓中出现了仅在竖穴墓道中随葬马，而偏室中不见任何个体骨殖出土；墓道和偏室之间用卵石垒成一道封门，在偏室中虽然不见任何个体骨殖，但是出土铜带具、骨饰和残铁刀等遗物，此种葬俗仅此一例。这种现象在阜康市大黄山煤矿一分厂墓地[24]、吉木萨尔县二工河水库墓地[25]出现过，此前一般认为是殉葬坑，但是从发掘实际情况来看，这座墓和相邻墓葬并没有任何主从的关系，“殉葬坑”的功能不明显，这是今后在该地区发掘需要注意的一个问题。第二类是有可能存在把墓主人生前使用的器物一分为二，墓主人随葬一部分，其亲人留一部分的习俗。在M27个体颅骨右侧出土1件铜镜，镜柄缺失，无纽。根据铜镜出土时的状况，在实际生活中使用是非常不方便的。如果说是随葬后盗掘致残，但该墓葬未盗，无外界扰乱，且墓中也没有镜柄残骸，这就说明随葬前就已经残损了；但是既然有随葬前就已经残损了的可能，那么这种残损是生活中不小心使用造成的，还是人为的呢？如是生活中不小心使用造成的，怎么会形成这么规则的残损，同时还能保持镜体完整呢？我们推测有一种可能，那就是生人故意所为，把镜体给逝者随葬，而镜柄则给生人留下，以作纪念。因墓地盗掘严重，墓葬信息保存不全，仅这座未盗的墓葬发现了这种现象，是否存在这种风俗，还有待于在今后的考古工作中去验证。

（2）四工河流域作为天山北麓南北走向的一条重要通道，地理位置相对独特，河流西岸墓葬规模较大，呈片状分布。这是首次在四工河流域开展较大规模的考古发掘，发掘墓葬数量虽然不多，但是填补了“三普”资料的空白，意义重大。

四工河墓地与阜康市白杨河墓地、臭煤沟墓地、西沟墓地等有较多的相似性，与吉木萨尔二工河水库墓地、木垒干沟墓地等也有相似的文化因素。封堆中随葬陶罐的现象与白杨河墓地、吉木萨尔县大龙口墓地等地的葬俗相同，均属于苏贝希文化的范畴。

沿天山北麓考古遗存分布众多，自20世纪80年代末期，自新疆文物考古研究所在大黄山墓地发掘胡须墓开始，截至目前，相继在阜康市的白杨河、臭煤沟、优派能源墓群、大黄山一分厂、三工乡古墓葬、南泉胡须墓等墓地进行了发掘，此次阜康市四工河墓地考古发掘在很大程度上补充了这一地区的考古学资料，为研究博格达山北麓一带考古学文化提供了更多物证。同时可以与阜康市周邻的奇台、木垒、呼图壁、吉木萨尔等县已做过的考古发掘资料进行对比，从而可以全面了解这一地区的考古学文化。

这批墓葬的发掘清晰地再现了四工河流域春秋战国至汉唐时期的文化面貌，文化内涵丰富，研究空间较大。

附记：本次考古发掘得到了昌吉州文物局、阜康市文物局以及新疆文物考古研究所阜康市白杨河考古队等单位的大力支持和协助，在此表示衷心的感谢！

领　　队：鲁礼鹏
田野发掘：鲁礼鹏　艾尼瓦尔　常培涛
付　昶　李　敏　罗欣欣
室内整理：贺婧婧　鲁礼鹏
摄　　影：鲁礼鹏　王新磊
绘　　图：贺婧婧　鲁礼鹏
执　　笔：鲁礼鹏　贺婧婧

注　释

[1] 新疆文物考古研究所：《阜康市白杨河墓地考古发掘简报》，《新疆文物》2012年第1期。

[2] 新疆文物考古研究所、昌吉州文管所、吉木萨尔县文管所：《吉木萨尔县大龙口古墓葬》，《新疆文物》1994年第4期。

[3] 新疆文物考古研究所：《阜康市大黄山一分厂墓地考古发掘报告》，《新疆文物》2013年第2期。

[4] 新疆文物考古研究所、乌鲁木齐市文物管理所：《乌鲁木齐市柴窝铺林场Ⅱ号点墓葬》，《新疆文物》1999年第3、4期。

[5] 同[4]。

[6] 新疆文物考古研究所：《吉木萨尔县二工河水库墓地发掘报告》，《新疆文物》2013年第1期。

[7] 新疆文物考古研究所：《鄯善县苏贝希墓群一号墓地发掘简报》，《新疆文物》1993年第4期。

[8] 同[4]。

[9] 邵会秋：《新疆苏贝希文化研究》，《边疆考古研究》（第12辑），科学出版社，2012年。

[10] 新疆文物考古研究所：《尼勒克县铁列克萨依墓地考古发掘报告》，《新疆文物》2012年第2期。

[11] 新疆文物考古研究所：《新疆察布查尔县索墩布拉克古墓群》，《考古》1999年第8期，第25页。

[12] 新疆文物考古研究所：《昌吉市努尔加墓地考古发掘简报》，《新疆文物》2013年第3、4期，第86页。

[13] 新疆文物考古研究所：《新源县加嘎村墓地考古发掘报告》，《新疆文物》2017年第1期，第11页。

[14] 新疆文物考古研究所：《鄯善县二塘沟墓地考古发掘简报》，《新疆文物》2012年第1期。

[15] 陈戈：《新疆史前时期又一种考古学文化——苏贝希文书试析》，《苏秉琦与当代中国考古学》，科学出版社，2001年，第153～171页。

［16］ 新疆文物考古研究所：《尼勒克县汤巴勒萨伊墓地考古发掘报告》，《新疆文物》2012年第2期。

［17］ 杨建华、邵会秋、潘玲：《欧亚草原东部的金属之路——丝绸之路与匈奴联盟的孕育过程》，上海古籍出版社，2017年，第494页。

［18］ 伊犁州文管所：《昭苏县喀拉苏墓葬发掘简报》，《新疆文物》2002年第1、2期。

［19］ 新疆文物考古研究所：《阿勒泰市克孜加尔墓地发掘简报》，《新疆文物》2010年第1期。

［20］ 新疆文物考古研究所：《木垒县干沟墓地考古发掘报告》，《新疆文物》2012年第1期。

［21］ 同［1］。

［22］ 新疆文物考古研究所、乌鲁木齐市文物管理所：《乌鲁木齐市萨恩萨依墓地考古发掘简报》，《新疆文物》2010年第2期。

［23］ 同［6］。

［24］ 同［3］。

［25］ 同［6］。

阜康市泉水沟墓群考古发掘简报

新疆文物考古研究所

2017年6月，为配合阜康市京新（G7）高速公路改扩建项目南泉路段建设，新疆文物考古研究所、新疆博物馆联合考古队对工程涉及的阜康市泉水沟墓群实施了抢救性考古发掘，共发掘墓葬5座。现将发掘情况报告如下。

一、墓地概况

阜康市地处天山山脉东段北麓，准噶尔盆地南缘，南部为天山支脉博格达山，中部为河流冲积平原区，北部为古尔班通古特沙漠，地势南高北低。泉水沟墓群位于上户沟哈萨克民族乡西沟村西北，白杨沟公路西北的戈壁地带。墓群南望博格达峰，东约500米为泉水沟，西约5千米为甘河子镇，南邻S303省道，北约500米为吐乌大高速公路，位处博格达山以北的东西大通道上（图一）。墓地北部架设有电线杆，南侧紧依杨树林，四周无人居住，西南约2千米有煤化工厂，地表平坦，多戈壁砾石，有低矮的碱蒿、梭梭等植被。地理坐标为东经88º28′15.5″、北纬44º05′55.2″，海拔787.7米。

该墓群于2008年第三次全国文物普查时发现，2011年被公布为市级文物保护单位。据普查资料，该墓群分布有石堆墓和“胡须墓”。墓地范围东西约200、南北约120米，5座墓葬大致呈东北—西南向分布（图二）。其中石堆墓4座，2座封堆明显，直径7～12、高0.3～0.5米；2座封堆略高于地表，直径4～8米。“胡须墓”已不明显，封堆不清晰，地表似有平铺石带。墓葬封堆风化明显，其中一座大墓顶部有盗坑。

二、发掘情况

本次发掘共清理5座墓葬，其中竖穴土坑墓3座（1座带大石圈），竖穴石棺墓1座，无墓室墓1座。墓葬均被盗扰，未见随葬品，仅M3封堆采集有少量陶片。

1. M1

位于墓地东北部，北临公路，西南距M2约50米。石堆墓，封堆石块稀疏，平面近圆形，直径约8、高约0.3米（图三）。

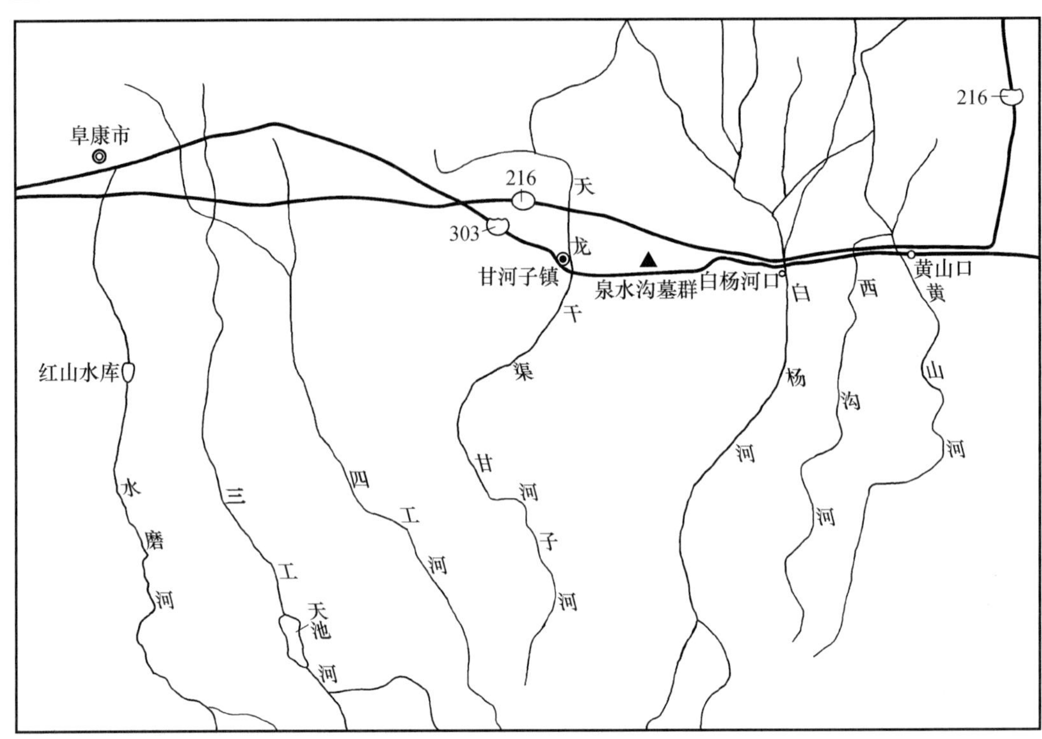

图一　泉水沟墓群位置示意图

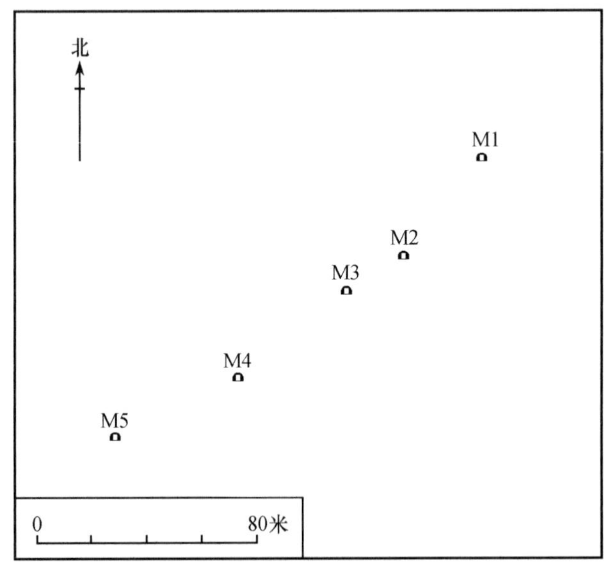

图二　泉水沟墓群墓葬分布示意图

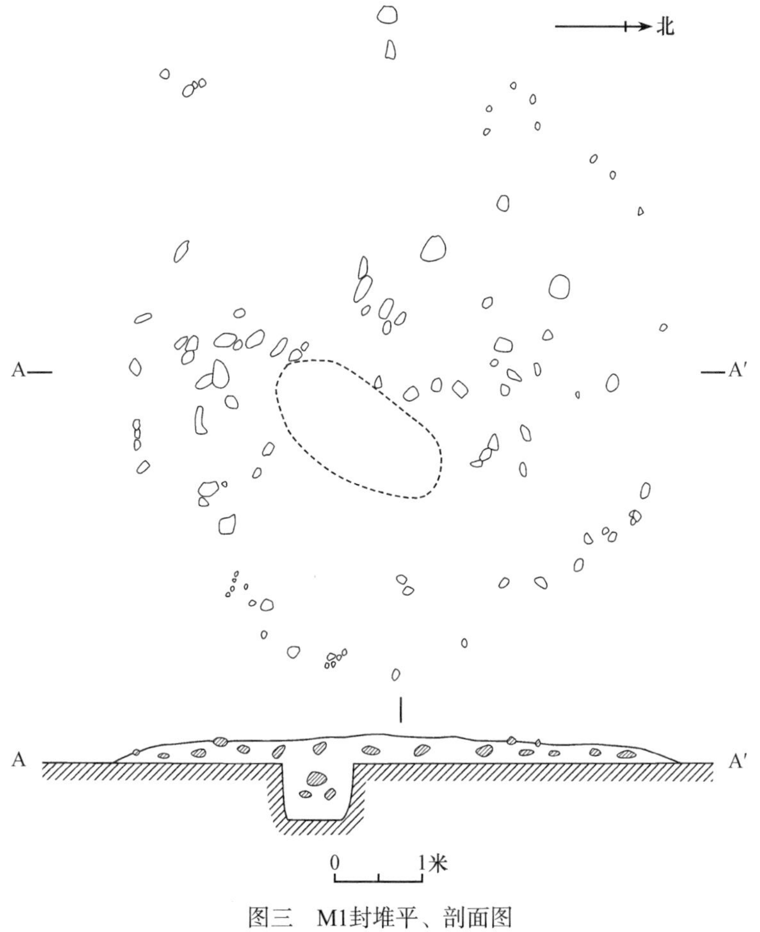

图三　M1封堆平、剖面图

墓室位于封堆下偏东南，竖穴石棺，墓向210°。墓口平面呈椭圆形，墓坑长2.1、宽1、深0.62米，东、西两壁嵌石块，内填黄土，含砾石。单人葬，被盗扰，残存肱骨、盆骨及下肢骨，仅下肢骨在生理位置。骨殖风化明显。从残存骨殖判断，墓主人为成年个体，头向西南，左侧身直肢，性别不明。未见随葬品（图四）。

2. M2

位于墓地东北部，东北距M1约50米。封堆不明显，石块略显于草丛中，南北长4.6、东西宽4.3米，略高于地表（图五）。墓室位于封堆下中部偏南，竖穴土坑，墓向276°。墓室平面呈椭圆形，长1.8、宽1、深0.4米。墓坑内填黄土，含砾石。未见骨殖及随葬品（图六）。

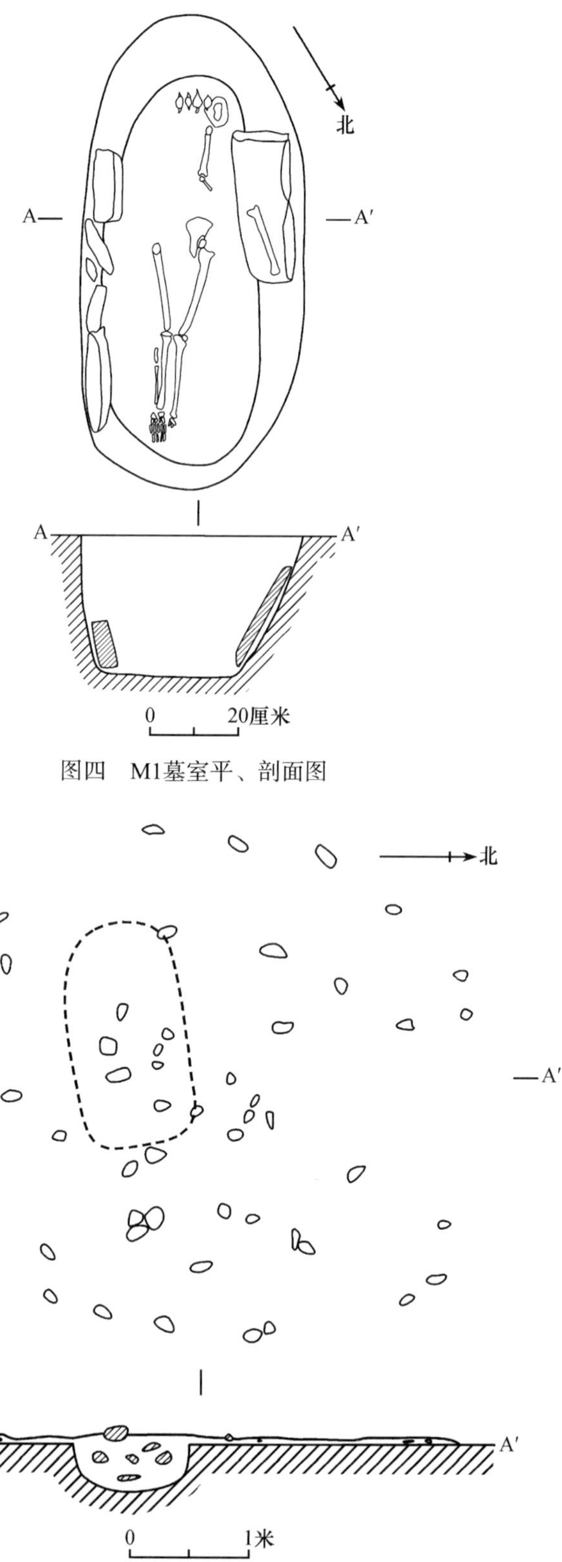

图四　M1墓室平、剖面图

图五　M2封堆平、剖面图

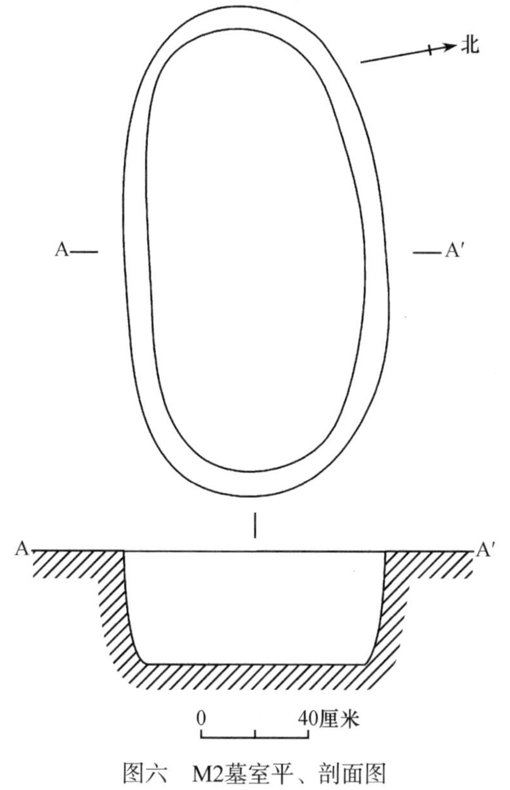

图六 M2墓室平、剖面图

3. M3

位于墓地中部略偏东，东北约20米为M2，西南约50米为M4，土石混合封堆，顶部有稀疏的梭梭草。封堆近圆台形，直径12.2、高约0.5米，是该墓群中最大的墓葬（图七）。

封堆之下有近圆形的大石圈，系用大小相近的石块围成，石圈直径东西9.8、南北9.5米（图八）。墓室位于石圈近中部，竖穴土坑，墓向260°。墓口平面近椭圆形，长2.2、宽1.14米，墓室深0.64米。墓坑内填黄土，含砾石。墓室被盗扰，骨殖零乱不全，股骨、胫骨等被扰至墓口，其余骨殖不存。从残存的骨殖判断，墓主人为一成人，性别不明。未见随葬品（图九）。

4. M4

位于墓地西南部，东北距M3约60米。封堆为土石混合堆积，近圆台形，直径约7.5、高约0.3米，顶部偏西南有直径1.55、深0.2米的盗坑（图一〇）。墓室位于封堆下中偏西北，竖穴土坑，墓向262°。墓室平面近椭圆形，长1.73、宽1.28、深0.4米，墓坑内填砂土，含砾石，墓内填土中仅见几枚骨片，未见随葬品（图一一）。

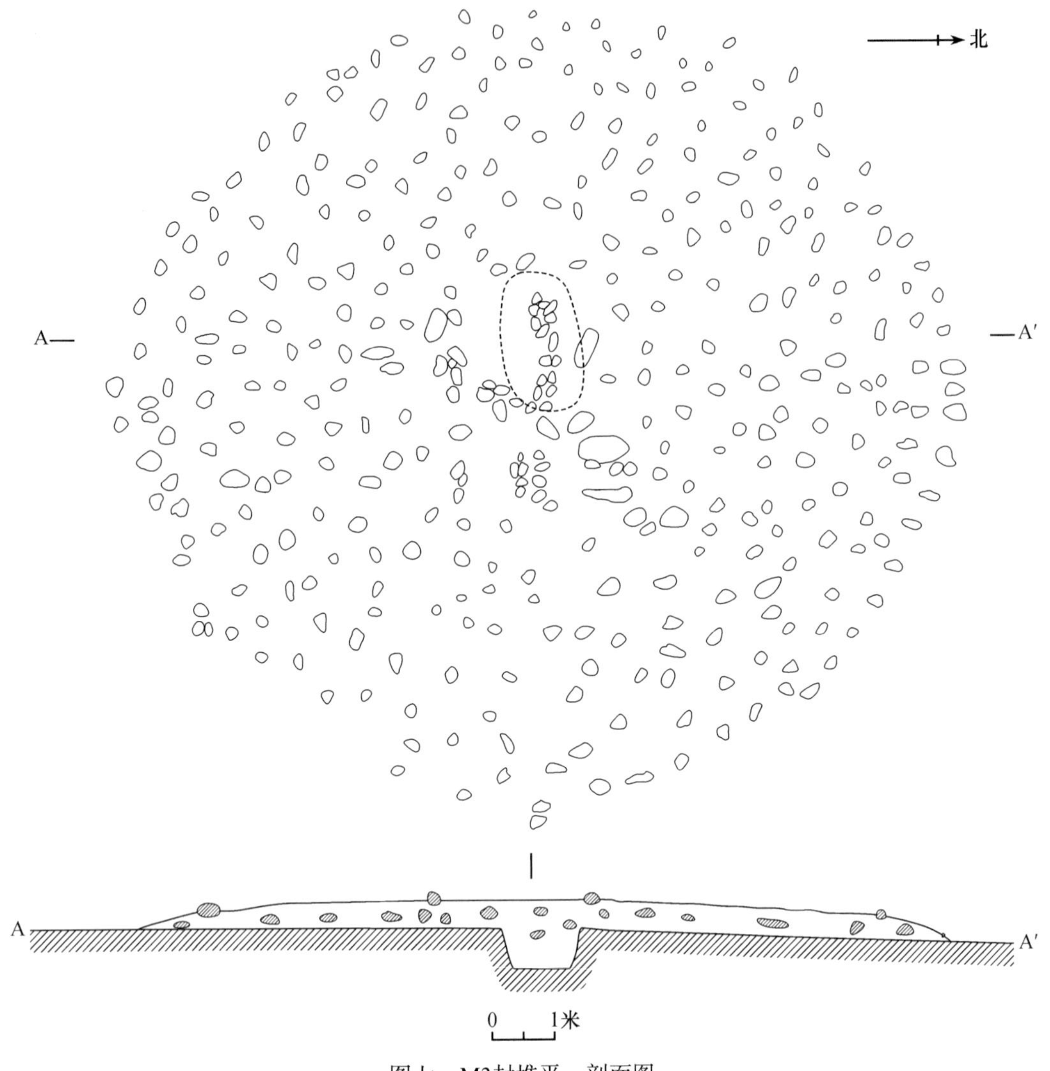

图七　M3封堆平、剖面图

5. M5

位于墓地西南部，东北距M4近50米，“三普”时登记为“胡须墓”。墓葬封堆不明显，其北侧地表有平铺的卵石，“胡须”特征亦不明显。清理后未发现墓室。

墓室内均未见随葬品。仅M3封堆南部采集有几块夹砂陶片。陶片多为土黄色，胎质较厚，仅一枚夹砂红陶片胎略薄，从陶片特征来看，为罐类陶器残片。

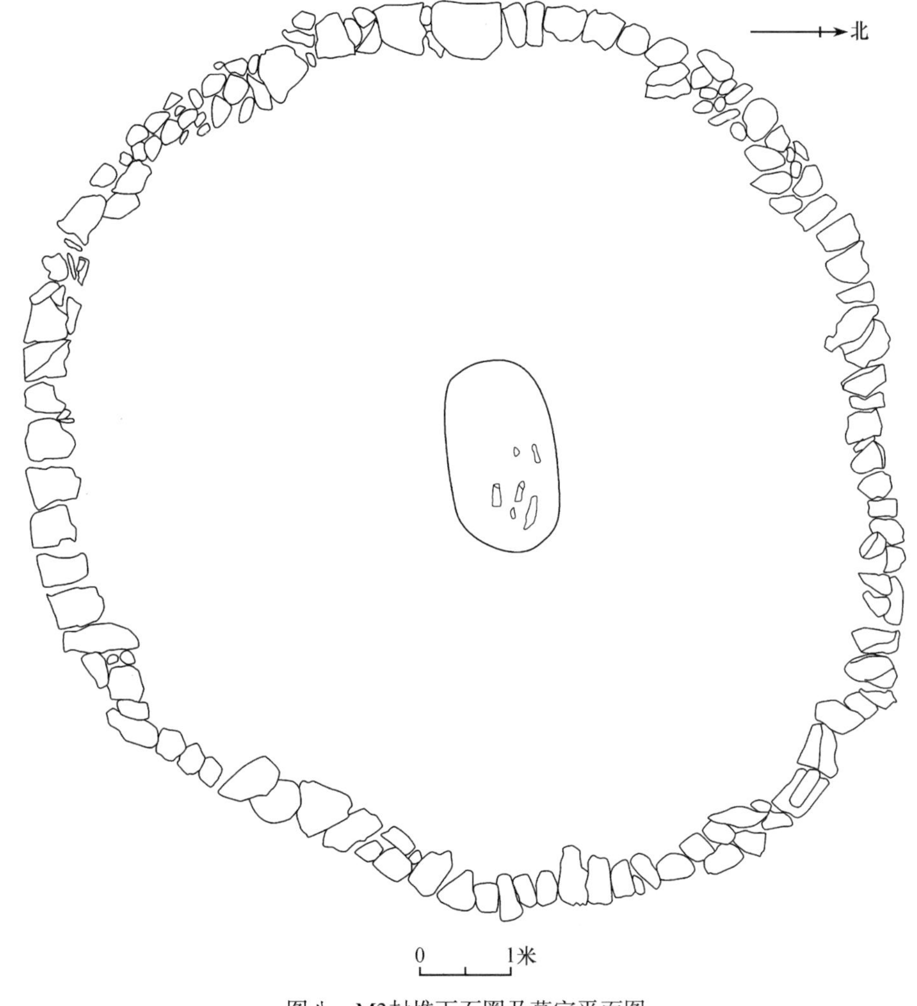

图八　M3封堆下石圈及墓室平面图

三、结　　语

近年来，新疆文物考古研究所配合阜康市基本建设，在西沟[1]、臭煤沟[2]以及白杨河[3]、四工河[4]、黄山河[5]流域进行了多次发掘，是昌吉州考古发掘最丰富的县（市）。泉水沟墓群的发掘，进一步丰富了该地区的考古资料，为深入研究博格达山北麓区域考古学文化提供了新的资料。

1. 墓葬的年代及性质

本次发掘的墓葬均被盗扰，仅3座有遗骨，墓室内均未见随葬品。判断墓葬的年代、性质，只能参考和依据周近地区的墓葬资料。据文献记载，春秋战国至秦汉时期，“车师后国”“山北六国”其分布区域大体属于现昌吉州。继后，此地也多为游

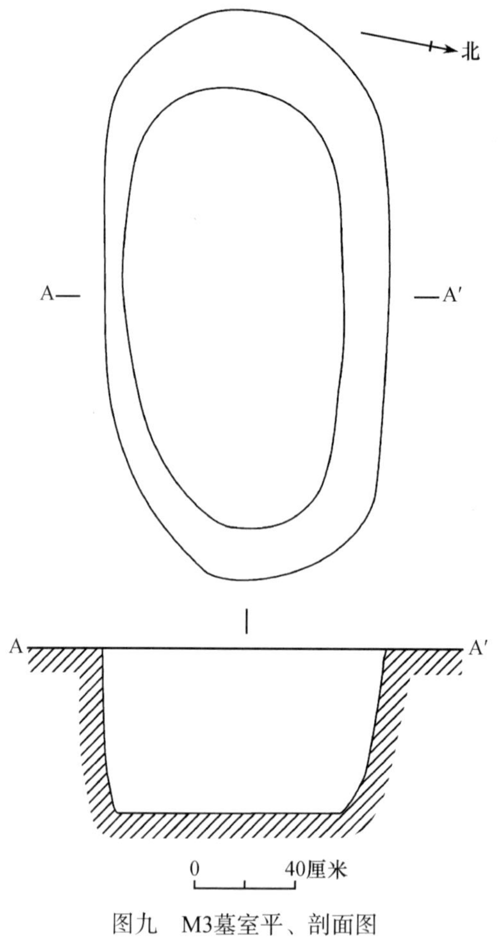

图九　M3墓室平、剖面图

牧民族的活动区域。结合南泉墓地、西沟墓地、白杨河流域等墓地的资料，推测这批墓葬年代大体属于秦汉时期。墓群地处戈壁荒滩，土壤瘠薄，植被稀少，其生业方式以牧业为主。

2. 与周边墓地的关系

泉水沟墓群共发掘5座墓葬，数量不多，但从墓葬封堆特征及墓室结构来看，体现了这一区域墓葬的多样性以及与周边地区的密切联系。封堆有较大的土石混合封堆、低矮的石堆以及似为“胡须墓”的墓葬，类型多样。从墓葬形制看，有竖穴土坑、竖穴石棺以及封堆下有大石圈的墓葬，这些墓葬类型在天山以北地区均有分布。从地理位置看，泉水沟墓群与阜康南泉墓地[6]距离较近，均以石堆墓为主，有少量胡须墓，多不见墓室，人骨不完整，有夹砂红、灰陶片，不见完整器物，文化面貌基本一致，应属同类遗存。

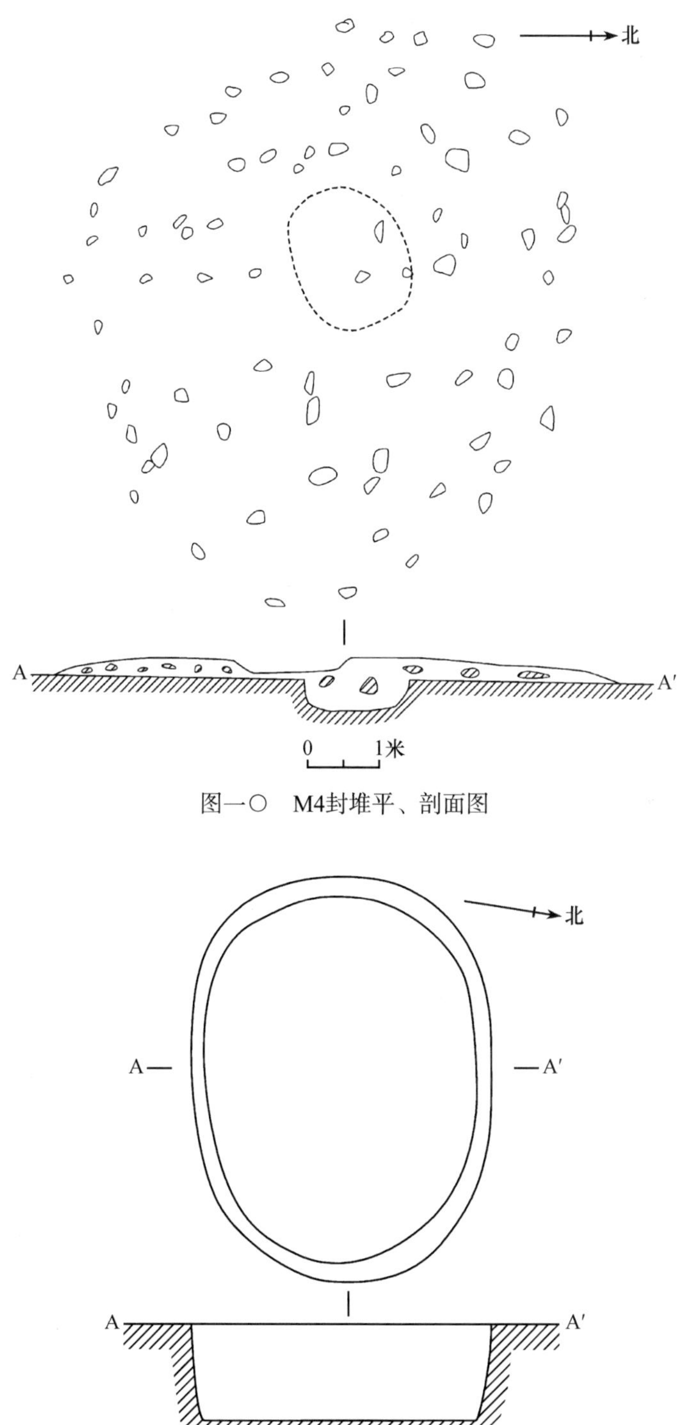

图一〇 M4封堆平、剖面图

图一一 M4墓室平、剖面图

3. M3大墓及相关认识

泉水沟墓群中，M3位处墓地之中，封堆最大最为规整，封堆下有大石圈，石圈中部为浅穴墓室，从墓葬营筑规模及形制结构来看，是其中规格最高的墓葬，墓主人当具有特殊的身份。

石圈（围）墓在南、北疆均有发现，多与石堆墓混合分布。如在哈密伊吾沙梁子墓地[7]、昌吉努尔加墓地[8]、伊犁尼勒克吉仁台沟口墓地[9]、吉林台水库墓地[10]、乌吐兰墓地[11]，塔城白杨河墓地[12]、阿勒泰克孜加尔墓地[13]、布尔津图瓦新村墓地[14]、哈巴河阿依托汗一号墓群[15]、富蕴海子口墓地[16]、富蕴哲勒巴尕什[17]等墓地均发现数量不等的石圈墓，在天山以南地区[18]也有发现。石圈（围）多以较规整的石块围成，以圆形为主，方形较少，有的显露于地表，有的在封堆之下，以单圈居多，双圈较少，其中昌吉努尔加墓地有外方内圆的双石圈，富蕴哲勒巴尕什墓地有三重石圈，较为少见。墓室多位于石圈中部，有竖穴石棺、竖穴土坑、竖穴石室、竖穴木棺多种类型，多为单室，有少量双室、多室。墓葬的年代，除哈巴河阿依托汗一号墓群（栽立片石围成石圈）和昌吉努尔加墓地（外方内圆的双石圈）为青铜时代外，其余多为早期铁器时代，体现了这类墓葬分布的时空范围及地区差异。泉水沟墓群地处东西交通大道上，M3为同类墓葬，显示出这种葬俗在博格达山以北地区的流行。

领　　队：胡兴军
发掘人员：闫雪梅　鲁礼鹏　艾尼瓦尔
　　　　　付　昶
绘　　图：张奋强　付　昶　鲁礼鹏
　　　　　艾尼瓦尔　闫雪梅
执　　笔：闫雪梅

注　释

［1］　新疆文物考古研究所：《阜康市西沟墓地、遗址考古发掘简报》，《新疆文物》2016年第1期。

［2］　新疆文物考古研究所：《阜康市臭煤沟墓地考古发掘简报》，《新疆文物》2012年第1期。

［3］　新疆文物考古研究所：《阜康市白杨河墓地考古发掘简报》《阜康市大黄山一分厂墓地考古发掘简报》，《新疆文物》2012年第1期、2013年第2期。2016～2018年，白杨河流域再度发掘，资料现存新疆文物考古研究所，待发表。

［4］　2017年发掘，资料现存新疆博物馆，待发表。

［5］　2018年发掘，资料现存新疆文物考古研究所，待发表。

［6］　新疆文物考古研究所：《阜康市南泉“胡须”墓发掘简报》，《新疆昌吉回族自治州考古调查与发掘》，文物出版社，2015年。

[7] 2014年发掘，资料现存新疆文物考古研究所，待发表。
[8] 新疆文物考古研究所：《昌吉努尔加墓地考古发掘简报》，《新疆文物》2013年第3、4期。
[9] 新疆文物考古研究所：《2015年尼勒克吉仁台沟口遗址和墓地考古收获》，《新疆文物》2015年第3、4期。
[10] 新疆文物考古研究所：《尼勒克县加勒克斯卡茵特山北麓墓地考古发掘简报》，《新疆文物》2016年第3、4期。
[11] 新疆文物考古研究所：《2014年尼勒克乌吐兰墓地考古发掘报告》，《新疆文物》2015年第2期。
[12] 新疆文物考古研究所：《塔城白杨河墓地考古发掘简报》，《新疆文物》2012年第2期。
[13] 新疆文物考古研究所：《2009年阿勒泰市克孜加尔墓地考古发掘简报》，《新疆文物》2010年第1期。
[14] 新疆文物考古研究所：《布尔津县喀纳斯下湖口图瓦新村古墓地考古发掘简报》，《新疆文物》2014年第2期。
[15] 新疆文物考古研究所：《哈巴河县阿依托汗一号墓群考古发掘报告》，《新疆文物》2017年第2期。
[16] 新疆文物考古研究所：《富蕴县海子口墓地考古发掘简报》，《新疆文物》2018年第3、4期。
[17] 新疆文物考古研究所：《富蕴县哲勒巴尕什墓群考古发掘简报》，《新疆文物》2013年第2期。
[18] 新疆文物考古研究所：《阿克苏地区天山南麓石堆墓和石围墓的调查》，《新疆文物》2007年第3期；《和静县阿尔夏一号墓地考古发掘报告》，《新疆文物》2013年第2期。

新疆阜康市黄山河水库墓地考古发掘简报

新疆文物考古研究所
新　疆　博　物　馆

2017年10月和2018年5、6月，为配合阜康市黄山河水库工程建设，新疆文物考古研究所与新疆博物馆联合组队对工程涉及的古代墓葬进行了抢救性考古发掘，共发掘墓葬35座。现将本次发掘情况简报如下。

一、墓地概况

阜康黄山河水库墓地地处亚欧大陆腹地，天山北麓脚下，准格尔盆地南缘，西南至博格达峰和天池相连。位于昌吉州阜康市上户沟哈萨克族乡黄山口村以南4.7千米的黄山沟内，西北距阜康市直线距离56千米（图一）。墓葬分布在县道X210路西侧，黄山河西岸二、三级台地上，从南往北可分4个片区：M1～M6位于二级台地上第一片区；M7～M20位于二级台地上的第二片区；M21～M25及M26～M35分别在三级台地的第三、四片区。墓葬所在地地势较平坦狭长，东侧紧邻河沟，降水量充沛，两侧山梁动植物资源丰富，树木茂盛（图二）。

二、墓葬简介

从发掘情况看，墓葬封堆构制结构除了M23～M25等个别大致呈长方形石堆以外大多数为圆形石堆墓，由卵石或山石与黄土混夹堆积而成。M26～M35封堆因早期盗掘，中部有明显凹陷坑。墓室均为有填石。墓室结构可分竖穴土坑墓、竖穴洞室墓、竖穴偏室墓、竖穴土坑石棺墓等类型，其中竖穴土坑墓和竖穴洞室墓占多数。M1及M7封堆下都有3座墓室。M2、M5、M9、M15、M16、M20封堆下没有发现墓室，推测为空墓。部分墓葬虽然有墓室但没有发现任何人骨及遗物。下面以墓室构造形制为序对墓葬进行介绍。

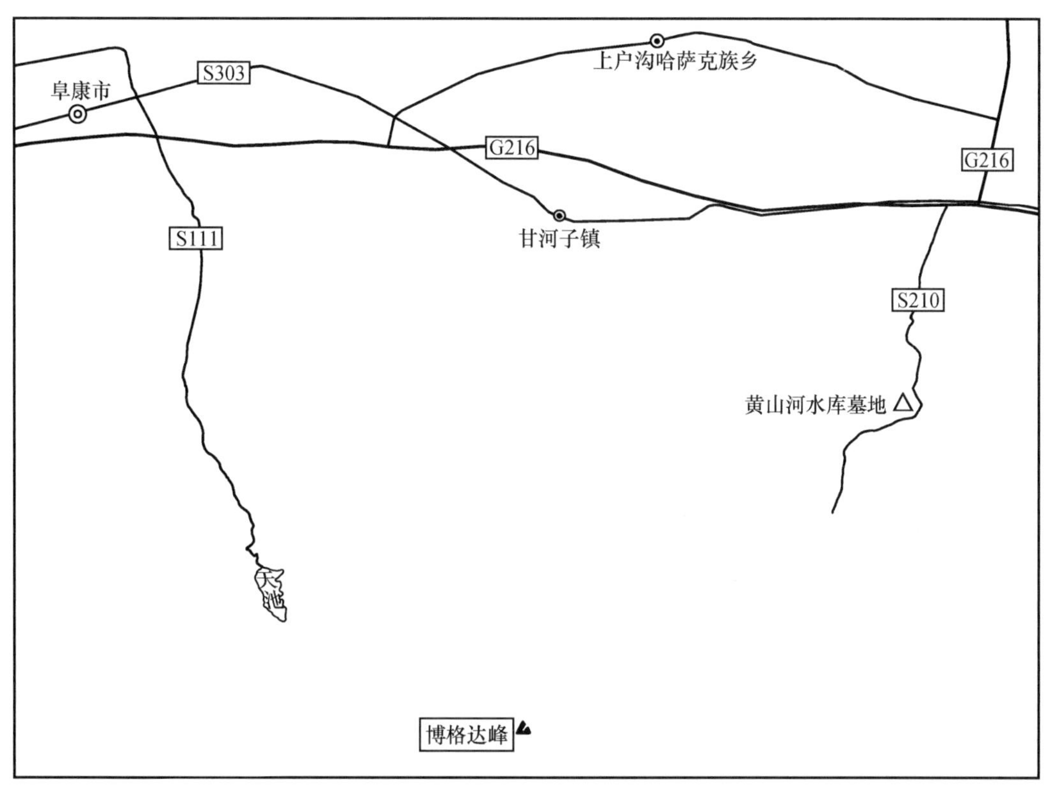

图一 黄山河水库墓地位置示意图

1. 竖穴土坑墓

13座，主要分布在第一、第二片区，编号为M1、M3、M4、M6~M8、M10~M14、M18、M19，其中M8、M13、M14墓室没有发现任何人骨及遗物。选取典型墓葬介绍如下。

M1 邻近M2南侧。地表封堆为圆形石堆，由土石混合堆积而成，直径约6、高约0.4米。封堆中发现一些夹砂红陶片。封堆下有从南往北排列的3座A、B、C墓室。A墓室为圆角长方形，竖穴土坑，口大底小，长2.52、宽1.24、深1.1米，呈西北指东南，墓向为300°。填土有卵石和黄土混夹。墓室填土中出土了扰乱的个体残骨殖，墓底仅存左胫骨、腓骨和足骨等，均在解剖学位置上。从残存骨殖看，个体应为仰身直肢葬，头向西北。残存的骨骺均未愈合，为未成年人。无随葬遗物。B墓室为圆角长方形，竖穴土坑，口大底小，长2.6、宽1.02、深0.65米，呈西北指东南，墓向为310°。填土有卵石和黄土混夹，其间夹杂一些残陶片和个体残肢骨等。单人葬，因盗扰的原因，个体骨殖保存不好，头骨和下肢骨等均不在原解剖位置。从个体残存骨殖看，应为仰身直肢葬，头朝西北，脚朝东南。初步判定为成年女性。左股骨处侧出土单耳残陶罐1件，其下还垫有一块大青石。C墓室为圆角长方形，竖穴土坑，口大底小，长1.9、宽0.9、深0.78米，

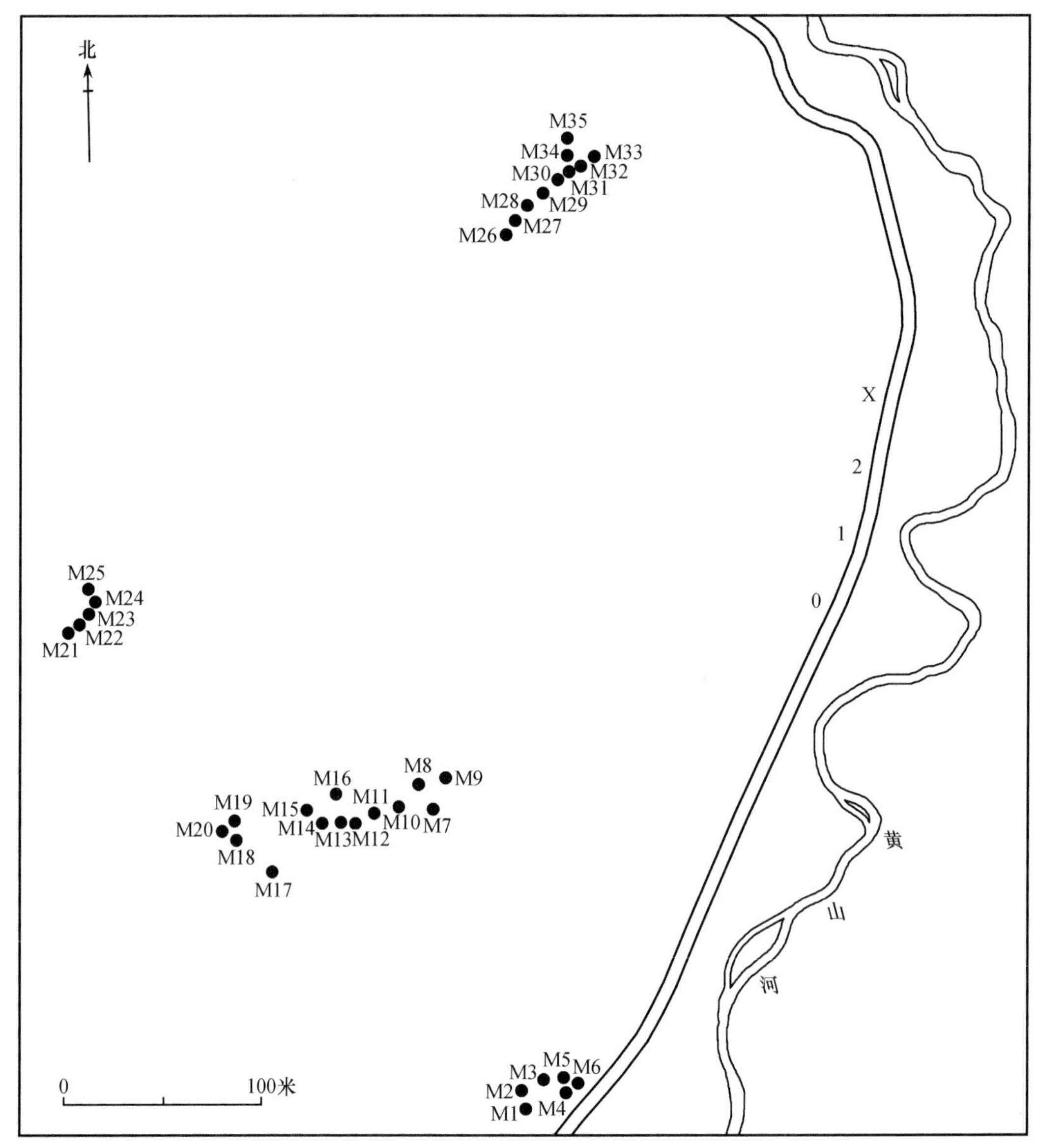

图二　黄山河水库墓地墓葬分布示意图

呈西北指东南，墓向为305°。填土有卵石和黄土混夹。墓底单人葬，仰身直肢葬，个体偏在墓室南侧，身下铺了一层小卵石，其头骨左侧有一块大青石。骨骼保存较好，仅存左、右胫骨，缺足骨，其余骨骼均在原解剖学位置。年龄为8～9岁。无随葬遗物（图三）。

M3　邻近M5西侧。地表封堆为圆形石堆，由土石混合堆积而成，直径约8、高约0.5米。封堆中部有盗洞，长1.25、宽0.85、深0.5米。墓室位于封堆中部，圆角长方形，竖穴土坑，口大底小，长2.68、宽1.35、深0.7米，呈东西向，墓向为265°。填土有卵石和黄土混夹。墓底单人葬，仰身直肢葬，头向西，脚朝东，因早起被盗扰，仅存下半身骨架，均在解剖学位置上。成年女性。在个体盆骨右侧和尺骨之间随葬1件残直柄铜镜

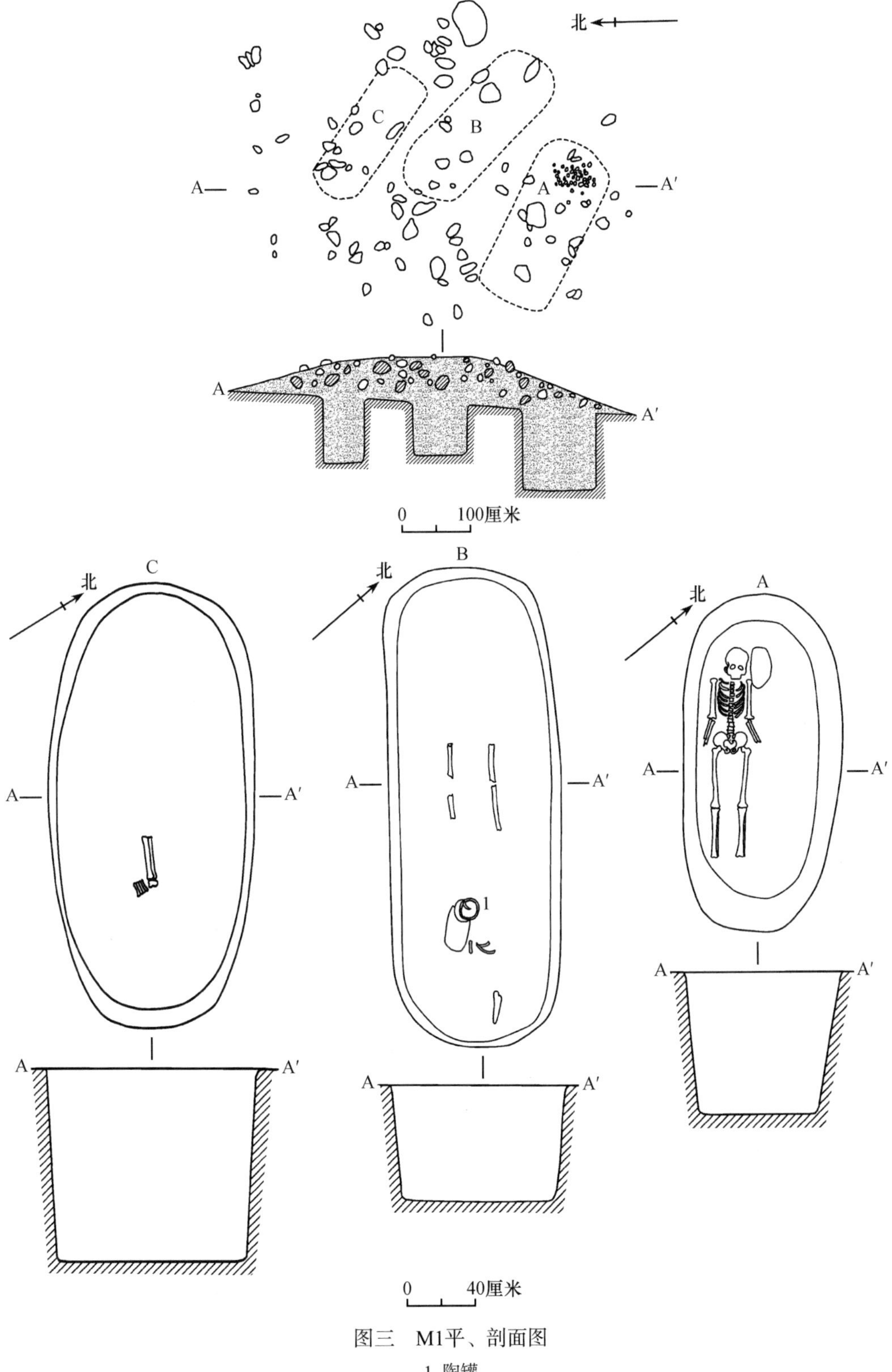

图三 M1平、剖面图
1. 陶罐

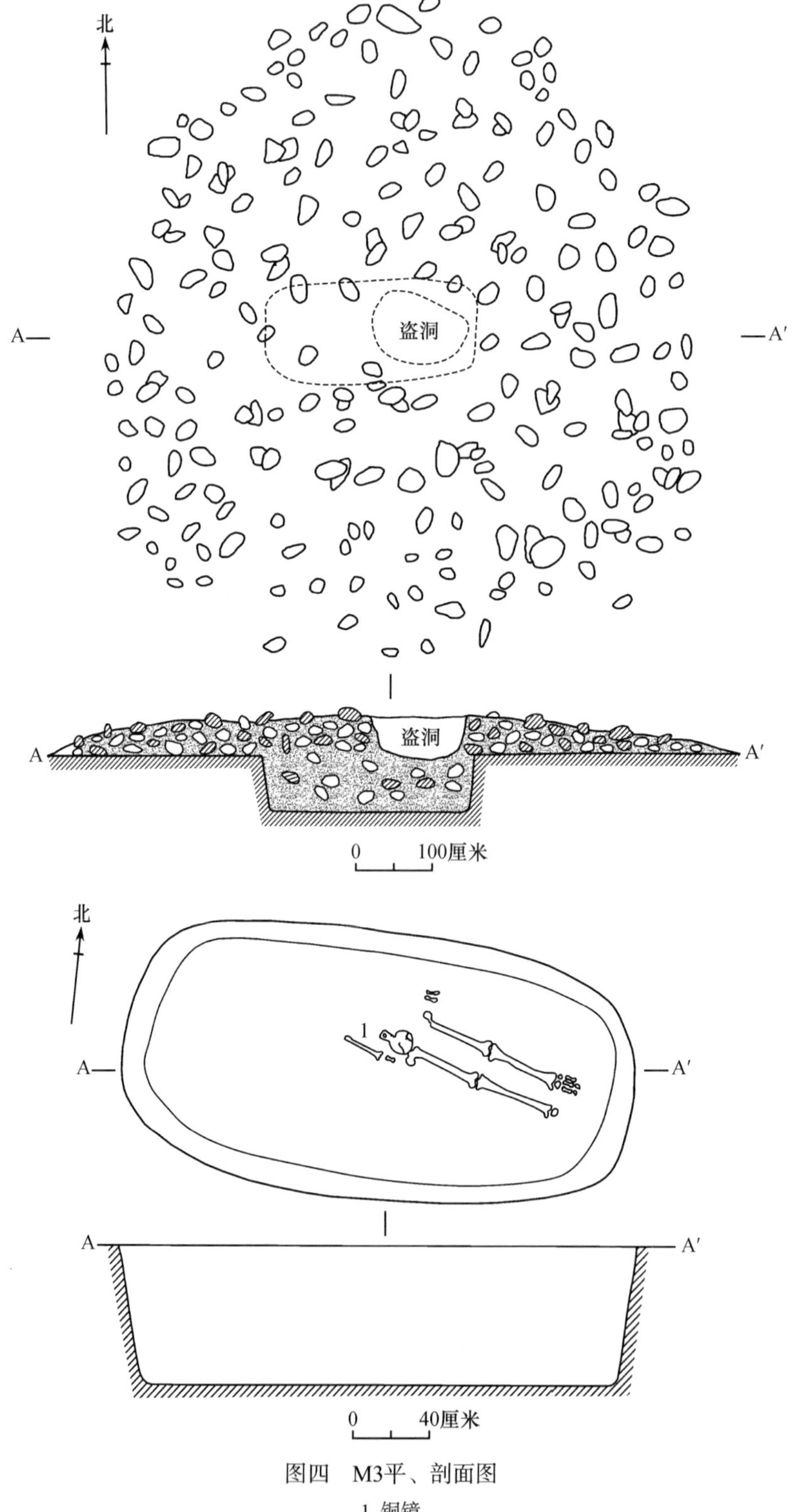

图四　M3平、剖面图

1. 铜镜

（图四）。

M4　邻近M5南侧。地表封堆为圆形石堆，由土石混合堆积而成，直径约8、高约0.32米。在封堆西北部深约0.2米处出土1件残单耳陶罐。墓室位于封堆中部，圆角长方形，竖穴土坑，口大底小，长2.36、宽1.06、深0.9米，大致呈东西向，墓向为295°。填土为卵石、片石和黄土混夹，并出一些个体残桡骨、肋骨及陶片等。因早期已被严重盗扰，墓底西北角仅存一堆杂乱的个体骨骼，包括锁骨、肋骨等，都不在原解剖位置，其葬式、头向、性别、年龄均不明。墓底无随葬遗物（图五）。

M7　邻近M9南侧约5米。地表封堆为圆形石堆，由土石混合堆积而成，直径约12、高约0.65米。封堆下有三角形排列的3座墓室，全部大致呈南北向，位于封堆中心的编号A墓室，其东部为B墓室，A、B墓室的中部偏南为C墓室。A墓室为圆角长方形，竖穴土坑，口大底小，长2.5、宽1.25、深0.7米，呈西北指东南，墓向为325°。墓口的卵石堆积中出颅骨、锁骨、肩胛骨、尺骨、髋骨、股骨、胫骨、腓骨等残人骨，填土为卵石和黄土混夹，也有人骨残片，通过观察个体骨殖，推测为单人葬，成年男性。墓底无任何骨架及随葬遗物。B墓室为圆角长方形，竖穴土坑，口大底小，长2.23、宽1.05、深0.85米，呈南北向，墓向为340°。填土有卵石和黄土混夹。墓底单人葬，保存完整，仰身直肢葬，头朝北，脚朝南，成年女性，在个体身下垫有一层黄色的片石。个体颈部一周出土有各种珠饰，腹部位置也发现有少许，应为项链；同时在个体左肩靠近颈部出土2件青铜饰件，不排除是项链的组成部分。C墓室为圆角长方形，竖穴土坑，口大底小，长2.4、宽1.06、深0.55米，大致呈南北向，墓向为335°。填土有卵石和黄土混夹。墓底单人葬，保存完整，仰身直肢葬，头朝北，脚朝南，面朝西，中年男性，头下枕有一块青石块。无随葬遗物（图六）。

M10　邻近M11东侧。地表封堆为圆形石堆，由土石混合堆积而成，中部卵石稀少，直径约14、高约0.25米。墓室位于封堆东北部下，圆角长方形，竖穴土坑，口大底小，长2.4、宽1.35、深0.9米，呈东南至西北方向，墓向为305°。填土为卵石和黄土混夹，并出了一节尺骨。墓底单人葬，因早期已被严重盗扰，葬式不明，东南部仅存一堆杂乱的个体骨骼，包括头骨、肢骨、肋骨等，都不在原解剖位置。20～30岁的女性。墓底西部偏中的位置随葬1件灰陶折腹罐（图七）。

M11　邻近M10西侧。地表封堆为圆形石堆，由土石混合堆积而成，直径约9.5、高约0.68米。墓室位于封堆中南部下，圆角长方形，竖穴土坑，口大底小，长2.8、宽1.6、深0.9米，呈东南指西北方向，墓向为325°。填土为卵石和黄土混夹，并出一些肢骨碎片及石磨盘残片。墓室0.55米深处的墓壁东、西、北测有宽0.3、高0.35米的二层台。南段往里掏进0.18米。墓底单人葬，因早期已被严重盗扰，葬式不明，中部仅存一堆杂乱的个体骨骼，包括头骨、肩胛骨、尺骨等，都不在原解剖位置，成年女性。墓室西北侧靠近墓壁出土铜饰1件；头骨下见骨扣1件，算珠状玻璃珠2颗，圆柱状滑石珠3颗（图七）。

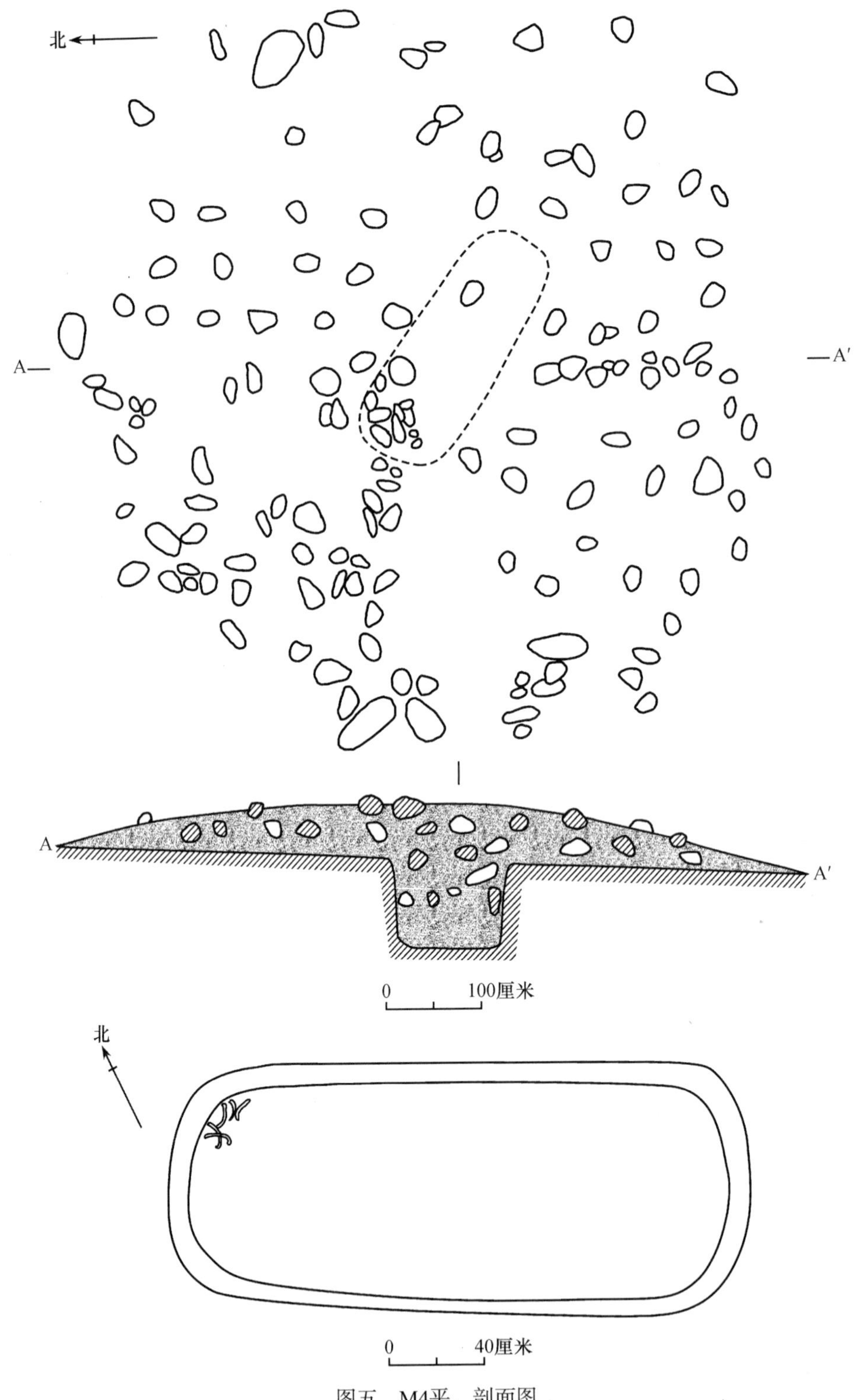

图五　M4平、剖面图

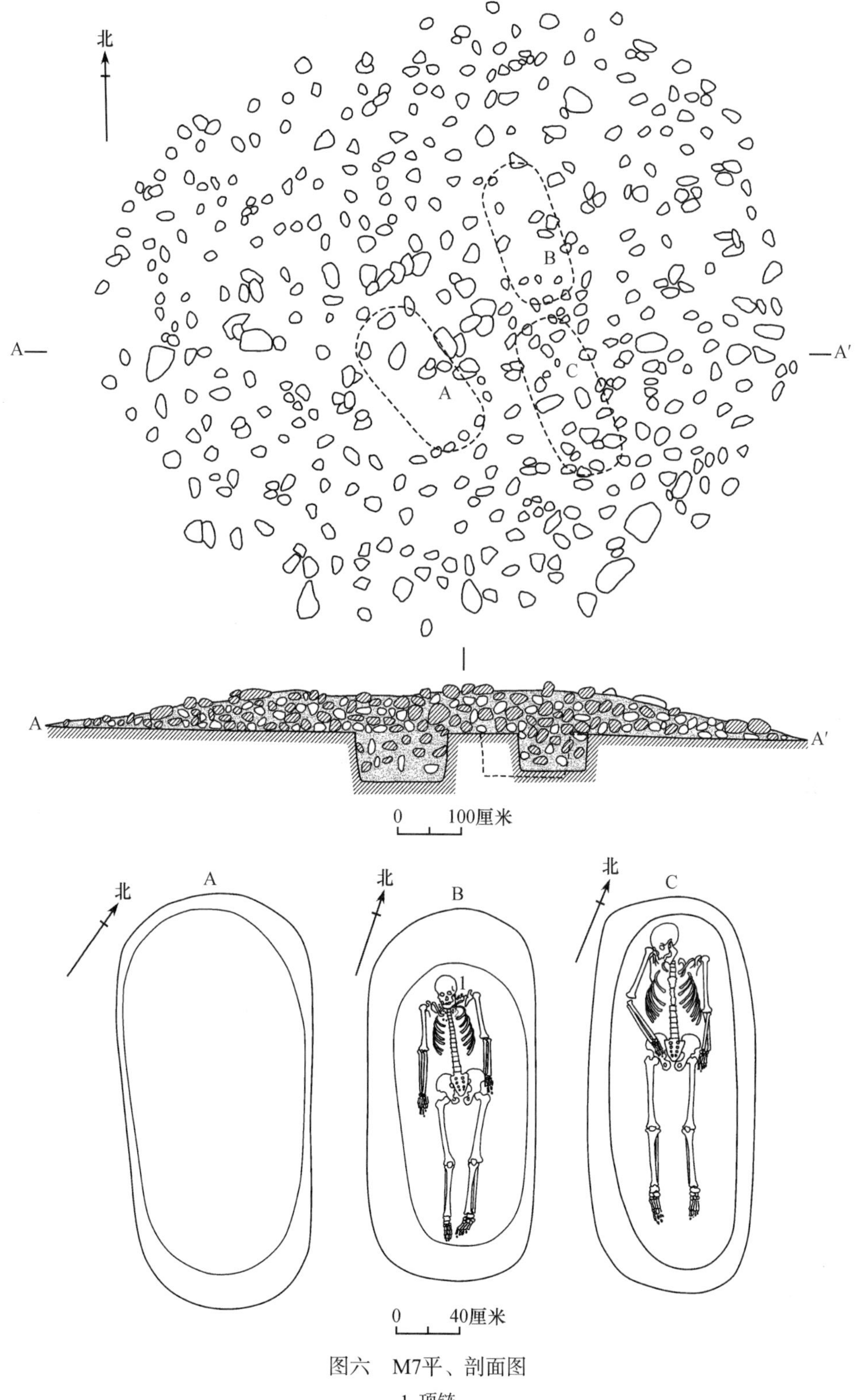

图六 M7平、剖面图

1. 项链

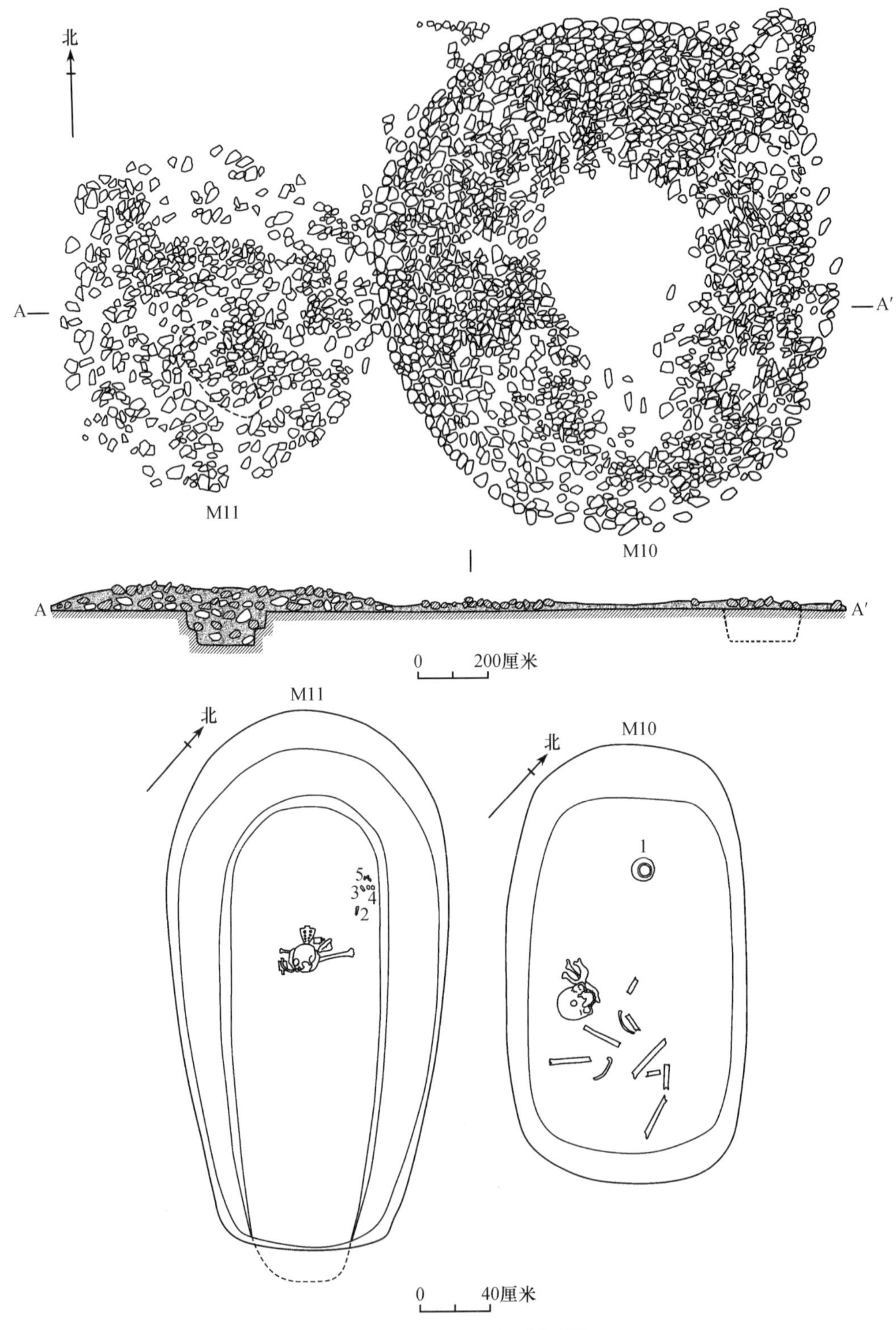

图七　M10、M11平、剖面图

1. 陶罐　2. 铜饰件　3. 骨扣　4. 玻璃珠　5. 滑石珠

2. 竖穴洞室墓

共13座，主要分布在第三、四片区，编号为M21、M22、M23、M26～M35等，均为石堆墓，墓葬由墓道和洞室组成，其中M26～M35等墓葬因早期被盗扰，封堆中部都有盗坑，墓道及洞室严重破坏。选取典型墓葬介绍如下：

M21　邻近M22西南侧。地表封堆为圆形石堆，由土石混合堆积而成，中部卵石稀少，直径约5.5、高约0.28米。墓室位于封堆中下部，口部有填石，墓道及洞室组合平面呈T形。圆角长方形的竖穴墓道，口大底小，长3.04、宽1.26、深 1.45米，墓道大致呈东西向，墓道填土为黄土，墓道深1.1米处见头骨、肱骨、脊椎骨、盆骨、锁骨、肩胛骨、骶骨、下颌骨、胸骨等散乱的人骨。洞室凿于墓道西壁0.42米深处，呈南北向，圆角长方形，内壁与顶部弧状，洞室长2.7、宽1.7、高1.43米，比墓道深于0.4米。墓主人葬于洞室底部，因早期严重盗扰，洞室中部仅存散乱的手指骨及羊肩胛骨。墓道及洞室填土出的人骨可判断为单人葬，中年男性。墓底出土遗物不多，洞室填土及洞室西壁出桦树皮箭箙残片，残铁马镫1件。南段随葬木碗1件（锈蚀严重，不可复原），并放置羊肩胛骨，青铜饰3件，铁器残片等（图八、图九）。

M22　邻近M21东南侧，M23西南侧。地表封堆为圆形石堆，由土石混合堆积而成，中部卵石稀少，直径约5.5、高约0.28米。墓室位于封堆中下部，墓道及洞室组合平面呈T形，墓道及洞室顶部都被盗坑破坏。圆角长方形的竖穴墓道，长2.3、宽1.1、深1.72米，墓道大致呈东西向，墓道填土为黄土为主，也见零星的人骨。墓道底部陪葬头朝西，腿朝东，右侧身屈肢的一匹马，头部缺损。洞室凿于墓道西壁，呈南北向，墓向为195°，椭圆形，内壁与顶部弧状，洞室长2.85、宽1.73、残高1.6米，比墓道深0.6米，南壁有直径0.35、深0.73米的壁龛，推测为当时放随葬品所用。墓道及洞室填土出的人骨可判断为单人葬，中年男性。洞室及墓道填土出铜饰件16件，桦树皮箭箙残片、箭杆残端、铁器残片等（图一〇、图一一）。

M23　邻近M22东北侧，M24西南侧。地表封堆大致呈长方形石堆，由土石混合堆积而成，中部卵石稀少，直径约5、高约0.15米。墓室位于封堆中下部，墓道及洞室组合平面呈T形。圆角长方形的竖穴墓道，口大底小，长2.2、宽0.93、深 1.78米，墓道大致呈东西向，填土黄土为主。洞室凿于墓道西壁1.32米深处，室门由一大块石板封堵，呈南北向，墓向为108°，圆角长方形，内壁与顶部略弧状，洞室长1.8、宽0.9、高0.53米，深于墓道0.08米。墓主人葬于洞室底部，单人葬，头朝南，脚朝北，仰身直肢葬。个体右肩外侧随葬椭圆形的木盘1件，其上放置1件羊肩胛骨，靠近木盘东侧另放1件圆形木碗，锈蚀严重，无法提取。另外个体盆骨左侧见残铁刀及铁刀柄各1件（图一二）。

M26　邻近M27西南侧。地表封堆大致呈长方形石堆，由土石混合堆积而成，直径约8.5、高约0.35米，中部有深约0.7米盗坑。墓室位于封堆中下部，墓道及洞室组合平

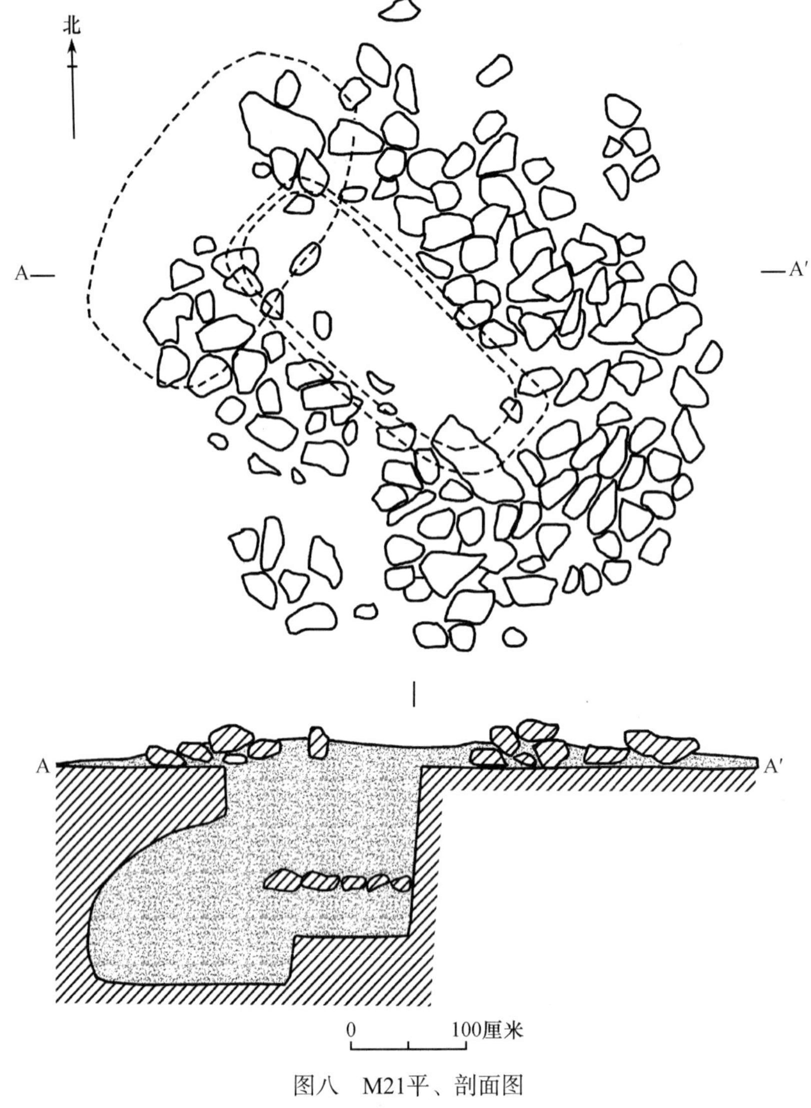

图八　M21平、剖面图

面呈T形，墓道及洞室顶部都被盗坑破坏。圆角长方形的竖穴墓道，长2.4、宽0.6、深1.88米，略微斜坡状，墓道呈西北至东南向，填土黄土为主，另见零散的人骨及马骨，墓道头端见一堆散乱的马骨。洞室凿于墓道西壁，呈东北指西南向，墓向为230°，大致呈圆形，内壁与顶部略弧状，洞室长2.9、宽1.6米，深于墓道0.2米。因墓室早期已被盗扰，头骨、锁骨、股骨、肋骨、盆骨、肱骨、肩胛骨、桡骨、尺骨等散乱人骨堆在墓室西北部，都不在解剖位置，单人葬，50岁左右女性。跟人骨在一起随葬有铜饰件3件，残铜镜1件，铜镊子1件，铜管饰1件，建中通宝1枚，铁马镫1件，木盒1件，木盘残片，铁刀2件，铁环1件，铁箭镞残片，织物和食物（粮食）残片等（图一三）。

M28　邻近M27东北侧，M29西南侧。地表封堆大致呈长方形石堆，由土石混合堆积而成，直径约8、高约0.3米，中部有深约0.8米的盗坑。墓室位于封堆中下部，墓

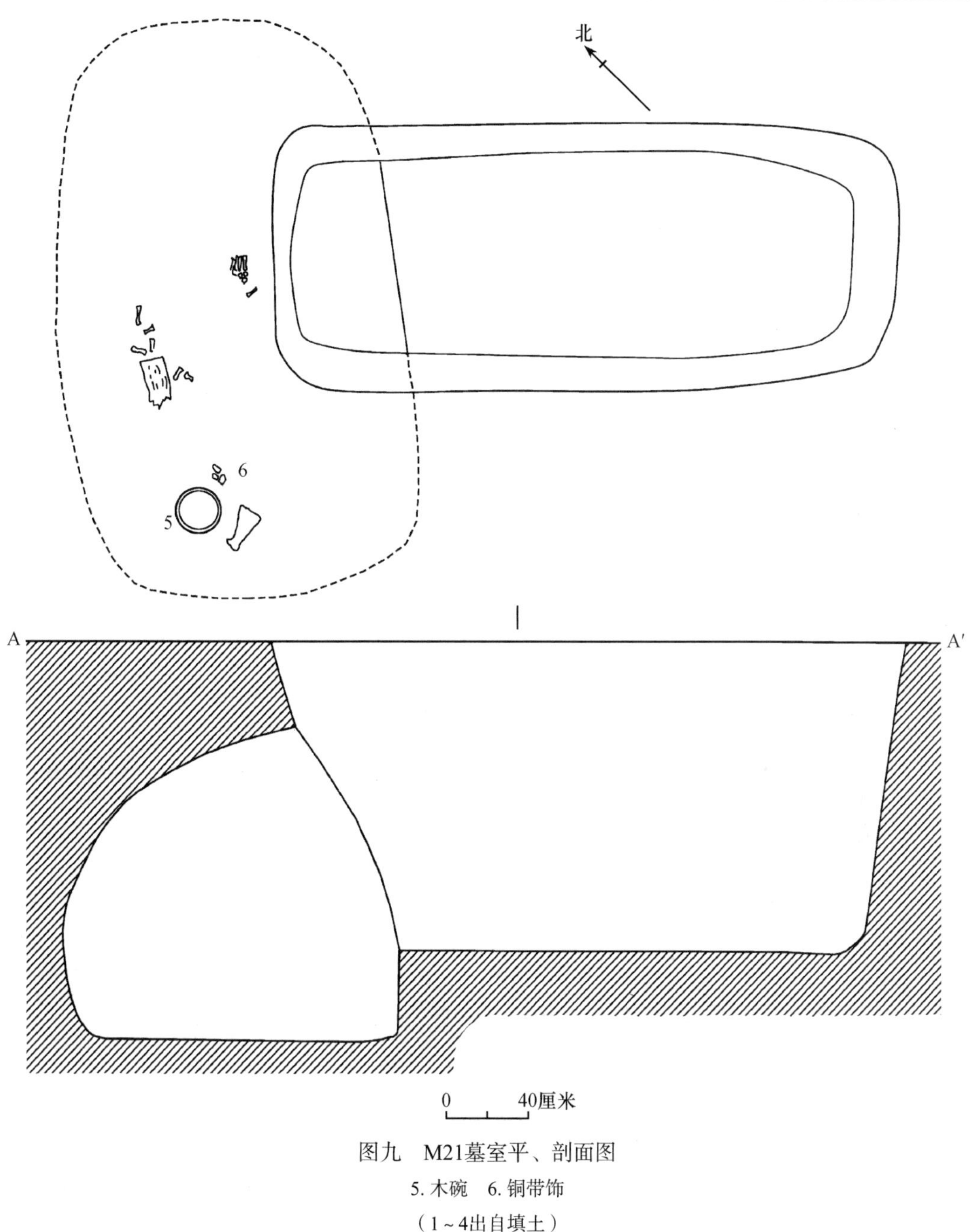

图九 M21墓室平、剖面图
5. 木碗 6. 铜带饰
（1～4出自填土）

道及洞室组合平面呈T形，墓道及洞室顶部都被盗坑破坏。圆角长方形的竖穴墓道，长1.92、宽0.93、深 1.7米，墓道东西向，填土黄土为主，另见零散的人骨及马骨，墓道头端见一堆散乱的马骨。洞室凿于墓道西壁，呈南北向，墓向为185°，圆角长方形，内壁与顶部略弧状，长2.3、宽1.6米。因墓室早期已被盗扰，头骨、锁骨、股骨、胫骨、腓骨、肋骨、盆骨、肱骨、肩胛骨等散乱人骨堆在墓室西侧及北侧，都不在解剖位置，单

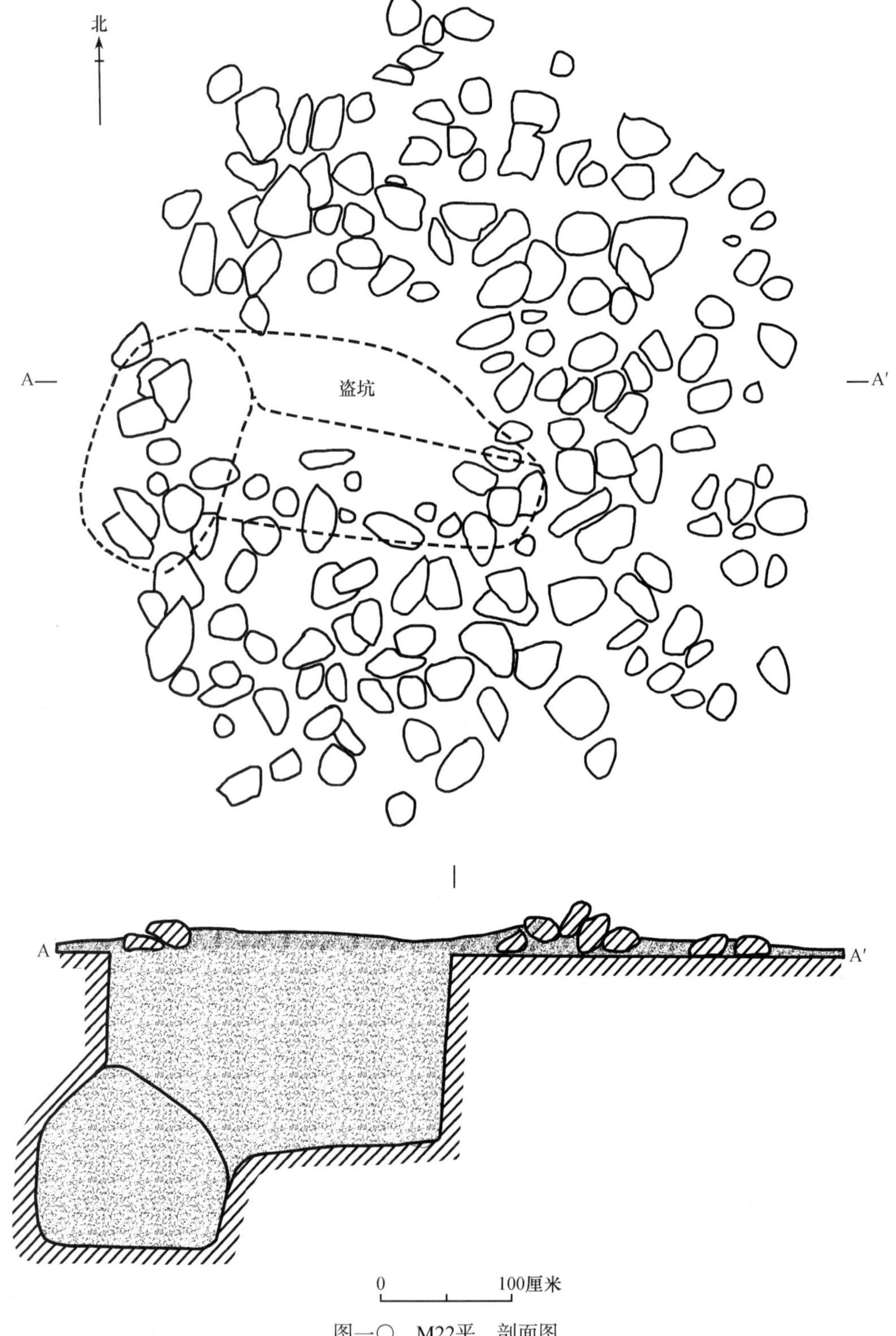

图一〇　M22平、剖面图

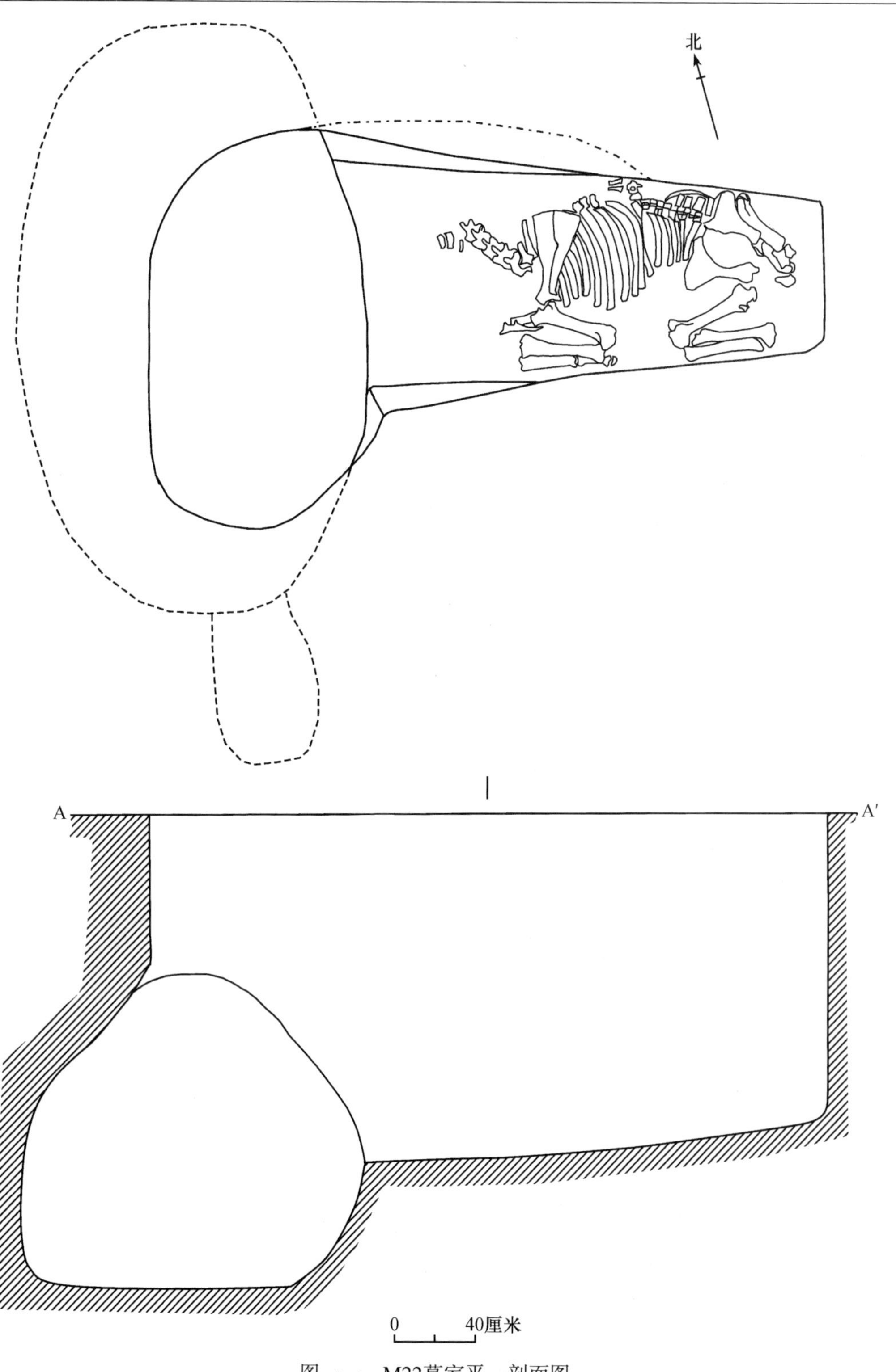

图一一　M22墓室平、剖面图

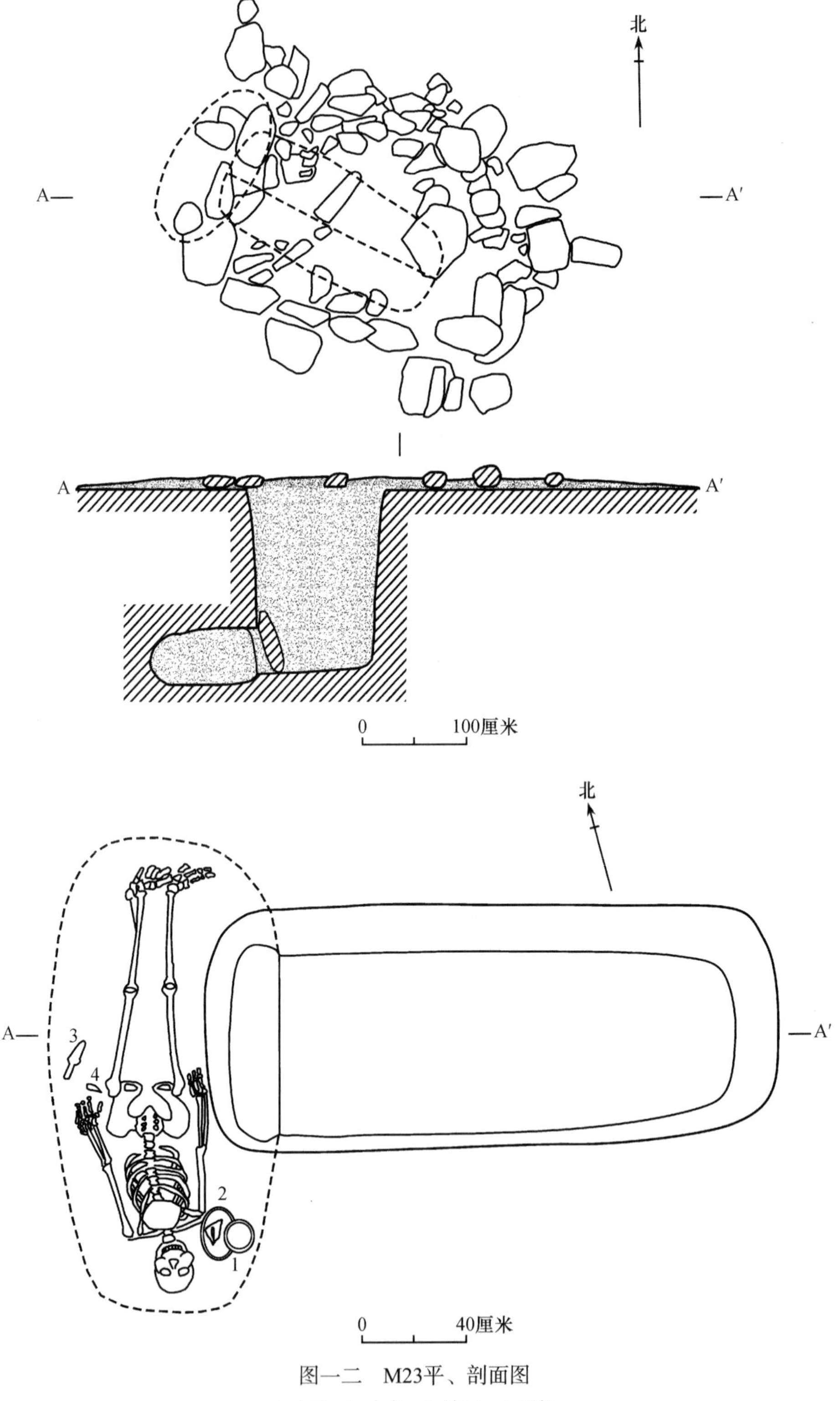

图一二　M23平、剖面图

1. 木碗　2. 木盘　3. 铁刀　4. 刀柄

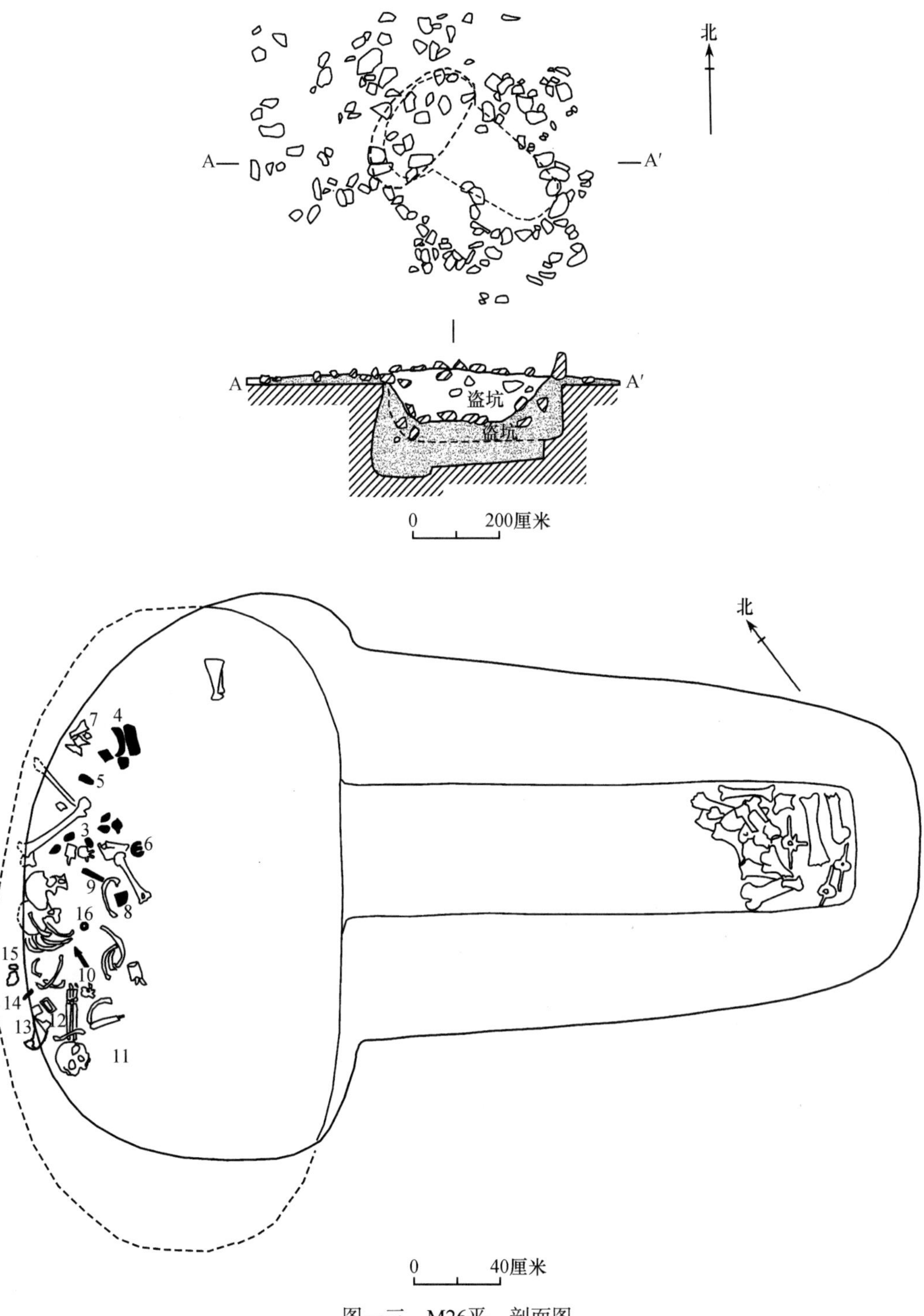

图一三　M26平、剖面图

3. 铜带饰　4. 铁马镫　5. 铁管形器　6. 铁带扣　7. 织物残片　8. 铜镜　9. 铁镊子　10. 铁箭镞　11. 木柄铁刀　12. 木盒　13. 木盘　14. 木柄铁器残片　15. 食物（粮食）　16. 钱币

（1、2出自填土）

人葬，年龄性别不详。跟人骨在一起随葬有铜带饰1件、铁刀1件、铁箭镞3件、铁环1件、玻璃珠1件等（图一四）。

M34　邻近M31北侧，M35南侧。地表封堆大致呈长方形石堆，由土石混合堆积而成，直径约8、高约0.42米，中部有深约0.85米盗坑。墓室位于封堆中下部，墓道及洞室组合平面呈T形，墓道及洞室顶部都被盗坑破坏。圆角长方形的竖穴墓道，长2.28、宽0.78、深 1.65米，墓道东西向，略斜坡状，填土黄土为主，另见零散的马骨，墓道头端陪葬一匹马，仅存后半身，其余均被扰乱。洞室凿于墓道西壁，呈南北向，墓向为180°，大致呈椭圆形，内壁略弧状，洞室长2.72、宽1.5米，深于墓道0.4米。因墓室早期已被盗扰，下颌骨、锁骨、股骨、胫骨、腓骨、肋骨、盆骨、肱骨、尺骨、肩胛骨等散乱的人骨堆在墓室北侧，都不在解剖位置，单人葬，成年男性。跟人骨在一起随葬有铜饰件1件、铜钉3件、铁刀1件、铁箭镞2件等（图一五）。

M35　邻近M34北侧。地表封堆大致呈长方形石堆，由土石混合堆积而成，直径约7、高约0.62米，中部有深约0.5米盗坑。墓室位于封堆中下部，墓道及洞室组合平面呈T形，墓道及洞室顶部都被盗坑破坏。圆角长方形的竖穴墓道，口大底小，长2.4、宽0.93、深1.75米，墓道东南至西北方向，略斜坡状，填土黄土为主。洞室凿于墓道西壁，呈东北至西南向，墓向为216°，大致呈椭圆形，内壁略弧状，洞室长2.26、宽1.6米，深于墓道0.14米。因墓室早期已被盗扰，头骨、脊椎骨、锁骨、肋骨、盆骨、肱骨、尺骨、肩胛骨等散乱的人骨堆在墓西南角，都不在解剖位置，单人葬，中年男性。跟人骨在一起随葬有铜饰件3件、铁箭镞3件、箭箙残片等（图一六）。

3. 竖穴偏室墓

共有2座，主要分布第三片区，编号为M24与M25，均为石堆墓。选取典型墓葬介绍如下：

M24　邻近M23北侧，M25南侧。地表封堆大致呈方形石堆，由土石混合堆积而成，直径约6、高约0.3米。墓室位于封堆中下部，圆角长方形，竖穴土坑偏室，墓口长2.2、宽0.62、深0.95米，呈东西向，墓向为275°，填土由黄土为主。墓室北侧0.8米深处有宽0.3、高0.15米的生土二层台。偏室凿于墓室南壁从地表0.32米深，长2.32、进深0.38、高0.63米，平面呈圆角长方形，弧形顶，口部用大石板斜状封堵，墓底单人葬，仰身直肢葬，头朝西，脚朝东，疑似青年男性。无随葬遗物（图一七）。

M25　邻近M24北侧。地表封堆大致呈方形石堆，由土石混合堆积而成，直径约4.5、高约0.35米。墓室位于封堆中下部，圆角长方形，竖穴土坑偏室，墓口长2.35、宽0.88、深1.34米，大致呈东西向，墓向为300°，填土为黄土及片状山石。墓室南侧1米深处有宽0.38、高0.35米的生土二层台。偏室凿于墓室南壁从地表0.8米深，长2.15、进深0.32、高0.55米，平面呈圆角长方形，弧形顶，口部用大量片状山石封堵，墓底单人葬，仰身直肢葬，头朝西，脚朝东，右臂放在盆骨上，为35岁左右女性。墓主头部两侧

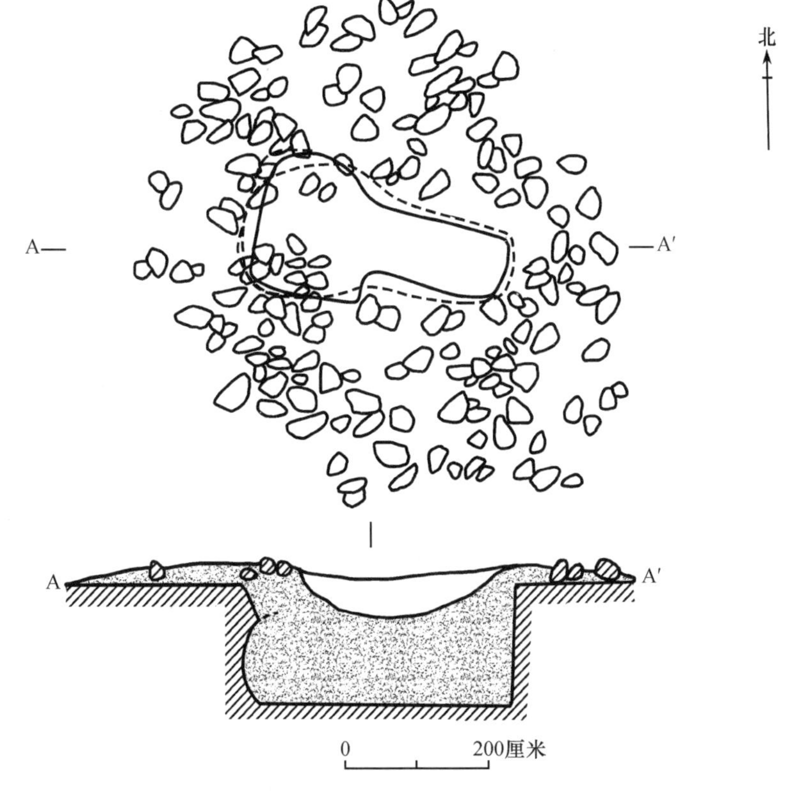

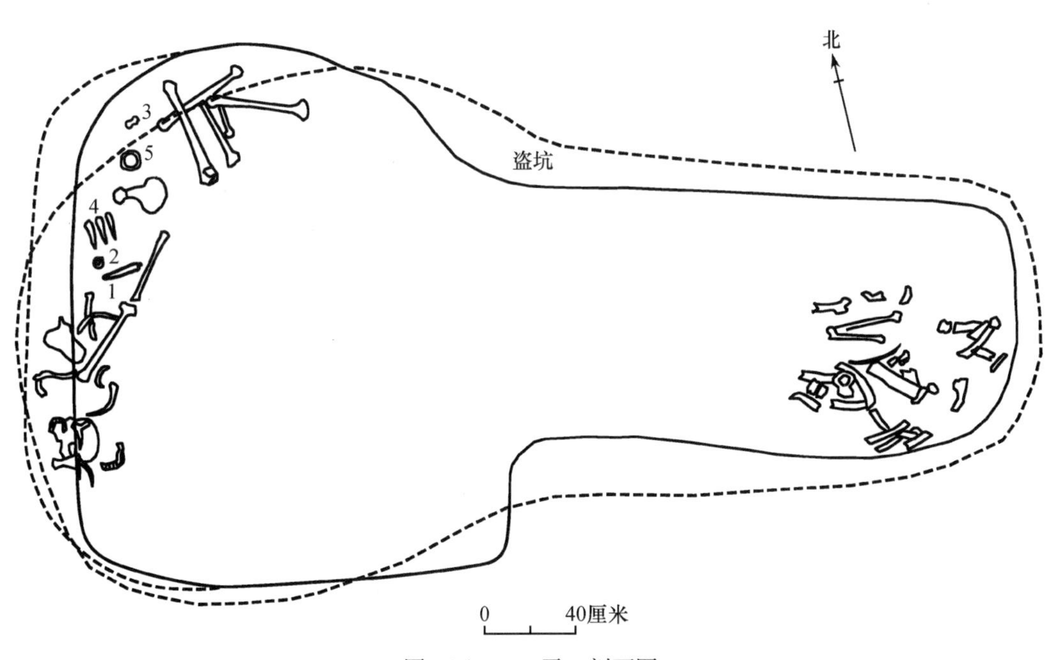

图一四 M28平、剖面图

1. 铁刀 2. 铜带饰 3. 玻璃珠 4. 铁箭镞 5. 铁环

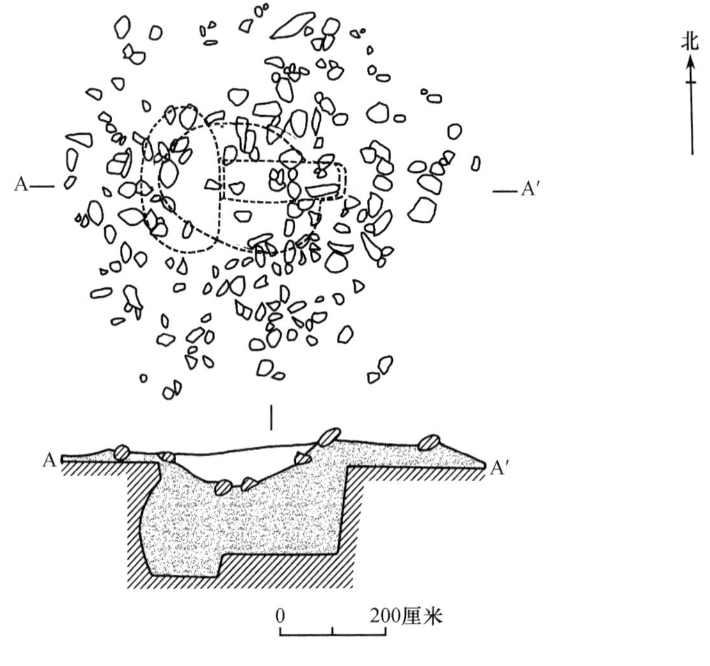

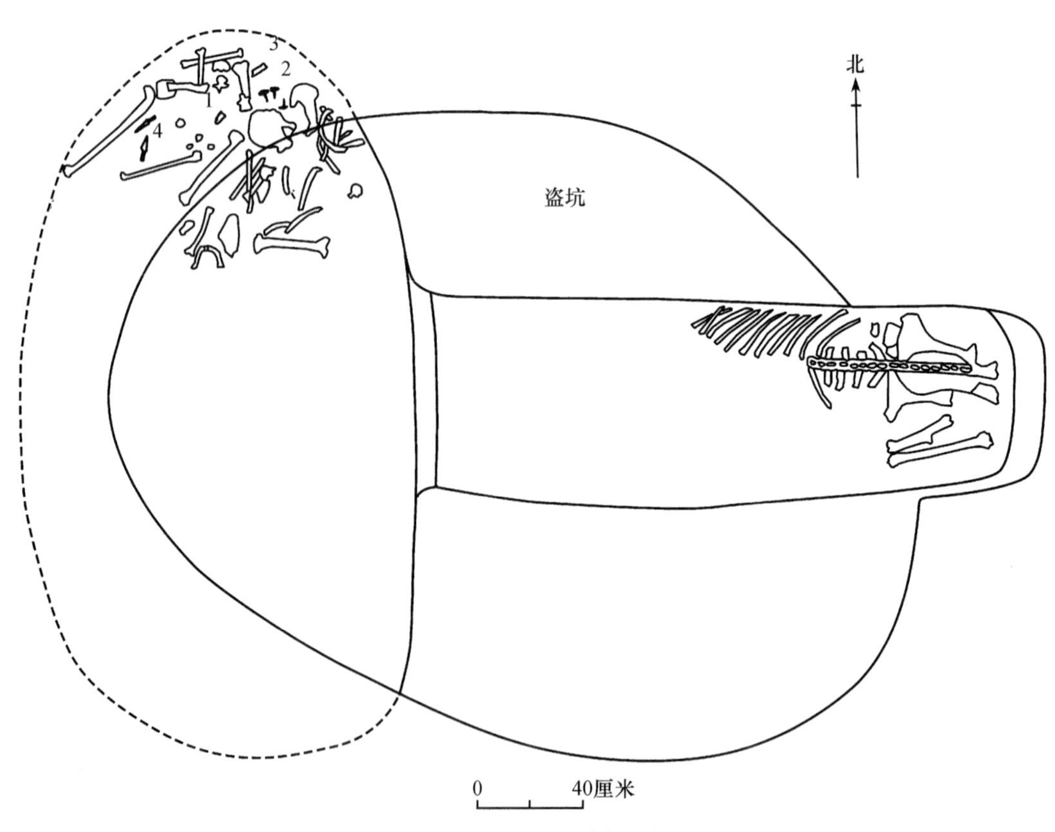

图一五　M34平、剖面图

1. 铜带饰　2. 铜钉　3. 残铁刀　4. 铁箭镞

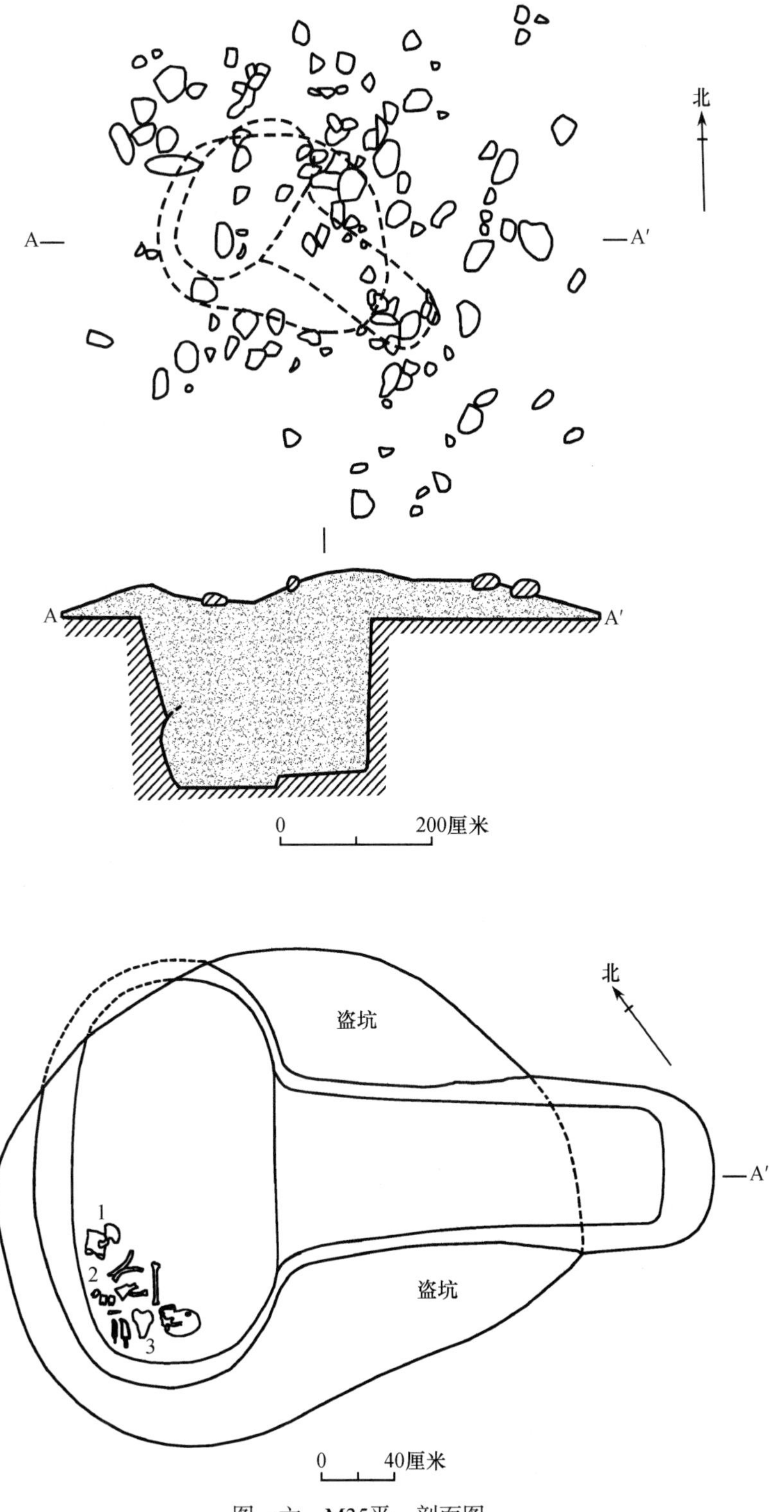

图一六　M35平、剖面图

1. 箭箙残片　2. 铜带饰　3. 铁箭镞

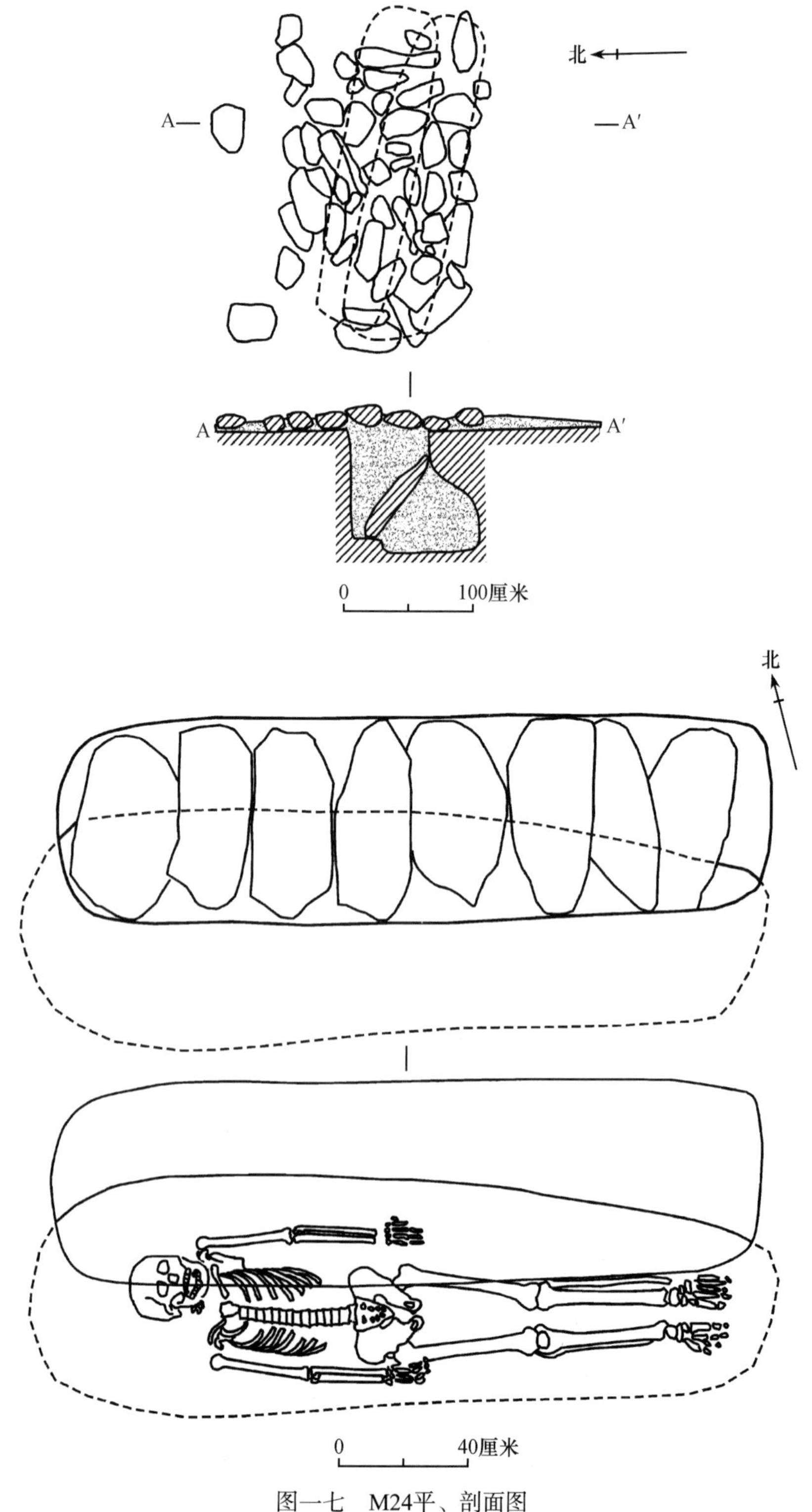

图一七　M24平、剖面图

枕有纺织物（丝绸），里面各有1件银耳环，右侧织物里面另有1件穿孔的片状琥珀，颈部有由若干玻璃珠、珊瑚、琥珀、绿松石等串联成的1串项链，左肩部上方随葬木碗1件，盛有1根牛腿骨及1件铁刀，碗外侧有铜补丁，腐蚀严重无法提取，脚部也放置1件铁带具（图一八）。

4. 石棺墓

仅有1座，位于第二片区，编号为M17。

M17位于M18东南约25米。地表封堆为圆形石堆，由土石混合堆积而成，中南部卵

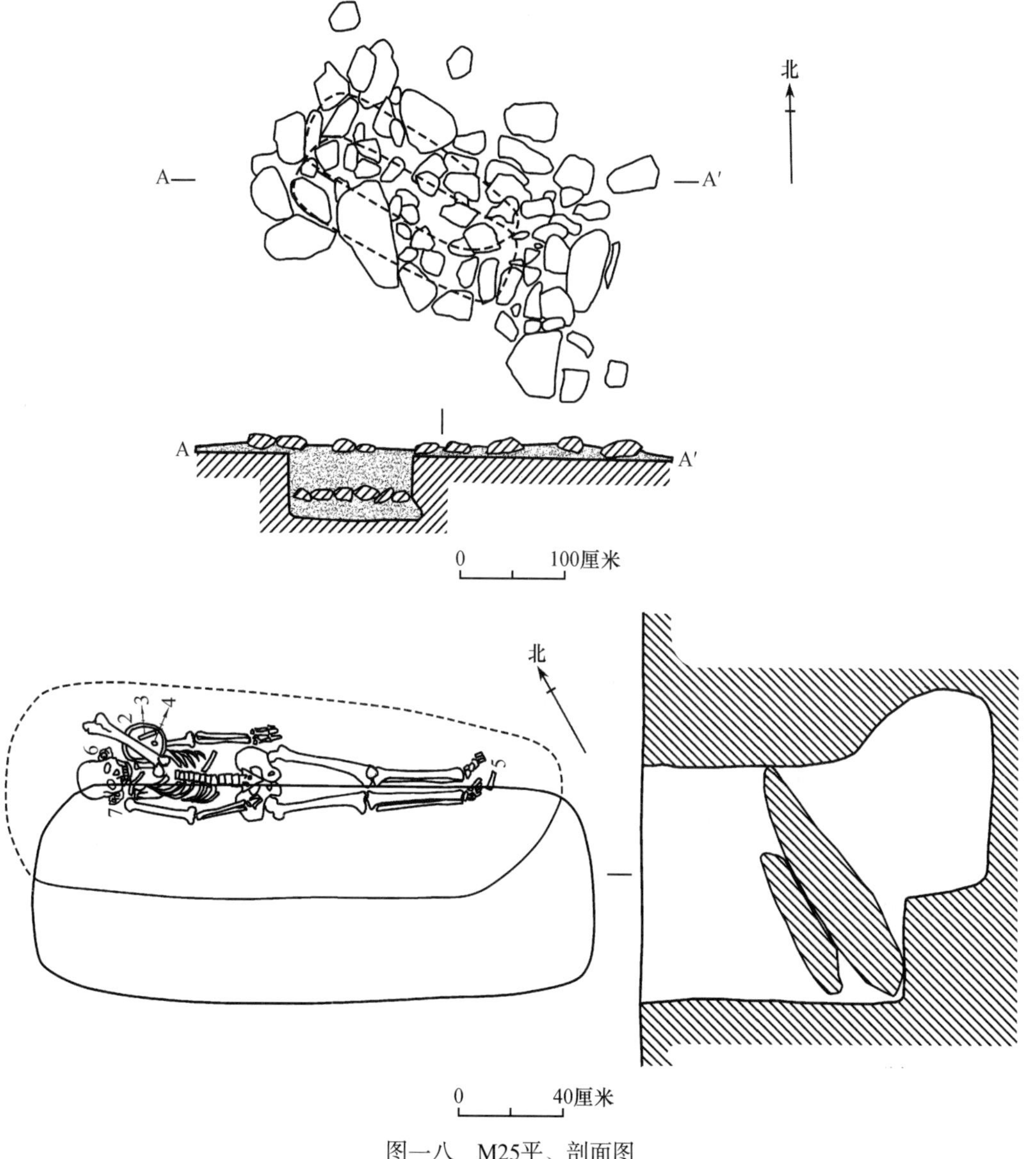

图一八　M25平、剖面图

1. 项链　2. 木碗　3. 铁刀　4. 木碗补丁　5. 铁带具　6. 银耳环　7. 琥珀

石稀少，直径约12.5米、高约0.5米。墓室位于封堆中下部，墓室为长方形石棺，先挖较浅土坑后，头尾端各用一片、两侧各用三片石板竖状围砌而成，石棺三分之一凸出原地表，墓坑长2.4、宽0.94、深0.22米，呈东西向，墓向为302°，填土由黄土为主。石棺内长2.14、宽0.6、高0.25米。墓底单人葬，仰身直肢，头西、脚东，膝盖以下保存完好，因早期已被盗扰，其余部分均不在生理位置，另有头骨、股骨、锁骨、肋骨、脊椎骨、尺骨散乱在墓室中部及西部。骨架腐蚀情况严重，无法辨认年龄、性别。

墓室中部见残陶钵1件，西南和西侧放置单刃罐和残陶钵各1件，无法复原（图一九）。

三、随　葬　品

本次发掘出土遗物依材质分陶器、铁器、铜器、银器、木器、玻璃器、琥珀、贝壳、珊瑚、石器等类。其中生活用具有陶器、铜镜、铁刀、镊子、钱币、木器、耳环及各类珠饰组成的项链等。兵器有箭镞、箭箙。马具有马镫、带具，另有皮具上镶饰的铜饰件。

1. 陶器

共4件。

单耳罐　3件。

M4：C1，泥质红陶，轮制，素面，残。高领敞口，圆唇，颈肩耳，球腹，小平底。口径8.5、底径5.2、高14.5厘米（图二〇，3）。

M1B：1，夹砂红陶，手制，素面，残。微敞口，圆唇，短束颈，沿腹耳，鼓腹，圜底，器身外侧有烟炱。口径10.2、高9.3厘米（图二〇，2）。

M17：2，夹砂红陶，手制，素面，残。微敞口，圆唇，短束颈，肩腹耳，鼓腹，平底，腹部外侧有烟炱。口径6.3、底径4.5、高9.2厘米（图二〇，1）。

罐　1件。M10：1，夹砂灰陶，手制，素面，口残。直口，圆唇，短颈，折腹，平底，器身外侧有烟炱。口径6.7、底径5.4、高7.2厘米（图二〇，4）。

2. 铜器

共38件（套）。其中铜镜2件、铜钱1枚、铜带饰31件、铜带扣1件、铜钉1件、铜管饰1件、铜饰件1件。其中铜带饰数量较多。

铜镜　2件。

M3：1，圆形，带柄，柄上有空，镜面和柄上有横向的两个纽，残。镜面直径13.9、柄长4.2、柄宽3.9、厚0.4厘米（图二一，1）。

M26：8，残，仅存四分之一，镜为葵花形。纽无存，中部有人为钻孔，一周凸弦

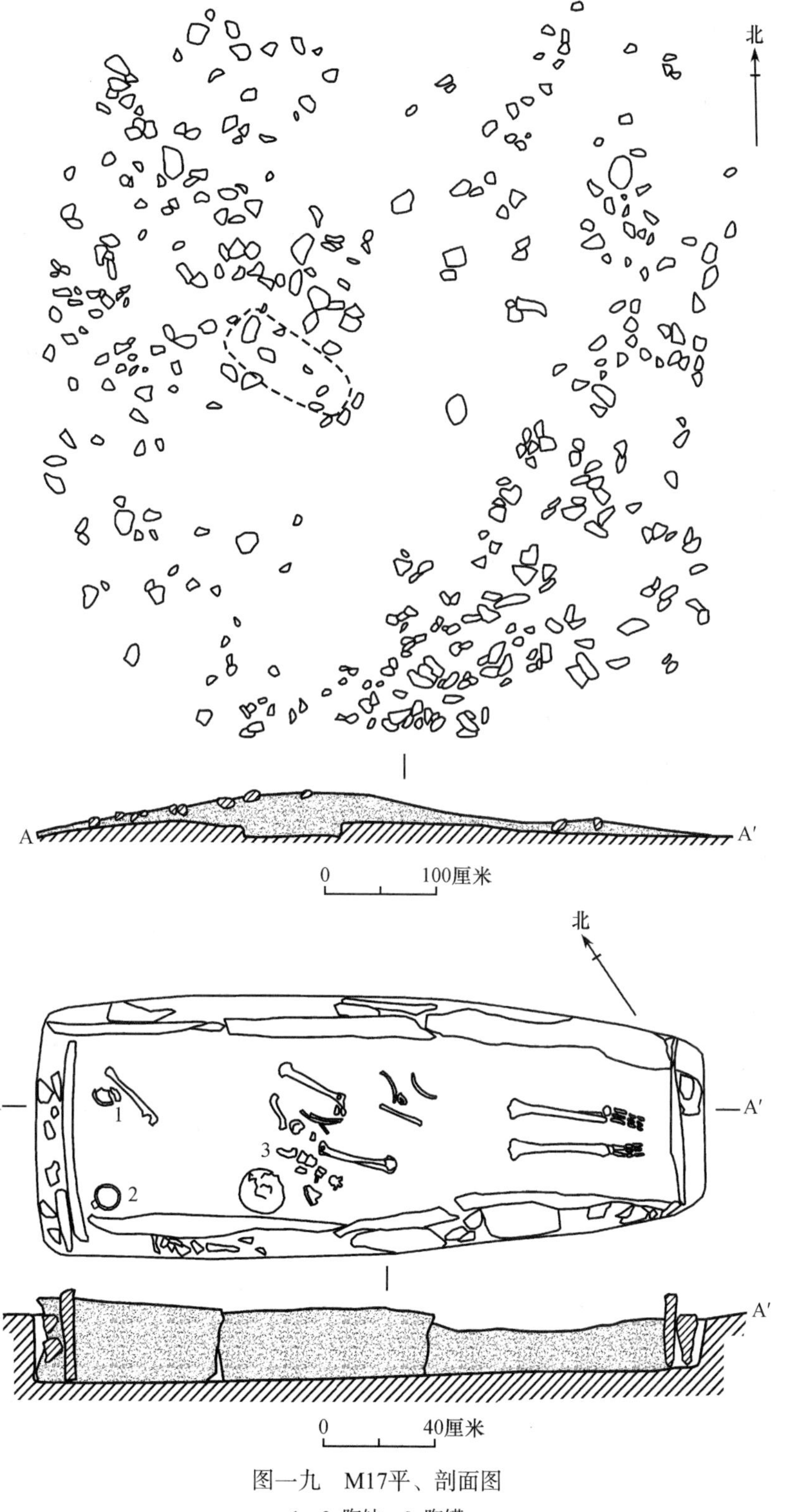

图一九 M17平、剖面图
1、3. 陶钵 2. 陶罐

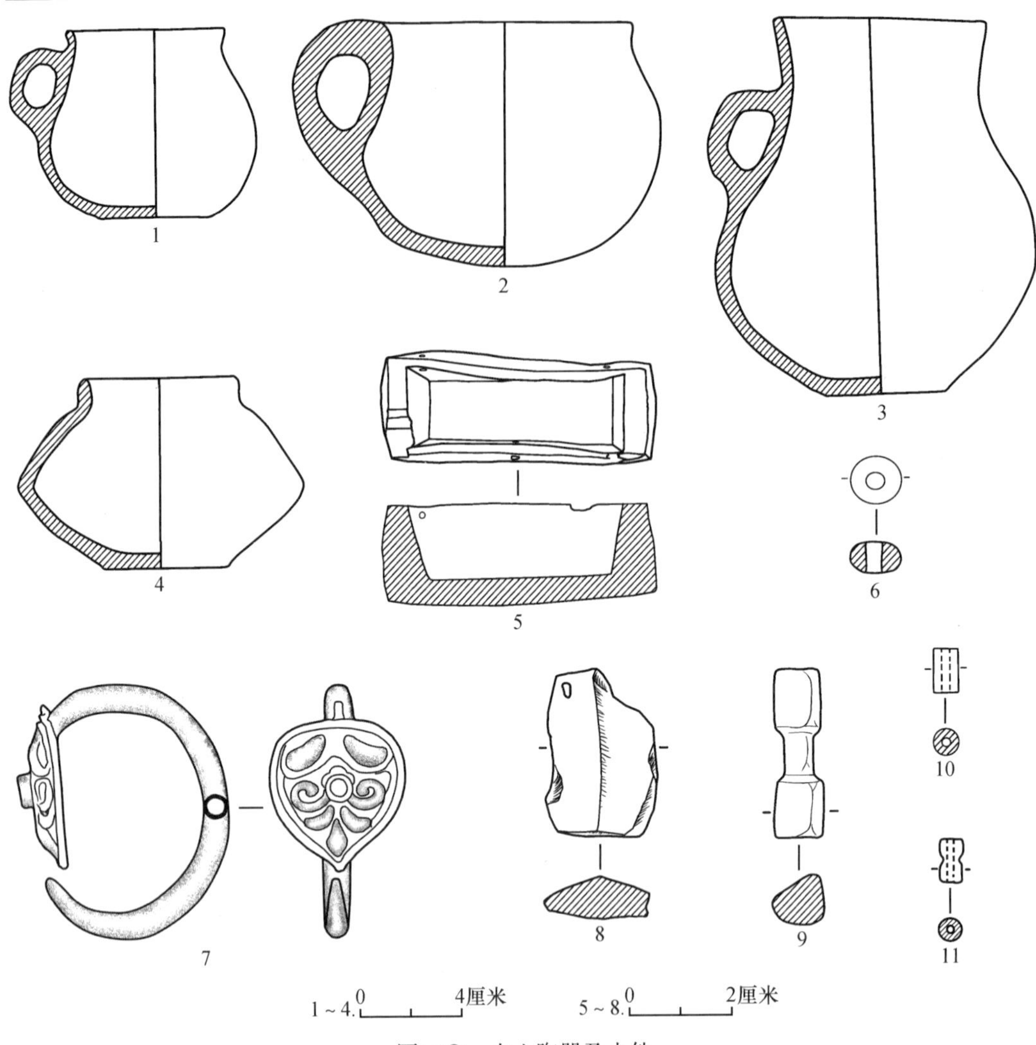

图二〇　出土陶器及小件

1～3. 单耳罐（M17：2、M1B：1、M4C：1）　4. 罐（M10：1）　5. 木盒（M26：12）　6、11. 玻璃珠（M11：4、M28：3）　7. 银耳杯（M25：6）　8. 琥珀饰（M25：7）　9. 骨扣（M11：3）　10. 滑石珠（M11：5）

纹把镜背分成两区，内区纹饰为仙人骑兽，外区饰如意祥云，镜缘有凸棱。镜面直径11.8、内区厚0.2、外区厚0.3厘米（图二一，2）。

铜饰件　1件。M11：2，整体呈条状，由一根铜条捶打呈扁平状后弯曲对折。正面经过敲打形成横向搓板装纹饰。通长3.7、宽0.6、厚0.3厘米（图二一，3）。

钱币　1件。M26：16，建中通宝，完整，锈蚀。圆形方孔，币文清晰，一周有凸棱。直径2.3、穿径0.7、缘宽0.2、厚0.1厘米（图二一，4）。

铜带扣　1件。M22：4-1，由扣柄、扣环、扣舌、扣轴相连而成，扣舌残。扣柄长方形，尾端略弧，背面有两颗圆柱状铆钉。扣环呈桃形，与扣柄相连处有铁质口舌。通

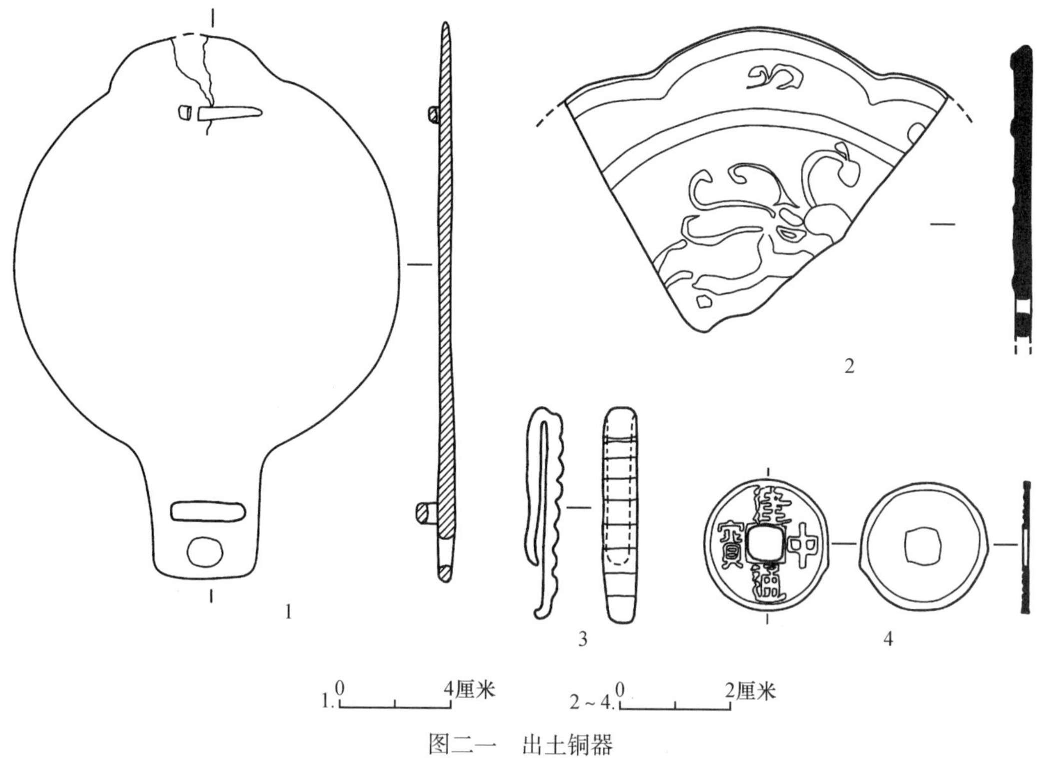

图二一　出土铜器

1. 带柄铜镜（M3：1）　2. 铜镜（M26：8）　3. 铜饰件（M11：2）　4. 建中通宝（M26：16）

长4.9、扣柄宽1.4、扣环宽2.5、厚约0.2厘米（图二二，1）。

铜带饰　3件（套）。

标本M22：1-1及标本M22：4-3，6件。平面呈圭字形，头端呈尖状，尾端呈燕尾状，正面饰三只乳突纹，周边围绕花瓣纹，背面有两颗圆柱状铆钉。通长2.9、宽1.3、高0.3、厚约0.2厘米（图二二，2）。

标本M22：4-13，1件。平面呈圭字形，头端呈尖状，尾端呈正方形，正面饰三颗十字形花瓣纹，周边围绕连珠状纹，背面有两颗圆柱状铆钉。通长5、宽1.3、高0.3、厚约0.2厘米（图二二，3）。

标本M30：3，1件。平面呈圭字形，头端呈尖状，尾端呈正方形，素面，正面尾端横切面为正方形，头端横切面为三角形，背面内凹，有两颗圆柱状铆钉。通长3.8、宽1、高0.4、厚约0.2厘米（图二二，4）。

标本M26：2及标本M26：17，共9件。平面呈眼字形，正面一条弦纹分割成内外两区，内区隆起，背面内凹，有三颗圆柱状铆钉。通长3.9、宽1.6、高0.5、厚约0.2厘米（图二二，5）。

标本M22：4-2，1件。平面呈圭字形，头端呈尖状，尾端呈正方形，正面饰三道竖线凸棱，背面内凹，有两颗圆柱状铆钉。通长4、宽1.3、高0.3、厚约0.2厘米（图

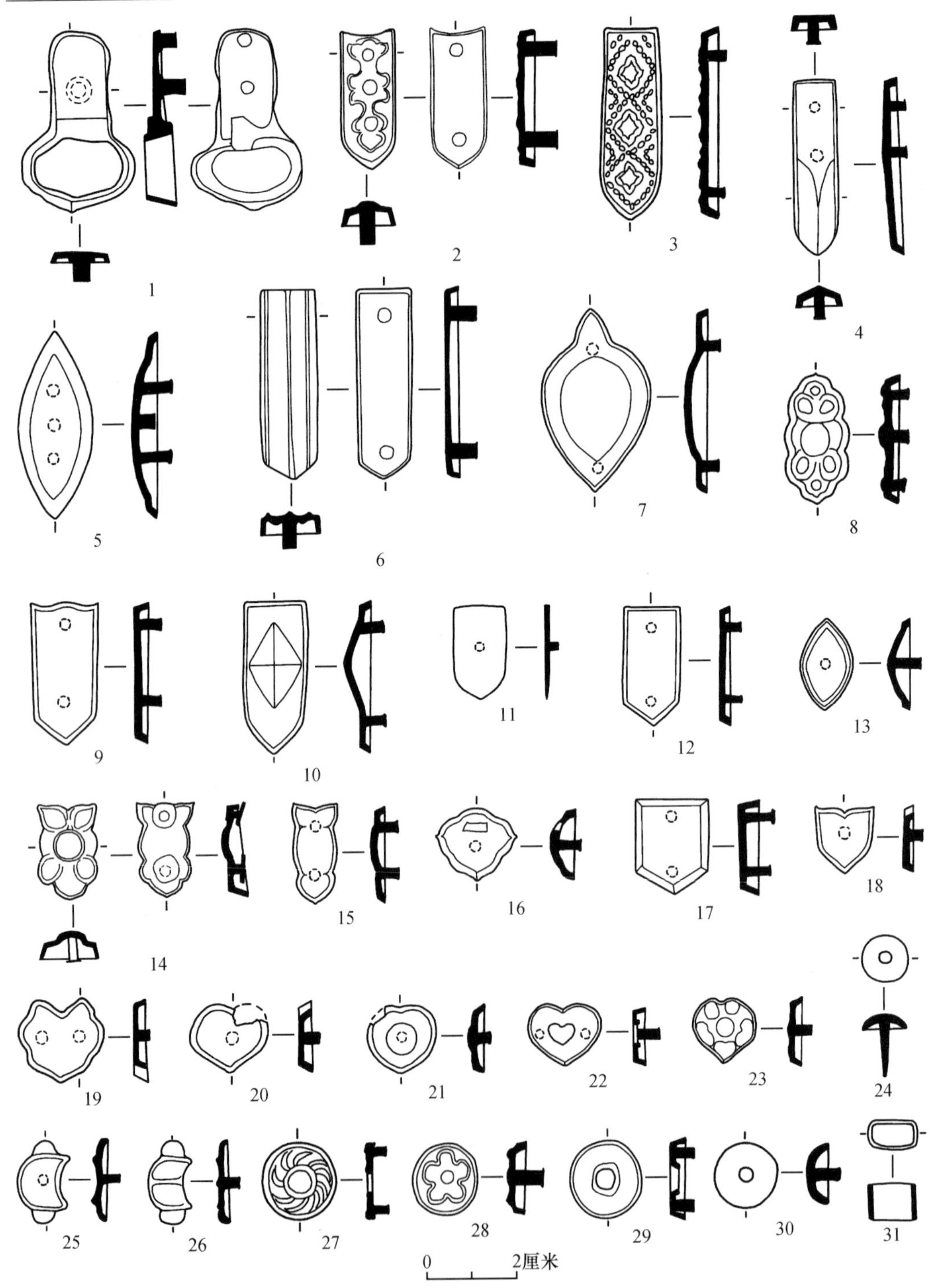

图二二　出土铜器

1. 铜带扣（M22：4-1）　2～23、25～30. 铜带饰（M22：1-1及M22：4-3 、M22：4-13、M30：3、M26：2及M26：17、M22：4-2、M26：3、M22：4-11、M26：21、M26：1及M26：19、M26：23、M34：1、M26：22、M22：4-4及M22：4-5、M26：20、M28：2、M33：2、M21：6、M35：2-1、M35：2-3、M35：2-2、M22：4-8、M22：4-7 、M26：18、M29：2、M22：4-14、M22：4-6及M22：1-2、M22：4-9、M22：4-12）　24. 铜钉（M34：2）　31. 铜管饰（M22：4-10）

二二，6）。

标本M26：3，共8件。平面呈眼字形，“眼阜”部位三角形往外突出，正面一条弦纹分割成内外两区，内区隆起，外区平缘，背面内凹，有两颗圆柱状铆钉。通长3.8、宽1.6、高0.5、厚约0.2厘米（图二二，7）。

标本M22：4-11，共8件。平面呈椭圆形形，正面中间有乳钉鼓起，周边围绕花瓣纹，边缘波浪状，背面内凹，有三颗圆柱状铆钉。通长2.7、宽1.5、高0.4、厚约0.2厘米（图二二，8）。

标本M26：21，1件。平面呈圭字形，头端呈尖状，尾端微呈燕尾状，素面，背面有两颗圆柱状铆钉。通长3、宽1.5、高0.3、厚约0.2厘米（图二二，9）。

标本M26：1及标本M26：19，共4件。平面呈圭字形，头端呈尖状，尾端呈正方形，正面有菱形突出，背面内凹，有两颗圆柱状铆钉。通长3.2、宽1.4、高0.6、厚约0.2厘米（图二二，10）。

标本M26：23，1件。平面呈圭字形，头端呈尖状，尾端呈正方形，素面，背面有一颗圆柱状铆钉。通长2、宽1.2、厚约0.1厘米（图二二，11）。

标本M34：1，1件。平面呈圭字形，头端呈尖状，尾端呈正方形，素面，背面有两颗圆柱状铆钉。通长2.5、宽1.3、高0.3、厚约0.1厘米（图二二，12）。

标本M26：22，1件。平面呈眼字形，正面一条弦纹分割成内外两区，内区隆起，背面内凹，有一颗圆柱状铆钉。通长2、宽1.2、高0.5、厚约0.2厘米（图二二，13）。

标本M22：4-4及标本M22：4-5，共5件。平面大致呈正方形，头端呈尖状，尾端呈燕尾状，正面中间有乳钉鼓起，周边围绕花瓣纹，边缘波浪状，背面内凹，有两颗圆柱状铆钉。通长2、宽1.3、高0.6、厚约0.2厘米（图二二，14）。

标本M26：20，共2件。平面大致呈正方形，头端呈尖状，尾端呈燕尾状，正面中间有乳钉鼓起，背面内凹，有两颗圆柱状铆钉。通长2.1、宽1、高0.4、厚约0.2厘米（图二二，15）。

标本M28：2，共4件。平面大致呈扇形，头端圆弧，正面中部鼓起，背面内凹，有一颗圆柱状铆钉。通长1.8、宽1.5、高0.5、厚约0.2厘米（图二二，16）。

标本M33：2，共5件。平面呈圭字形，头端呈尖状，尾端呈正方形，正面有纹饰，因锈蚀严重无法辨认样式，背面有两颗圆柱状铆钉。通长2、宽1.6、高0.5、厚约0.2厘米（图二二，17）。

标本M21：6，共2件。平面呈圭字形，头端呈尖状，尾端呈燕尾状，素面，背面有一颗圆柱状铆钉。通长1.4、宽1.3、高0.3、厚约0.1厘米（图二二，18）。

标本M35：2，共3件。平面呈心形，有三式，一式是素面，边缘花瓣状纹，背面有两颗圆柱状铆钉。通长1.9、宽1.8、高0.3、厚约0.1厘米（图二二，19）；二式是素面，背面有一颗圆柱状铆钉。通长1.7、宽1.5、高0.3、厚约0.2厘米（图二二，20）；三式是正面中部有乳钉，背面有一颗圆柱状铆钉。通长1.5、宽1.5、高0.4、厚约0.2厘米（图二二，21）。

标本M22：4-8，1件。平面呈心形，素面，中部有心形穿孔，背面有两颗圆柱状铆钉。通长1.6、宽1.3、高0.3、厚约0.1厘米（图二二，22）。

标本M22：4-7，共4件，正面有鼓起的花瓣纹，背面有一颗圆柱状铆钉。通长1.4、宽1.3、高0.3、厚约0.1厘米（图二二，23）。

标本M26：18，共12件。平面呈椭圆形，短径一边向内弧状，中部内凹，边缘花瓣状，背面有一颗圆柱状铆钉。通长1.8、宽1.2、高0.3、厚0.1厘米（图二二，25）。

标本M29：2，1件。平面呈椭圆形，短径一边向内弧状，正面有横向三道凸棱，边缘花瓣状，背面有一颗圆柱状铆钉。通长1.8、宽1、高0.2、厚0.1厘米（图二二，26）。

标本M22：4-14，1件。平面呈圆形，中部有穿孔，正面内外径间饰弧形放射状纹，背面有两颗圆柱状铆钉。外径1.6、孔径0.5、厚0.1厘米（图二二，27）。

标本M22：4-6及标本M22：1-2，共7件。平面呈圆形，正面中部乳突纹周围饰花瓣纹状纹，背面有一颗圆柱状铆钉。外径1.6、高0.4、厚0.1厘米（图二二，28）。

标本M22：4-9，1件。平面呈圆形，中部有穿孔，素面，背面有两颗圆柱状铆钉。外径1.7、孔径0.5、高0.3、厚0.2厘米（图二二，29）。

标本M22：4-12，共2件。侧面呈伞字形，素面，帽部圆弧装，背面有一颗圆柱状铆钉。外径1.4、高0.5、厚0.2厘米（图二二，30）。

铜管饰　1件。M22：4-10，平面呈圆角长方形，管状，素面。最大径1.1、高0.8、厚0.1厘米（图二二，31）。

铜钉　3件。标本M34：2，侧面呈伞字形，帽部圆弧状，钉针较尖。通长1.3、宽1厘米（图二二，24）。

3. 铁器

共21件。均锈蚀严重。

箭镞　7件。大多数铤部均可见松木痕迹。

M34：4-1，三翼，横截面呈三角形，锋部残存，铤部残，圆柱状。通长4.2、铤长0.7厘米（图二三，1）。

M34：4-2，三翼，横截面呈三角形，锋部圆弧，铤部残，圆柱状。通长3.4、铤长0.4厘米（图二三，2）。

M35：3-1，翼部平面呈三角形，因锈蚀裂缝较多，铤部残，圆柱状。通长4.7、铤长1.6厘米（图二三，3）。

M35：3-2，翼部平面呈三角形，因锈蚀裂缝较多，铤部残，圆柱状。通长4.4、铤长1.6厘米（图二三，4）。

M28：4-1，三翼状，横截面呈三角形，锋及翼部残，铤部圆柱状，尾部略细。通长6.5、铤长4.1厘米（图二三，5）。

M28：4-2，锈蚀严重。三翼状，横截面呈三角形，锋及翼部残，铤部圆柱状，尾部略细。通长7.2、铤长3.9厘米（图二三，6）。

M28：4-3，锈蚀严重。三翼状，横截面呈三角形，锋及翼部残，铤部圆柱状，尾部略细。通长8.8、铤长5.4厘米（图二三，7）。

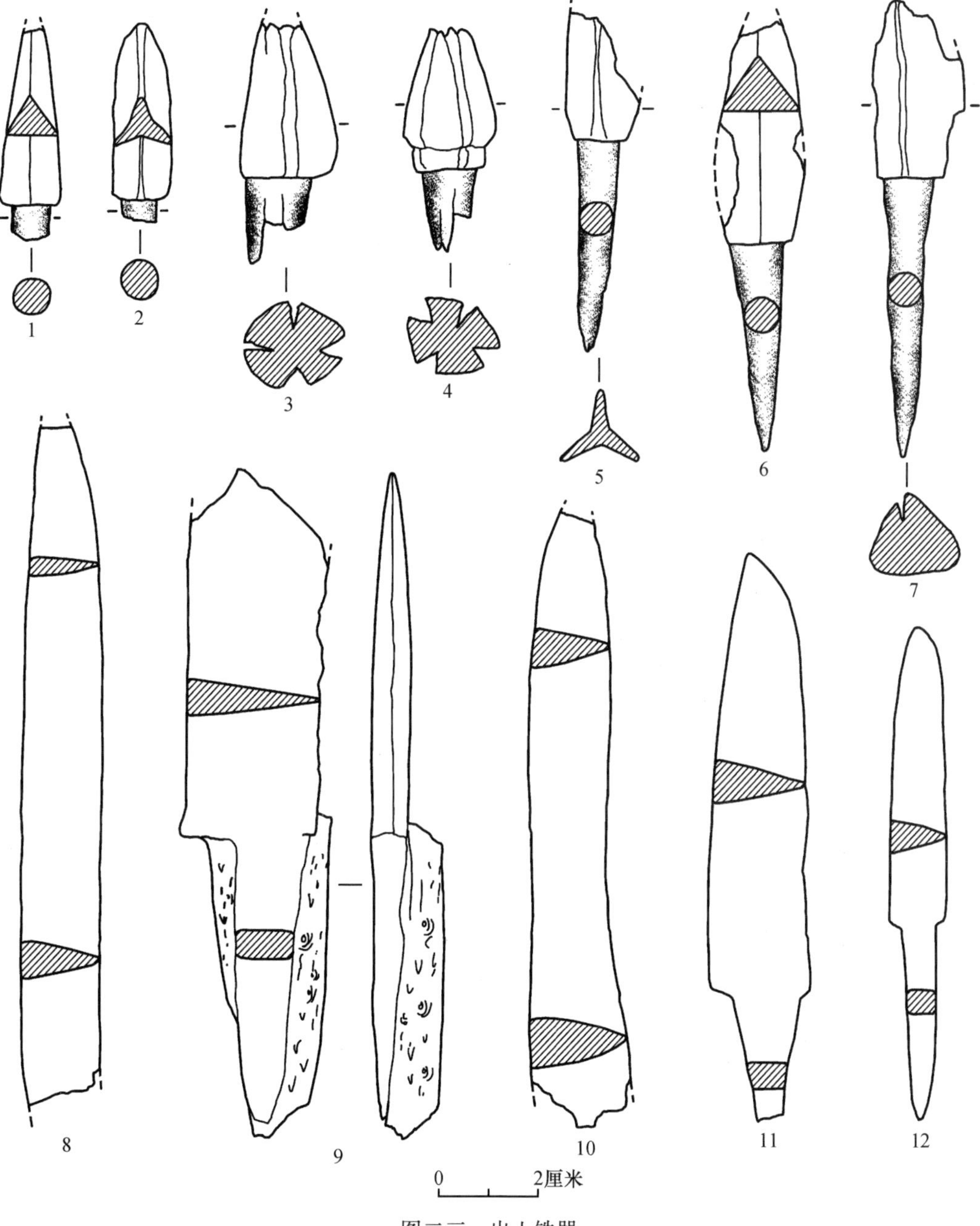

图二三　出土铁器

1～7. 箭镞（M34：4-1、M34：4-2、M35：3-1、M35：3-2、M28：4-1、M28：4-2、M28：4-3）

8～12. 刀（M23：3、M26：11、M25：3、M28：1、M26：16）

刀　5件。

M23：3，柄及尖部残，刃横截面呈三角形。弧背弧刃。通长13.1、刃最大宽1.5厘米（图二三，8）。

M26：11，尖部残，柄刃横截面分别呈长方形和三角形。直背弧刃，柄部已木包裹。通长12.8、刃最大宽2.8、柄长5.8厘米（图二三，9）。

M25：3，尖及柄部残，刃部横截面呈三角形，弧背弧刃。通长11.8、刃最大宽1.6厘米（图二三，10）。

M28：1，基本完整，柄刃横截面分别呈长方形和三角形，弧背弧刃。通长11、刃最大宽2、柄长2.5厘米（图二三，11）。

M26：16，基本完整，柄刃横截面分别呈长方形和三角形，弧背弧刃。通长9.5、刃最大宽1.2、柄长3.7厘米（图二三，12）。

马镫　3件。

M33：1，残。整体呈8字形，镫鼻为圆形带孔，镫程截面呈圆形，平面呈三角形，镫踏板截面呈扁平状。通高19.6、镫程长径12厘米（图二四，1）。

M26：4，基本完整。整体呈8字形，镫鼻为圆形带孔，镫程截面呈凌形，平面呈三角形，镫踏板截面呈扁平状。通高18、镫程长径12.8、宽径10.6、镫踏板宽3.9厘米（图二四，2）。

M30：1，仅存镫踏板一部分，镫踏板截面呈扁平状。残长8.7、宽5.6厘米（图二四，3）。

环　2件。

M28：5，铁棍锻打弯曲而成，截面呈圆形。环内径1.7、截面直径0.7厘米（图二四，8）。

M29：1，铁棍锻打弯曲而成，截面呈圆形。环内径0.9、截面直径0.8厘米（图二四，9）。

带扣　1件。M26：6，残。扣环呈圆形，中部带孔，截面呈圆形。口舌长条形，截面呈长方形。扣环内径3.2、截面直径1.1、口舌残长3.4、宽1.1厘米（图二四，7）。

带具　1件。M25：5，完整。整体呈3字形，由圆柱状铁条捶打弯曲对折而成，推断为马具绑绳应用。通长7.4、宽3.5厘米（图二四，4）。

管形器　1件。M26：5，完整。管状，由片状贴片捶打卷起而成。通长5.7、内径0.7厘米（图二四，5）。

镊子　1件。M11：2，整体呈U形，由一根铁条捶打呈扁平状后弯曲对折而成，折叠处圆弧状。通长8.8、宽1、厚0.3厘米（图二四，6）。

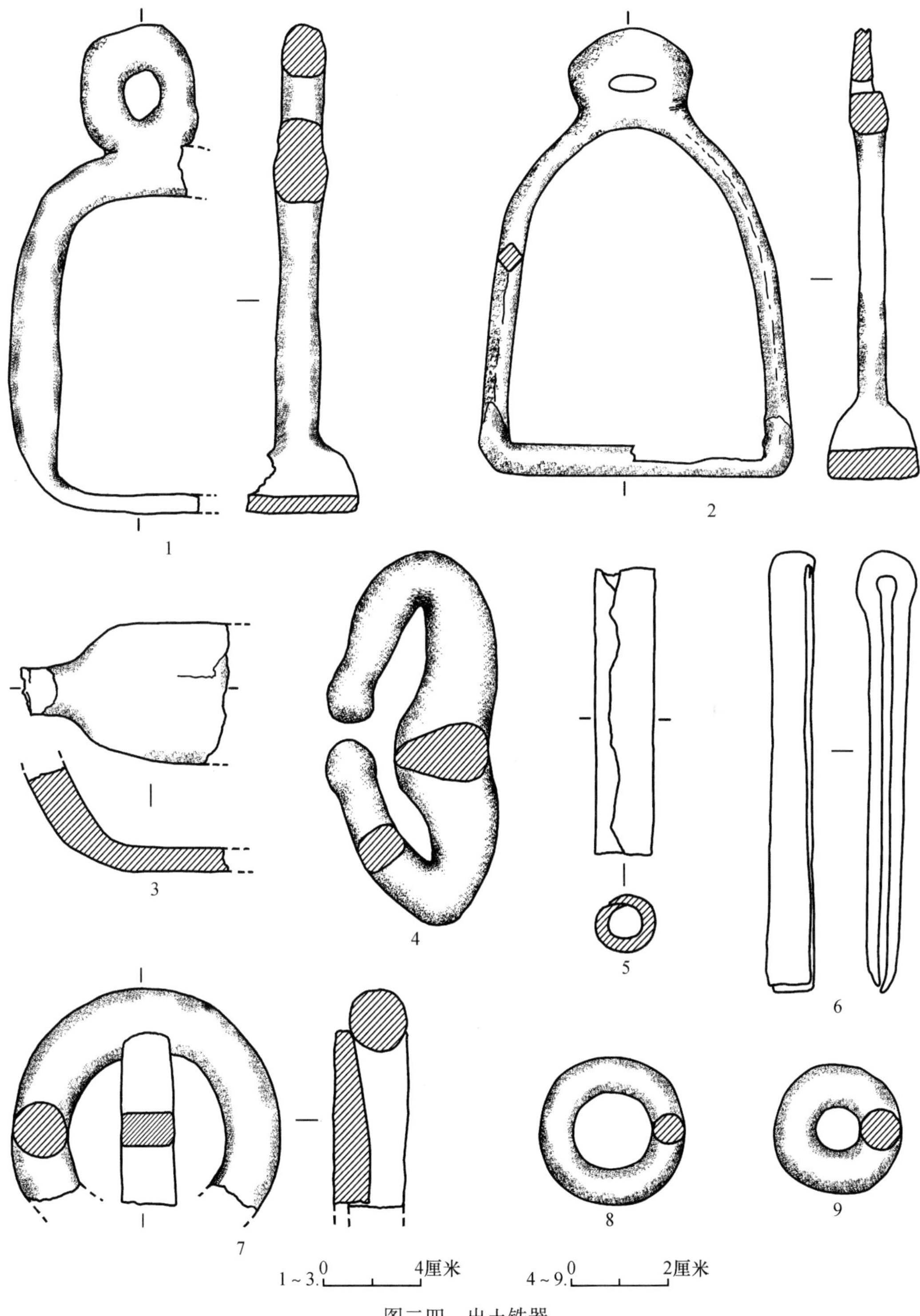

图二四 出土铁器

1～3. 马镫（M33：1、M26：4、M30：1） 4. 带具（M25：5） 5. 管形器（M26：5） 6. 镊子（M11：2） 7. 带扣（M26：6） 8、9. 环（M28：5、M29：1）

4. 银器

银耳环　1对。M25：6，完整，锈蚀严重。侧面呈圆形，由半圆形耳挂连接桃心状耳坠组成。耳挂为空芯，尾部略细。坠部正面饰如意祥云纹，中部由镶饰珠孔。坠饰长2.8、宽2.6厘米，耳挂最大内径3.8、横切面直径0.5厘米（图二○，7）。

5. 木器

1件。M26：12，木盒，基本完整。平面成长方形，由一节圆木侧面切除三分之一后，往里凿空而成盒状。长10.9、宽4.2、高3.8厘米（图二○，5）。

6. 骨器

1件。M11：3，骨扣，白色，柱状，中部有凹槽，两端及凹槽截面分别成三角形和圆形。长3.2、宽1厘米（图二○，9）。

7. 珠饰类

共有7件。

标本M11：4，蜻蜓眼玻璃珠，白色，圆柱状，中有小孔，边缘圆滑中部隆起。外径1、内径0.3、高0.6厘米（图二○，6）。

标本M25：7，琥珀，橘红色，扁状，平面大致呈长方形，截面呈三角形，顶部穿孔。长3.2、宽2.2、高0.8厘米（图二○，8）。

标本M11：5，滑石珠3颗，白色，管状，截面呈圆形，中部穿孔。长0.8、外径0.4、高0.15厘米（图二○，10）。

标本M28：3，玻璃珠1颗，透明，整体呈8字形，截面呈圆形，中部穿孔。长0.9、外径0.4、高0.1厘米（图二○，11）。

标本M7B：1，蜻蜓眼玻璃珠一串，圆珠状，中部穿孔，边缘圆滑。外径1.4～0.7、高1～0.4厘米（图二五，1）。

标本M25：1，各类珠一串，由2颗琥珀、2颗珊瑚、1颗绿松石、1颗贝壳、60颗玻璃珠组成，中部穿孔，边缘圆滑（图二五，2）。

四、结　　语

阜康市地处天山山脉中段北坡，准噶尔盆地南缘，东邻吉木萨尔县，西与米泉市接壤，南与乌鲁木齐县相望，北与阿勒泰地区富蕴县相连，自古以来就是东进、西来、北上的交通要冲，更是历史时期丝绸之路新疆段北路的必经之地。天山北麓季节性冰雪融水为河谷地带的种植业提供了便利的灌溉条件，山间草场资源丰富，适合牧业发展。

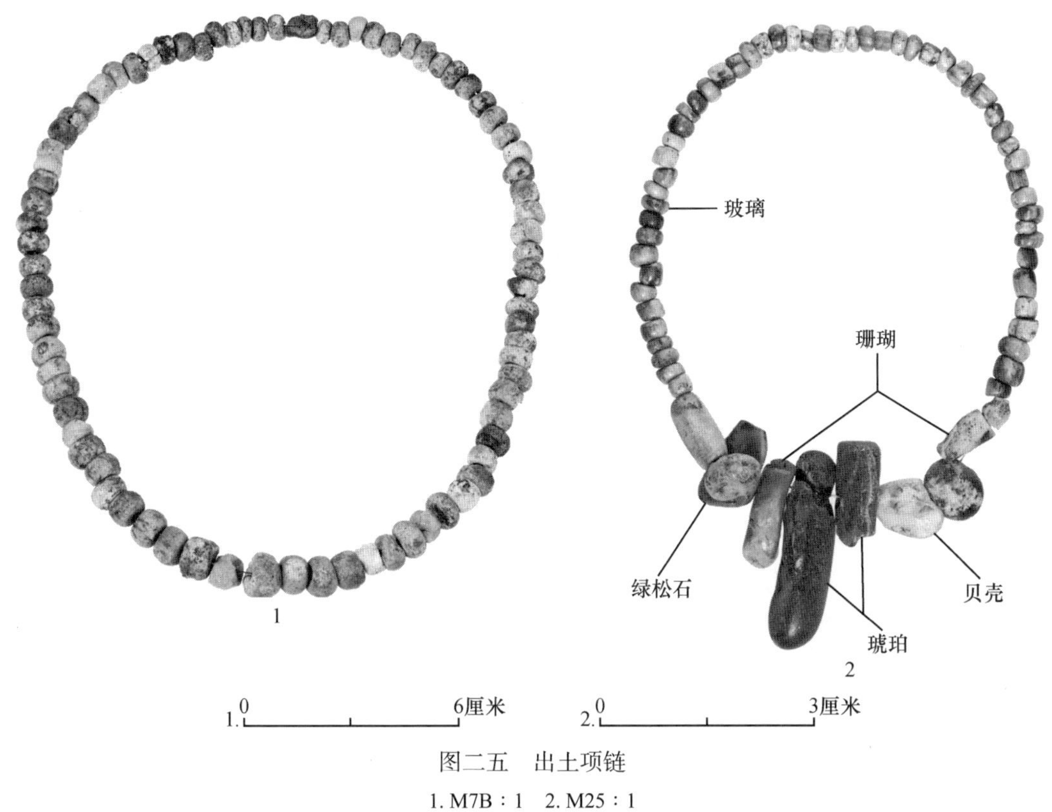

图二五 出土项链

1. M7B：1 2. M25：1

特殊的地理位置、优越的资源环境使得不同民族、宗教文化、交汇于此。黄山河墓地墓葬类型丰富，出土遗物多样，反映出不同年代与文化的差异，体现了该区域考古学文化的多样性。此次抢救性考古发掘为我们深入研究当年西域和中原地区的关系，东天山北麓的墓葬文化特征及这片区域在丝绸之路北段的地位，提供了珍贵的遗物和考古资料，具有重大意义。

根据墓葬形制，可将墓葬划分为竖穴土坑墓、竖穴偏室墓、竖穴洞室墓三种类型。

竖穴土坑墓以M7为代表，约占已发掘墓葬的三分之一，墓葬形制、葬式及出土器物组合上较一致。单人一次葬，仰身直肢、头西脚东。出土遗物以单耳罐为主，该类墓葬在吉木萨尔县大龙口古墓地[1]，吉木萨尔县二工河墓地[2]，阜康市白杨河墓地[3]，阜康市臭煤沟墓地[4]，阜康市三工乡墓地[5]，鄯善县苏贝希墓地[6]都有发现，共同特征明显，应属同一考古学文化类型墓葬。大龙口墓葬的发掘者认为这类墓葬的年代为战国前后，下限不会晚于西汉时期。M2^{14}C测年数据为距今2410年±30年，树轮校正年代为公元前580～前430年，也印证了这一类型墓葬时代在战国至西汉的推论。

竖穴偏室墓，以M25为代表，单人仰身直肢葬，头西脚东，随葬有木盘、银耳环、各类珠饰项链、铁马具等遗物，此类型的墓葬近年在乌鲁木齐市萨恩萨伊墓地[7]、木垒县干沟墓地[8]、阜康市白杨河墓地[9]，沙湾县宁家河墓地[10]，阜康市西沟墓地[11]的发掘中均有发现。阜康市白杨河墓地的两组^{14}C检测数据为距今1395年±30年、距今1170年±30年，为我们提供了年代判定的参考，综合以上因素，我们初步推断该批墓葬的年代应在公元7～8世纪，属于唐代。

竖穴土坑洞室墓，以M28为代表，该类墓葬诸多方面存在显著特点，其一，墓葬营建方式、规格、形制、墓向相对统一。墓葬由竖穴墓道和洞室两部分组成，竖穴的尺寸相差无几，洞室全部开口于竖穴西壁，洞室口普遍以石封堵；其二，墓葬均为单人一次葬的埋葬习俗，葬式仰身直肢、头南脚北；其三，竖穴洞室墓中普遍随葬羊骨，个别墓葬在竖穴墓道中存在殉马的现象。随葬器物以铁与铜器为主，兵器与装饰品相对更为丰富，不见随葬陶器。出土有木盘、木盒、铜镜、铜饰件、铜带扣、铜管饰、铜钱币（建中通宝）、铜带具、铁刀、铁箭镞、铁马镫、铁环、桦树皮箭箙等。综上所述，我们推断这一类型墓葬的墓主人经济形态可能以游牧为主。该类墓葬近年在吉木萨尔县二工河水库墓地[12]，阜康市白杨河墓地[13]也有发现，阜康市白杨河墓地竖穴洞室墓^{14}C测年数据显示其年代相当于唐代晚期至宋代初期（表一）。

表一　阜康白杨河墓地洞室墓^{14}C检测结果

墓葬类型	墓地名称	墓葬编号	^{14}C距今年代（BP）	公元年代
竖穴洞室墓	阜康白杨河上游墓群	ⅡM9	880±25	1119～1220
	阜康白杨河墓地	M12	890±25	1155～1260
		M13	980±30	1020～1170
		M16	995±25	1020～1060
		M37	1155±25	880～990

竖穴土坑墓葬出土器物较少，但所表现出来的文化因素清晰明了，这些墓葬随葬品以陶器为主，出土陶器与苏贝希文化有着明显的联系，应属于苏贝希文化的范畴之内；竖穴偏室墓在天山南北均有分布，本次考古发掘偏室墓葬与此前在吉木尔县二工河水库墓地[14]、阜康西沟墓地[15]、布尔津县也拉曼墓地[16]、尼勒克县汤巴勒萨依墓地[17]发掘同类墓葬较为接近，应属于唐代文化遗存；竖穴洞室有殉马习俗，出土遗物以带具、马具和首饰为主，其中8字形马镫目前仅在西伯利亚地区有发现，而蹀躞带、蹀躞带上的“葫芦形”挂饰以及桃心形扣眼则被认为受到了北部欧亚草原同时期游牧文化因素的影响。值得关注的是，墓葬中出土一枚“建中通宝”，属于唐代中后期在新疆库车周边地区铸造的钱币，多使用于唐建中年间（780～788年）。唐军在西北地区屯田时，下令自铸货币，用于军需，具有鲜明的时代特征。墓葬中还出土一枚唐代中晚期中原地区流行的仙人骑兽镜。这些出土遗物充分说明西域与中原地区的密切联系，也进一步验证了中央政权统一管辖该地区的历史史实。

领　　队：阿里甫江·尼亚孜
田野发掘：阿里甫江·尼亚孜　鲁礼鹏
　　　　　宁　辛　艾尼瓦尔·艾山　付　昶
绘　　图：阿里甫江·尼亚孜　宁　辛　张　元
室内整理：阿里甫江·尼亚孜
器物修复：阿里甫江·尼亚孜
器物摄影：刘玉生　阿里甫江·尼亚孜
执　　笔：阿里甫江·尼亚孜

注　释

[1] 新疆文物考古研究所：《吉木萨尔县大龙口古墓葬》，《新疆文物》1994年第4期。

[2] 新疆文物考古研究所：《吉木萨尔县二工河水库墓地发掘报告》，《新疆文物》2013年第1期。

[3] 新疆文物考古研究所：《阜康市白杨河墓地考古发掘简报》，《新疆文物》2012年第1期。

[4] 新疆文物考古研究所：《阜康市臭煤沟墓地考古发掘简报》，《新疆文物》2012年第1期。

[5] 新疆文物考古研究所：《阜康市三工乡古墓群发掘简报》，《新疆文物》1999年第3、4期。

[6] 新疆文物考古研究所：《鄯善县苏贝希墓群一号墓地发掘简报》，《新疆文物》1993年第4期；新疆文物考古研究所：《鄯善县苏贝希墓群三号墓地》，《新疆文物》1994年第2期。

[7] 新疆文物考古研究所、乌鲁木齐市文物管理所：《乌鲁木齐市萨恩萨依墓地发掘简报》，《新疆文物》2010年第2期。

[8] 新疆文物考古研究所：《木垒县干沟墓地考古发掘报告》，《新疆文物》2012年第1期。

[9] 同[3]。

[10] 资料收藏于新疆文物考古研究所，正在整理中。

[11] 新疆文物考古研究所：《新疆昌吉回族自治州考古调查与发掘》，文物出版社，2015年。

[12] 同[2]。

[13] 同[3]。

[14] 同[2]。

[15] 同[10]。

[16] 于建军：《布尔津县也拉曼墓地发掘》，《2011年文物考古年报》。

[17] 新疆文物考古研究所：《尼勒克县汤巴勒萨依墓地考古发掘报告》，《新疆文物》2012年第2期。

新疆伊犁州G218沿线（新源段）墓葬考古发掘简报

新疆文物考古研究所
北京联合大学
新疆师范大学
伊犁州文物局
新源县文物局

为了配合伊犁G218 高速公路（伊宁市墩麻扎至新源县那拉提镇）建设，经新疆维吾尔自治区文物局安排，依据新疆维吾尔自治区交通建设管理局与新疆维吾尔自治区文物局签订的《G218线则克台至吐尔根段考古勘探发掘协议书》《G218线七十二团至则克台段考古勘探发掘协议书》，2017年5～9月，由新疆文物考古研究所与北京联合大学、新疆师范大学、伊犁州文物局、新源县文物局等组成联合考古队，对G218高速公路新源段沿线涉及的古墓葬进行了抢救性考古发掘。共计发掘墓葬80座。现将本次发掘的情况介绍如下。

一、地理环境与墓地概况

此次古墓葬发掘地点位于新源县北部的阿布热勒山南麓的山前地带，巩乃斯河北岸（该区域也是新源县古墓葬分布最多最集中的地方），阿西勒村至吐尔根乡村之间，墓葬分布在高速公路四、五两个标段，涉及里程40余千米（地理坐标为北纬43°33′21.2″、东经83°3′13.3″—北纬43°32′3.5″、东经83°23′15.4″），平均海拔900米左右。墓葬多分布在阿布热勒山山前开阔地域，主要沿低矮山梁呈南北向链状分布。参照“三普”资料，发掘墓葬分属于新源县阿西勒1号墓群（13座，编号XA1M1～XA1M13）、阿西勒2号墓群（14座，编号XA2M1～XA2M14）（图版九，1）、阿尤赛沟口墓群（5座，编号XAYM1～XAYM5）、铁木里克以东6千米处墓群（8座，编号XT6M1～XT6M8）、铁木里克以西3.5千米处墓群（4座，编号

XT3.5M1～XT3.5M4）、阿克塞沟口墓群（8座，编号XAKM1～XAKM8）、则克台墓群（10座，编号XZKM1～XZKM10）（图版九，4）、萨哈西北墓群（7座，编号XSHM1～XSHM7）、铁列克特塞墓群（9座，编号XTLM1～XTLM9）、苏鲁萨伊墓群（2座，编号XSLM1、XSLM2）、哈拉奥依以西墓群（1座，编号XHLM1）等11处墓地（墓地名称参照新疆第三次全国文物普查"新源县不可移动文物"）（图一），墓葬地表均为土石混合封堆，多呈圆形或椭圆形。按照地表封堆体量大小可分为中小型墓葬和大型墓葬两类，中小型墓葬封堆直径在8～15米，高约1米；大型墓葬封堆直径20～50、高2～5米。由于考古队进场作业时高速公路项目已进行前期清表工作，中小型墓葬的地表封堆多有破坏，发掘工作采用探方法进行，重点清理墓室；而大型墓葬则采用二分之一解剖形式发掘，先了解墓葬封堆结构、构建方法，进而发掘清理墓室。从整个墓葬发掘情况看，大型墓葬均遭到多次严重盗扰，没有一座保存完好，仅出土少量残金饰、铜器小件；中小型墓葬相对较好，出土一批完整陶器、人骨。

巩乃斯河是伊犁河的三大支流之一，"巩乃斯"在蒙古语中意为"绿色的谷地"，哈萨克语称巩乃斯为"向阳"之意。新源县属北温带大陆性半干旱气候，受西来湿润气流东进影响，冬暖夏凉，年均气温6～9.3℃，年均降水量270～880毫米，山地气候特点明显。气候温凉、降水多，是新疆降水量最多的地区。环境适宜，水草丰美，自古就是畜牧经济发达地区之一。

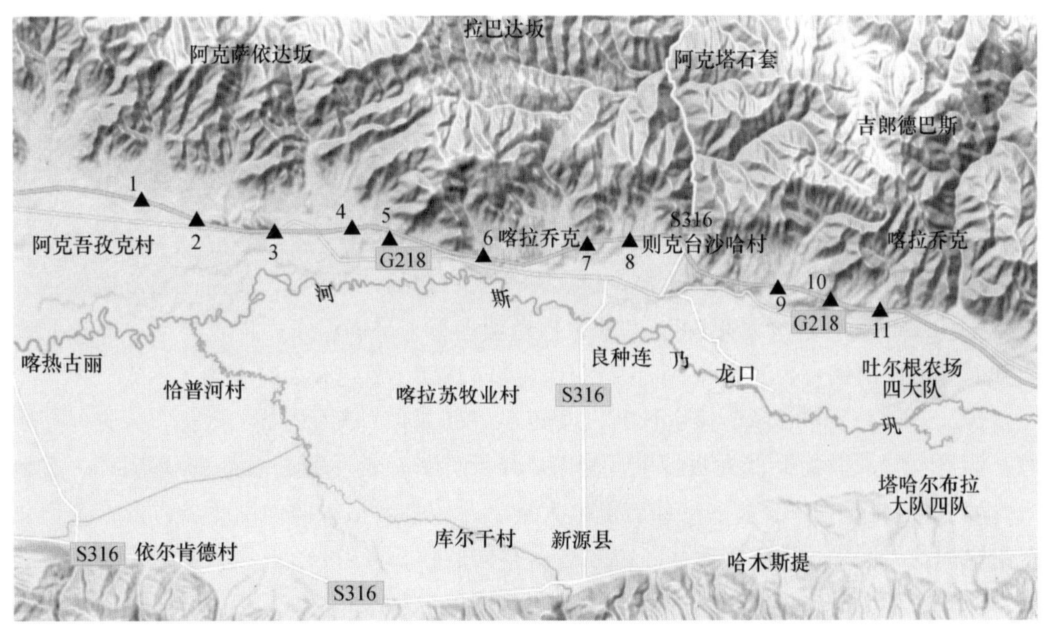

图一　G218考古发掘墓地分布示意图

1. 铁木里克以西3.5千米处墓群　2. 阿西勒1号墓群　3. 阿西勒2号墓群　4. 阿克赛沟口墓群　5. 铁木里克以东6千米处墓群　6. 阿尤赛沟口墓群　7. 则克台墓群　8. 萨哈西北墓群　9. 铁列克特塞墓群　10. 苏鲁萨伊墓群　11. 哈拉奥依以西墓群

二、墓葬类型分述

为了便于介绍，根据墓葬形制的不同，我们将本次发掘墓葬分为竖穴土坑墓、竖穴土坑偏室墓及竖穴土坑石室墓三种。墓室平面均为东西向长方形；葬式均为仰身直肢葬，头西脚东。发掘出土陶器、铁器、铜器、金器、骨器、石器、珠饰等遗物共计约150件（组），陶器主要有罐、壶、杯、钵等，青铜器主要有刀、箭镞、铜镜等；铁器多锈蚀严重；骨器、金器和珠饰等多为小件器物且数量较少，以装饰品为主。

（一）竖穴土坑偏室墓

1. 墓葬形制

数量较多，共计42座，占据本次共计数量一半。都属于中小型墓葬，该类墓葬形制在伊犁地区各地均有发现，地表土石封堆不大，墓葬形制、葬式葬俗较为统一，墓室均为东西向长方形，长2.2～2.8、宽0.6～1.2米。以单室墓为主，少量双室墓；竖穴中填充大量石块，偏室一律开在墓坑的北壁，与偏室对应一侧（南壁）均留有低矮生土二层台，偏室口用大块片石斜向封堵；人骨葬于偏室内，流行单人一次葬，仰身直肢，头西脚东；无葬具；随葬品大多置于墓主头端右侧，一般为1件陶器（彩陶居多，以片石封盖）、1把铁刀及若干羊骨（主要是羊的椎骨和骶骨）；少数墓葬随葬有砺石、铜镜、铜刀等。墓葬中出土陶器均以圜底的单耳罐和壶为主，其中彩陶占有一定比例。

2. 墓葬举例

XA1M3　位于阿西勒1号墓群南部，东邻XA1M4。双室墓，从南往北依次编号为A墓室和B墓室。A墓室北距B室1米处，墓道填土石，平面呈东西向长方形，墓道北壁底部向里掏挖出偏室，墓道南侧有二层台。墓向285°。墓道长2.2、宽0.8、深1.1米，二层台长2、宽0.6、高0.3米，偏室长2、进深0.6、高0.6米。偏室内葬一个体，人骨保存较好，仰身直肢，面朝上，头西脚东，为一成年女性。在其左臂处出土1件玛瑙环，右腿股骨处放置1件铜镜。B墓室，墓道也填大量土石，平面呈东西向圆角长方形，墓道北壁向里掏挖出偏室，南壁留有生土二层台。墓向280°。墓道长2.8、宽1.2、深1.5米，二层台长2.5、宽1.1、高0.25米，偏室长2.7、进深0.9、高0.6米。偏室内葬一个体，仰身直肢，头西脚东，面朝北（其头骨、左上肢骨和下肢骨缺失），为一成年男性个体。墓室北侧有一竖穴长方形盗坑，将偏室及人骨破坏（图二）。

XA1M9　位于阿西勒1号墓群南部，东邻XA1M10。墓道填土石，平面呈东西向长方形，墓道北壁向里掏挖出偏室，墓道南侧留有生土二层台。墓向280°。墓道长2.5、

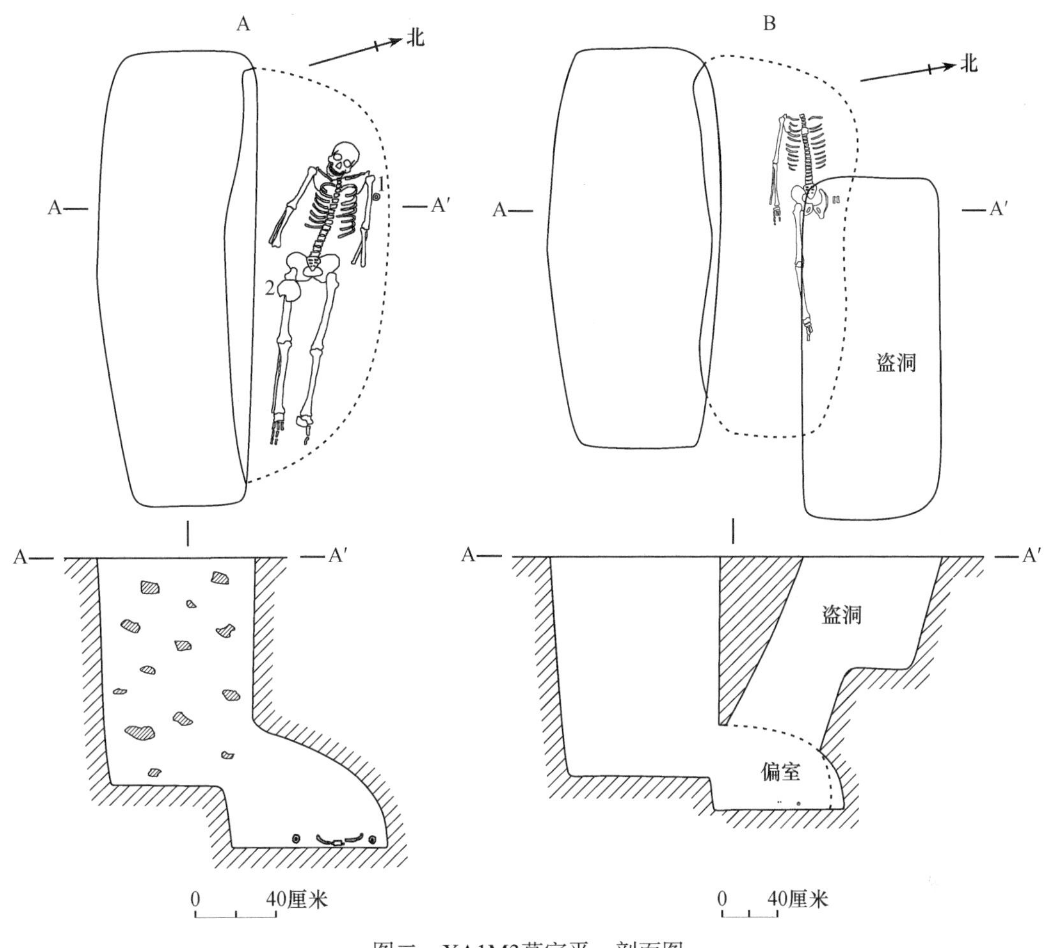

图二 XA1M3墓室平、剖面图
1. 玛瑙环 2. 铜镜

宽0.6、深1.2米，二层台长2.5、宽0.25、高0.45米，偏室长2.5、进深0.65、高0.85米。偏室内葬一个体，人骨保存较好，仰身直肢，面朝上，头西脚东，为一35～40岁成年女性。在其头右侧随葬1件陶壶、1件铁刀及羊椎骨；右臂处出土1件纺轮和1件眉笔（图三）。

XA2M6 位于阿西勒2号墓群南部，南邻XA2M7。竖穴偏室墓，墓道填土石，平面呈东西向长方形，墓道北壁向里掏挖出偏室，墓道南侧有二层台。墓向290°。墓道长2.3、宽0.9、深1.15米，二层台长2.3、宽0.68、高0.36米，偏室长2.4、进深0.65、高0.35米。偏室内葬一个体，人骨保存较好，仰身直肢，面朝上，头西脚东，为一20岁左右成年女性。在其头右侧随葬1件陶壶、1件铁刀及羊椎骨；右腿处出土1件铜镜（图四）。

XA2M9 位于阿西勒2号墓群南部，东邻XA2M8竖穴偏室墓，墓道填土石，平面呈东西向长方形，墓道北壁向里掏挖出偏室，墓道南侧有二层台。墓向275°。墓道长2.2、宽0.8、深1.1米，二层台长2.2、宽0.4、高0.3米，偏室长2.3、进深0.55、高0.4米。

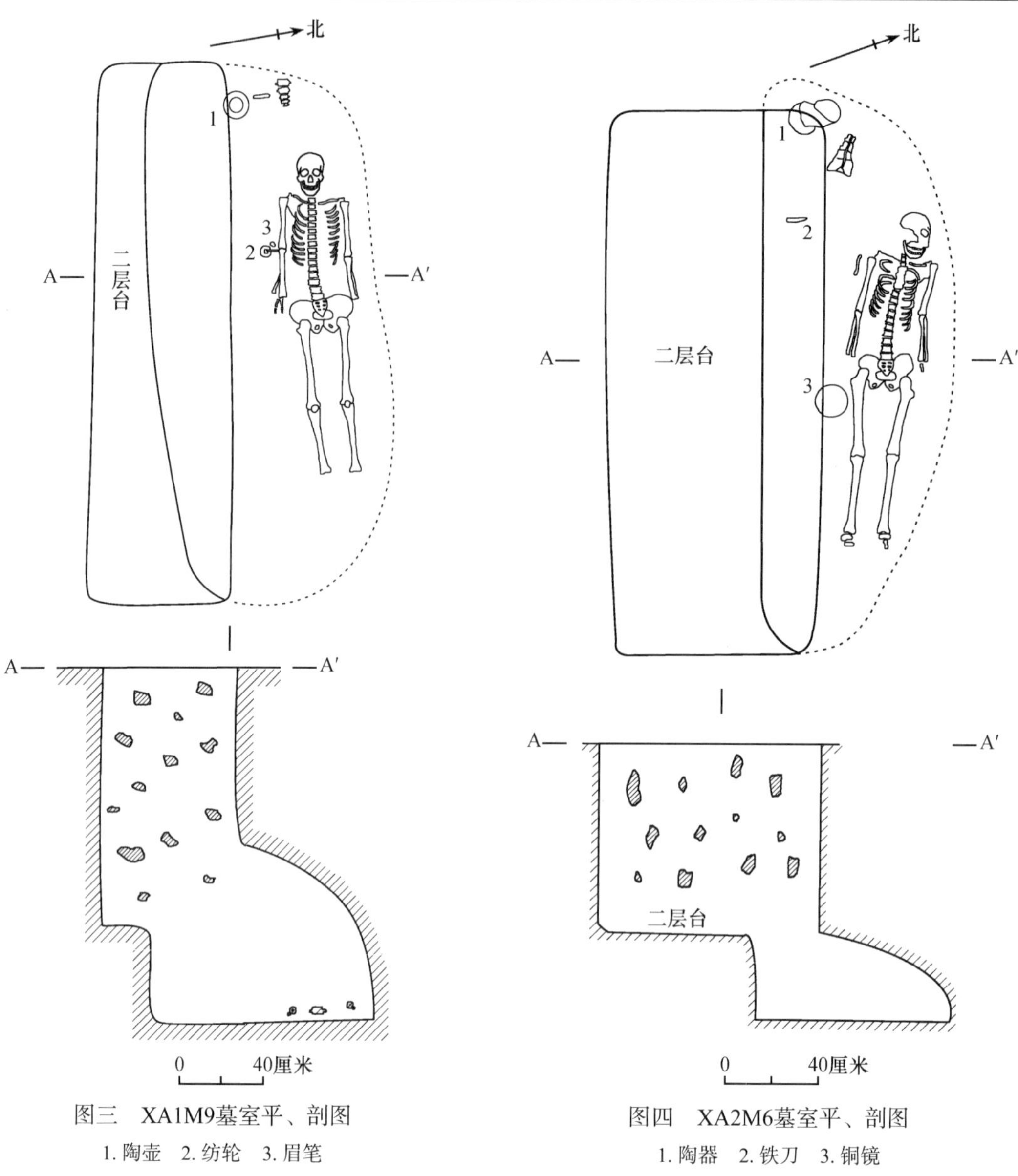

图三　XA1M9墓室平、剖图
1. 陶壶　2. 纺轮　3. 眉笔

图四　XA2M6墓室平、剖图
1. 陶器　2. 铁刀　3. 铜镜

偏室内葬二个体，人骨保存较好，仰身直肢，面朝上，头西脚东，为一45岁左右成年女性和一个未成年幼儿（二者南北并列）。在二者头端随葬1件陶罐及羊椎骨（图五）。

XA2M12　位于阿西勒2号墓群南部，西邻XA2M13竖穴偏室墓，墓道填土石，平面呈东西向长方形，墓道北壁向里掏挖出偏室，墓道南侧有二层台。墓向260°。墓道长2.5、宽0.8、深1.1米，二层台长2.5、宽0.6、高0.1米，偏室长2.3、进深0.5、高0.4米。偏室内葬一个体，人骨保存较好，仰身直肢，面朝北，头西脚东，为一30岁左右成年女性。在其头右侧随葬1件木盘，其上放置1件陶罐及牛、羊椎骨，右腹处发现1件骨纺轮（图六）。

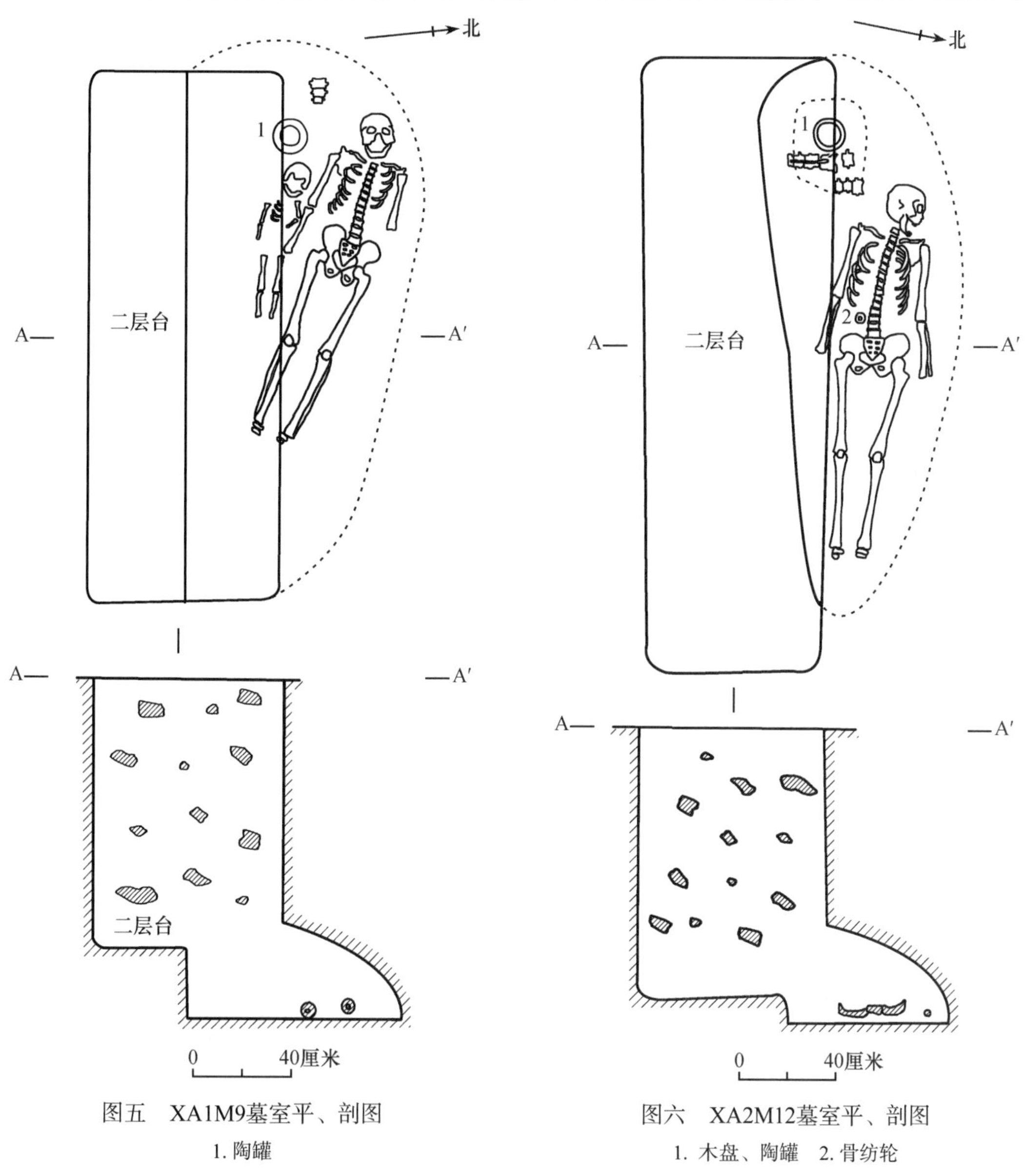

图五　XA1M9墓室平、剖图
1. 陶罐

图六　XA2M12墓室平、剖图
1. 木盘、陶罐　2. 骨纺轮

XAKM4　位于阿克塞沟口墓群南部，竖穴偏室墓，墓道填土石，平面呈东西向圆角长方形，墓道北壁底部向里掏挖出偏室，墓道底部南侧有生土二层台。墓向295°。墓道长3、宽1.1、深1.3米，二层台长3、宽0.6、高0.5米，偏室长3、进深0.4、高0.4米。偏室内葬一个体，人骨保存较好，仰身直肢，面朝上，头西脚东，为一30～35岁成年女性。在其头右侧随葬1件陶罐及1把铁刀，肩部有1件石质研磨器（图七）。

XSHM3　位于萨哈西北墓群南部，封堆呈圆形，直径13.5、高1.2米，竖穴偏室墓，墓道填土石，平面呈东西向圆角长方形，墓道南壁被盗坑破坏，墓道北壁底部向里掏挖出偏室，墓道底部南侧有生土二层台。墓向280°。墓道长2.3、宽0.7、深1.35米，二层台长2.3、宽0.45、高0.4米，偏室长2.3、进深0.5、高0.45米。偏室内葬一个体，人骨保存较好，仰身直肢，面朝北，头西脚东，为一未成年个体。在其头右侧随葬1件陶罐（图八）。

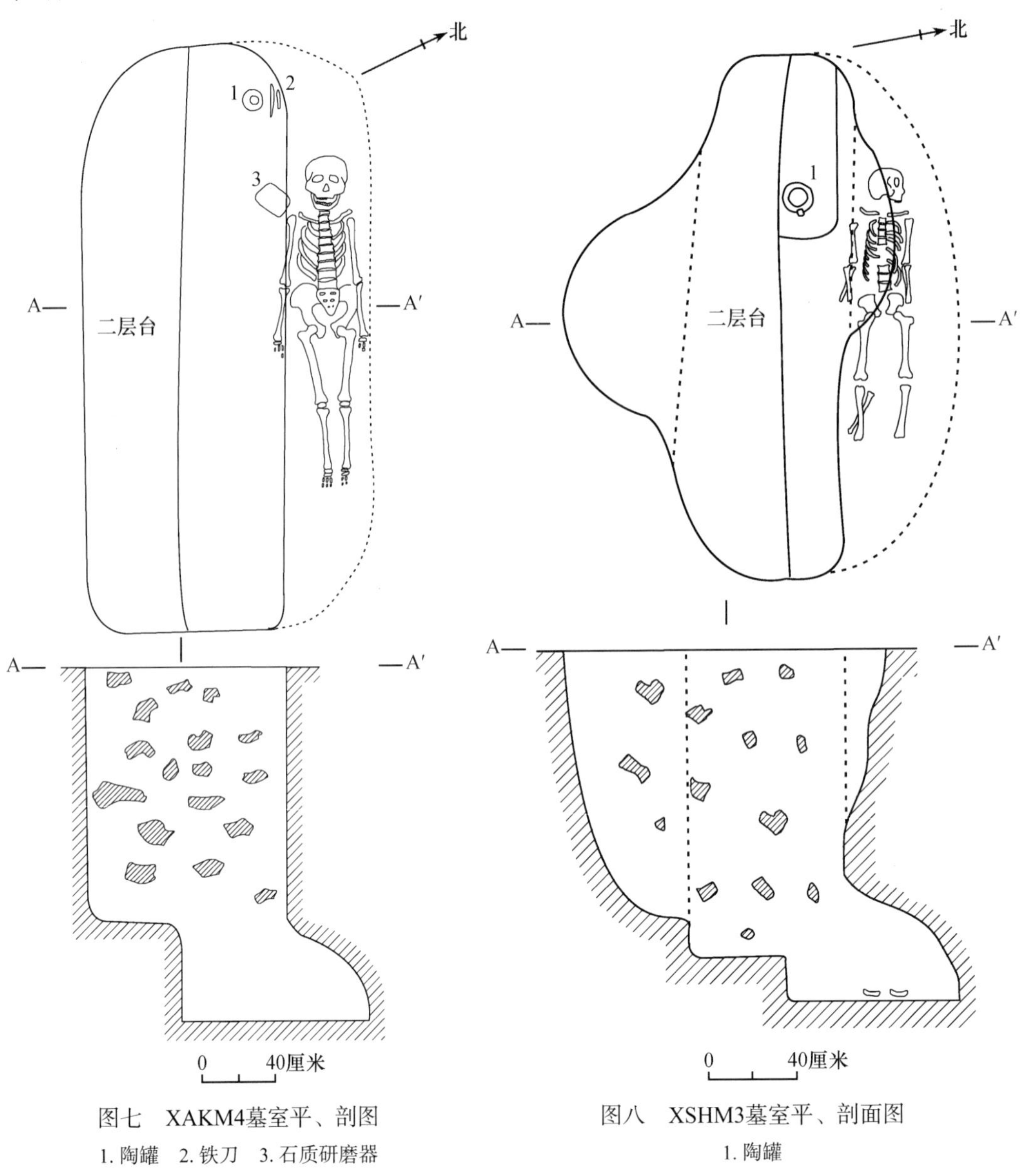

图七　XAKM4墓室平、剖图
1. 陶罐　2. 铁刀　3. 石质研磨器

图八　XSHM3墓室平、剖面图
1. 陶罐

3. 出土随葬品

墓葬出土随葬品相当贫乏，大部分墓葬无随葬品，个别墓葬随葬1～2件陶器，另见羊骨和铁质小刀。按质地可分为陶器、铁器、铜器、石器等，下面按质地不同分别介绍如下。

陶器　25件。手制，均为夹砂红陶。可分为陶罐、陶壶、陶钵三类，其中以单耳陶罐数量居多。

陶罐　15件。

单耳陶罐　13件。

XA1M8∶1，圆唇，微敛口，鼓腹、圜底。口径9、腹径11.4、高15.6厘米（图九，1）。

XA1M10∶1，圆唇，微敛口，鼓腹，平底。口径8.8、高12.3、底径5.2厘米（图九，2）。

XA1M13∶1，圆唇，敛口（残），鼓腹，圜底。口径10.6、腹径12.8、高10.5厘米（图九，3）。

XA2M9∶1，尖唇，敛口，鼓腹，圜底。口径10.4、腹径15、高12.8厘米（图九，4）。

XA2M10∶1，方唇，敛口，鼓腹，圜底。口径12.3、腹径14.68、高12.3厘米（图九，5）。

XA2M12∶1，尖唇，侈口，鼓腹，圜底。口径13.4、腹径16.8、高12.8厘米（图九，6）。

XA2M14∶1，圆唇，敛口，鼓腹，圜底。口径10.8、腹径14.4、高11.8厘米（图九，7）。

XSHM3∶1，夹砂红陶，方唇，敛口，鼓腹，平底。口径14.4、腹径18.4、高14.8、底径9.7厘米（图九，8）。

XZKM8∶1，夹砂红陶，圆唇，微敛口，鼓腹，圜底。口径10、腹径14、高13.6厘米（图九，9）。

XTLM3∶4，夹砂红陶，方唇，敛口，鼓腹，圜底。口径17.9、腹24、高19.5厘米（图九，10）。

XA1M11A∶1，方唇，敛口，鼓腹，圜底。口径11.2、腹径14、高14.8厘米（图九，11）。

XA1M11B∶1，圆唇，稍敞口，鼓腹，小平底。口径9.2、腹径11.6、底径4.5、高14.7厘米（图九，12）。

XT6M5∶1，夹砂红陶，圆唇，敛口（残），鼓腹，平底，单耳。口径9.8、腹径13.5、高13.8厘米（图九，13）。

无耳陶罐　1件。XSHM7∶1，夹砂红陶，圆唇，微侈口，短束颈，鼓腹，圜底，肩部有一周圆点戳印纹。口径14.5、腹径24、高25厘米（图九，14；图版一〇，3）。

带流陶罐　1件。XZKM4∶1，夹砂红陶，方唇，敛口，錾耳，鼓腹，平底。口径10.8、底径8.2、腹径16、高10.2厘米（图九，15）。

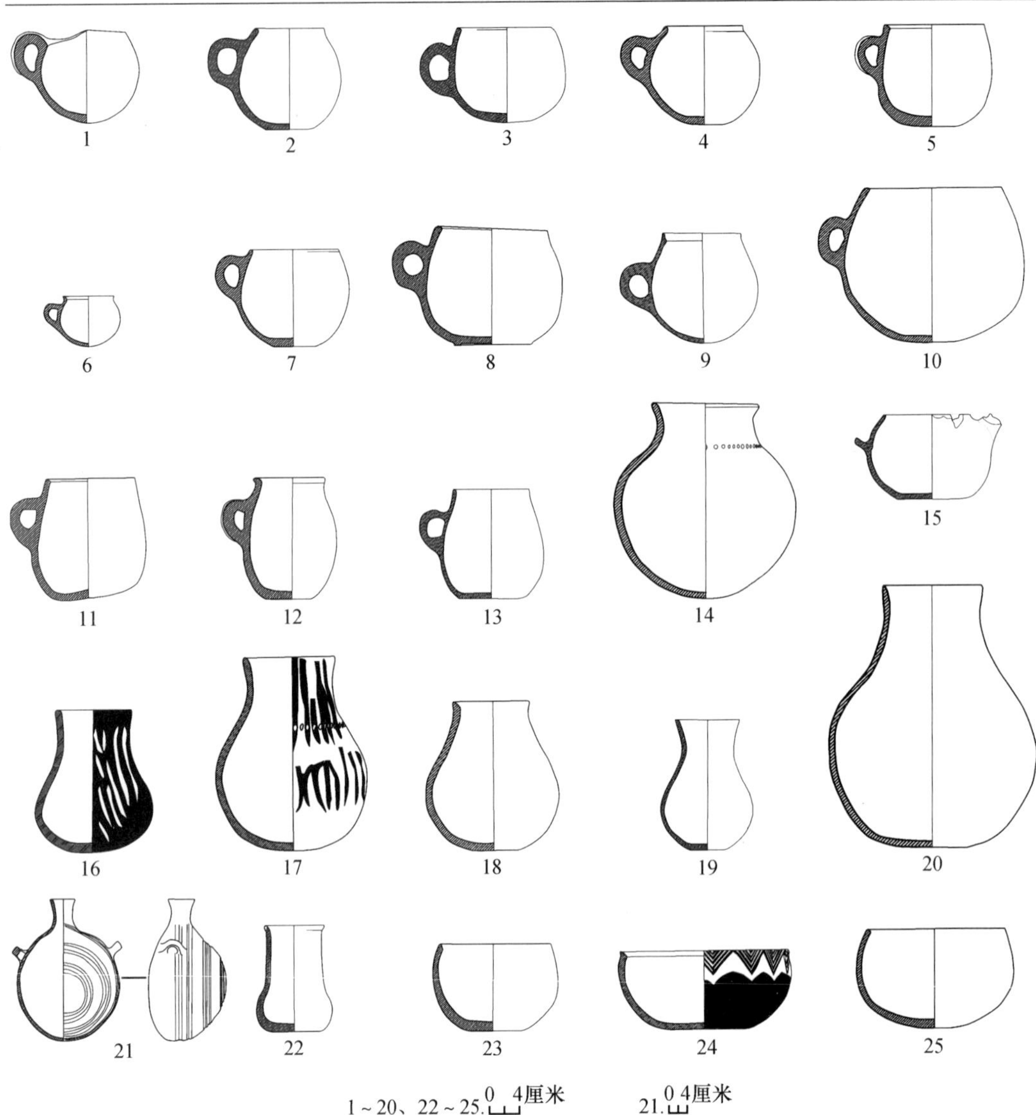

图九　竖穴偏室墓出土陶器

1～15. 罐（XA1M8：1、XA1M10：1、XA1M13：1、XA2M9：1、XA2M10：1、XA2M12：1、XA2M14：1、XSHM3：1、XZKM8：1、XTLM3：4、XA1M11A：1、XA1M11B：1、XT6M5：1、XSHM7：1、XZKM4：1）
16～22. 壶（XAKM4：1、XA2M7：1、XA2M6：1、XA1M9：1、XTLM3：1、XTLM3：5、XA2M11：1）
23～25. 钵（XZKM4：2、XTLM1：1、XTLM1：2）

陶壶 7件。

XAKM4：1，夹砂黄褐陶，棕色长条形彩纹，方唇，微敛口，束颈，鼓腹，圜底，通体饰红色不规则垂带纹。口径10.02、腹径16、高18.4厘米（图九，16）。

XA2M7：1，圆唇，侈口，束颈，流肩，鼓腹，圜底。通体饰红色长条纹（色彩漫漶）。口径12、腹径19.2、高23.7厘米（图九，17）。

XA2M6：1，圆唇，侈口，短粗颈，溜肩，垂腹，圜底。口径10.6、腹径17.2、高18.7厘米（图九，18）。

XA1M9：1，器表施红色陶衣，颈部形成一周宽带（未施陶衣）。方唇，侈口，束颈，鼓腹，平底。口径8、腹径11.6、高15.6、底径4.6厘米（图九，19）。

XTLM3：1，夹砂红陶，微敛口，束颈，鼓腹，圜底。口径12.5、腹径26.4、高32.3厘米（图九，20）。

XTLM3：5，双系（扁）壶，夹砂红陶，微侈口，束颈，肩部桥形双系耳，整体似龟壳状，一面略平，一面圆鼓，鼓面饰三组凹弦纹，一组3道。口径6.5、最大腹径25、高34厘米（图九，21；图版一〇，5）。

XA2M11：1，圆唇，侈口，束颈，垂腹，平底。口径8.5、腹径10、底径6.7、高13.4厘米（图九，22）。

陶钵 3件。

XZKM4：2，夹砂红陶，圆唇，敛口，圜底。口径14、腹径16.56、高10.6厘米（图九，23）。

XTLM1：1，夹砂红陶，宽沿，尖唇，敛口，深腹，圜底，口沿下饰倒三角纹。口径22.32、腹径23.2、高10厘米（图九，24；图版一〇，4）。

XTLM1：2，夹砂红陶，圆唇，敛口，鼓腹，圜底。口径18.45、腹径21、高12.9厘米（图九，25）。

铜器 6件（组）。

铜镜 2件。

XA1M3a：3，圆形，无纽，卷沿。直径11.2、厚0.3厘米（图一〇，4）。

XA2M6：2，圆形，桥形纽，卷沿。直径14.3、厚0.3厘米（图一〇，5；图版一一，12）。

铜镞 1件。XT3.5M3：1，扁平三翼，铤部为分尾式。通长3.6厘米（图一〇，12）。

铜刀 1件。XA2M7：2，直柄（较长），单面刃。通长14.6、柄长10厘米（图一〇，9）。

铜饰件 2组（4件）。

XAKM2：2，1组（2件）。扁平亚腰状，一端有穿孔。通长3.2厘米（图一〇，10）。

XSHM1：1，1组（2件）。扁平亚腰状，一端有穿孔。通长4.6、最宽处1.05、孔径0.5～0.6厘米（图一〇，11）。

石器　4件。

XA1M3A：1，玛瑙环，圆形，呈黄褐色，中部穿孔。直径2.65、厚0.62、孔径0.9厘米（图一〇，3；图版一一，11）。

XA1M9：3，眉笔。呈锥状，棕黑色，表面光滑。通长7、最大直径0.7厘米（图一〇，8）。

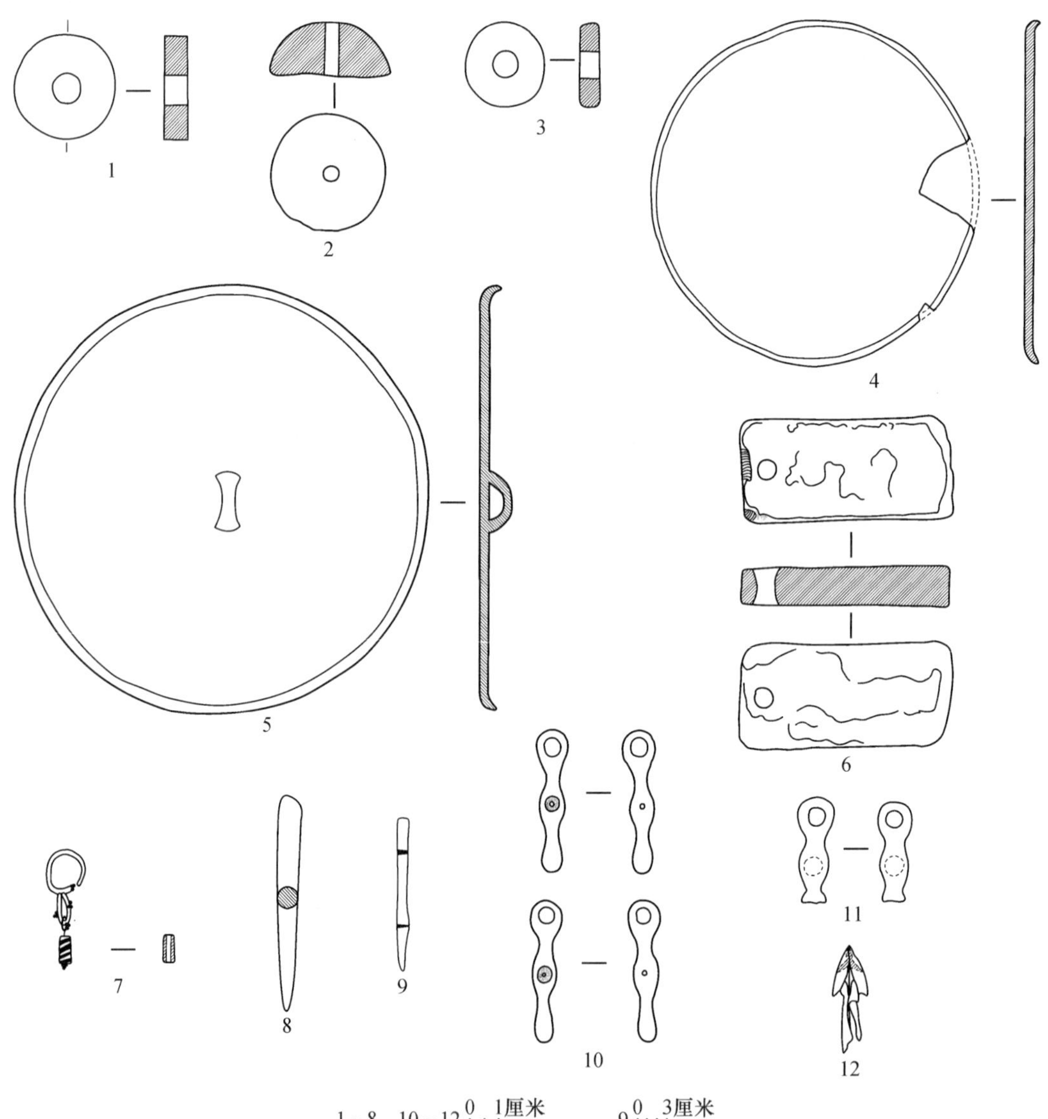

图一〇　竖穴偏室墓出土器物

1. 石纺轮（XA1M9：4）　2. 骨纺轮（XA2M12：2）　3. 玛瑙环（XA1M3A：1）　4、5. 铜镜（XA1M3a：3、XA2M6：2）　6. 砺石（XA2M4：1）　7. 金耳环（XAKM2：1）　8. 眉笔（XA1M9：3）　9. 铜刀（XA2M7：2）　10、11. 铜饰件（XAKM2：2、XSHM1：1）　12. 铜镞（XT3.5M3：1）

XA1M9：4，纺轮。呈饼状，中间有穿孔。直径3.3、厚0.8、孔径1厘米（图一〇，1）。

XA2M4：1，砺石。长条状，一端有穿孔。长7、宽3.3、厚1.3厘米（图一〇，6）。

骨器 1件。XA2M12：2，纺轮。半圆状，中间有穿孔。直径3.6、高1.7、孔径0.5厘米（图一〇，2）。

金器 1件。XAKM2：1，金耳环。三个大小不等金环相连，下坠一圆柱状天珠，环上焊接有金珠。通长3.8厘米（图一〇，7；图版一一，8）。

（二）竖穴土坑石室墓

1. 墓葬形制

大多数属于大型墓葬，共计6座。墓葬分布也是南北链状排列， 地表封堆较大（直径20～30、高2～3米），封堆结构为地表上先堆馒头状黄土堆，然后在黄土堆表面铺盖一层卵石，再次用黄土堆筑圆形坟丘，其上也同样铺盖石块。封堆外围往往铺有石环圈，形成清晰的墓葬范围。墓室结构，先在地下挖出东西向竖穴土坑，再在坑底四壁砌石块，其上棚盖长条形石块封盖，构成相对封闭的石室。石室规整，墓葬较深，从墓口至石棺上部层层填石。分单室墓和多室墓。本次发掘的该类墓葬均被严重盗掘，出土遗物较少。

2. 墓葬举例

2017XT6M1 位于铁木里克以东6千米处墓群南部。地表封堆由土石混筑而成，平面呈圆形，封堆直径24、高约2.8米。墓室位于封堆中部下，平面呈东西向长方形。墓向285°。墓室东西长6.2、宽2.2、深2.1米。墓坑北壁被盗坑破坏。南北墓壁底部用片石垒砌成二层台，宽约0.6、高0.6米，其上棚盖石板构成石室。在石室东端残留人骨，仅剩盆骨以下部位，摆放在生理位置，呈仰身直肢状，上半身缺失。年龄性别不详，仅在墓室填土中发现少量金箔、残铜条（图一一）。

2017XT6M2 位于铁木里克以东6千米处墓群南部，北邻M1。地表封堆由土石混筑而成，平面呈圆形，封堆直径23、高约2.75米。墓室位于封堆中部下，平面呈东西向长方形。墓向275°。墓室长6、宽2.1、深2.4米。墓坑南壁被盗坑破坏。墓壁底部用片石垒砌一周成二层台，宽约0.6、高0.6米，其上棚盖长条石板构成石室。在石室东端残留凌乱不全人骨。年龄性别不详，仅在填土中出土1件彩陶壶（图一二）。

2017XT6M3 位于铁木里克以东6千米处墓群南部。双室墓，从南往北依次编号为A墓室和B墓室。A墓室北距B室2米处。A墓室平面呈东西向长方形。墓向280°。墓室东西长3.8、宽2、深2.2米（墓室西端较宽，东端较窄）。墓壁底部用片石垒砌一周成二层

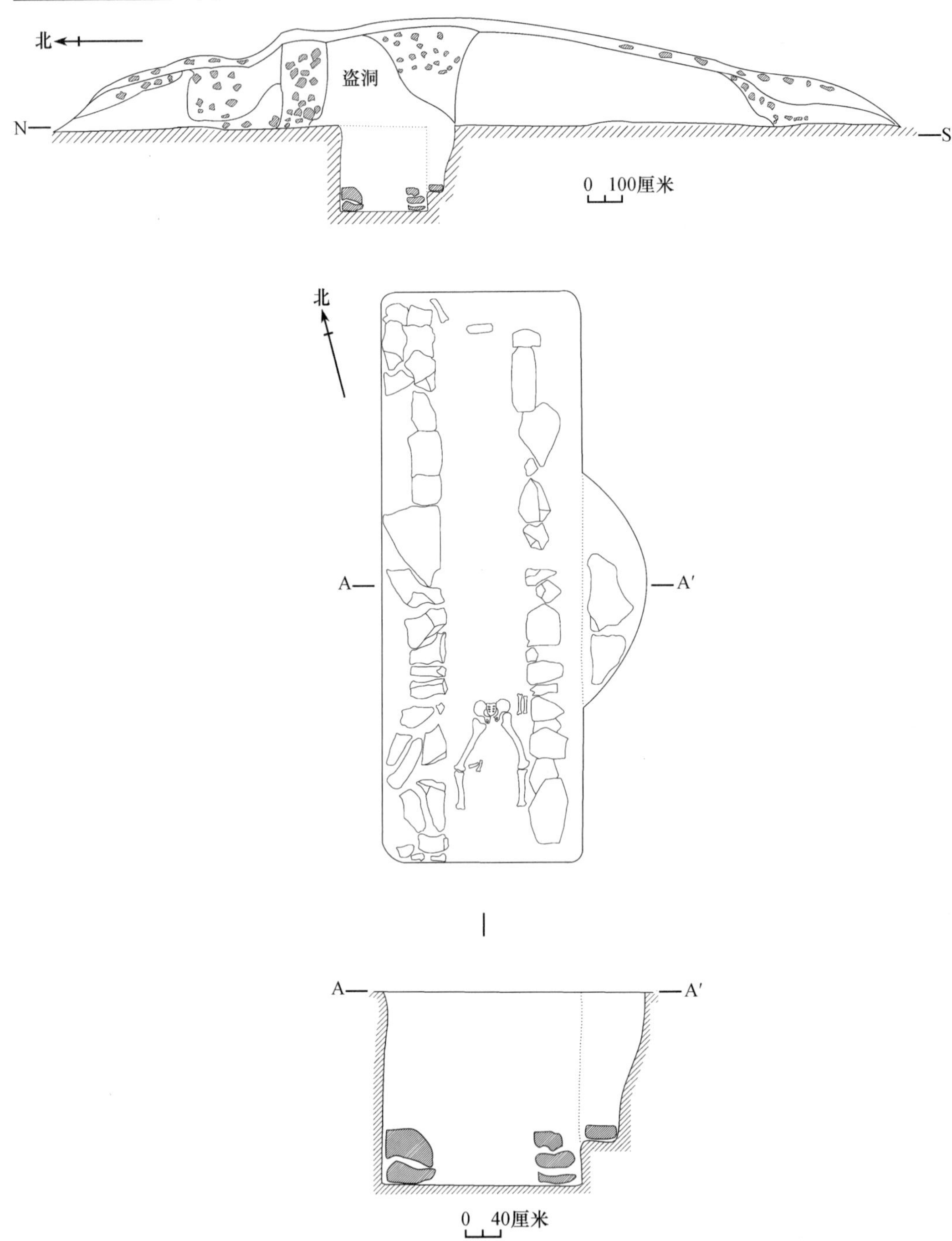

图一一　XT6M1墓室平、剖面图

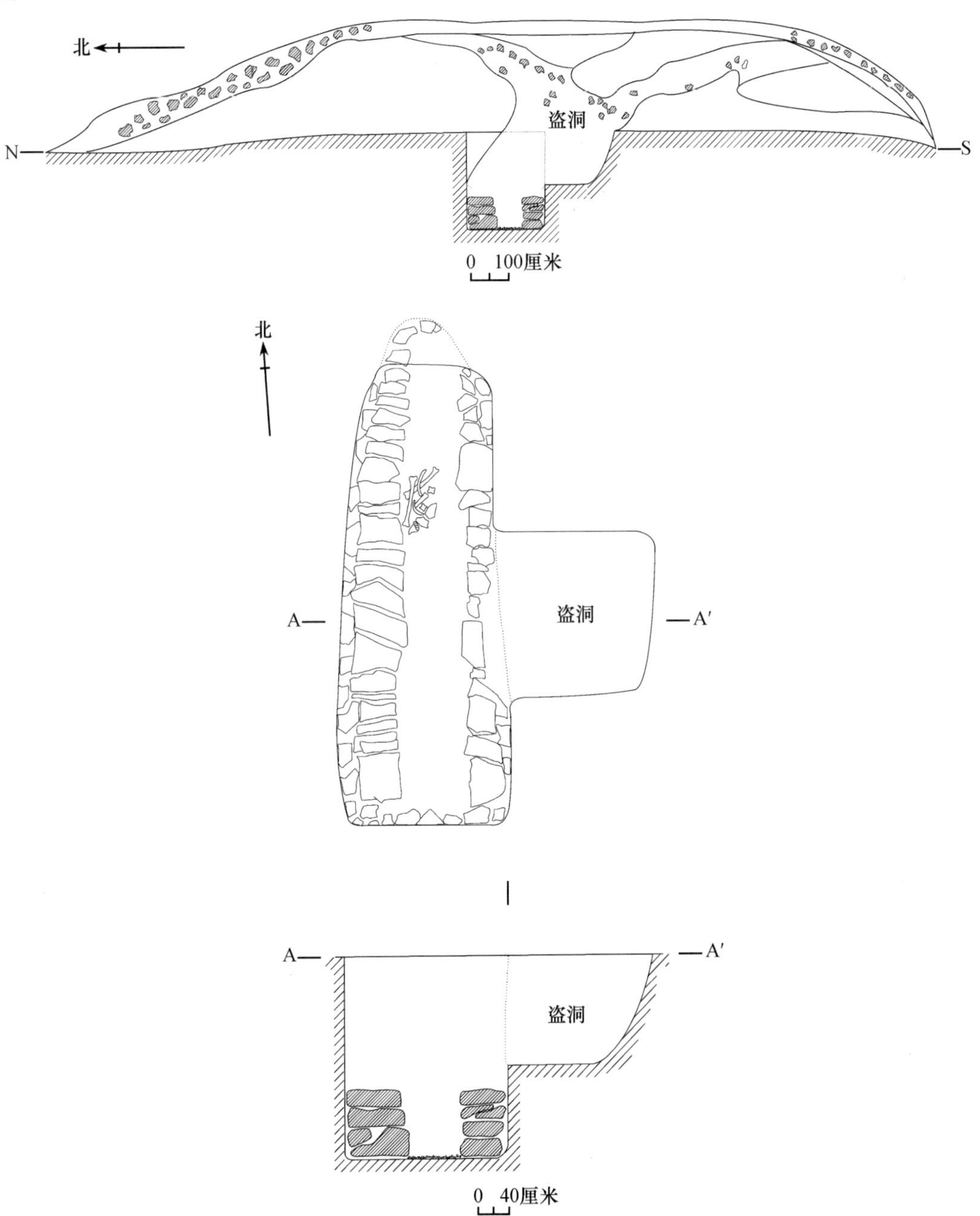

图一二　XT6M2墓室平、剖面图

台，宽约0.5、高0.8米，其上棚盖石板构成石室，墓室西端有一直径约1.6米盗坑，将墓室西部破坏殆尽。在石室东端残留木质葬具，应是半个掏空原木倒扣（残朽严重，仅留痕迹），人骨凌乱不全，年龄性别不详。在墓室填土中出土有铜镜、金箔、铜饰、羊骨等遗物。B墓室平面呈东西向长方形。墓向285°。墓室东西长2、宽0.85、深1.75米。南北墓壁底部向外掏挖，再用片石垒砌一周成二层台，宽约0.4、高0.6米，其上棚盖石板构成石室，人骨被严重扰乱，无随葬品（图一三；图版九，3）。

XAYM2　位于阿尤赛沟口墓群东部，北邻M1，地表封堆由土石混筑而成，平面呈圆形，封堆直径26.7、高约1.9米。墓室位于封堆中部下，平面呈东西向长方形。多室墓，由北往南依次编号为A、B、C、D墓室。墓室间距为1～2米，均为竖穴土坑石室墓，墓向几乎均为正东西向。A墓室东西长3.41、宽1.37、深1.87米。墓向270°。石垒二层台，宽约0.3、高1.1米；B墓室东西长4.62、宽1.44、深2.32米。墓向275°。石垒二层台，宽约0.4、高1.06米；C墓室东西长3.48、宽1.6、深2.33米。墓向280°。石垒二层

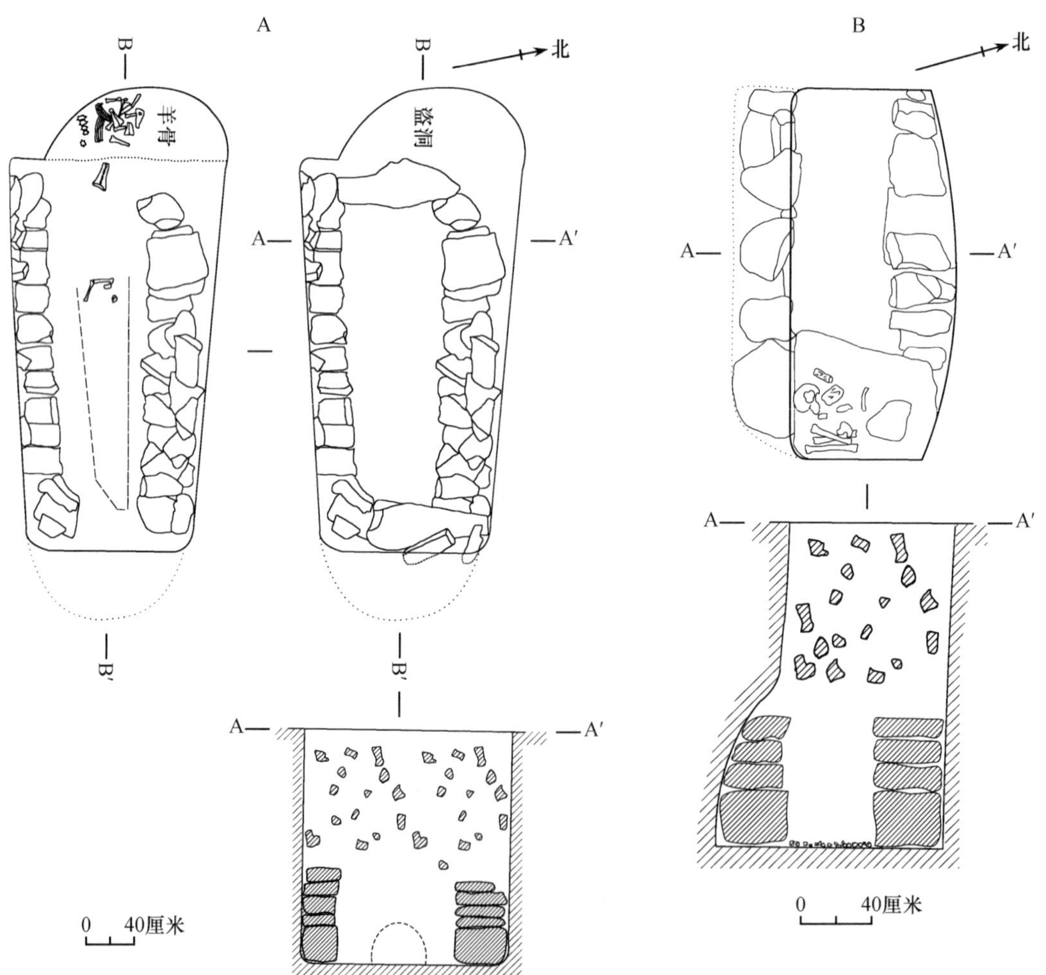

图一三　XT6M3墓室平、剖面图

台，宽约0.37、高1.05米；D墓室东西长3.8、宽1.66、深2.3米。墓向270°。石垒二层台，宽约0.33、高1.27米。墓葬被多次严重盗扰（共发现7处盗掘痕迹，有从封堆顶部直接下挖的，也有从封堆边缘挖盗洞的），致使4个墓室均被盗掘一空，连人骨都较少发现，仅在A、B两个墓室填土中出土有陶片、残铜锥、金箔、残铁刀等遗物（图一四）。

3. 出土随葬品

此类墓葬因盗扰严重，出土遗物较少，主要残留墓主随身珠饰、金箔片等。

陶壶　1件。XT6M2：2，陶壶。夹砂红陶，尖唇、侈口、粗颈、鼓腹、小平底。器表饰红褐色逗号纹（底部也有）。口径6、底径4、腹径6.8、高8厘米（图一五，5；图版一〇，1）。

滑石珠串　呈柱状，中间有穿孔，为乳白色。长0.7～1.2、直径0.4～0.5、孔径0.15厘米。

标本XHLM1A：1，11颗（图一五，1）。

标本XHLM1B：1，39颗（图一五，2；图版一一，4）。

铜锥　标本XAYM2A：7　残。整体呈圆柱状，锈蚀严重，一端稍大，向另一端渐小，呈尖状。残长8.4、直径0.25厘米（图一五，6）。

铜扣　标本XHLM1B：3，呈圆盘状，中间有一字形扣饰。直径为3.9、厚0.8厘米（图一五，7）。

金耳环　标本XHLM1B：2，圆形，下坠菱形绿松石，一端有穿孔（图一五，3；图版一一，3）。

金箔片　计17片。形状不一，均较小。标本XT6M3A：4，长方形，有对称针眼穿孔（图一五，4）。

金珠饰　XT6M3A：5，呈柱状，中空，两端有穿孔。长1.4、直径0.8、孔径0.2厘米（图一五，8；图版一一，1）。

铜镜　标本XT6M3A：9，圆形，桥形小纽。背面有三道弦纹，一、二道弦纹之间均匀分布8个乳钉纹。直径10.3、厚0.1厘米（图一五，9；图版一一，14）。

（三）竖穴土坑墓

1. 墓葬形制

这类墓葬形制属于最常见也是延续时间最长的墓葬类型，共计发掘32座。墓室结构简单，从地表向下挖东西向竖穴土坑而成。大中型墓葬除了有规模宏大的圆形封堆，墓室规模也较大，在墓室两侧（或四壁）留出生土二层台，二层台上棚架原木，形成中空的墓室，墓室内往往埋葬多人，仰身直肢，方向不一，有简单木质葬具，随葬金、铜、铁、陶等各类遗物，陶器以素面陶罐、陶壶为主。

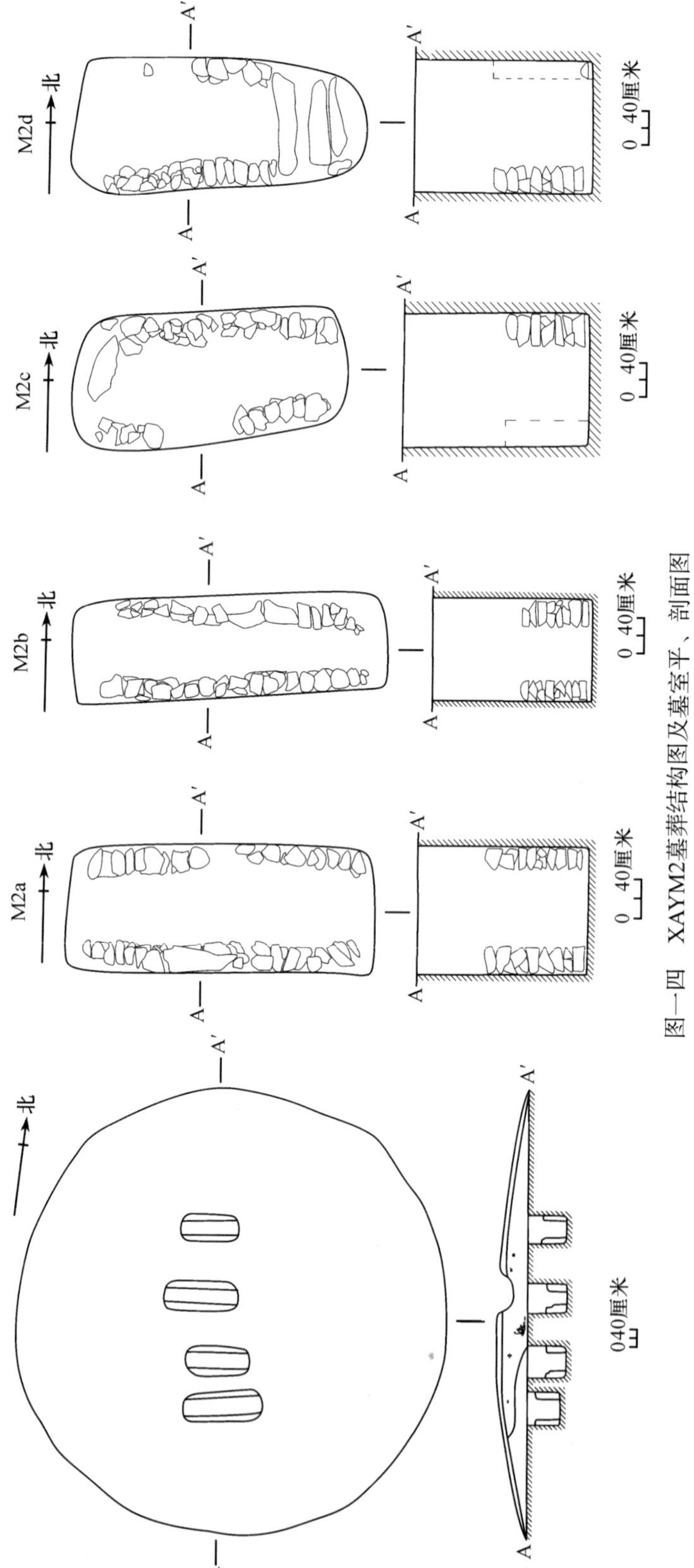

图一四　XAYM2墓葬结构图及墓室平、剖面图

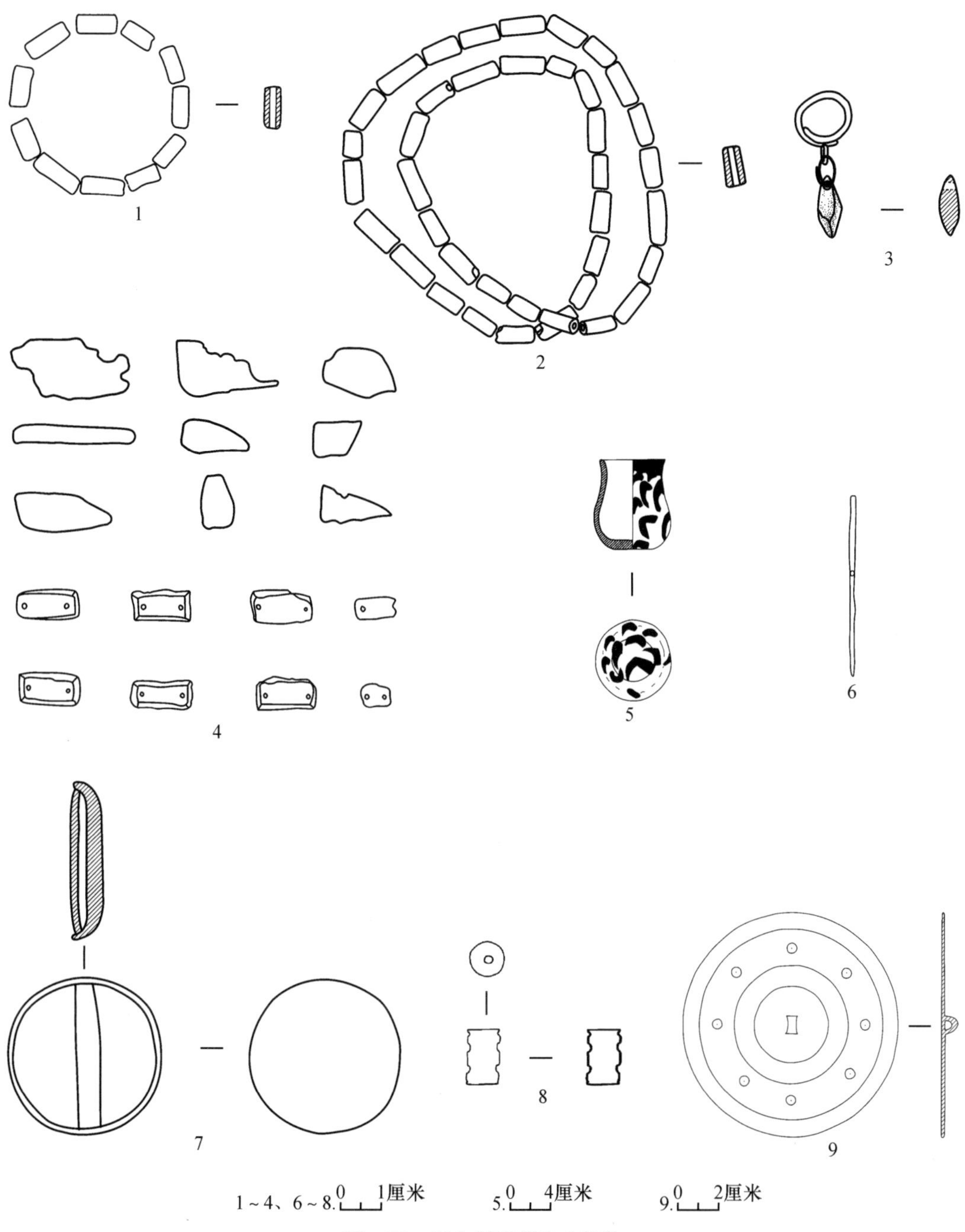

图一五　竖穴石棺墓出土遗物

1、2. 滑石珠串（XHLM1A：1、XHLM1B：1） 3. 金耳环（XHLM1B：2） 4. 金箔片（XT6M3A：4） 5. 陶壶（XT6M2：2） 6. 铜锥（XAYM2A：7） 7. 铜扣（XHLM1B：3） 8. 金珠饰（XT6M3A：5） 9. 铜镜（XT6M3A：9）

2. 墓葬举例

XA1M5　位于阿西勒1号墓群南部，墓室平面呈东西向的长方形。墓向270°。墓室长2.6、宽1.2、深1.2米。墓底有一周生土二层台，墓坑较浅，填土为黄褐色，包含物较纯。墓室内葬两个个体，呈上下叠压放置，为成年男女，人骨保存较完整，仰身直肢，头西脚东，面朝上。在上层人骨右股骨一侧出土1件砺石（图一六）。

XA2M1　位于阿西勒2号墓群南部，西邻M2。竖穴土坑墓，墓室平面呈东西向的长方形。墓向280°。墓室长2.3、宽0.75、深1.6米。墓室内葬一个体，为40～45岁成年女性，人骨保存较完整，仰身直肢，头西脚东，面朝上。在其身右侧随葬2件陶罐（器口用薄片石相盖）、1把铁刀（图一七）。

XA2M2　位于阿西勒2号墓群南部，东邻M1。竖穴土坑墓，墓室平面呈东西向的长方形。墓向290°。墓室长2.1、宽0.7、深1.2米。墓室内葬一个体，为20岁左右成年女性，人骨保存较完整，仰身直肢，头西脚东，面朝上。在其身左侧随葬2件陶罐和1件铜刀，头端有1把铁刀和1件铜簪（图一八）。

XT3.5M1　位于铁木里克以西3.5千米处墓群南部。地表封堆由土石混筑而成，平面呈圆形，封堆中心堆有圆形土堆，外包一层山石和鹅卵石，山石层外再堆土，外围再堆砌一圈石环带，封堆中部石块部分缺失。封堆直径39、高约4米。竖穴土坑墓，墓室位于封堆中部下，平面呈正方形（略微口大底小）。墓向95°。墓室东西长6、宽5.8、深2.2米。墓口四周铺一层碎小石子，其上铺设南北向棚木，棚木大多已朽（东西两侧保存较好，中部破坏，严重塌陷），两端用卵石叠压，西南角有严重火烧痕迹。在墓口东部有一个呈斜坡状短墓道（长4.3、宽约1.3米），墓葬埋葬完毕，以石块封堵。墓室底部用薄片石平铺一层，四周有砌石现象，由于墓葬经过多次盗掘，破坏严重。在西壁、北壁各发现一个盗洞，在南壁则发现2个盗洞。墓室被盗掘一空，连人骨也几乎不见，仅出土几块碎小金箔片（图一九；图版九，2）。

XAKM1　位于阿克塞沟口墓群南部。地表封堆由土石混筑而成，平面呈圆形，直径11、高约1.3米。竖穴土坑墓，墓室位于封堆中部下，平面呈圆角长方形正方形。墓向315°。墓室东西长4.3、宽1.5、深2.9米。墓底西部留有生土二层台，二层台长4、宽约0.6、高0.25米。墓底葬2个个体，仰身直肢，头西脚东，北部战争个体从股骨以上缺失（应是经过盗扰所致），南部未成年个体保存较好，二者错位并列。在南部个体头端随葬有带柄铜镜、石盘、石杯、眉笔、骨饰、料珠、金耳环、小铜鍑、铜饰件等遗物（图二〇）。

XSHM5　位于萨哈西北墓群南部，竖穴土坑墓，墓室平面呈圆角东西向的长方形。墓向278°。墓室长2.7、宽0.85、深1.25米。墓坑较浅，内葬一20～25岁成年男性个体，人骨保存较完整，仰身直肢，头西脚东，面朝上。在其头骨右侧随葬1件陶及羊椎骨（图二一）。

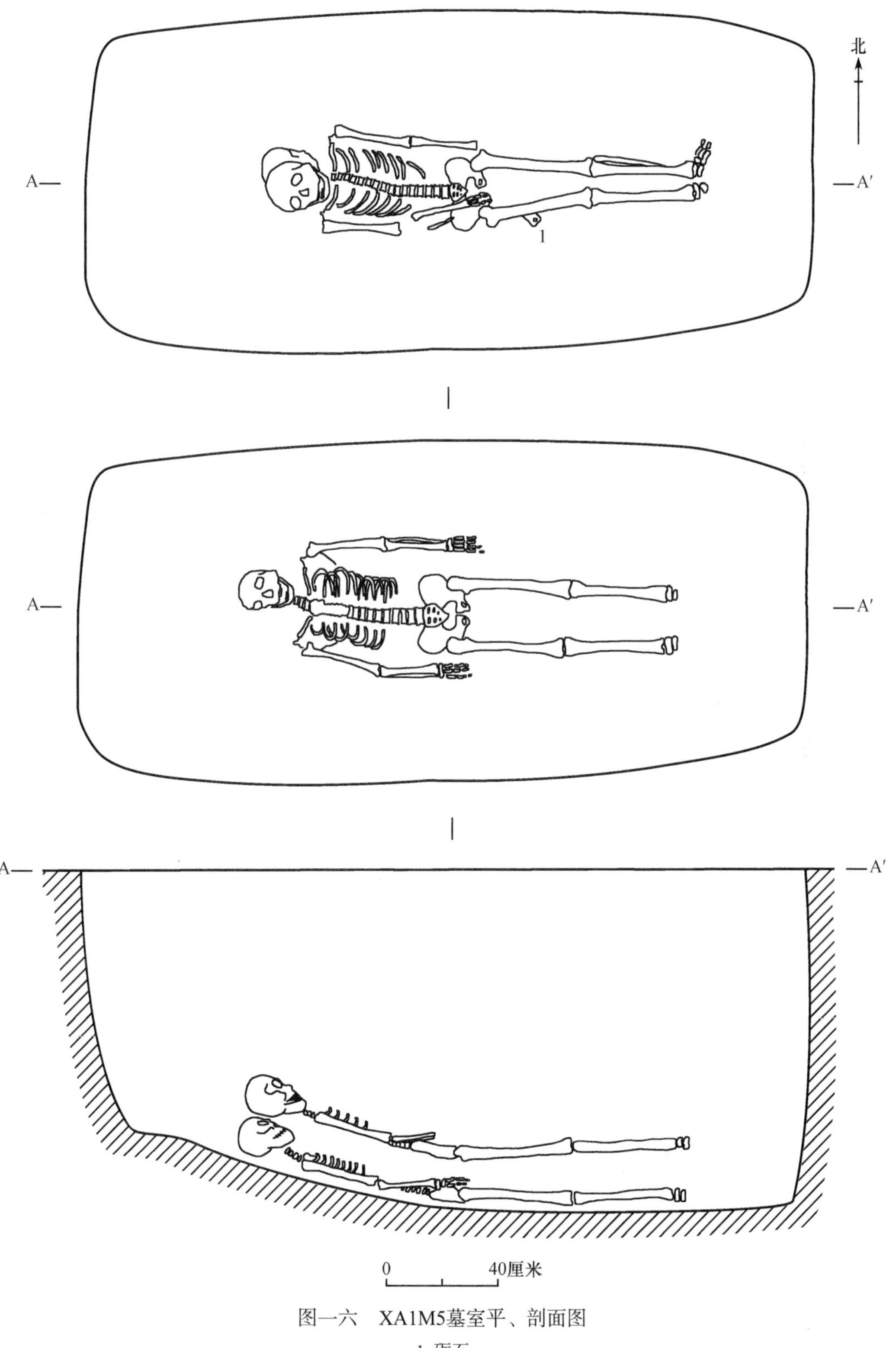

图一六　XA1M5墓室平、剖面图

1. 砺石

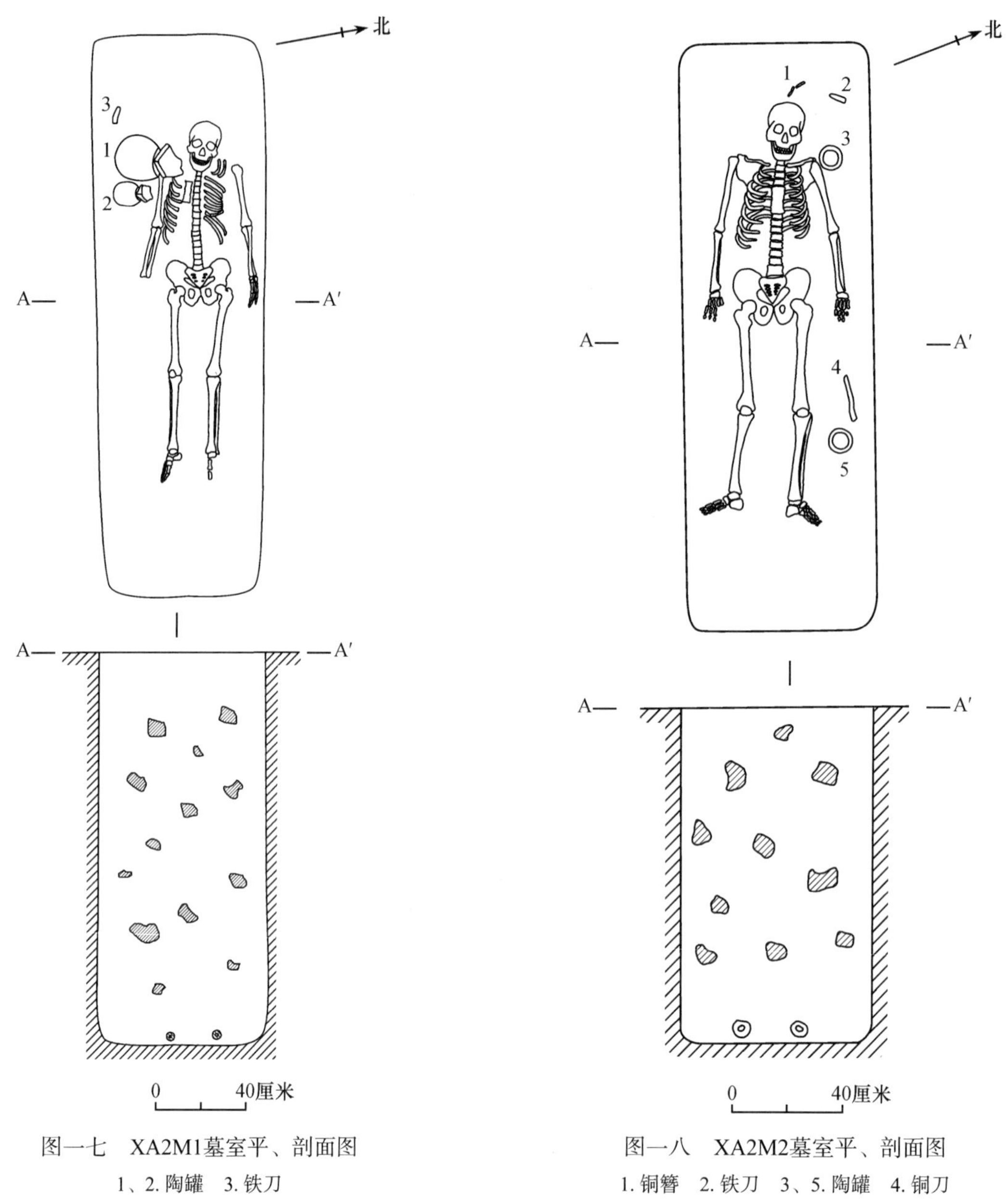

图一七　XA2M1墓室平、剖面图
1、2. 陶罐　3. 铁刀

图一八　XA2M2墓室平、剖面图
1. 铜簪　2. 铁刀　3、5. 陶罐　4. 铜刀

XZKM1　位于则克台墓群南部，多室墓，从南往北依次编号为A、B、C、D墓室。均为竖穴土坑墓（墓底南北两侧均带较窄生土二层台）。A墓室平面呈东西向长方形。墓向276°。墓室东西长2.37、宽0.83、深1.1、二层台高0.25、宽0.18米。内葬一25岁左右成年男性个体，仰身直肢，头西脚东，无随葬品；B墓室平面呈东西向长方形。墓向285°。墓室东西长2.06、宽0.66、深0.9、二层台高0.2、宽0.17米。内葬一25岁左右成年男性个体，仰身直肢，头西脚东，在其腰部出土1件骨质带扣；C墓室平面呈东西向长方形。墓向280°。墓室东西长2.48、宽0.9、深1.1、二层台高0.2、宽0.16米。内葬

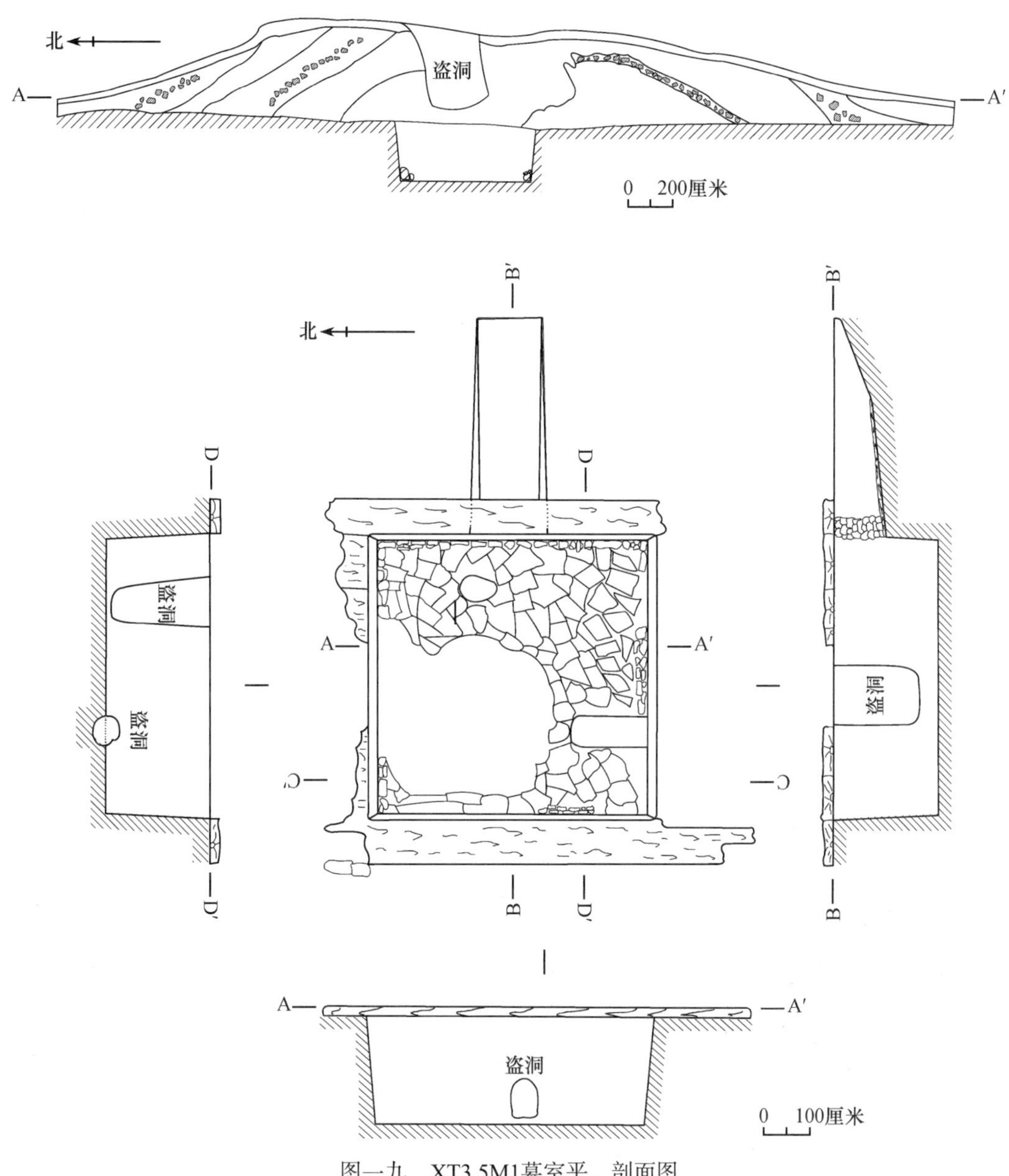

图一九 XT3.5M1墓室平、剖面图

一25岁左右成年男性个体，仰身直肢，头西脚东，在其头骨右侧随葬1件陶罐；D墓室平面呈东西向长方形。墓向302°。墓室东西长2.83、宽1、深1.36、二层台高0.3、宽0.15米。内葬一25岁左右成年女性个体，仰身直肢，头西脚东，在其左手旁出土残铁刀（图二二）。

XAYM5 位于阿尤赛沟口墓群西部。墓室平面呈东西向长方形，墓向315°。墓室长3.5、宽1.05、深1.8米。墓底南北两侧留有生土二层台，二层台宽约0.17、高0.57米。二层台上平铺南北向条状大石块作为盖板。墓底葬1个个体，仰身直肢，头西脚东。在墓主头端随葬有2件铜簪、1枚滑石珠和残铁块及羊的骨殖（图二三）。

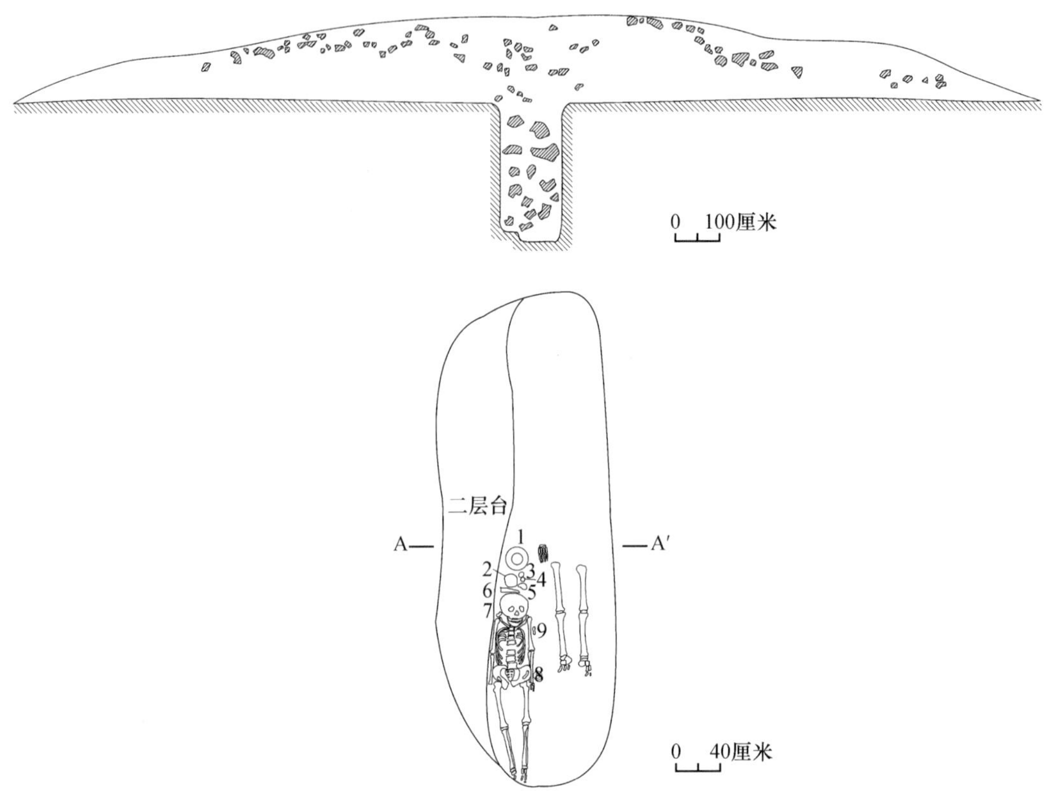

图二〇　XAKM1墓葬结构图

1. 石盘　2. 铜镜　3. 石杯　4. 骨器　5. 眉笔　6. 石膏条　7. 铜簪　8、9. 铜饰

3. 出土随葬品

此类墓葬规模大者，盗扰严重，遗物稀少，规模小者，随葬陶器、铜刀、砺石等。

陶器　15件。均手制，夹砂红陶，按器形可分罐、壶、钵三类。

陶罐　9件。1件无耳。

XA2M1：1，圆唇，侈口，溜肩，鼓腹，圜底。口径11、腹径20、高23.4厘米（图二四，4）。

XA2M1：2，单耳，方唇、直口、鼓腹、圜底。器表上部饰红色不规则网格纹，口沿内侧饰垂带纹。口径8、腹径10.6、高12.4厘米（图二四，11）。

XA2M3：2，单耳，方唇，微敛口，鼓腹，圜底。口径10.72、腹径12.8、高13.3厘米（图二四，1）。

XSHM5：1，单耳，圆唇，敛口，鼓腹，圜底。口径10.6、腹径14.4、高13厘米（图二四，15）。

XZKM2：2，单耳，圆唇，微侈口，溜肩，鼓腹，小平底。口径9.1、腹径15.2、底径6、高14.5厘米（图二四，14）。

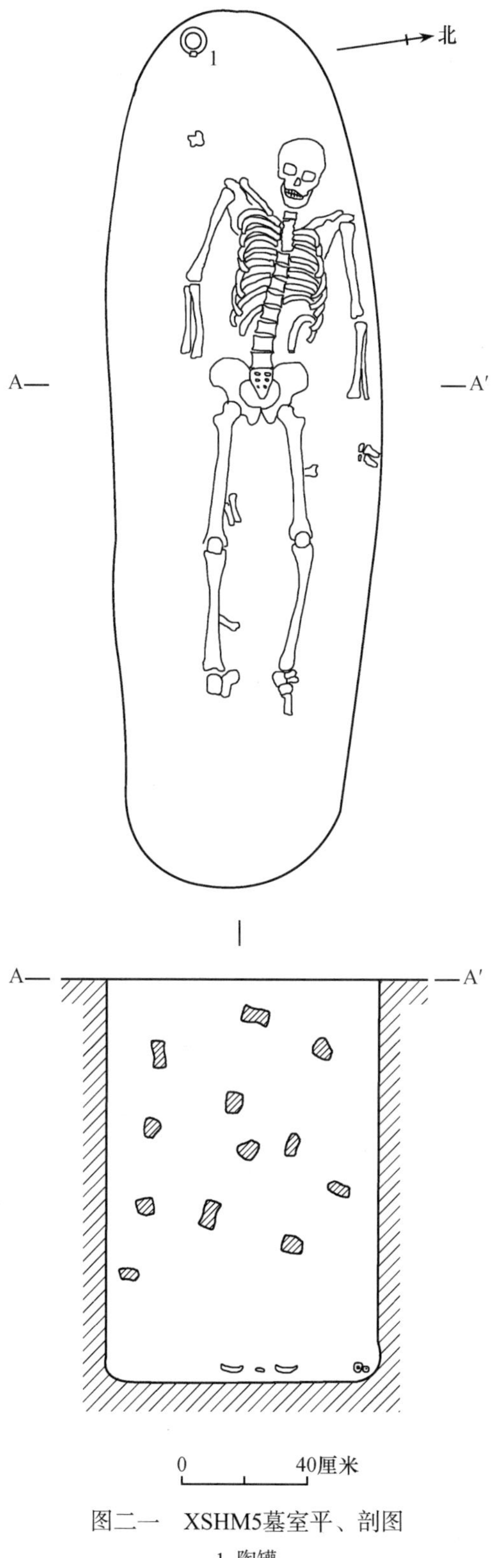

图二一 XSHM5墓室平、剖图

1. 陶罐

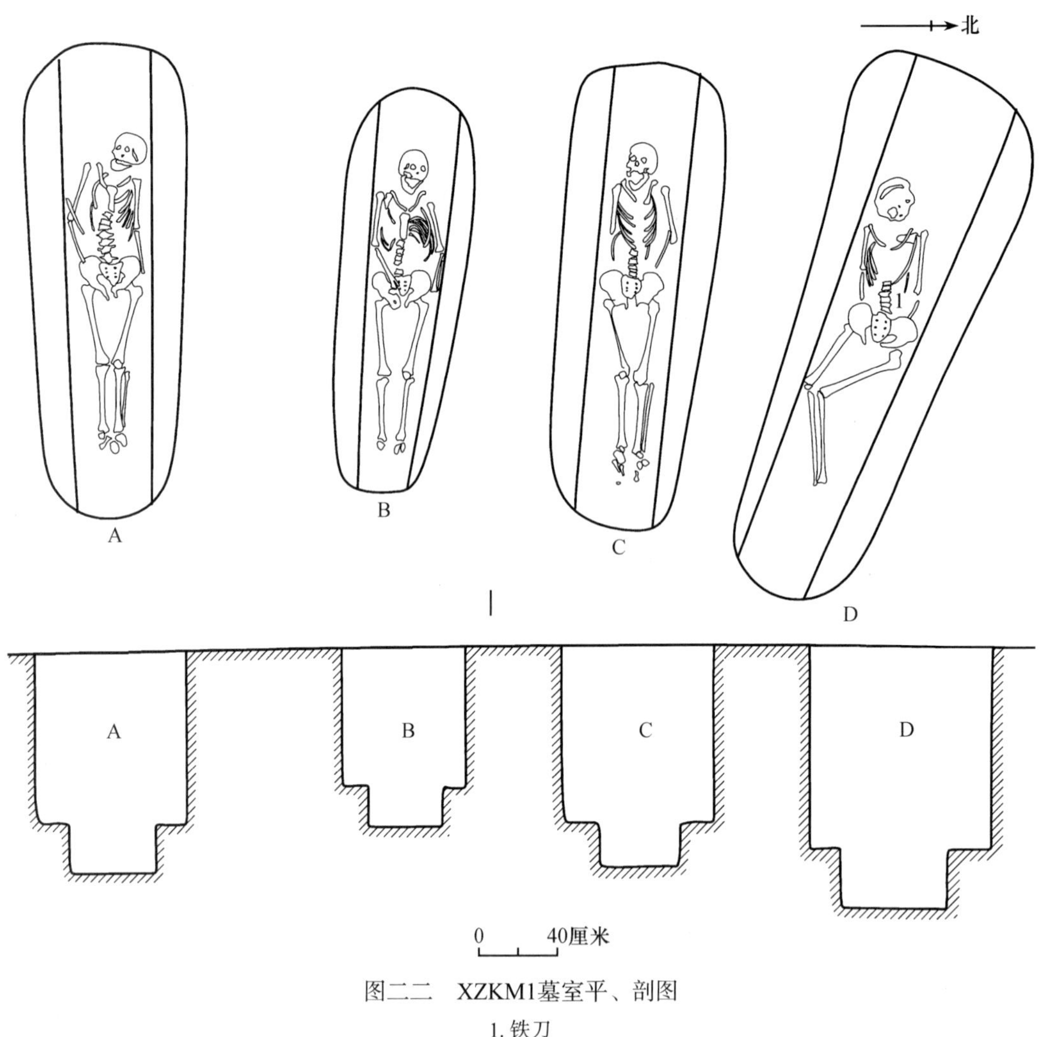

图二二　XZKM1墓室平、剖图
1. 铁刀

XTLM9：1，单耳，尖唇，敛口，鼓腹，圜底。口径12.4、腹径19.5、高17.2厘米（图二四，12）。

XTLM9：2，单耳，尖唇，敛口，鼓腹，圜底。口径12、腹径19.2、高16厘米（图二四，13）。

XAKM7：1，单耳，口残，束颈，溜肩，鼓腹，圜底。残口径13.2、腹径24.8、残高34.7厘米（图二四，2）。

XTLM6A：1，单耳，方唇，侈口，鼓腹，圜底。口径9、腹径12.8、高14.6厘米（图二四，3）。

陶壶　5件。

XA2M2：3，圆唇，侈口，束颈，垂腹，平底。口径6.7、腹径8.8、底径5.2、高9.2厘米（图二四，8）。

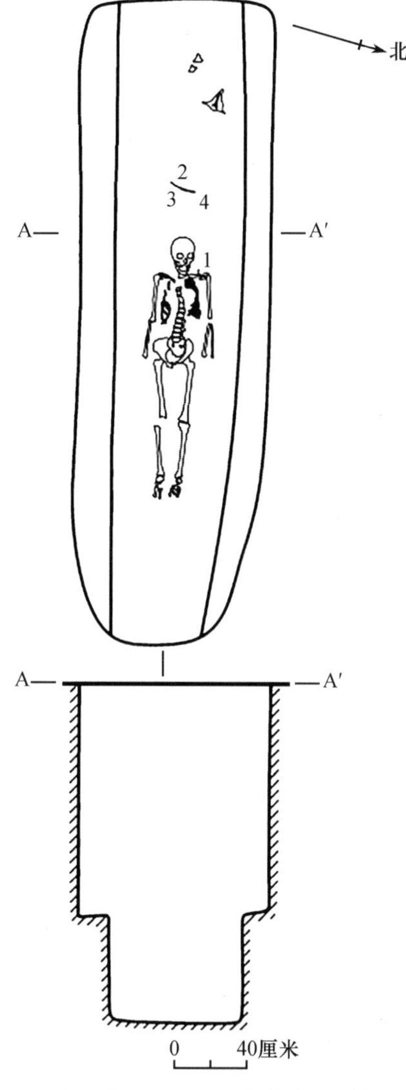

图二三　XAYSM5墓室平、剖图

1. 滑石珠　2、3. 铜簪　4. 残铁块

XA2M2：4，圆唇，侈口，束颈，鼓腹，小平底（倾斜）。颈部饰倒三角纹，腹部饰三角网格纹。口径6.96、腹径8.4、底径4.6、高11.2厘米（图二四，7）。

XT6M8：2，方唇，微侈口，束颈，鼓腹，圜底。腹部刻划一周倒三角纹。口径10、腹径16、高21.4厘米（图二四，10）。

XZKM6：1，尖唇，侈口，束颈，垂腹，小平底。口径6、底径7、高23厘米（图二四，9）。

XTLM9：3，圆唇，微侈口，束颈，鼓腹，圜底。口径7.6、高27厘米（图二四，6；图版一〇，2）。

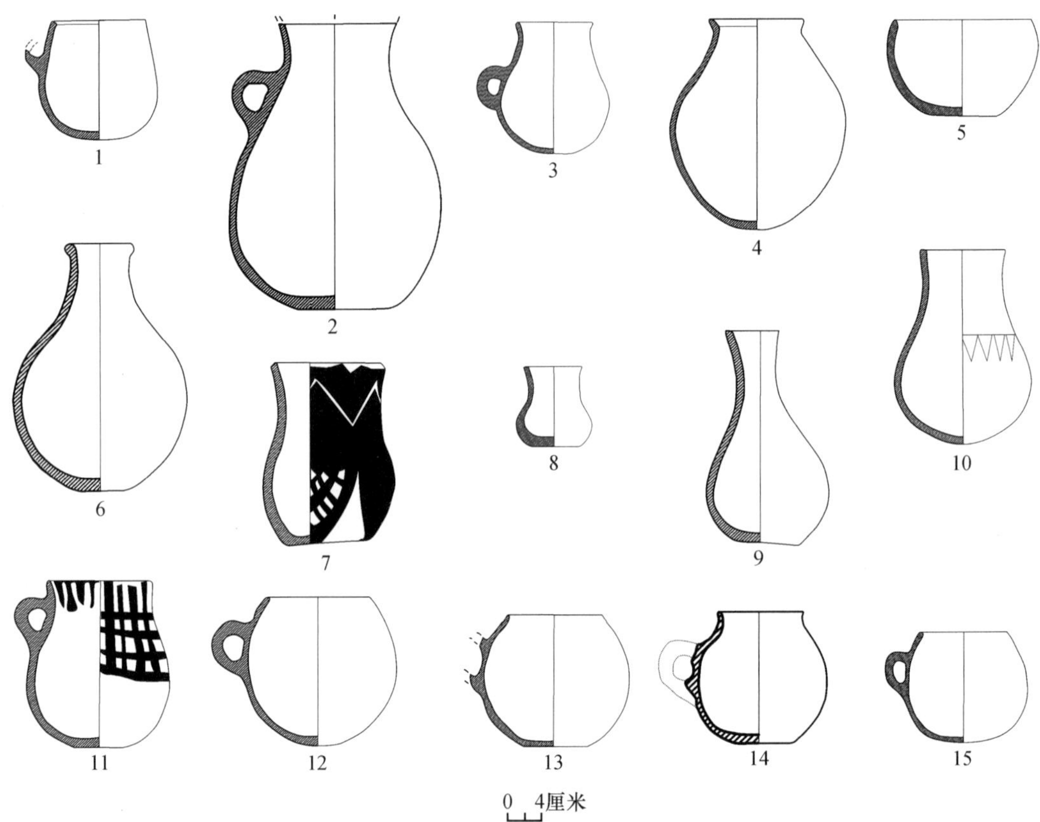

图二四　竖穴墓出土陶器

1～4、11～15. 罐（XA2M3：2、XAKM7：1、XTLM6A：1、XA2M1：1、XA2M1：2、XTLM9：1、XTLM9：2、XZKM2：2、XSHM5：1）　5. 钵（XT6M5：1）　6～10. 壶（XTLM9：3、XA2M2：4、XA2M2：3、XZKM6：1、XT6M8：2）

陶钵　1件。XT6M5：1，圆唇，敛口，鼓腹，平底。口径15.6、腹径17.5、底径7、高10.8厘米（图二四，5）。

石器　7件。

石盘　1件。XAKM1：1，圆形，打磨光滑。方唇，直口，浅腹，平底。直径21、底厚3.2、腹深0.8厘米（图二五，18；图版一〇，6）。

眉笔　2件。圆锥状。

XAKM6：7，通长9.6厘米（图二五，20）。

XAKM1：5，通长8厘米（图二五，19）。

砺石　3件。

XA1M5：1，长条状，一端有穿孔，一端已残。通长7.8、宽3、孔径0.6厘米（图二五，17）。

XTLM6C：1，条状，亚腰，具有天然纹理。通长8.9、宽3～3.4、厚0.7～1.4厘米

（图二五，16）。

XT6M8：5，红褐色砂岩加工而成。长条状，一端穿孔，一端残断。残长8.4、宽1.85、厚1.35、孔径0.6厘米（图二五，15）。

石杯 1件。XAKM1：3，石质，黑色，打磨光滑圆润，圆唇，微敛口，浅腹，圜底。口径6.3、高3.7厘米（图二五，32）。

骨器 5件（组）。

骨雕 1件。XAKM1：10，以一节动物骨头雕刻打磨而成。为一野猪头形象，雕工精湛，制作精良，一端有斜向穿孔。通长5.5、孔径1厘米（图二五，21；图版一〇，7）。

骨饰 1件。XAKM1：4，形似权杖头，圆形，中部穿孔，一头大一头小。直径3.1、孔径分别为1.1、1.5厘米（图二五，22）。

骨镞 1组（9枚）。XZKM10：4，三翼，扁平铤。通长约5厘米（图二五，29；图版一〇，8）。

骨扣 1件。XZKM10：3，长柱状，中间有椭圆形穿孔。高1.5、直径0.5～0.8、孔径0.4～0.65厘米（图二五，23）。

骨器 1件。XZKM1B：1，呈不规则长方体，其中一面为梯形，有四孔相通，两两相通，应为节约之用。长2.8、宽1.9、高4.3、孔径1.1～1.3厘米（图二五，24）。

铜器 15件（组）。

铜鍑 1件。XAKM1：14，双立耳，深腹，高圈足。高1.7、足高0.45、直径0.7厘米；腹高0.8、腹径0.9厘米；耳高0.45、宽0.4、壁厚约0.1厘米（图二五，2；图版一一，2）。

铜刀 2件。

XA2M3：1，直柄，单面刃。通长13.9、柄部长8、宽约1.3、厚0.45厘米（图二五，9）。

XA2M2：5，直柄，单面刃。通长15.9、柄部长7.4、宽约0.8、厚0.3厘米（图二五，8）。

铜镜 XAKM1：2，带柄，圆形镜面。直径12、厚0.15～0.2厘米。长条形柄，通长9.8、厚0.25～0.9厘米（图二五，13；图版一一，13）。

铜管 6件。圆柱状，中空，中部略鼓，两端为螺丝状。标本XAKM1：9，通长3.3、孔径0.3厘米（图二五，1）。

铜铃 1件。XAKM6：3，古钟形。通高3.4厘米（图二五，3）。

铜簪 5件。

XTLM8：1，圆柱状。残长9.1厘米（图二五，4）。

XTLM5：2，圆柱状，残长5.1厘米（图二五，11）。

XZKM10：1，柱状，一端为站立大角山羊造型，一端已残。残长4.3、山羊高1.9厘

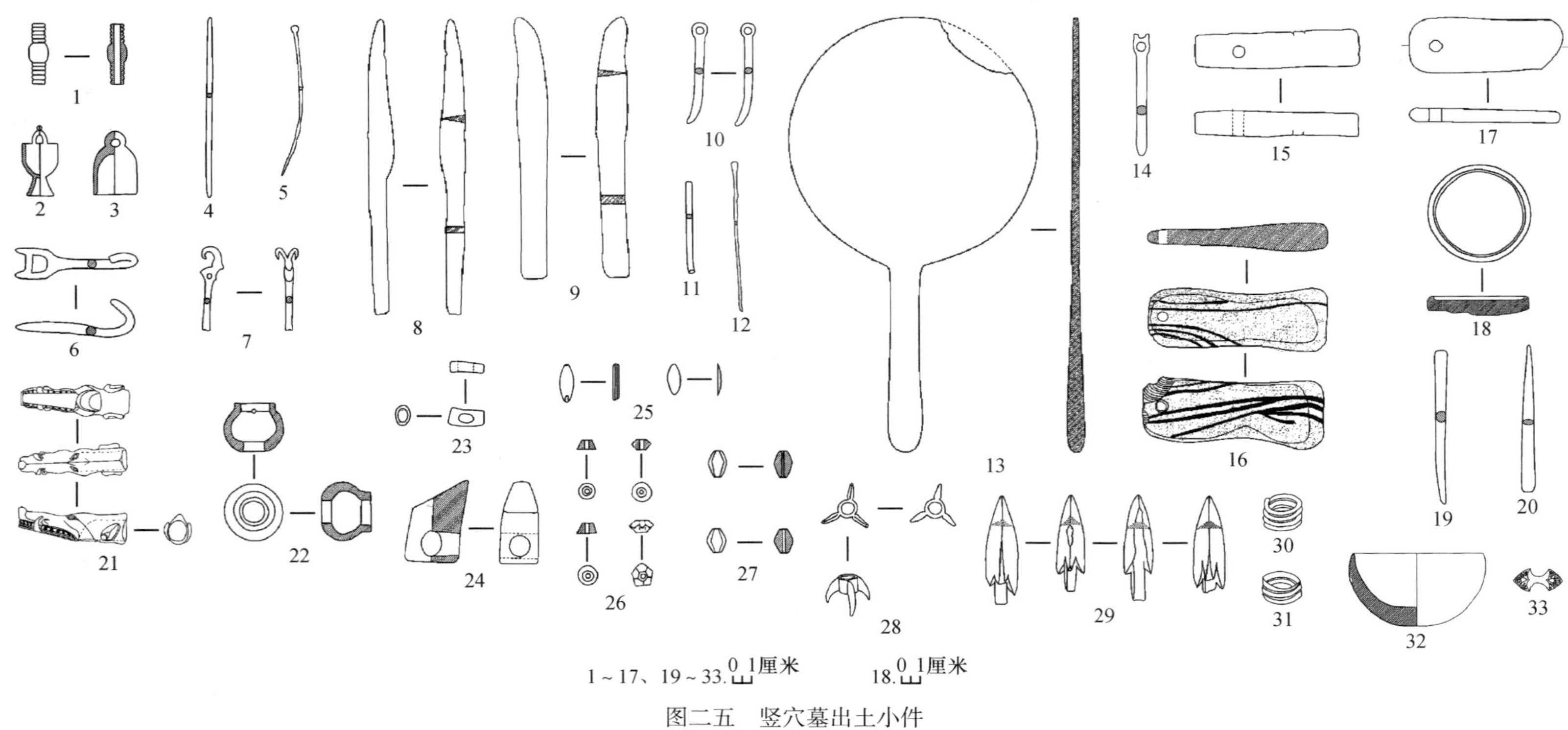

图二五　竖穴墓出土小件

1. 铜管（XAKM1：9）　2. 铜鍑（XAKM1：14）　3. 铜铃（XAKM6：3）　4、5、7、11、12. 铜簪（XTLM8：1、XAYM5：2、XZKM10：1、XTLM5：2、XAYM5：3）　6、10、14. 铜饰（XT6M8：3、XZKM10：2、XT6M8：1）　8、9. 铜刀（XA2M2：5、XA2M3：1）　13. 铜镜（XAKM1：2）　15～17. 砺石（XT6M8：5、XTLM6C：1、XA1M5：1）　18. 石盘（XAKM1：1）　19、20. 眉笔（XAKM1：5、XAKM6：7）　21～24、29. 骨器（XAKM1：10、XAKM1：4、XZKM10：3、XZKM1B：1、XZKM10：4）　25. 戒面（XAKM1：20）　26、27. 珠饰（XAKM6：2、XTLM9：2）　28. 残铜镞（XZKM10：5）　30、31. 戒指（XTLM9：4、XAKM6：1）　32. 石杯（XAKM1：3）　33. 金箔（XT3.5M1：1）

米（图二五，7；图版一一，10）。

XAYM5：2，锈蚀严重。整体略呈弧形，圆柱形长条状，顶端稍大、稍扁，底端呈尖状。通长15.85、直径0.35厘米（图二五，5）。

XAYM5：3，锈蚀严重。整体略呈弧形，圆柱状长条形，顶端稍大、稍扁，扁状处微翘起呈弧形，另一端呈尖状。通长15.8、直径0.35厘米（图二五，12）。

铜镞 1件。XZKM10：5，残，仅剩尾部，銎孔，三翼尾（图二五，28）。

铜饰 3件（组）。

XT6M8：1，呈圆柱状，一端有穿孔，一端圆尖状。通长6.4、直径5、孔径约4.5厘米（图二五，14）。

XT6M8：3，通体呈圆柱状，一端弯曲成钩状，一端为U形，中间有横梁。通长6.3、直径约5厘米（图二五，6）。

XZKM10：2，1组（2件），呈柱状，一端为环形，中间有穿孔，一端略微弯曲。通长5.2、直径0.2～0.4、孔径0.45厘米（图二五，10）。

其他 5件（组）。

金戒指 1件。XAKM6：1，圆形，以一条金箔弯曲三圈而成（图二五，31；图版一一，9）。

银戒指 1件。XTLM9：4，圆形，以一条银丝弯曲四圈而成（图二五，30；图版一一，6）。

戒面 1组（13枚），XAKM1：20，质地不明，半透明晶体。其中5枚呈橄榄形，两端较尖，中间有穿孔。长2、宽0.8、孔径0.1、厚0.3厘米。另8枚呈单片状（图二五，25；图版一一，5）。

玛瑙珠 1组（4枚）。XAKM6：2，红色，圆形，中间穿孔（图二五，26）。

珠饰 1组（2颗）。XTLM9：2，紫色，棱柱状，中间穿孔（图二五，27；图版一一，15）。

金箔片 1件。XT3.5M1：1，呈蝶形，两边对称各有三个针眼穿孔，有压印纹。通长2.5、最宽处1.2厘米（图二五，33；图版一一，7）。

三、结　语

从发掘情况来看，本次发掘的80座墓葬，虽然属于不同的墓群，但整体属于巩乃斯河谷，具有一定的共性。在这里，为了便于介绍，将发掘墓葬按考古学类型学方法划分为竖穴土坑偏室墓、竖穴土坑石室墓和竖穴土坑墓等三种类型，一方面是按照墓葬的墓室结构不同进行区分，另一方面是根据伊犁地区历年发掘的墓葬进行比对分析研究，这三类墓葬类型基本反映了伊犁河谷早期铁器时代（即公元前1000年至公元前后）墓葬发展或演变情况，代表着伊犁河谷早期铁器时代主要墓葬类型。当然，这种划分也不是绝对的，如竖穴土坑墓几乎存在于不同时期、不同文化中 ，因为同一考古学文化也可以包含不同墓葬形制，如在流行竖穴偏室墓时期同时存在少量竖穴土坑墓，它们具有相同的葬俗和随葬品，就如本次在萨哈西北墓群发掘的M5，按照墓葬形制属于典型的竖穴土坑墓，但其相邻墓葬均为竖穴偏室墓，其反应的文化特征也与竖穴偏室墓雷同。

这三类墓葬在伊犁地区均有大量发掘，我们对其年代、文化特征内涵也有了一定的了解[1]。在墓葬的分布态势、封堆的营建方式和埋葬习俗等方面都有高度的相似性和传承性。墓葬大体都成南北链状排列分布，三类墓葬夹杂分布，但少有叠压打破关系，地表上均见圆形土石封堆，大型墓葬封堆则好似二次封土形成（大封堆包裹小封堆），葬式方面均流行仰身直肢葬，方向也保持一致，头西脚东；以单人一次葬为主。同时，三类墓葬也具有各自相对独立的文化特征，一方面反映在墓室结构不同，一方面反映在随葬品的差异上。

竖穴土坑偏室墓，墓室平面呈东西向长方形，竖穴中填充大量石块，偏室一律开在墓坑的北壁，平底弧形顶，与偏室对应一侧均留有低矮生土二层台，偏室口用大块片石或条长石封堵；人骨葬于偏室内，流行单人一次葬，仰身直肢，头西脚东；随葬品置于墓主头端右侧，一般为1件陶器（彩陶居多，以片石封盖）、1把铁刀及羊骨组合。陶器则以圜底为主，器类以罐、壶为主。彩陶风格独特，一般通体饰彩，以三角纹、直线几何纹、 菱格纹、平行线纹、折线纹等为主构设图案重复排列。^{14}C数据显示，其主体年代在公元前8世纪～前5世纪。

竖穴土坑石室墓，以前我们也称之为石棺墓，严格的说是竖穴石椁墓，因为在个别墓室中发现了木质葬具，如铁木里克以东6千米处墓群M3A墓室中，还有2014年发掘的乌吐兰墓地M3[2]，四壁砌石起到的是椁室或二层台的作用。流行多室墓，即一个封堆下有2～4座墓室。墓室平面呈圆角长方形，均为单人一次葬，婴幼儿石棺多位于封堆北端边缘，显示这时有比较强的血亲观念。随葬品以陶器为主，器类有钵、罐、盆等（出现带流器物），少量彩陶。此外，还有铜镜、铜牌饰、铁刀、金耳环、玛瑙、滑石珠等串饰。用牲方面，除常见的羊骶骨外，还可见牛骶骨。流行单人一次葬，仰身直肢，头西脚东，从乌吐兰墓地保存完好的墓葬看，随葬陶器数量明显增多，均位于人骨右侧。^{14}C数据显示，其年代约公元前3世纪前后。

竖穴土坑墓（以大型土墩墓葬为代表），墓葬规模较大，主要体现在巨大的封堆（30～100米）犹如一座小山丘，其二是墓室规模也较大，一般5米见方。墓口或二层台均有棚木现象，其上填大量石块。一般为多人合葬（明显具有主从关系，一般有简单木质葬具），葬式也以仰身直肢为主，随葬金、铜、铁、陶等各类遗物，陶器不见彩陶，以素面陶罐、陶壶为主。这类墓葬数量众多、分布广泛，大型墓葬等级较高，墓葬均经多次严重盗扰，目前尚未发掘过一座完整者，如新源别斯托别墓地M1、M2、M3[3]、加噶村墓地M1、M2[4]，阿尤赛沟口等墓地M1、M2、M3[5]，尼勒克县加勒克斯卡茵特墓地[6]、特克斯河流域的恰普其海库区墓群[7]这类墓葬具有相同文化内涵，反映出一致文化面貌。^{14}C数据显示，其年代在汉代前后。

从测年数据也可以看出，这三类墓葬类型属于伊犁河谷早期铁器时代三个不同发展阶段，在时间上具有衔接关系，在文化内涵上也有承袭演变关系。相似的封堆结构、墓室填石相同的埋葬习俗（仰身直肢、头西脚东），显示三者具有较多相同文化因素，陶器风格由彩陶向素面过渡；器形由圜底向平底发展；竖穴土坑墓中生土二层台可以看做是竖穴石室墓四壁砌石的发展形态，但本质是一样的，都是为了在其上形成棚架，原木也替代了条石，明显具有演变发展的轨迹。

附记：此次发掘任务重，时间紧迫，在工作过程中得到了伊犁州文物局、新源县文物局及新疆维吾尔自治区交通建设管理局及施工单位（四、五标段）的大力支持和配合，在此表示衷心的感谢！人骨性别、年龄鉴定由吉林大学魏东老师及其研究生王永笛和刘妍现场完成，在此亦表示衷心感谢！

参加本次发掘的人员有阮秋荣、刘学堂、侯明明、郭瑶丽、沙特、西琳、陈璐佳、张相鹏、刘建军、胡海江、夏力哈尔、陈强、依克拉姆、牛翔宇、谭杰、杨衡、谢章伟等。

绘　　图：郭瑶丽　沙　特
器物摄影：刘玉生
器物修复：王　云
执　　笔：阮秋荣　郭瑶丽　沙　特

注　释

［1］阮秋荣：《尼勒克县乌图兰墓地分期研究——兼论伊犁地区史前考古学文化序列的构建》，《新疆文物》2015年第2期。

［2］新疆文物考古研究所：《尼勒克县乌图乌兰墓地考古发掘报告》，《新疆文物》2014年第1期。

［3］新疆文物考古研究所：《新疆新源县别斯托别墓地2010年的发掘》，《考古》2012年第9期。

［4］新疆文物考古研究所：《新源县加嘎村墓地考古发掘报告》，《新疆文物》2017年第1期；袁晓：《伊犁河上游早期铁器时代墓葬分期和谱系研究》，北京联合大学硕士学位论文，2018年，第41～45页。

［5］新疆文物考古研究所：《新源县阿尤赛沟口墓地、喀拉奥依墓地考古发掘报告》，《新疆文物》2013年第2期。

［6］新疆文物考古研究所、伊犁哈萨克自治州文物局：《尼勒克县加勒克斯卡茵特山北麓墓葬发掘简报》，《新疆文物》2006年第3、4期；新疆文物考古研究所、西北大学文化遗产与考古学研究中心、伊犁哈萨克自治州文物局：《尼勒克县加勒克斯卡茵特墓地发掘简报》，《新疆文物》2007年第3期。

[7] 新疆文物考古研究所：《伊犁恰普其海水利枢纽工程南岸干渠考古发掘简报》，《新疆文物》2015年第1期；新疆文物考古研究所：《特克斯县恰普其海A区XV号墓地发掘简报》，《新疆文物》2005年第4期；新疆文物考古研究所：《特克斯县恰普其海A区X号墓地发掘简报》，《新疆文物》2006年第1期；新疆文物考古研究所、伊犁州文物管理所：《特克斯县叶什克列克墓葬发掘简报》，《新疆文物》2005年第3期。

附表　2017年新疆伊犁州G218沿线（新源段）墓葬统计表

墓地	墓号		封堆		墓室		葬式	墓向	人数	年龄	性别	随葬品	殉牲	备注
			形制	尺寸（径×高）米	墓葬结构	尺寸（长×宽-高）米								
阿西勒1号墓群	M1		已破坏	不详	竖穴偏室	2.20×0.80-1.45	仰身微屈肢，头西脚东	300°	1	成年	女			
	M2		已破坏	不详	竖穴偏室	2.30×0.70-1.70	仰身直肢，头西脚东	295°	1	成年	男			上半身扰乱
	M3	A室	已破坏	不详	竖穴偏室	2.20×0.80-1.10	仰身直肢，头西脚东	285°	1	成年	女	铜镜、玛瑙珠		
		B室	已破坏	不详	竖穴偏室	2.80×1.20-1.50	仰身直肢，头西脚东	280°	1	成年	男			人骨扰乱
	M4		已破坏	不详	竖穴土坑	2.40×0.80-1.60	仰身直肢，头西脚东	305°	1	20±	女			骨架基本完好，头端见器物残留的放置凹坑
	M5		已破坏	不详	竖穴土坑	2.60×1.20-1.20	仰身直肢，头西脚东	270°	2	成年	男女	砺石		人骨上下叠压
	M6		已破坏	不详	竖穴偏室	2.20×0.80-1.80	仰身直肢，头西脚东	285°	1	40±	男	羊椎骨		
	M7		已破坏	不详	竖穴偏室	2.40×0.70-1.55	仰身直肢，头西脚东	280°	1	20±	女	残铁刀、羊骶骨		
	M8		已破坏	不详	竖穴偏室	2.30×0.70-1.30	仰身直肢，头西脚东	295°	1	40～45	女	陶罐、铁刀		

续表

墓地	墓号	封堆 形制	封堆 尺寸（径×高）米	墓室 墓葬结构	墓室 尺寸（长×宽-高）米	葬式	墓向	人数	年龄	性别	随葬品	殉牲	备注
阿西勒1号墓群	M9	已破坏	不详	竖穴偏室	2.50×0.60-1.20	仰身直肢，头西脚东	280°	1	35～40	女	陶罐、铁刀、眉笔、纺轮、羊椎骨	1	
	M10	破坏	不详	竖穴偏室	2.30×0.80-1.70	仰身直肢，头西脚东	290°	1	40±	男	陶罐	1	
	M11 A室	破坏	不详	竖穴偏室	2.00×0.60-1.50	仰身直肢，头西脚东	270°	1	25±	南	陶罐、羊椎骨	1	
	M11 B室	破坏	不详	竖穴偏室	1.90×0.60-0.70	仰身直肢，头西脚东	275	1	未成年		陶罐、羊椎骨		南偏室
	M12	破坏	不详	竖穴偏室	2.10×0.60-1.60	仰身直肢，头西脚东	300°	1	成年			1	头骨缺失
	M13	破坏	不详	竖穴偏室	2.30×0.80-1.50	仰身直肢，头西脚东	275°	1	25±	男	陶罐、羊椎骨		
阿西勒2号墓群	M1	破坏	不详	竖穴土坑	2.30×0.75-1.60	仰身直肢，头西脚东	280°	1	40～45	女	陶罐2、铁刀		
	M2	破坏	不详	竖穴土坑	2.10×0.70-1.20	仰身直肢，头西脚东	290°	1	20±	女	陶罐2、铜刀、铁刀、铜簪		
	M3	破坏	不详	竖穴土坑	2.00×0.80-0.90	仰身直肢，头西脚东	275°	1	成年		陶罐、铜刀		

续表

墓地	墓号	封堆		墓室		葬式	墓向	人数	年龄	性别	随葬品	殉牲	备注
		形制	尺寸（径×高）米	墓葬结构	尺寸（长×宽-高）米								
阿西勒2号墓群	M4	破坏	不详	竖穴偏室	2.30×1.10-0.95	仰身直肢，头西脚东	280°	1	25±	男	石器		
	M5	破坏	不详	竖穴偏室	2.20×0.80-1.60	仰身直肢，头西脚东	290°	2	男25± 女45±	男女	铁刀		2人合葬
	M6	破坏	不详	竖穴偏室	2.30×0.90-1.15	仰身直肢，头西脚东	290°	1	20±	女	陶罐、铜镜、铁刀、羊椎骨		
	M7	破坏	不详	竖穴偏室	2.40×0.75-1.28	仰身直肢，头西脚东	275°	1	40±	女	陶罐、铜刀、羊椎骨		
	M8	破坏	不详	竖穴偏室	2.60×0.60-1.25		295°	1			羊椎骨		扰乱严重
	M9	破坏	不详	竖穴偏室	2.20×0.80-1.10	仰身直肢，头西脚东	275°	2	45±	1女 1未成年	陶罐、羊椎骨		2人合葬
	M10	破坏	不详	竖穴偏室	2.60×0.8-1.55	仰身直肢，头西脚东	280°	1	25～30	女	陶罐、铁刀	1	
	M11	破坏	不详	竖穴偏室	2.50×0.75-1.60	仰身直肢，头西脚东	280°	1	20±	女	陶罐、铁刀	1	
	M12	破坏	不详	竖穴偏室	2.50×0.80-.1.10	仰身直肢，头西脚东	260°	1	30±	女	木盘（朽）、陶罐、纺轮、牛羊椎骨	1	
	M13	破坏	不详	竖穴偏室	2.80×0.8-1.80		270°					1	无人骨
	M14	破坏	不详	竖穴偏室	2.90×1.05-1.50	仰身直肢，头西脚东	275°	1	20±	男	陶罐	1	

续表

墓地	墓号	封堆		墓室		葬式	墓向	人数	年龄	性别	随葬品	殉牲	备注
		形制	尺寸（径×高）米	墓葬结构	尺寸（长×宽-高）米								
铁木里克以西3.5千米处墓群	M1	圆形	39.00×4.00	竖穴土坑	6.00×5.80-2.20		95°				金箔		大型墓葬，严重盗扰
	M2	已破坏	不详	竖穴偏室	3.00×1.20-2.75		283°	1	20±	男			严重扰乱
	M3	已破坏	不详	竖穴偏室	2.60×1.25-2.20	仰身直肢，头西脚东	263°	1	20±	男	铜镞		
	M4	已破坏	不详	竖穴土坑	3.10×2.20-4.20		280°						无人骨
阿克塞沟口墓群	M1	圆形	11.00×1.30	竖穴土坑	4.30×1.50-2.90	仰身直肢，头西脚东	315°	2	1未成年，1成年		铜镜、石盘、石杯、眉笔、骨饰、料珠、金耳环、小铜鍑、铜饰件等		有扰乱
	M2	已破坏	不详	竖穴偏室	2.30×0.90-2.30		280°	1			金耳环、铜饰件		严重盗扰
	M3	已破坏	不详	竖穴偏室	2.00×1.00-1.40	仰身直肢，头西脚东	290°	1	20±	女			上半身扰乱
	M4	已破坏	不详	竖穴偏室	3.00×1.10-1.30	仰身直肢，头西脚东	295°		30～35	女	陶罐、铁刀、石制研磨器		
	M5	圆形	7.20×0.70	竖穴土坑	2.50×1.50-1.40		295°						大型墓葬
	M6	已破坏	不详	竖穴土坑	3.05×1.40-2.00	仰身直肢，头西脚东南	290°	1					股骨以上缺失

续表

墓地	墓号	封堆		墓室		葬式	墓向	人数	年龄	性别	随葬品	殉牲	备注
		形制	尺寸（径×高）米	墓葬结构	尺寸（长×宽-高）米								
阿克塞沟口墓群	M7	已破坏	不详	竖穴土坑	3.50×1.10-1.90	仅剩小腿骨在生理位置摆放，应是仰身直肢，头西脚东	260°	1			带流陶罐、动物椎骨		严重盗扰
	M8	已破坏	不详	竖穴土坑	1.75×1.10-1.15	仰身直肢，头西脚东	295°						严重盗扰
萨哈西北墓群	M1	圆形	12.5×1.05	竖穴偏室	3.20×0.80-2.06	仰身直肢，头西脚东	270°	1	25±	男	铁刀		头骨移位
	M2	圆形	15.5×1.50	竖穴偏室	2.90×0.80-2.05	仰身直肢，头西脚东	280°						严重扰乱，人骨缺失
	M3	圆形	13.5×1.20	竖穴偏室	2.30×0.70-1.35	仰身直肢，头西脚东	280°	1	未成年		陶罐		
	M4	圆形	11×0.85	竖穴偏室	2.44×0.60-1.7	仰身直肢、头北脚南	270°	1	未成年		铁刀、羊骨		
	M5	圆形	8×0.50	竖穴土坑	2.70×0.85-1.25	仰身直肢，头西脚东	278°	1	20～25	男	陶罐、羊骨		
	M6	圆形	8×0.60	竖穴偏室	2.70×0.60-1.56		280°						盗扰，无人骨
	M7	已破坏	不详	竖穴偏室	2.70×0.60-1.70	仰身直肢，头西脚东	315°	1	成年	女	陶罐、羊骨		

续表

墓地	墓号		封堆		墓室		葬式	墓向	人数	年龄	性别	随葬品	殉牲	备注
			形制	尺寸（径×高）米	墓葬结构	尺寸（长×宽-高）米								
铁木里克以东6千米处墓群	M1		圆形	24×2.80	竖穴石室	6.20×2.20-2.10		285°				金箔、铜条		大型墓葬，严重扰乱
	M2		圆形	23×2.75	竖穴石室	6.00×2.10-2.40		275°				陶壶		大型墓葬，严重扰乱
	M3	A	破坏	不详	竖穴石室	3.80×2.00-2.20		280°	1			铜镜、金箔、铜饰、羊骨		严重扰乱
		B	破坏	不详	竖穴石室	2.00×0.85-1.75		285°	1					严重扰乱
	M4		圆形	20.5×2.15	竖穴石室	3.40×1.50-2.10		280°	1					中型墓葬，严重扰乱
	M5		破坏	不详	竖穴偏室	2.20×0.60-1.80	仰身直肢，头西脚东	305°	1	25±	男	陶罐		
	M6		破坏	不详										未发现墓室
	M7		破坏	不详										未发现墓室
	M8		破坏	不详	竖穴土坑	2.70×1.20-1.40	仰身直肢，头西脚东	215°	1	成年	男	陶罐、铜饰、石器、羊骨		

续表

墓地	墓号		封堆		墓室		葬式	墓向	人数	年龄	性别	随葬品	殉牲	备注
			形制	尺寸（径×高）米	墓葬结构	尺寸（长×宽-高）米								
则克台墓群	M1	A	破坏	不详	竖穴土坑	2.37×0.83-1.10	仰身直肢，头西脚东	276°	1	25±	男			
		B			竖穴土坑	2.06×0.66-0.90	仰身直肢，头西脚东	285°	1	25±	男	带扣		
		C			竖穴土坑	2.48×0.90-1.10	仰身直肢，头西脚东	280°	1	25±	男	陶罐		
		D			竖穴土坑	2.83×1.00-1.36	仰身直肢，头西脚东	302°	1	25±	女	铁刀		
	M2		破坏	不详	竖穴土坑	2.13×0.70-1.80	仰身直肢，头西脚东	290°	1	25～30	男	陶壶、铁刀		
	M3	A	破坏	不详	竖穴土坑	2.29×0.85-1.14	仰身直肢，头西脚东	274°	1	20～25	女	羊骨		
		B	破坏	不详	竖穴土坑	2.23×0.80-1.32	仰身直肢，头西脚东	277°	1	成年	男			
	M4		破坏	不详	竖穴偏室	2.68×1.25-1.68	仰身直肢，头西脚东	287°	1	成年	女	陶罐2		
	M5		破坏	不详	竖穴土坑	2.50×1.03-1.01	仰身直肢，头西脚东	297°	1	成年	男	铁刀		
	M6		破坏	不详	竖穴土坑	2.85×1.23-1.40	仰身直肢，头西脚东	285°	1	成年	女			

续表

墓地	墓号	封堆		墓室		葬式	墓向	人数	年龄	性别	随葬品	殉牲	备注
		形制	尺寸（径×高）米	墓葬结构	尺寸（长×宽-高）米								
则克台墓群	M7	破坏	不详	竖穴土坑	2.60×1.00-1.58	仰身直肢，头西脚东	262°	1	成年	女	石球		
则克台墓群	M8	破坏	不详	竖穴偏室	2.65×1.03-1.46	仰身直肢，头西脚东	301°	1	成年	女	陶罐		
则克台墓群	M9	破坏	不详	竖穴土坑	3.04×0.76-1.58		282°	1	成年	男	羊骨		
则克台墓群	M10	圆形	20×2.90	竖穴土坑	2.70×1.70-2.10	仰身直肢，头西脚东	215°	2	成年	不详	骨镞9、铜镞1、铁带钩1、铜饰2、骨饰1		大型墓葬
阿尤赛沟口墓群	M1	破坏	不详	竖穴土坑	5.27×3.09-2.29		270°				金箔、陶片		严重扰乱
阿尤赛沟口墓群	M2 A	圆形	26.70×1.90	竖穴石室	3.41×1.37-1.87		270°				金箔、残铁块、残铜锥、陶片		严重扰乱
阿尤赛沟口墓群	M2 B	圆形	26.70×1.90	竖穴石室	4.62×1.44-2.32		275°				金箔、铁块		严重扰乱
阿尤赛沟口墓群	M2 C	圆形	26.70×1.90	竖穴石室	3.48×1.60-2.33		280°						严重扰乱
阿尤赛沟口墓群	M2 D	圆形	26.70×1.90	竖穴石棺	3.80×1.66-2.30		270°				陶片、残铜件		严重扰乱
阿尤赛沟口墓群	M3	已破坏		竖穴偏室	2.30×1.10-1.90		270°				残铁刀		严重扰乱
阿尤赛沟口墓群	M4	已破坏		竖穴偏室	2.80×0.95-2.60		228°						严重扰乱
阿尤赛沟口墓群	M5	已破坏	不详	竖穴土坑	3.44×1.00-1.96	仰身直肢，头西脚东	315°	1	成年	女	铜簪2，铁刀、滑石珠、牛羊骶骨		

续表

墓地	墓号	封堆		墓室		葬式	墓向	人数	年龄	性别	随葬品	殉牲	备注
		形制	尺寸（径×高）米	墓葬结构	尺寸（长×宽-高）米								
铁列克特塞墓群	M1	圆形	26.70×1.90	竖穴偏室	3.87×1.98-2.97	仰身直肢，头西脚东	289°	1	25±	女	陶器2		严重盗扰
	M2	圆形	12×0.5	竖穴偏室	2.35×1.35-2.12		240°	1			骨铢、铁刀、金箔		严重扰乱
	M3	圆形	21×2.5	竖穴偏室	3.96×2.85-2.96		277°	3	成年	1男性、2不详	陶器2		严重扰乱
	M4	圆形	18×2.2	竖穴偏室	2.64×1.50-1.73		255°	2					严重扰乱
	M5	已破坏	不详	竖穴土坑	4.05×1.89-1.92		287°	1		不详			严重扰乱，仅剩下肢骨
	M6 A	破坏	不详	竖穴土坑	2.40×1.07-1.02	仰身直肢，头西脚东	320°	1	20±	女	陶罐		
	M6 B	破坏	不详		2.80×1.14-1.28	仰身直肢，头西脚东	313°	1	30～40	男			
	M6 C	破坏	不详		2.80×0.96-0.87	仰身直肢，头西脚东	319°	1	20±	男	石器		
	M7	破坏	不详	竖穴土坑	3.25×1.77-1.70		335°	1					扰乱

续表

墓地	墓号		封堆		墓室		葬式	墓向	人数	年龄	性别	随葬品	殉牲	备注
			形制	尺寸（径×高）米	墓葬结构	尺寸（长×宽-高）米								
铁列克特塞墓群	M8		破坏	不详	竖穴土坑	3.98×1.41-2.13	仰身直肢，头西脚东	313°	1	25～30	女	料珠、金箔		
	M9		破坏	不详	竖穴土坑	3.97×2.53-2.19		310°	1	25±	女	戒指、料珠、铜饰、残陶器2		严重扰乱
哈拉奥依以西墓群	M1	A	圆形	25×3.2	竖穴石室	5.00×1.90-2.05		2910°	1			残铁刀、骨铢、滑石珠		大型墓葬，严重扰乱
		B			竖穴石室			289°	1			金箔、滑石珠、铜扣、金耳环		
苏鲁萨伊墓群	M1		圆形	23×2.8	竖穴土坑	2.70×1.62-2.06		312°						大型墓葬、严重扰乱
	M2		圆形	25×3.10	竖穴土坑	4.30×2.10-2.40		292°				残铜镜、残陶罐、石器		大型墓葬、严重扰乱

新疆伊犁州墩那高速公路尼勒克段沿线古代墓葬的发掘

新疆文物考古研究所
中国人民大学历史学院考古文博系
伊犁州文物局
尼勒克县文物局

2017年5月5日～7月28日，由中国人民大学历史学院考古文博系与新疆文物考古研究所、伊犁州文物局、尼勒克县文物局组成联合考古队对墩那（伊宁市墩麻扎至那拉提镇）高速公路尼勒克段沿线的古墓葬进行了抢救性发掘。发掘地点位于尼勒克县西南端阿布热勒山南麓的山前地带，巩乃斯河北岸的克令乡黑山头村至木斯乡乌吐村之间，东西长约60千米，地理坐标为东经82°51′40″、北纬43°34′44″至东经82°27′27″、北纬43°36′22″，平均海拔约820米（图一）。

墩那高速公路尼勒克段沿线古墓葬分布在Ⅱ、Ⅲ两个标段，其中Ⅱ标段发掘墓葬14座，Ⅲ标段发掘墓葬98座，共计112座墓葬，出土器物200余件。墓葬多分布在阿布热勒山的山前开阔地带，或沿山梁南北向链状分布。墓葬地表多有土石混合的封堆，多呈圆形或椭圆形。部分墓葬有圆形石围，还有少量无封堆地表石棺墓。墓室大部分为东西向或西南—东北向，少量为南北向。葬式以仰身直肢葬为主，少数为仰身屈肢，侧身屈肢；以头西脚东为主，少数为头东脚西或头北脚南。大部分为中小型墓葬，封堆直径7～15、高0.3～1米。大型墓葬仅有2座，其中1座有圆形环壕，地表封堆直径34、残高3米。另外1座封堆为东西狭长、南北较窄的橄榄形，东西长35米，南北宽13米。依据形制，这批墓葬可分竖穴土坑墓、竖穴土坑石棺墓、竖穴土坑偏室墓、有封堆地表石棺墓、无封堆地表石棺墓。根据墓葬形制及随葬品判断，此次发掘的墓葬年代属于铜石并用时代、青铜时代晚期、早期铁器时代三个阶段。

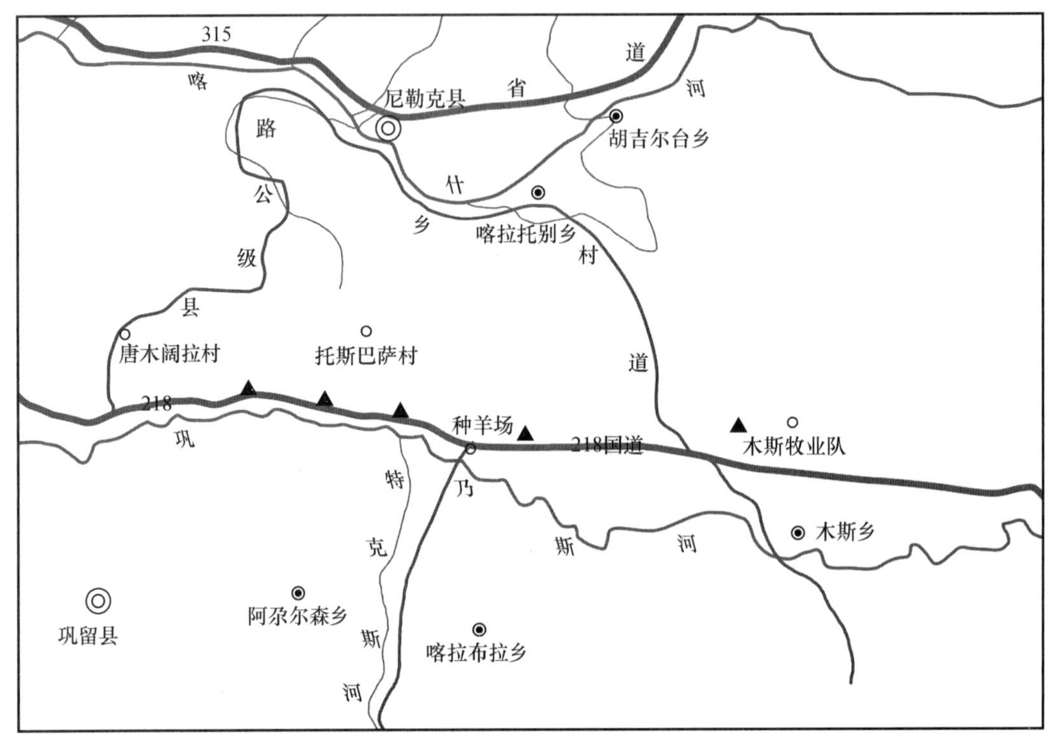

图一　墓葬位置示意图

一、铜石并用时代墓葬

仅发现ⅢM5。

（一）墓葬形制

ⅢM5地处Ⅲ标段，位于山前开阔地带，封堆下有3座墓室和立石遗迹，分别编号为ⅢM5A、ⅢM5B、ⅢM5C和ⅢM5L。墓室结构有竖穴土坑、竖穴偏室两种。ⅢM5地表有低矮的石封堆，平面近似圆形，推测原直径约7.5、高约0.4米。封堆外围有石圈。墓室位于石圈内，均为东西向，A墓室位于石堆的东北部，B墓室略偏西南，C墓室位于石堆南端。墓道或墓室内均填土和砾石。L位于A墓室南约1.5米、封堆东部下深约0.2米处（图二）。

ⅢM5A　圆角长方形竖穴土坑墓，墓向250°，斜壁，墓底较平。墓口长2.1、宽1.18米。墓底长约2、宽约1.1、深约1.6米。埋葬一人，推测葬式为仰身屈肢葬，后因填土挤压下肢骨呈菱形，头西脚东。头骨左侧发现圆角长方形铜饰件，较薄，可能为头饰。腹部发现1件陶罐（图三）。

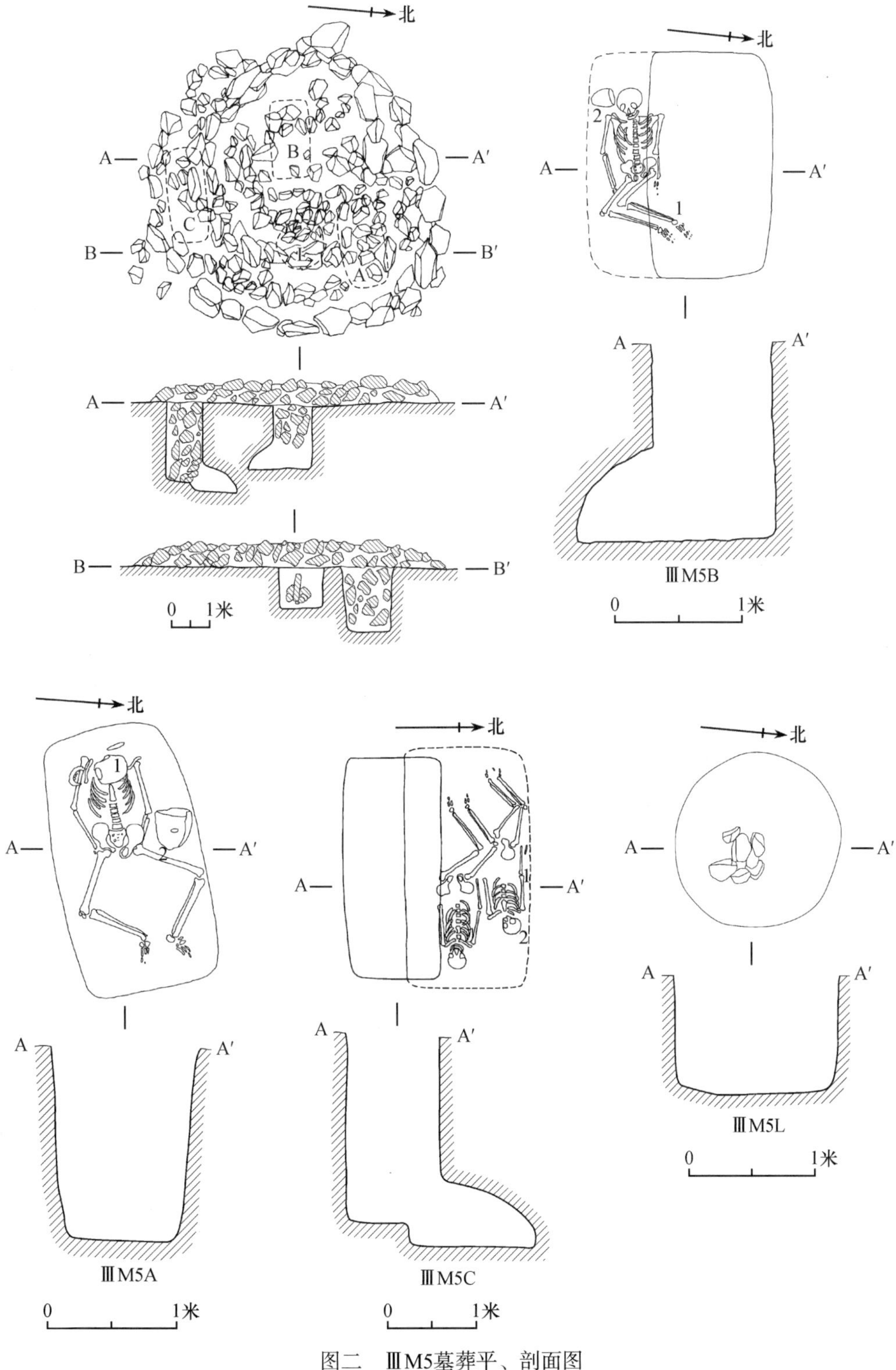

图二　ⅢM5墓葬平、剖面图

ⅢM5A：1. 铜饰件　2. 陶罐　ⅢM5B：1. 铜饰件　2. 陶罐　ⅢM5C：1. 砺石　2. 骨耳珰

ⅢM5B　圆角长方形竖穴土坑偏室墓，墓向270°。墓口处有3块天然砾石，墓口长1.7、宽1米，墓底长1.7、宽1.5米，墓道深1.54米。墓室位于墓道长边南侧，墓室长1.7、宽0.5～0.8、高0.6～0.8米。埋葬一人，葬式为仰身屈肢，头西脚东，面朝东南。头骨西南侧发现1件陶罐，左侧脚踝旁出土1件铜饰件残片，右侧肋骨边发现赤铁粉（图四）。

ⅢM5C　圆角长方形竖穴土坑偏室墓，墓向90°。墓道口长2.4、宽0.8～1米，墓道底长2.4、宽1、深2米。墓道底部有生土二层台，台面高出墓室0.2米。墓室位于墓道长边北侧，墓室口用卵石封门，墓室长2.6、宽2.2、高0.6～0.8米。埋葬两人，葬式为仰身屈肢，头东脚西，面朝上。北侧人骨右手旁出土1件砺石，头骨右侧出土1件骨耳珰（图五）。

ⅢM5L　圆形竖穴土坑，直径1.3、深约0.9米。坑底竖立长条石，立石底部围一周卵石进行加固。立石表面未发现加工和雕刻痕迹。长条石宽0.35～0.4、高0.6米。

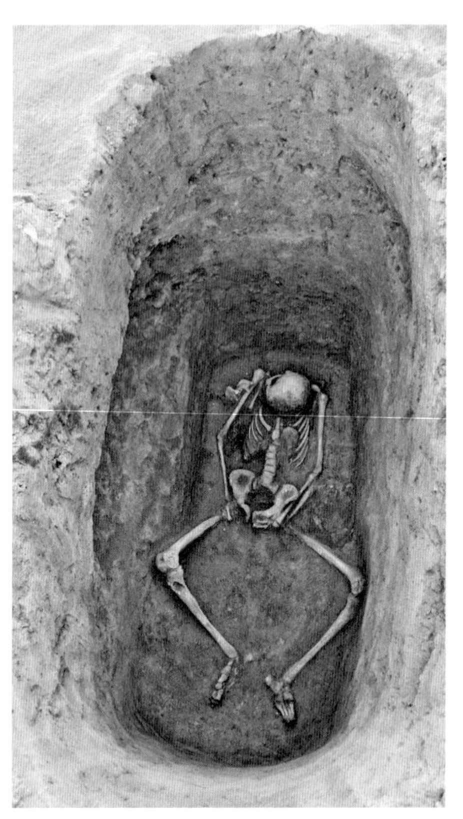

图三　ⅢM5A（东北→西南）

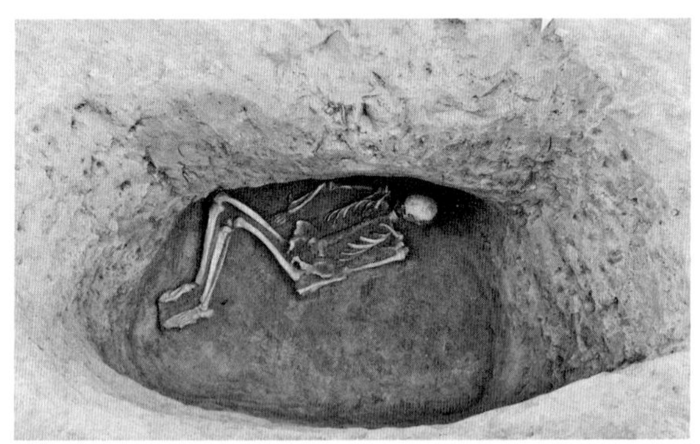

图四　ⅢM5B（北→南）

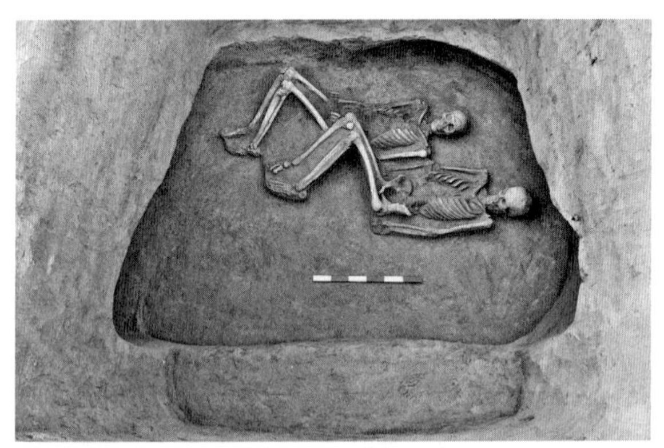

图五　ⅢM5C（南→北）

（二）出土遗物

共6件。有陶罐、铜饰件、砺石和骨耳珰。

陶罐　2件。夹砂灰陶，陶质较粗。ⅢM5A：2，侈口，尖唇，鼓腹下部斜收，近小平底。肩部压印杉叶纹。口径14、底径6、高19厘米（图六，1；图版一三，3）。ⅢM5B：2，近直口，束颈，溜肩，弧腹，底残。颈部饰竖条压印纹，腹部饰近似斜向雨点的压印纹，腹下部饰内折竖条划痕。口径11.3、残高18.5厘米（图六，2；图版一三，7）。

铜饰件　2件。ⅢM5A：1，扁平长条状，较薄。长7.8、宽2.1、厚0.3厘米（图六，3）。ⅢM5B：1，残，弧边铜片，中部有孔。残长1.8厘米（图六，6）。

砺石　1件。ⅢM5C：1，砂岩。较薄，扁平长条形，两端圆弧，一端颈部有凹槽。长8、厚0.4厘米（图六，5；图版一三，8）。

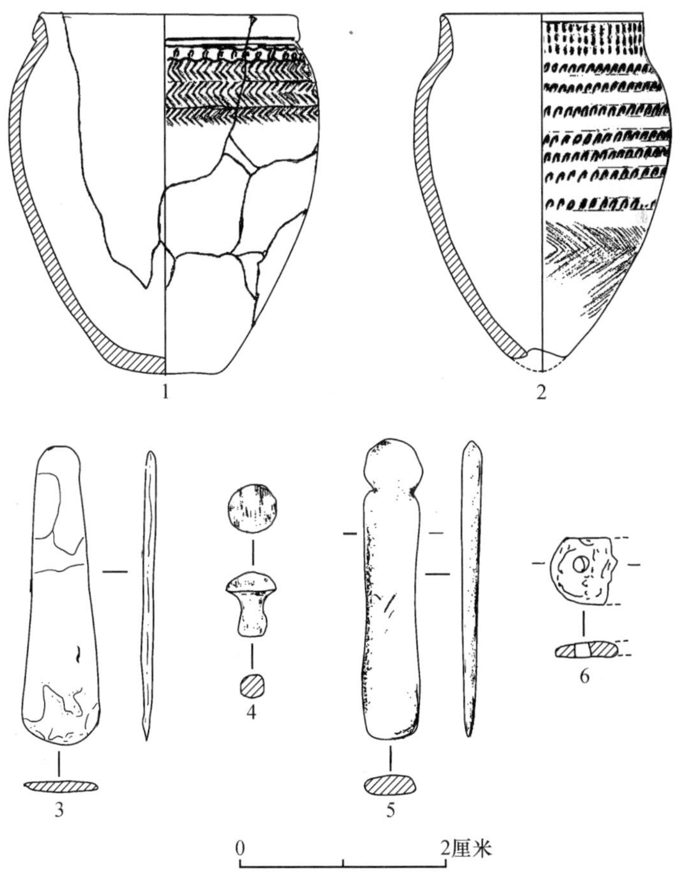

图六　ⅢM5出土遗物

1、2. 陶罐（ⅢM5A：2、ⅢM5B：2）　3、6. 铜饰件（ⅢM5A：1、ⅢM5B：1）　4. 骨耳珰（ⅢM5C：2）　5. 砺石（ⅢM5C：1）

骨耳珰　1件。ⅢM5C：2，蘑菇状。长1.6、头径1.3、柄径0.5～0.6厘米（图六，4；图版一三，4）。

二、青铜时代晚期墓葬

共68座，其中Ⅱ标段4座、Ⅲ标段64座。墓葬大多位于山前丘陵地带，呈东西向分布。

（一）墓葬形制

根据墓葬地表部分的差异分为有封堆地表石棺墓和无封堆地表石棺墓两类。

1. 有封堆地表石棺墓

35座。地表有明显的圆形石圈石封堆，直径6～9、高0.3～0.6米。石棺位于石堆中部，基本为东西向或西北—东南向。死者在较浅的石棺内，用较浅的土或砾石覆盖，人骨保存极差。大部分石棺没有发现完整人骨，但从部分石棺的人骨残迹推测葬式为仰身直肢，头西脚东或头南脚北、头北脚南，随葬品较少。

ⅢM70　封堆直径7.5、高0.3米。石棺位于封堆中部，用石块在原地表砌成，平面呈圆角长方形，东西向，长2.2、宽0.9～1.2、深0.2米。石棺内填致密的黄土，夹杂小石块。人骨残缺散乱，保存极差，推测为仰身直肢，头西脚东，在右股骨南侧发现1件陶罐（图七～图一〇）。

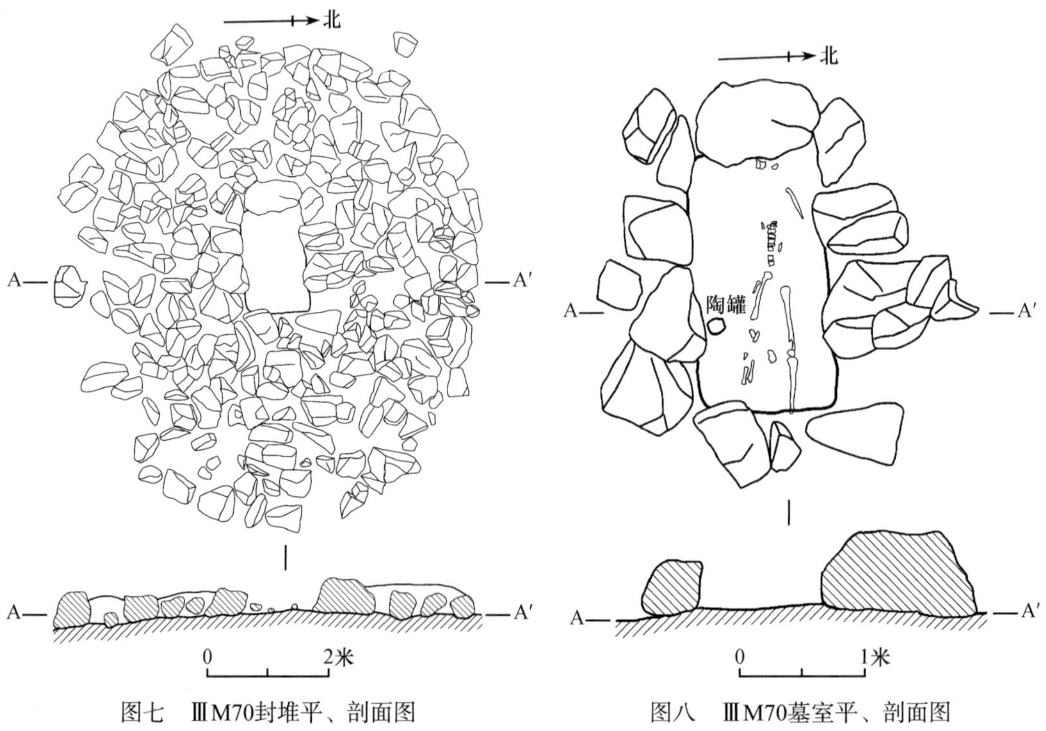

图七　ⅢM70封堆平、剖面图

图八　ⅢM70墓室平、剖面图

图九　ⅢM70封堆（东南→西北）

图一〇　ⅢM70（东南→西北）

ⅢM85　封堆直径7.5、高0.65米。石棺位于封堆中部，用石块在原地表上砌成，平面近似圆角长方形，呈东西向，长2.1、宽0.85、深0.15米。石棺内填致密的黄土，夹杂小石块。残存少量人头骨及上肢骨，头向及葬式不明，未见随葬品（图一一～图一四）。

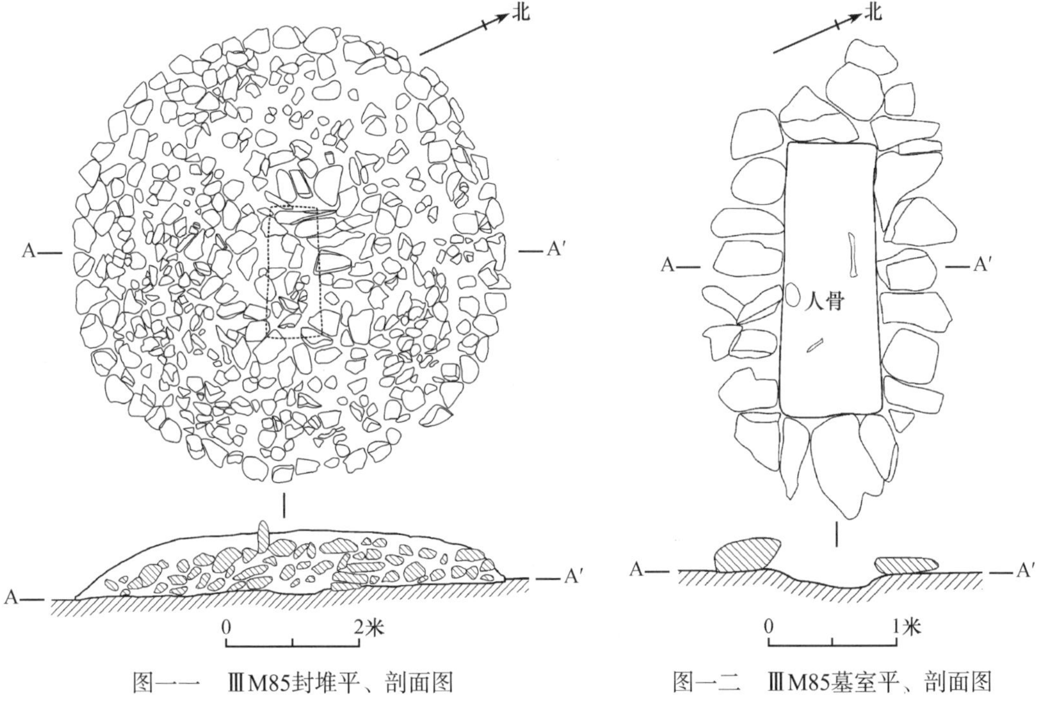

图一一　ⅢM85封堆平、剖面图

图一二　ⅢM85墓室平、剖面图

图一三　ⅢM85封堆（南→北）

图一四　ⅢM85墓室（南→北）

2. 无封堆地表石棺墓

33座。此类墓葬集中分布，石棺多置于石圈的中间，呈东西向或南北向。石棺大小不一，用石板垒砌，或利用天然石块作为石棺的一部分，石棺底部为砾石、戈壁层。墓室较浅，仅存少量人骨残迹，推测为仰身直肢葬，头西脚东。随葬品较少。

ⅢM42　石圈直径4.9、高0.2米。石圈内有A、B两个石棺。石棺平面为东西向长方形。石棺A长3.3、宽1.7、深0.3米。人骨仅存颅骨和腿骨，头西脚东，葬式不明，颅骨西北角发现陶片1件。石棺B长2.7、宽1.3、深0.3米。未发现人骨及随葬品（图一五）。

ⅢM52　石圈局部被破坏，石圈内有A、B两个石棺，以石块排列而成，保存较为完整，均未见人骨及随葬品。石棺A平面近圆角方形，长0.6、宽0.6、深0.2米。石棺B平面略呈圆角长方形，长1.5、宽1.1、深0.2米（图一六）。

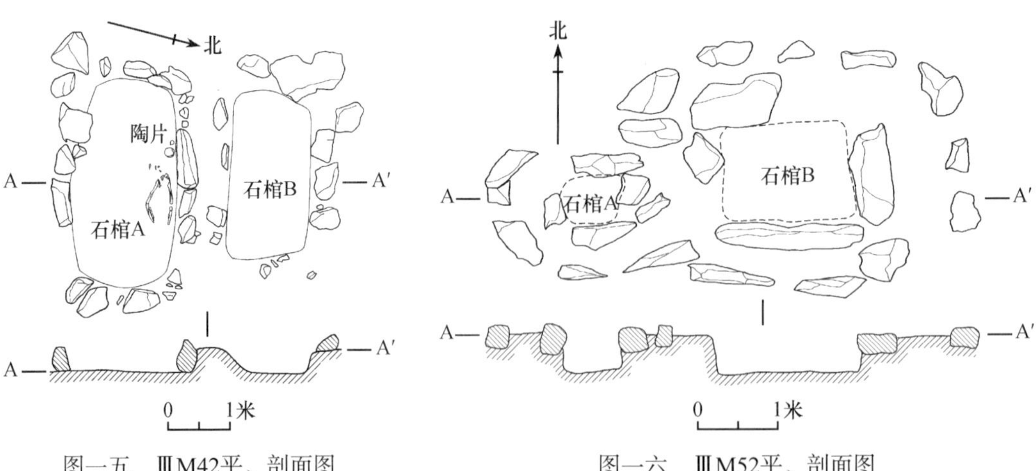

图一五　ⅢM42平、剖面图

图一六　ⅢM52平、剖面图

（二）出土遗物

出土遗物10余件。有陶罐、少量陶片及铜刀。陶器质地为夹砂红陶和夹砂灰陶。

陶罐　4件。标本ⅢM70：1，夹砂红陶。敛口，圆唇，束颈，弧腹，小平底。口径7.6、底径6.4、高11厘米（图一七，3；图一八）。标本ⅢM10：1，夹砂灰陶。敛口，弧腹，平底。口径13.5、底径8.4、高12.4厘米（图一七，1；图一九）。标本ⅢM10：2，夹砂灰陶。侈口，长颈，弧腹，底残。颈部有三周凹弦纹。口径17、残高15.5厘米（图一七，2）。

陶片　7件。ⅢM26：1-1，夹砂灰陶。口沿残片，敛口。饰凸弦纹。长5.5、宽5.3、厚0.8厘米（图一七，4）。ⅢM26：1-2，腹部残片。饰四条交叉纹，两边有戳印纹。残长11、宽5.2、厚0.8厘米（图一七，5）。ⅢM26：1-3，底部残片，圜底。饰波浪纹，两边有戳印纹。残长13.5、宽6.7、厚0.8厘米（图一七，6）。ⅢM42：1，夹砂灰陶。口沿残片，敛口，圆唇，弧腹。素面。长4.6、宽3.3、厚0.4厘米（图一七，7）。ⅢM55：1-1，底部残片，底稍内凹。底径11、残高6.5、厚0.9厘米（图一七，8）。ⅢM55：1-2，夹砂灰陶。口沿残片，敛口，弧腹。上部有乳钉纹。残长8、宽7、厚0.6厘米（图一七，9）。ⅢM73：1，口沿残片，平唇，有流。残长6、宽2.3～3.7、厚0.5厘米（图一七，10）。

铜刀　2件。均残，背厚，单面刃。ⅡM10A：1，长约14、宽约1.5、厚0.5厘米（图一七，11）。ⅡM10A：2，长13.7、宽1.9、厚0.5厘米（图一七，12）。

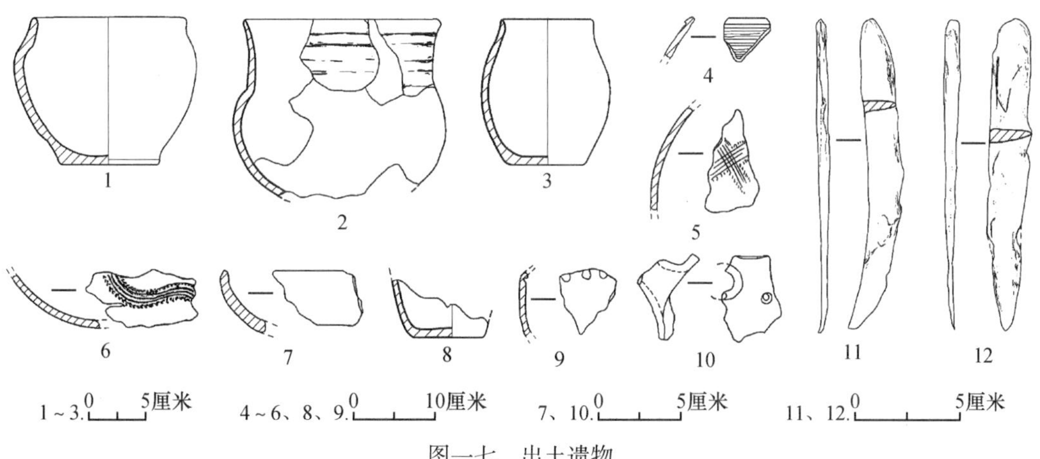

图一七　出土遗物

1～3. 陶罐（ⅢM10：1、ⅢM10：2、ⅢM70：1）　4～10. 陶片（ⅢM26：1-1、ⅢM26：1-2、ⅢM26：1-3、ⅢM42：1、ⅢM55：1-1、ⅢM55：1-2、ⅢM73：1）　11、12. 铜刀（ⅡM10A：1、ⅡM10A：2）

图一八　陶罐（ⅢM70：1）

图一九　陶罐（ⅢM10：1）

三、早期铁器时代墓葬

共43座，其中Ⅱ标段9座、Ⅲ标段34座。墓葬分布在山前开阔地带，呈南北向链状分布。

（一）墓葬形制

地表有土石混合的封堆，平面呈圆形或椭圆形，直径11～17、高0.5～1米。均为单人葬，仰身直肢，头西脚东或头北脚南。依据墓葬形制，可分为竖穴土坑墓、竖穴土坑石室墓、竖穴墓道偏室墓三类。

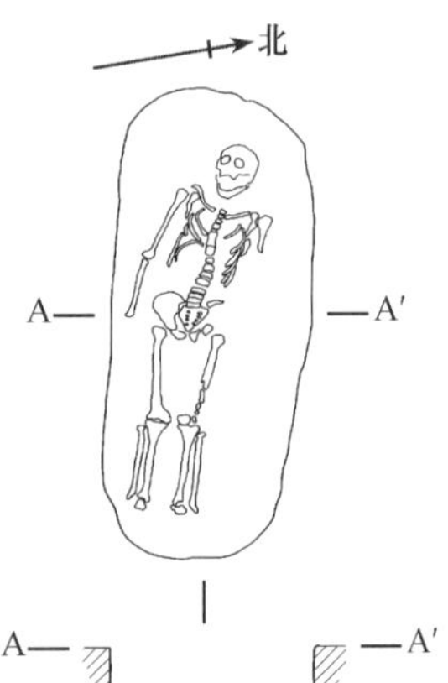

图二〇　ⅢM2墓室平、剖面图

1. 竖穴土坑墓

12座。封堆下只有1个墓室，平面呈圆角长方形。

ⅢM2　墓向280°。封堆已被破坏，结构不详。墓室呈东西向，长2.2、宽0.9、深1.4米。墓室内葬一名成年女性，葬式为仰身直肢，头西脚东，无随葬品（图二〇）。

ⅢM18　墓向250°。封堆保存较为完整，近圆形的封堆有双层石圈，中心为小型石堆。封堆直径9.1～9.3、高0.6米。墓室位于石堆中央之下，长2.4、宽约1.6、深2.2米。墓内填较为松软的黄色沙土，夹杂结块的灰土，内含大量石块。墓内葬一人，人骨分布散乱，葬式不详。墓室西南壁下出土1件铁片（图二一；图二二）。

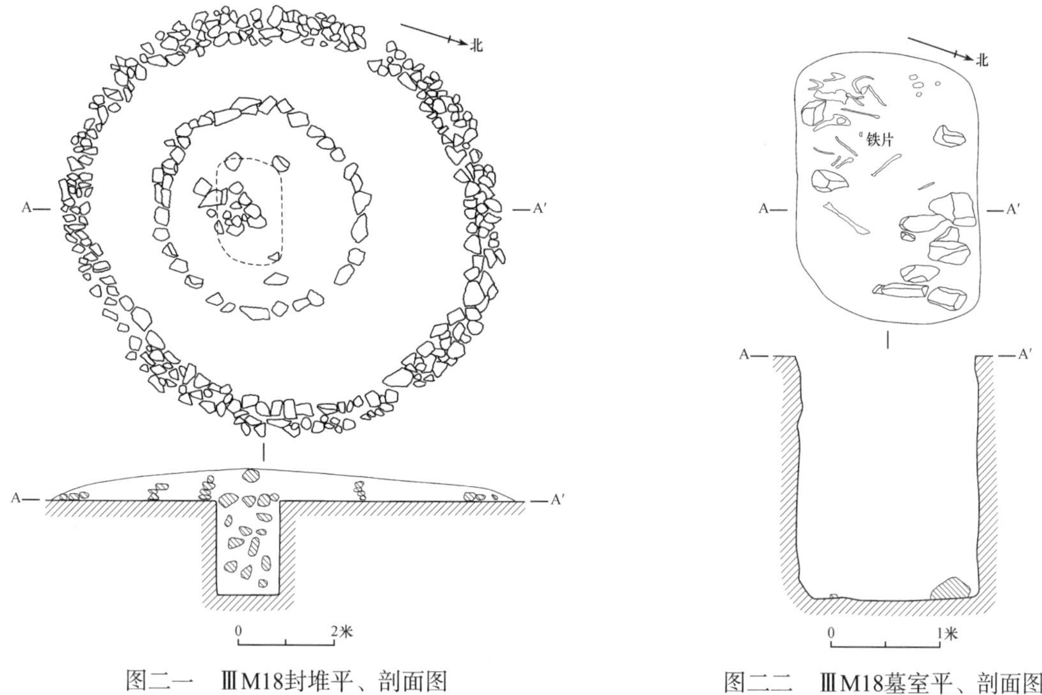

图二一　ⅢM18封堆平、剖面图

图二二　ⅢM18墓室平、剖面图

2. 竖穴土坑石室墓

10座。墓室平面呈圆角长方形，土坑四壁用石块垒砌，大部分墓葬封堆下只有1座墓室，个别有多座墓室。

ⅡM3　封堆已残，其下有4座墓室，分别编号为A、B、C、D。墓室坑口有4～6块长条状石板（图二三）。

ⅡM3A　墓向290°。墓口长3.5、宽2.5、深1.1米。墓室内填较疏松的黄褐色沙土，包含较多大石块。石室内葬一人，仰身直肢葬，头西脚东，面朝上。在头骨右侧贴着墓葬南壁发现一具完整羊骨，在墓室西端发现铁簪、铜镜、金耳坠、珠饰各1件，铜簪2件，还有零碎的金箔若干。

ⅡM3B　墓向285°。墓室长2.9、宽2.5、深1.3米。墓室内填较疏松的沙土，包含较多大石块。石室内发现一具人骨，头骨被扰，头朝西，面朝下。头骨右侧贴南壁处发现1件铜簪和1具羊骨。

ⅡM3C　墓向285°。墓室长3.1、宽2.1、深1.1米。墓室内填较疏松的沙土，包含较多大小石块。墓室内葬一人，仰身直肢，头西脚东，面朝上。下肢骨处发现1件夹砂红陶罐，头骨右侧发现1件牛椎骨，斜向摆放，保存较差。

ⅡM3D　墓向295°。墓室长3.6、宽2.3、深1.1米。墓室内填较疏松的黄褐色沙土，包含较多大小石块，填土中发现动物趾骨和零散的人骨。墓葬扰乱严重，人骨多散失，葬式不详。墓室西部发现1件牛脊椎骨，保存较差。

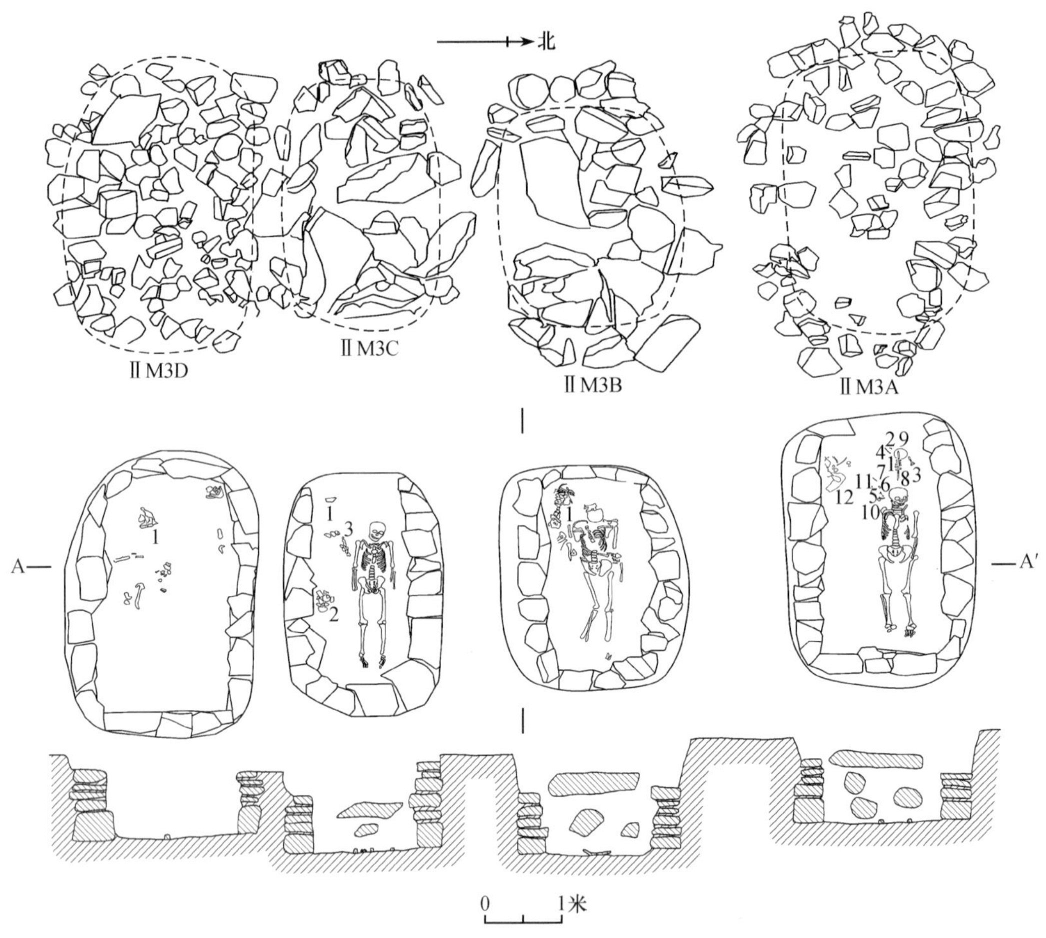

图二三　Ⅱ M3平、剖面图

Ⅱ M3A：1、5. 金箔　2、6. 铁器　3. 铁簪　4、7. 铜簪　8. 金器　9. 铜镜　10. 金耳坠　11. 珠饰　12. 羊骨
Ⅱ M3B：1. 羊骨　Ⅱ M3C：1. 陶片　2. 陶罐　3. 牛椎骨　Ⅱ M3D：1. 牛椎骨

ⅢM14　封堆局部已残，其下有2座墓室，分别编号为A、B（图二四）。

墓室A　墓向5°。墓室长2.8、宽1.4、深1.4米。墓内填较疏松的黄土。墓室内葬一人，仰身直肢，头北脚南。人骨附近出土铜饰件1件、残铁器1件，以及大量石珠。

墓室B　墓向280°。北部有盗洞，墓室长3.2、宽2.2、深0.9米。墓内填较为疏松的黄土。该墓被盗扰，人骨葬式不详。墓室内出土铜镞3件、骨镞1件。

3. 竖穴墓道偏室墓

21座。墓室均位于墓道长边北侧，大部分墓口有封门石。出土遗物组合多为陶罐、铁刀、羊骶骨等。

ⅢM61　墓向270°。封堆结构有双层石圈，外圈短径7、高0.9米。墓道位于封堆下中部，开口处有东西向平铺卵石，墓道平面呈东西向长方形，长2.5、宽0.7、深1.3米。

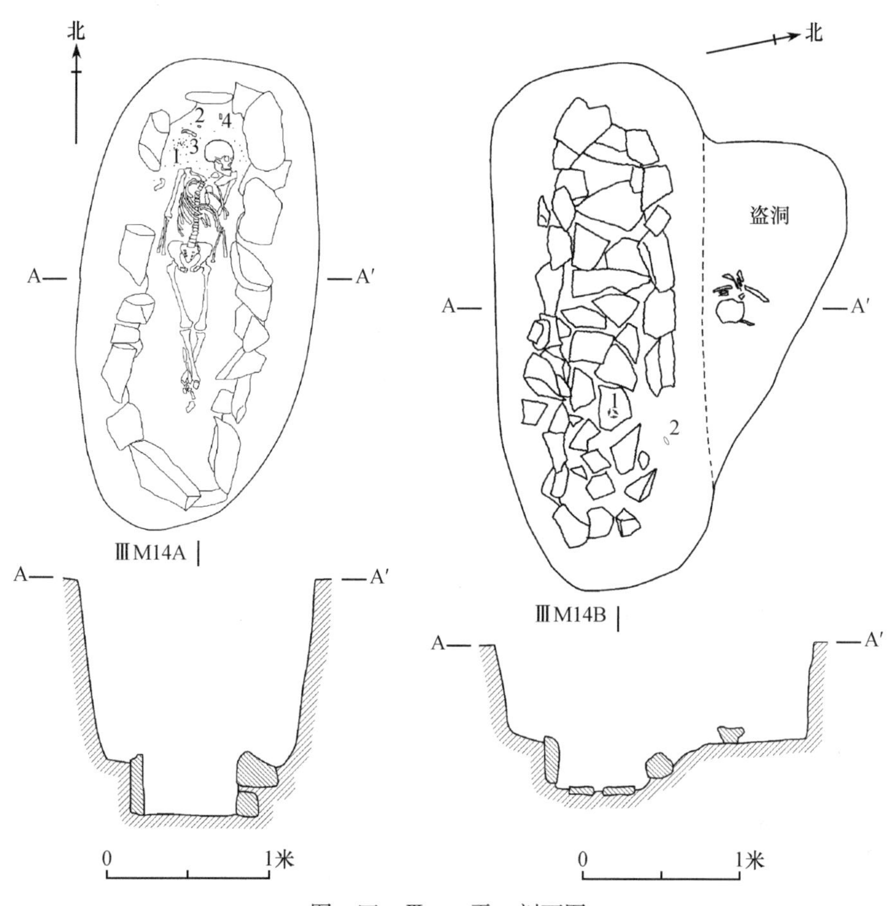

图二四　ⅢM14平、剖面图

ⅢM14A：1. 石珠　2. 铜饰件　3、4. 铁器　ⅢM14B：1. 铜镞　2. 骨镞

墓室位于墓道的长边北侧，用东西向排列的长方形石块封门，墓室长2.5、宽0.6、高0.5～0.8米。墓室内葬一人，仰身直肢，头西脚东，颅骨上有伤痕。头部右上方出土石片覆盖的陶罐1件（图二五～图二八）。

ⅢM68　墓向280°。封堆呈东西狭长、南北较窄的橄榄形，长约35、宽约13、残高1.35米。封堆为土石混筑，中部土层经夯打。去除封堆的封土后，石圈呈东西向橄榄形，中部有东西向石墙作为轴线。墓道位于石圈中部，平面呈长方形，长2.9、宽0.97、深约3米。墓道内填土和石块。墓室位于墓道长边北侧，墓室长2.9、宽0.9、深0.5～0.8米。与偏室相对的一侧有生土二层台，宽0.28米，高0.55米。墓室被盗扰，葬式不详。封堆出土8件陶片、1件羊距骨，墓室填土出土铁器、铜镞、陶片各1件（图二九）。

ⅢM69　带环壕的石圈土石封堆墓，墓向270°。环壕呈圆形，壕沟斜壁，近平底。封堆局部遭到破坏，被ⅢM87、ⅢM88、ⅢM89打破。封堆有双层石圈，内外石圈中填土，外石圈直径约34米，封堆残高3.9米。墓道位于封堆以下中部，墓道、墓室上部已遭破坏。残存墓道平面呈东西向长方形，残长4.8、残宽0.3～0.5、残深3米。墓室位于

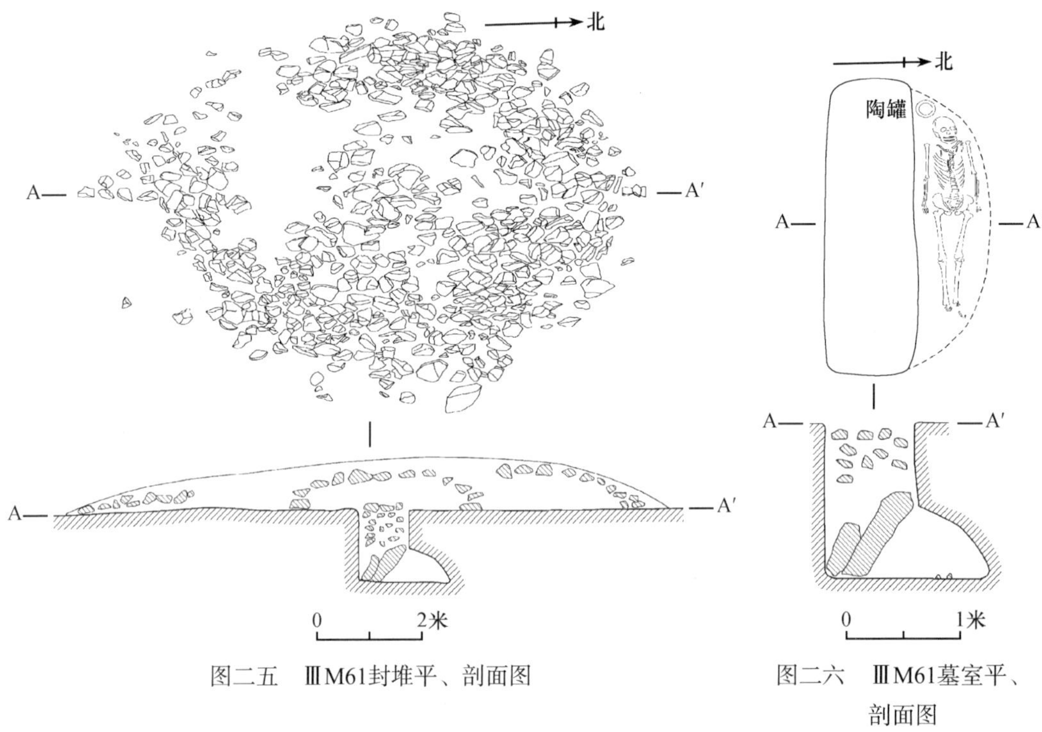

图二五　ⅢM61封堆平、剖面图

图二六　ⅢM61墓室平、剖面图

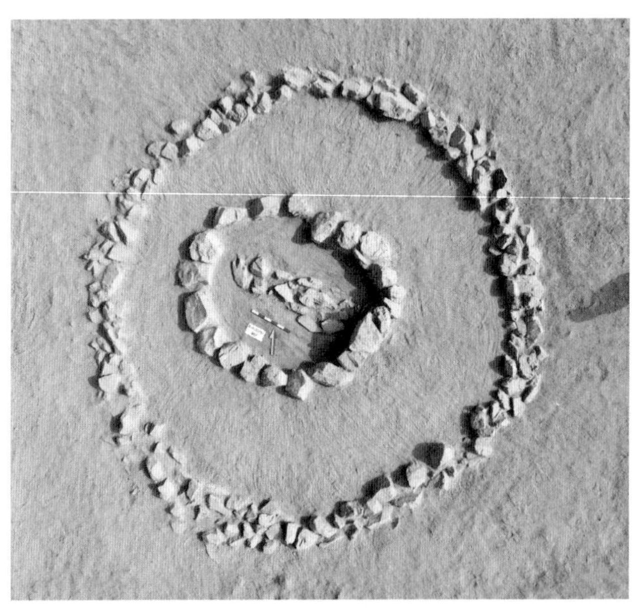

图二七　ⅢM61封堆石圈（南→北）

图二八　ⅢM61墓室封门石块（东→西）

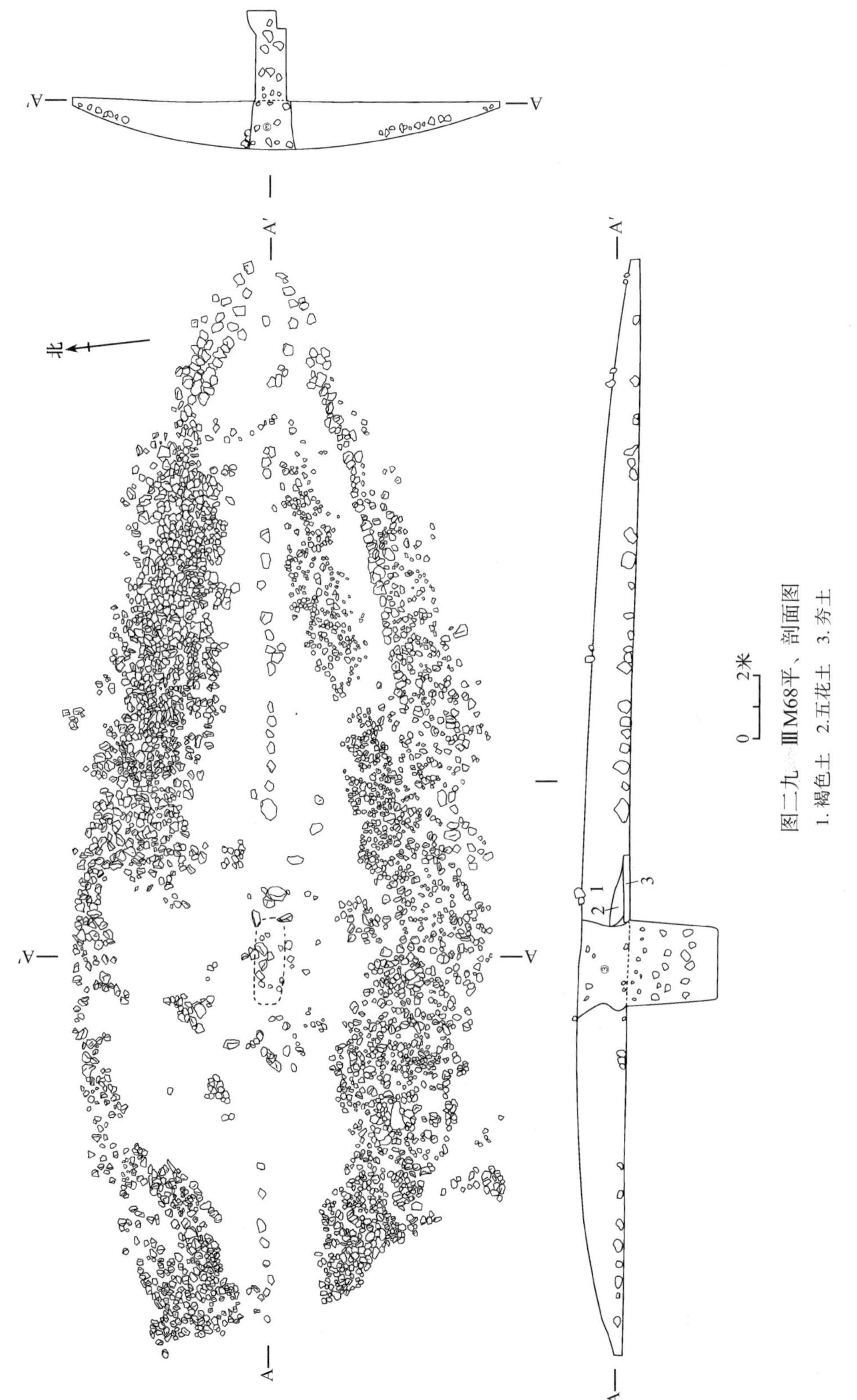

图二九 ⅢM68平、剖面图

1. 褐色土 2. 五花土 3. 夯土

墓道长边北侧，残长4.8、残宽0.1米。与偏室相对的一侧有生土二层台，宽0.5、高0.1米。墓室被盗扰严重，未发现随葬品（图三〇）。

（二）出土遗物

出土遗物200余件。有陶器、铜器、金器、铁器、石器、骨器等。陶器多为实用器，大部分器底有烟炱痕。石器、铜器、铁器、金器、骨器多为可随身佩戴的实用器或装饰品。

1. 陶器

以夹砂红陶为主，少量为夹砂灰陶。以圜底器为主，平底器和尖底器较少，器类有单耳罐、长颈罐、束颈罐、四系罐、钵、纺轮等。

单耳罐　8件。ⅢM63：1，夹砂红陶，内外壁整体施红陶衣。敛口，方圆唇，鼓腹略垂，腹部有一个宽耳，圜底。口沿彩绘倒三角纹，腹部彩绘三角与菱形网格组合纹饰。口径10.4、高14.2厘米（图三一，3；图版一三，9；图三二）。ⅢM62：1，夹砂红陶，陶质较细。敛口，尖圆唇，垂腹，腹部有一个宽耳，圜底。器表成组的彩绘菱形网格纹与平行斜线纹相间分布。口径10.8、高12.4厘米（图三一，2）。ⅢM64：2，夹砂红陶。敛口，鼓腹略垂，圜底。外壁彩绘红色网格。口径11、高14.4厘米（图三一，4）。ⅢM66：1，夹砂红陶，陶质较粗，内外壁整体施红陶衣。敛口，圆唇，鼓腹，腹部宽耳已残，圜底。外壁彩绘菱形网格纹。口径10.4、底径9.6、高15厘米（图三一，6）。ⅢM95：2，夹砂红陶，内外壁整体施红陶衣，有黑色烟熏痕迹。敛口，方唇，腹上部有一个宽耳，鼓腹略垂，平底。口径11.5、高15厘米（图三一，7；图三三）。ⅢM61：1，夹砂红陶，内外壁整体施红陶衣。敛口，圆唇，鼓腹略垂，腹部有一个宽耳，圜底。口径9.2、高15.5厘米（图三一，1）。ⅢM97：3，夹砂红陶，内外壁整体施红陶衣。敛口，圆唇，鼓腹略垂，腹部有一个宽耳，圜底。口径9.2、高15.5厘米（图三一，8；图版一三，11）。ⅢM65：1，夹砂灰陶，陶质较粗。侈口，方唇，束颈，鼓腹，圜底。素面。口径8.5、高12.6厘米（图三一，5）。

长颈罐　3件。ⅢM90：1，夹砂黑陶，陶质较粗，内外壁整体施红陶衣。侈口，圆唇，束颈，溜肩，鼓腹略垂，腹部一侧有耳，已残，圜底。口沿彩绘三角纹，口沿以下施红彩。口径9、高17厘米（图三一，14）。ⅢM92：1，夹砂灰陶，陶质较粗。侈口，方唇，鼓腹略垂，圜底。口径7.6、高21厘米（图三一，15）。ⅢM22：1，夹砂红陶，内外壁施红色陶衣。侈口，尖圆唇，鼓腹，圜底。外壁彩绘倒三角与网格组合纹饰。口径11.4、高19厘米（图三一，11；图版一三，5）。

束颈罐　2件。ⅡM12：1，夹砂红陶，陶质较细。侈口，尖唇，束颈，鼓腹，圜底。素面。口径10、高11厘米（图三一，12）。ⅡM1B：2，夹砂灰陶，内壁颈部以上

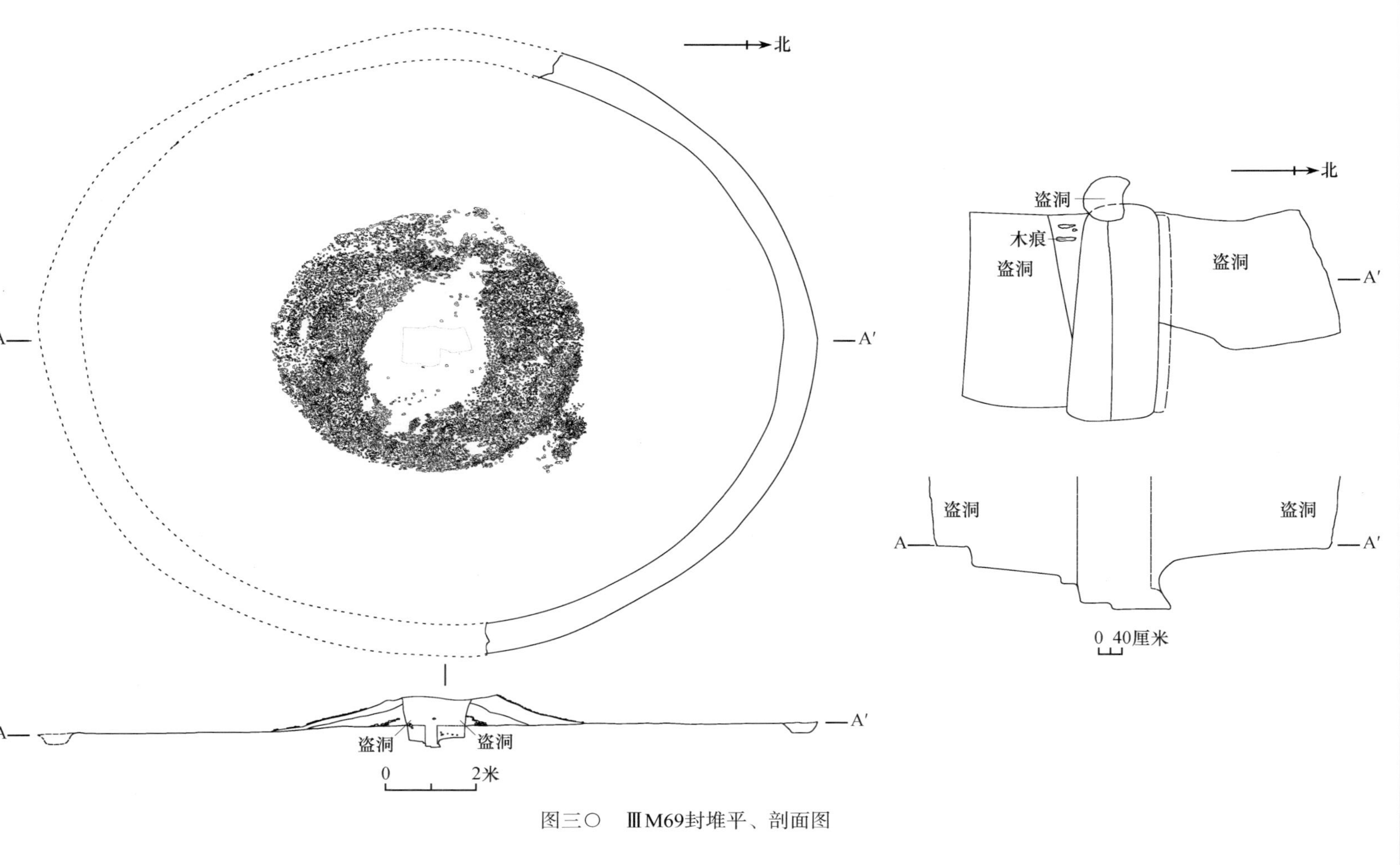

图三〇 ⅢM69封堆平、剖面图

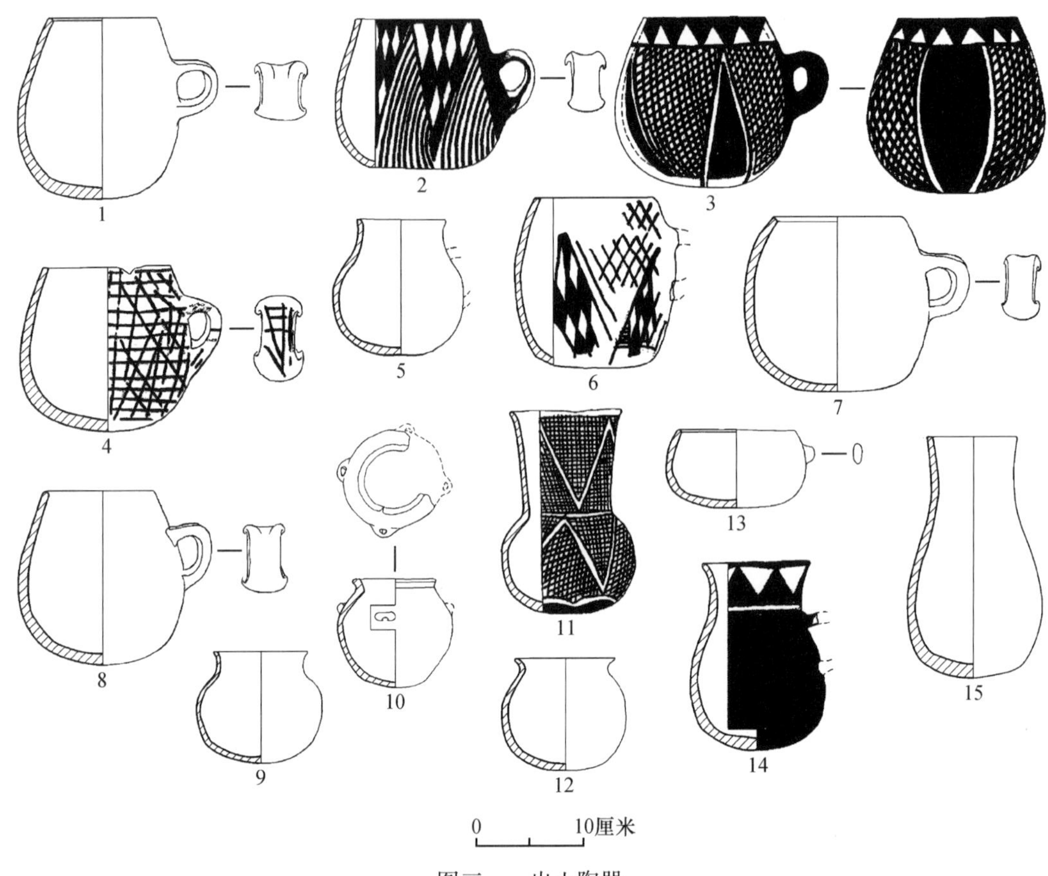

图三一　出土陶器

1～8. 单耳罐（ⅢM61：1、ⅢM62：1、ⅢM63：1、ⅢM64：2、ⅢM65：1、ⅢM66：1、ⅢM95：2、ⅢM97：3）　9、12. 束颈罐（ⅡM1B：2、ⅡM12：1）　10. 四系罐（ⅢM30：1）　11、14、15. 长颈罐（ⅢM22：1、ⅢM90：1、ⅢM92：1）　13. 钵（ⅢM22：3）

和外壁施红色陶衣，底部有烟炱痕迹。侈口，尖唇，束颈，鼓腹，圜底。口径9.4、高10.2厘米（图三一，9；图版一三，1）。

四系罐　1件。ⅢM30：1，出土于墓葬封堆内。夹砂红陶，外壁施白色陶衣。残，口微侈，方圆唇，束颈，鼓腹，腹部残存两个桥形钮，圜底。口径8.5、高10.2厘米（图三一，10）。

钵　1件。ⅢM22：3，夹砂红陶。手制。圆唇，敛口，鋬耳，鼓腹，圜底。口径12、高7.2厘米（图三一，13）。

另出土陶片20余件，以夹砂红陶为主，少量为泥质灰陶。包括口沿、腹部、底部残片。

陶饼　1件。ⅢM64：1，夹砂红陶。圆形，一面残。素面。直径4.6、厚0.6～1.3厘米（图三四，1）。

纺轮　2件。ⅡM1A：2，直径2.8、厚0.9、孔径0.7厘米（图三四，2）。ⅡM9：1，直径3.3、厚0.9、孔径0.6厘米（图三四，3）。

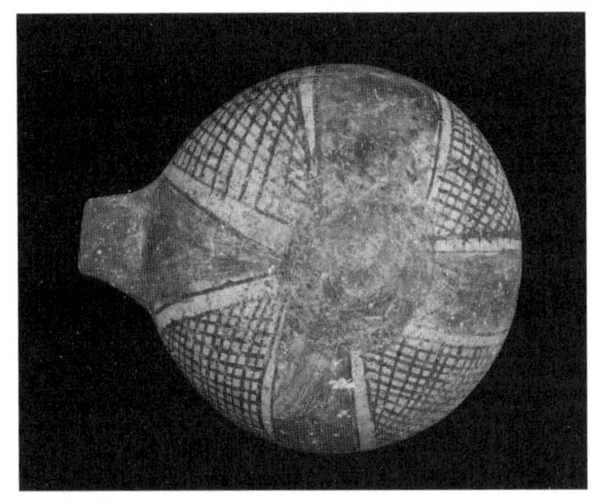

图三二 陶单耳罐（ⅢM63：1）底面

图三三 陶单耳罐（ⅢM95：2）

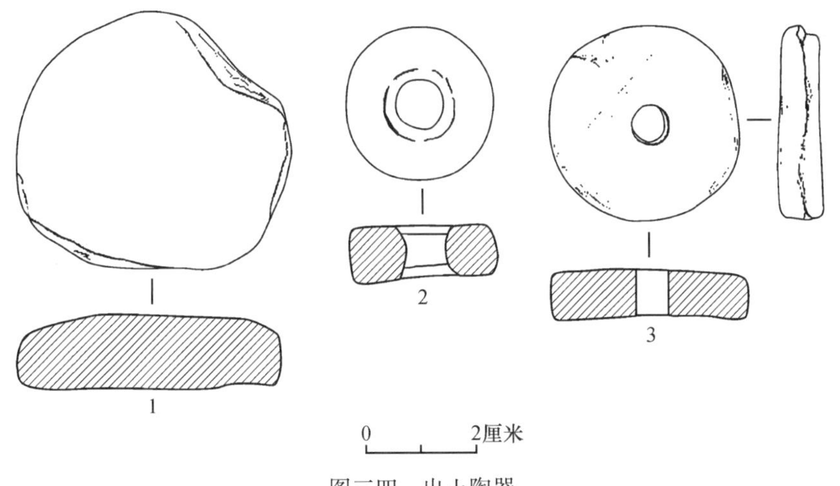

图三四 出土陶器

1. 陶饼（ⅢM64：1） 2、3. 纺轮（ⅡM1A：2、ⅡM9：1）

2. 铜器

18件。器形有镜、饰件、簪、坠饰、镞等。

镜 1件。ⅡM3A：9，残，圆形。素面。直径7.9、厚0.3厘米（图三五，1）。

饰件 5件。ⅢM14A：2，残，略呈圆形，一端有凸出的圆孔。孔径0.1厘米（图三五，4）。ⅢM1：2，长条状，可分三节，每节都有扁圆孔。残长6.1、孔径0.35厘米（图三五，2）。ⅢM17：1，长条状，横截面为圆形，一端近方形，内有圆孔，另一端近圆弧形，器身中部有一周凸棱。长6.7、直径0.6～0.8、孔径0.5厘米（图三五，13）。ⅢM13：1，扣饰，平面呈长方形。长2.7、宽2厘米（图三五，5）。ⅢM17：2，圆台状，中间有孔。直径0.8～2、高1厘米（图三五，3）。

簪 7件。大部分已残，长条状，横截面呈圆形。ⅡM4：1，残长13、直径0.2～0.4

厘米（图三五，10）。ⅡM3A：4，残长11.6厘米（图三五，7）。ⅡM3A：12，残长15.8厘米（图三五，6）。ⅡM3A：7，残长5.3厘米（图三五，14）。ⅢM22：4，一端稍扁，另一端略尖。长6、直径0.3厘米（图三五，12）。ⅡM3B：1，残长4.3、直径0.2厘米（图三五，8）。ⅢM22：2，头部呈圆形。残长3.5、直径0.5厘米（图三五，11）。

坠饰　1件。ⅡM3A：3，绿色串珠、红色石珠、乳钉纹铜珠等纵向串连而成，一端有铜丝环。长7.4、直径0.6厘米（图三五，9）。

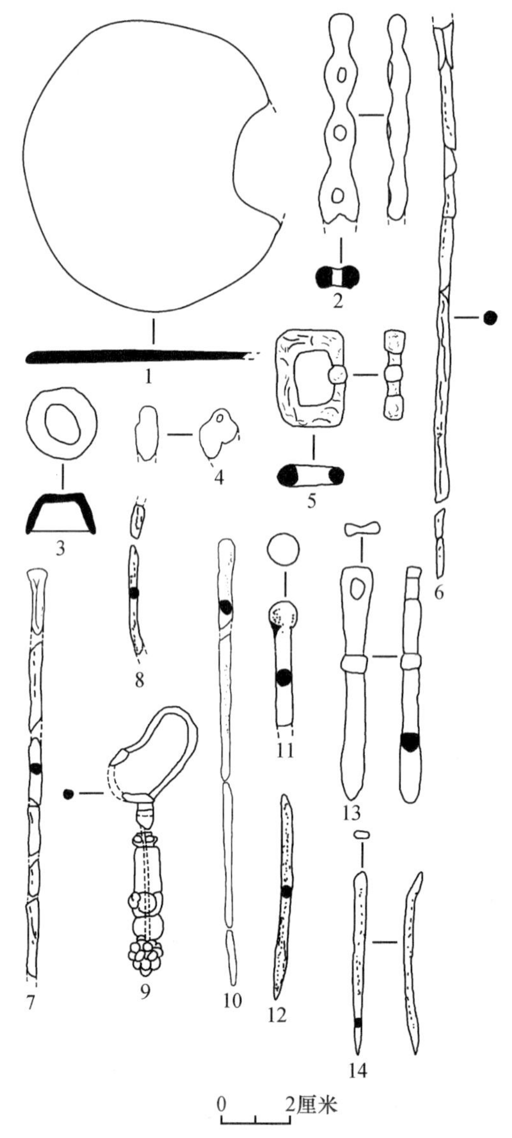

图三五　出土铜器

1. 镜（ⅡM3A：9）　2～5、13. 饰件（ⅢM1：2、ⅢM17：2、ⅢM14A：2、ⅢM13：1、ⅢM17：1）　6～8、10～12、14. 簪（ⅡM3A：12、ⅡM3A：4、ⅡM3B：1、ⅡM4：1、ⅢM22：2、ⅢM22：4、ⅡM3A：7）　9. 坠饰（ⅡM3A：3）

镞　4件。三翼，扁平铤。ⅢM14B：1-1～ⅢM14B：1-3，横截面近似扁圆形。残长5～5.2厘米，木柄残长约4.1厘米（图三六，7～9）。ⅢM68：4，横截面呈三角形。长4.8、宽1.1厘米（图三六，10）。

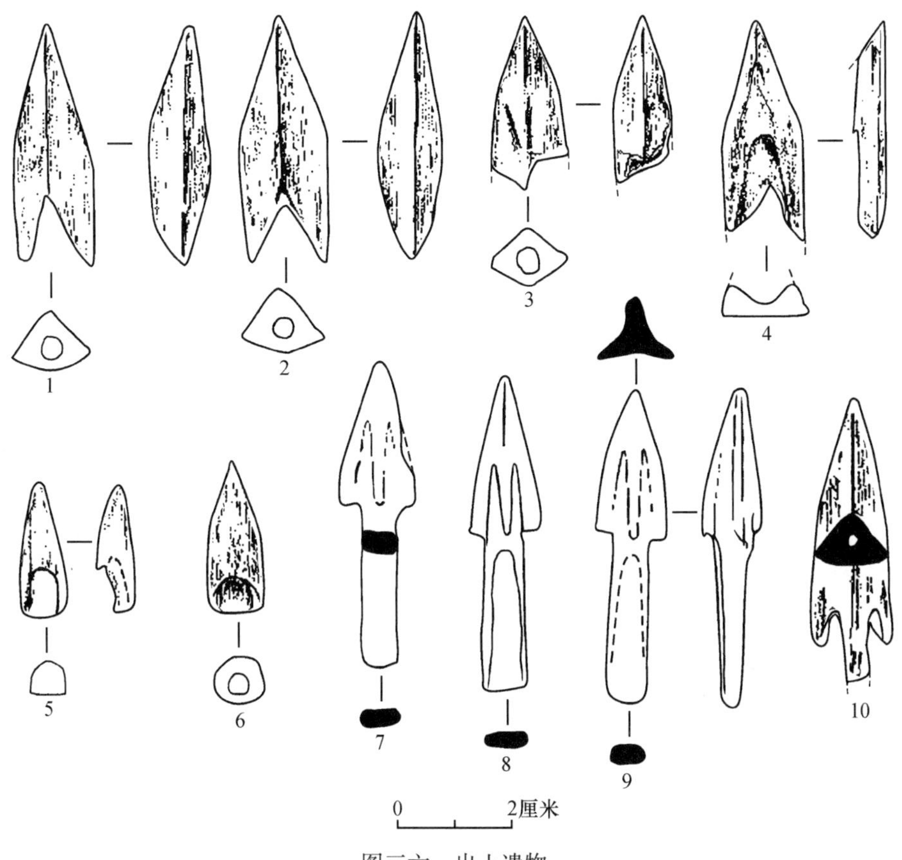

图三六　出土遗物

1～6. 骨镞（ⅢM20B：4-1～ⅢM20B：4-4、ⅢM20D：1、ⅢM20B：4-5）　7～10.铜镞（ⅢM14B：1-2、ⅢM14B：1-3、ⅢM14B：1-1、ⅢM68：4）

3. 金器

可辨器形有金箔片、耳坠。

金箔片　ⅡM3A：1，碎片若干，呈逗号状、长条状等（图版一二，1）。ⅡM5：1，呈不规整的长方形。长4.2、宽0.9～1.4厘米。ⅢM20F：1，碎片若干，近逗号状、长条状等。长3.4、宽2.4厘米（图版一二，6）。ⅢM20F：2，呈不规整的长条形。长1.5、宽0.2～0.8厘米。

耳坠　2件。ⅡM3A：10，分段组成，上部为金丝卷成圆环，末端有钩，下部用卷曲的金丝串绿松石成链状。长4.2、圆环直径1.5厘米（图版一二，3）。ⅡM4：2，金丝卷曲圆环，不闭合，末端有钩孔。直径1.3厘米（图版一二，2）。

4. 铁器

18件。有刀、簪等。

刀　17件。均锈蚀严重，长条形，两端残。

簪　1件。ⅡM3A：3，外侧残留部分金箔片，长条状，横截面近圆形。残长22.3、直径0.4厘米。

5. 其他

数量较多，包括骨器、石器、料器、骨串饰、绿松石吊坠等。

骨镞　6件。中间有銎孔，横截面近圆形。ⅢM20B：4-1～ⅢM20B：4-5，三翼。残长2.5～4厘米（图三六，1～4、6；图版一二，4）。ⅢM20D：1，残长2.3厘米（图三六，5；图版一二，5）。

骨环　1件。ⅢM66：2，圆形，中间有圆孔。直径3、孔径1.3、厚1厘米（图三七，10；图版一三，6）。

骨串饰　1串（64件）。管状，中间有孔。ⅡM5：2，长0.6～1.2、直径0.4、孔径0.2厘米（图三七，6）。

砺石　1件。ⅢM66：4，灰色花岗岩，带孔的一端窄，另一端较宽。长12.3、孔径0.6、厚1.6厘米（图三七，1；图版一三，10）。

料珠　54件。圆形，中间有穿孔。ⅢM14A：1，49件较完整，其余均残。直径1、孔径0.2厘米（图三七，3）。ⅢM88：1，圆珠状，中间穿孔。珠径1、孔径0.35、高1厘米（图三七，8）。ⅢM20B：1，扁圆珠状，中间穿孔。珠径1.4、孔径0.4、高0.7厘米（图三七，5）。ⅡM3A：11，圆形玛瑙石。中间有穿孔。珠径0.9、孔径0.15、高0.4厘米（图三七，2）。ⅢM89：1-1、ⅢM89：1-2，整体呈绿色。外有凸棱条纹。直径1.8、孔径0.8～0.9、高1.4厘米（图三七，4、7）。

绿松石吊坠　1件。ⅡM5：3，阴刻鸟头，颈部有孔。孔径0.1厘米（图三七，9；图版一三，2）。

四、结　语

墩那高速公路尼勒克段沿线的这批墓葬属于三个时期。根据^{14}C测年数据（表一），时代最早的墓葬是ⅢM5，为公元前三千纪的铜石并用时代，依据葬式及墓葬出土的陶罐，推测ⅢM5为阿凡纳谢沃文化遗存[1]。目前国内发现的阿凡纳谢沃文化墓葬有阿勒泰地区哈巴河县阿依托汗一号墓群M21、M22[2]，塔城地区和布克赛尔县松树沟墓地M15、M16[3]及额敏县霍吉尔特墓地M9[4]等。这些墓葬的形制和丧葬习俗均

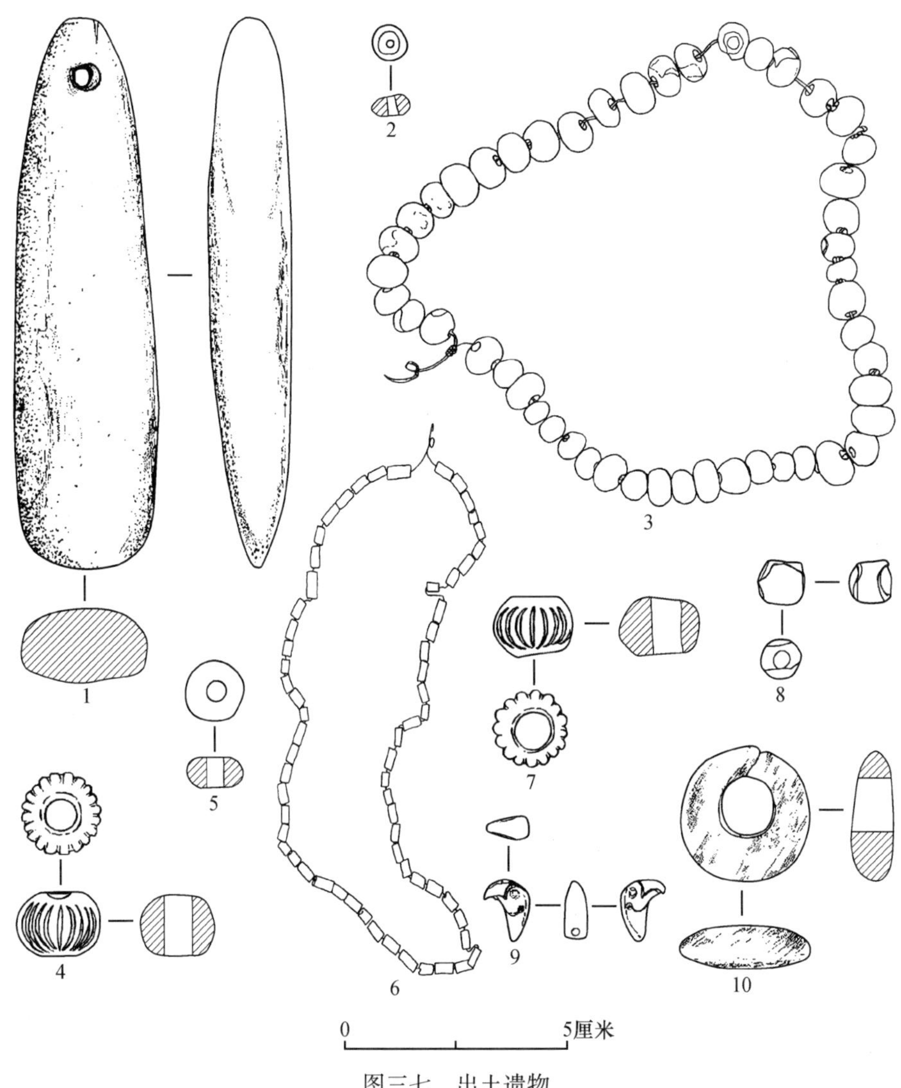

图三七　出土遗物

1. 砺石（ⅢM66：4）　2～5、7、8. 料珠（ⅡM3A：11、ⅢM14A：1、ⅢM89：1-1、ⅢM20B：1、ⅢM89：1-2、ⅢM88：1）　6. 骨串饰（ⅡM5：2）　9. 绿松石吊坠（ⅡM5：3）　10. 骨环（ⅢM66：2）

表一　ⅢM5出土人骨^{14}C测年数据

样品来源	年代（BP）	树轮校正后年代
ⅢM5A墓室	4280±30	公元前2908～前2751（89.1%）
ⅢM5B墓室	4230±30	公元前2933～前2872（93.7%）
ⅢM5C墓室南侧个体	4270±30	公元前2925～前2871（93.3%）
ⅢM5C墓室北侧个体	4240±30	公元前2911～前2756（92.3%）

有较大的相似性，但ⅢM5是迄今唯一在封堆下发现立石的阿凡纳谢沃文化墓葬。吉林大学边疆考古中心所做的古DNA研究初步结果显示，此次发现的ⅢM5墓主与早期西西伯利亚人群遗传特征接近，同时与草原人群有一定的混血现象[5]。从ⅢM5的发现来看，伊犁河流域可能是阿凡纳谢沃文化分布的最南部。这对我们研究早期欧亚草原人口迁徙、文化交流提供了珍贵资料。

兰州大学所做的人骨碳氮同位素分析结果显示，ⅢM5墓主与小河墓地、古墓沟墓地、天山北路遗址，以及吉仁台沟口遗址等新疆地区诸多史前青铜时代遗址的古人类的饮食构成比较一致，主要是以食草动物的肉类为食，此外还可能摄入了一定的小麦、大麦以及粟黍等农作物[6]。

这批墓葬中有封堆地表石棺墓和无封堆地表石棺墓最多，但出土器物较少给判断墓葬年代带来了一定困难。根据封堆结构、墓葬形制以及丧葬习俗，我们认为有封堆的地表石棺墓与赫列克苏尔遗存[7]很相似，墓葬建造都是以地表的石棺为中心，外侧用石块围成圆形或方形石圈，再在上部堆砌石块覆盖。葬式一般为仰身直肢，头西脚东，其时代大概为青铜时代晚期到早期铁器时代过渡阶段[8]。此次发现的有封堆的地表石棺墓可能属于更晚的类型，因未出土可明确判定年代的遗物，故暂时归入赫列克苏尔类遗存。类似的墓葬还见于新疆努尔加水库墓地[9]、吉仁台沟口墓地等。阿尔泰地区花海子三号遗址的^{14}C测年数据约为公元前9世纪[10]，吉仁台沟口墓地M11方形封堆地面墓葬出土人骨的测年数据为公元前895～前797年[11]，与新疆地区赫列克苏尔类遗存的年代相吻合。该类型遗存的特有丧葬习俗及墓葬形制，是进一步了解伊犁河谷地区古代游牧人群文化特征的重要资料。此次清理的无封堆地表石棺墓，从地表形制和墓室建造情况看与阿敦乔鲁二号遗址的墓葬很相似。目前还没足够的遗物证据确定他们的关系，是否属于同一种文化还有待研究。

此次发掘的土石混堆的石室墓、偏室墓和带环壕的石圈土石堆墓，在墓葬分布、封堆建造和葬俗等方面都有高度的相似性和传承关系。结合^{14}C测年数据，这些墓葬大体可以分为两期。第一期以偏室墓和石室墓为主，第二期是带环壕的石圈石堆墓。第一期与乌吐兰墓地的M7、M14[12]，吉仁台沟口墓M14、M26[13]等有很大的相似性，可知第一期墓葬的年代约为公元前5世纪至公元前3世纪。第二期与新源县加噶村墓地M1、M2[14]，新源县别斯托别墓地M1、M2[15]，吉仁台沟口墓地M59、M62、M66[16]等有很大的相似性，可知第二期墓葬年代均不早于公元前3世纪。

在此次发掘的墓葬中，ⅢM68、ⅢM69封堆较大，墓葬形制较为特殊，墓葬规格较高，说明墓主身份地位较高。ⅢM68封堆平面呈东西向橄榄形，局部有夯打的痕迹，封堆出土了可能反映匈奴文化因素的水波纹陶片。封堆下有橄榄形石圈，中间以东西向石墙为轴线，把石圈分成南北两部分。ⅢM69为带环壕的石圈土石堆墓，封堆中部以下墓室为东西向土坑竖穴偏室墓。根据调查和航拍资料，ⅢM69的南北侧还呈链状分布大量的同类型墓葬，封堆均有圆形或方形环壕。

从墓葬集中分布区域、封堆大小和大型环壕等情况看，墓葬所属人群的社会已出现阶层分化，高规格墓葬的墓主人地位显赫，可能与政治集团或部落联盟的出现有关。

综上所述，偏室墓、石室墓以及带环壕的石圈土石堆墓年代约在早期铁器时代至汉代。这些墓葬的早期墓主可能与伊犁河流域的塞人、月氏有关，而有环壕的墓葬可能与乌孙有关。这批考古材料对研究巩乃斯河流域的史前考古学文化框架和伊犁河谷的考古学文化序列等有重要价值。

附记：此次发掘领队为魏坚，参加田野发掘的有中国人民大学博士研究生刘汉兴、周雪乔、特尔巴依尔，硕士研究生陈少兰、康晓慧、张倩、杨林旭、徐紫瑾，北京联合大学硕士研究生阿如娜，台南艺术大学硕士研究生郑慧萍，伊犁州文物局张超、马俊琰，尼勒克文物局关巴。器物线图由郝晓菲绘制，器物照片由刘玉生拍摄。

执笔者：特尔巴依尔　刘汉兴　曹　彧
关　巴　王　晶　刘慧娟

注　释

［1］ Э. Б. Вадецкая, А. В. Поляков, Н. Ф. Степанова. *Свод памятников афанасьевской культуры*. Барнаул, 2014.

［2］ 新疆文物考古研究所：《新疆哈巴河阿依托汗一号墓群考古发掘报告》，《新疆文物》2017年第2期。

［3］ 新疆文物考古研究所：《和布克赛尔县219国道松树沟墓地发掘报告》，《新疆文物》2018年1、2期。

［4］ 资料待发表。

［5］ 吉林大学边疆考古中心古DNA实验室崔银秋教授等检测并提供相关信息。

［6］ 兰州大学资源环境学院西北及中亚环境考古中心安成邦团队检测并提供相关信息。

［7］ А. Д. Цыбиктаров, Херекоу ры Бу рятии. *Северной и Центральной Монголии, Культуры намаятники бронзового и раннего железногоЗабайкалья и Монголии*. *Серия История икультура Центральной Азии*. Улан- Удэ, 1995.

［8］ 特尔巴依尔：《赫列克苏尔遗存的年代及相关问题》，《北方民族考古》（第2辑），科学出版社，2015年。

［9］ 新疆文物考古研究所：《新疆昌吉努尔加墓地2012年发掘简报》，《文物》2013年第12期。

［10］ 中国社会科学院考古研究所新疆工作队等：《新疆青河县花海子三号遗址发掘简报》，《考古》2016年第9期。年代由中国社会科学院考古研究所考古科技实验研究中心测定 。

［11］ 王永强、阮秋荣：《2015年新疆尼勒克县吉仁台沟口考古工作的新收获》，《西域研究》2016年第1期。感谢此项目领队阮秋荣提供^{14}C测年数据。

［12］ 新疆文物考古研究所：《尼勒克县乌吐兰墓地考古发掘报告》，《新疆文物》2014年第1期。M7的测年结果为距今2405年 ± 25年，M14的测年结果为距今2340年 ± 30年（两墓测年标本不详）。感谢此项目领队阮秋荣提供^{14}C测年数据。

［13］ 王永强、阮秋荣：《2015年新疆尼勒克县吉仁台沟口考古工作的新收获》，《西域研究》2016年第1期。M14的测年数据为公元前356 ~ 前284年（测年标本为羊骶骨），M26的测年数据为公元前402 ~ 前356年（测年标本为人趾骨）。感谢此项目领队阮秋荣提供^{14}C测年数据。

［14］ 新疆文物考古研究所：《新源县加嘎村墓地考古发掘报告》，《新疆文物》2017年第1期。M1的测年结果为距今2285年 ± 20年（测年标本为人脚踝骨），M2的测年结果为距今2195年 ± 25年（测年标本为羊骨）。感谢此项目领队阮秋荣提供^{14}C测年数据。

［15］ 新疆文物考古研究所：《新源县别斯托别墓地发掘报告》，《新疆文物》2012年第2期。M1的测年结果为距今2240年 ± 25年（测年标本不详），M2的测年结果为距今2220年 ± 25年、距今2185年 ± 30年（测年标本不详）。感谢此项目领队阮秋荣提供^{14}C测年数据。

［16］ 王永强、阮秋荣：《2015年新疆尼勒克县吉仁台沟口考古工作的新收获》，《西域研究》2016年第1期。M59的测年数据为公元前232 ~ 前54年（测年标本为羊骶骨），M62的测年数据为公元前205 ~ 前49年（测年标本为踝骨），M66的测年数据为公元前237 ~ 前156年（测年标本为羊骶骨）。感谢此项目领队阮秋荣提供^{14}C测年数据。

（原载《考古》2020年第12期，收入本集时略有删改）

新疆察布查尔县阿布散特尔墓群发掘简报

新疆文物考古研究所
南京大学历史学院

2018年5月，为配合G219（都拉塔口岸至昭苏县）公路建设，新疆文物考古研究所对工程预施工区域的察布查尔县阿布散特尔墓群进行了考古发掘。现将发掘情况简报如下。

阿布散特尔墓群位于新疆伊犁哈萨克自治州察布查尔县爱新舍里镇七大队的行政辖区内。墓群东临洪纳海沟，沟内为自南向北流淌的季节性河流，河流东岸为琼博拉乡墩买里村，向西与农四师六十七团农一连隔路（南北向现修公路G219线）相望。墓葬所在的洪纳海沟西岸二、三级台地为戈壁地带，四级台地为黄土台地，地势平坦，其上生长低矮牧草，少部分区域被开垦为耕地（图一）。

第三次全国文物普查时将该墓群分为三处子墓群，由北往南依次为阿布散特尔北墓群、阿布散特尔Ⅰ号墓群（该墓群墓葬位于河西岸2～5级台地上，我们将4～5级台地上的墓葬划为A区；2～3级台地上的墓葬划为B区）、阿布散特尔Ⅱ号墓群[1]。三者从北往南线状排列，两两相距1.5千米。墓葬呈链状或片状构筑在不同的台地上。本次清理墓葬87座、马坑1个、石构遗迹20处，出土遗物70余件（组）。马坑位于四级台地的Ⅰ号墓群中。石构遗迹分布在北墓群北侧（图二）。

一、墓　葬

依据葬制系统（地表封土、墓穴结构、葬式葬俗、出土遗物等）及其空间位置，我们将此次发掘的墓葬分为A、B、C类。

A类　墓葬分布在Ⅰ号墓群的西侧（A区）和北墓群的北部。墓葬地表封土多为石圈石堆、石圈，少数为石堆结构。依据墓室结构，可以分为竖穴土坑墓、竖穴偏室墓两类。二者的墓穴均位于地表封土的中部位置，开口在原生黄土层，竖穴土坑墓的墓室和竖穴偏室墓墓道平面呈圆角长方形、竖穴、直壁、平底。内填卵石，夹杂黄土。竖穴偏室墓的偏室开口于墓道北侧，平底、弧形顶，开口垒砌卵石或斜立原木封堵，偏室内填土相对细腻、松软（发掘表明，偏室内的填土为封堵偏室开口的石、木倒塌、朽蚀或者

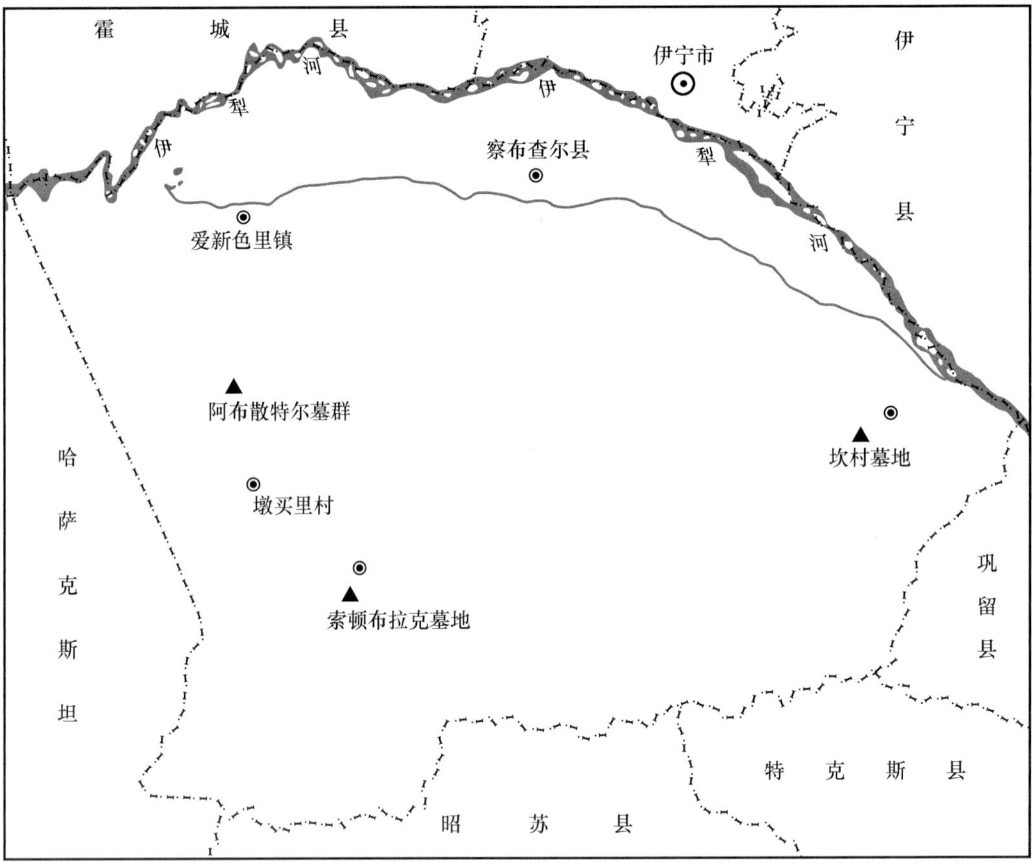

图一　阿布散特尔墓群位置示意图

图二　阿布散特尔墓群近景（北—南）

偏洞的整体坍塌所致）。A类墓葬形制虽有所不同，但二者墓向均为东西向。从保存相对完整的人骨来看，流行单人、仰身直肢、头西脚东的埋葬方式。出土遗物放置在墓主人头端处，以陶器、羊荐椎、铁刀为基本组合。少数竖穴土坑墓的墓室填土中出土原木残段，疑似为棚盖墓底的棚木。

B类 墓葬主要集中在Ⅰ号墓群的东侧（B区）和Ⅱ号墓群。地表封土多为石堆，墓室多为浅竖穴土坑，平面呈圆角长方形或不规则形，墓向东西向或南北向。少数墓葬的墓口用片状卵石围砌，并用花岗岩条石棚盖墓口。该类墓葬墓底仅见零星人骨，甚至不见包括人骨在内的任何遗物。保存较好的少数人骨流行头西脚东或头北脚南的单人仰身直肢一次葬。

C类 墓葬位于北墓群，数量最少。墓葬地表堆积圆形石堆，墓室为竖穴土坑，坑体较A类墓葬宽大，墓主流行单人仰身直肢葬。出土遗物不见陶器。

以下选典型墓葬举例说明。

ⅠAM1 竖穴土坑墓，位于Ⅰ号墓群A区最南端，北距M2约100米，墓口上堆积一层黄土并以此为中心用卵石摆置直径7.5、宽1.5、高0.5米的圆形石圈，石圈西部已被破坏。墓向270°。墓室平面呈圆角长方形，墓室长2.3、宽0.8、深0.5米。墓底葬一成年女性个体，年龄20～25岁，面朝南。墓主头骨右侧置单耳陶罐、铁刀、羊尾（图三）。

ⅠAM2 竖穴偏室墓，位于M3南侧30米，地表封土与M1雷同，其东部及北部被破坏，直径5、高0.2米。墓向270°。墓道长2.5、宽1.0、深0.9米，墓道内填4层卵石。偏室开口处用竖向斜立的原木封堵偏室开口，偏室与墓道等长，进深0.6米。室内葬一20岁左右男性，面朝南，肩部外侧放置陶钵、单耳陶罐各1件（图四）。

ⅠAM7 竖穴土坑墓，西北距M12约5米，其封堆为土堆石圈，土堆呈圆丘形，由五花土堆积而成并夹杂少量小石子，质地较松软，最高处0.3米。土堆外缘用卵石摆石圈，石圈宽1.5米，圈内堆积散乱的卵石。墓口向下填4层卵石，再向下填黄土，质地松软。墓向256°。墓室开口于黄土层，平面呈圆角长方形，长2.4、宽0.9、深1.5米。墓底葬一20岁左右女性，面朝上，颅骨枕部变形，头端南侧摆放1件单耳陶罐（图五）。

ⅠAM8 竖穴土坑墓，东距M9数十米，该墓在墓室上方原地表用卵石摆置宽约1米的石环圈，石圈直径5、高0.3米。墓葬开口于原地表黄土层下（黄土层厚0.6米）打破砂砾层。墓口向下填4层卵石，再往下为黄土夹杂砂砾，质地较硬。墓向250°。墓室长2.3、宽0.7、深1.4米。墓底葬一25岁左右男性，面朝上，头端右侧放置2件陶钵。盆骨上南北向横搭一段原木，疑似棚盖墓底的棚木（图六）。

ⅠAM11 竖穴土坑墓，西侧地表封土叠压于ⅠAM10下。该墓于原地表上堆积圆丘形土堆，土堆周缘至半腰摆一周卵石，封堆直径约7、高0.2米。墓向330°。墓室长2.4、宽1、深1.5米。墓口向下填3层卵石，再向下填黄土，质地较软。墓底葬一15岁左右女性，面朝上，墓主头端外侧放置陶罐、陶钵各1件，其右锁骨见铜锈痕迹（图七）。

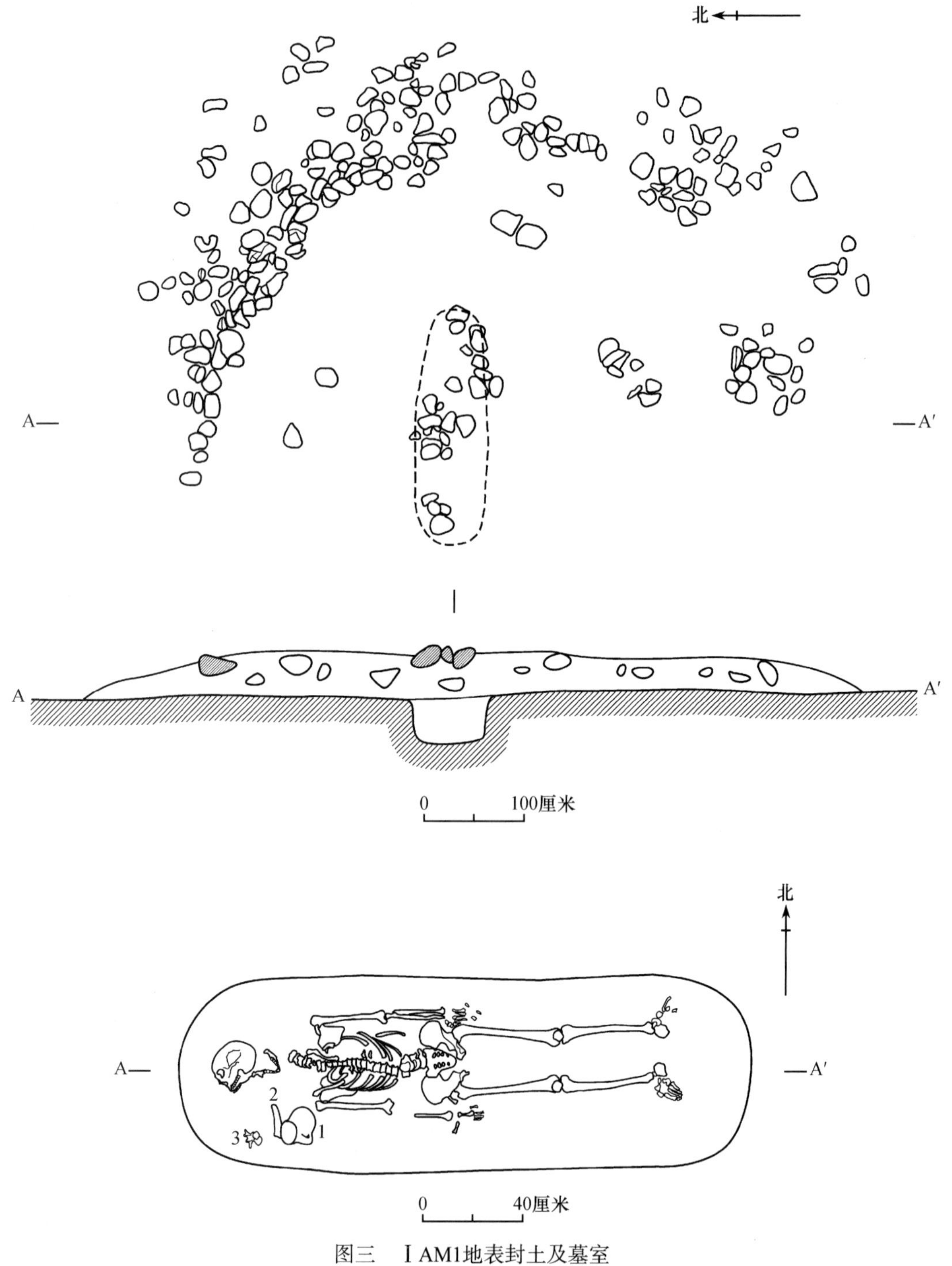

图三　Ⅰ AM1地表封土及墓室

1. 陶罐　2. 铁刀　3. 羊尾

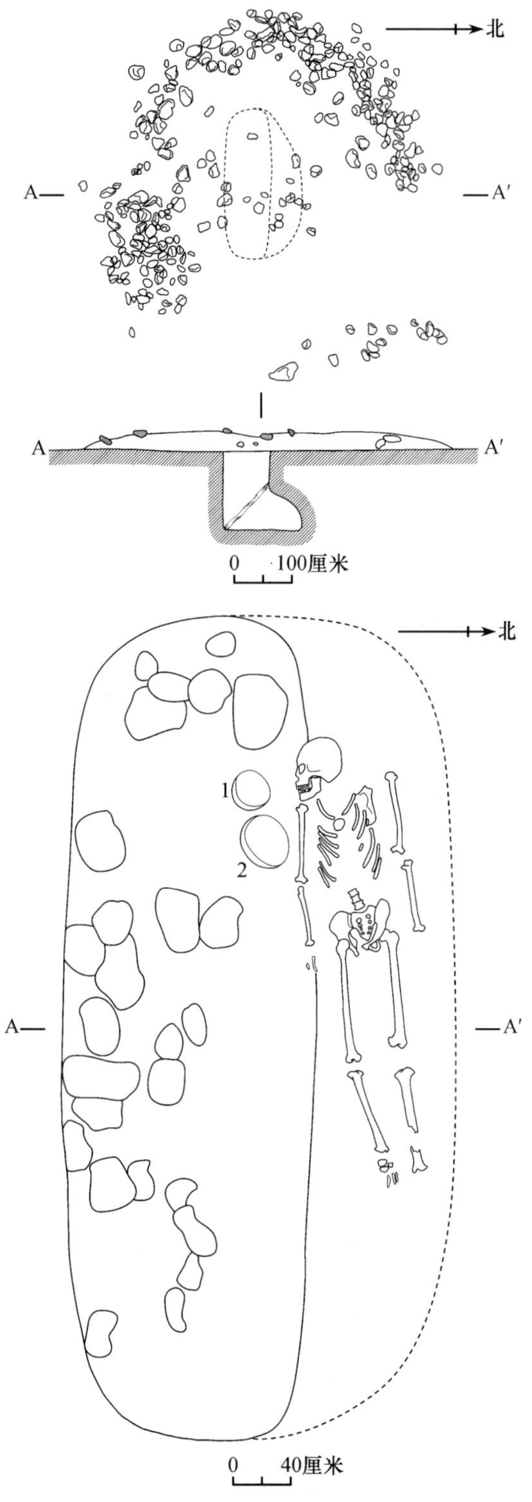

图四　ⅠAM2地表封土及墓室

1. 陶罐　2. 陶钵

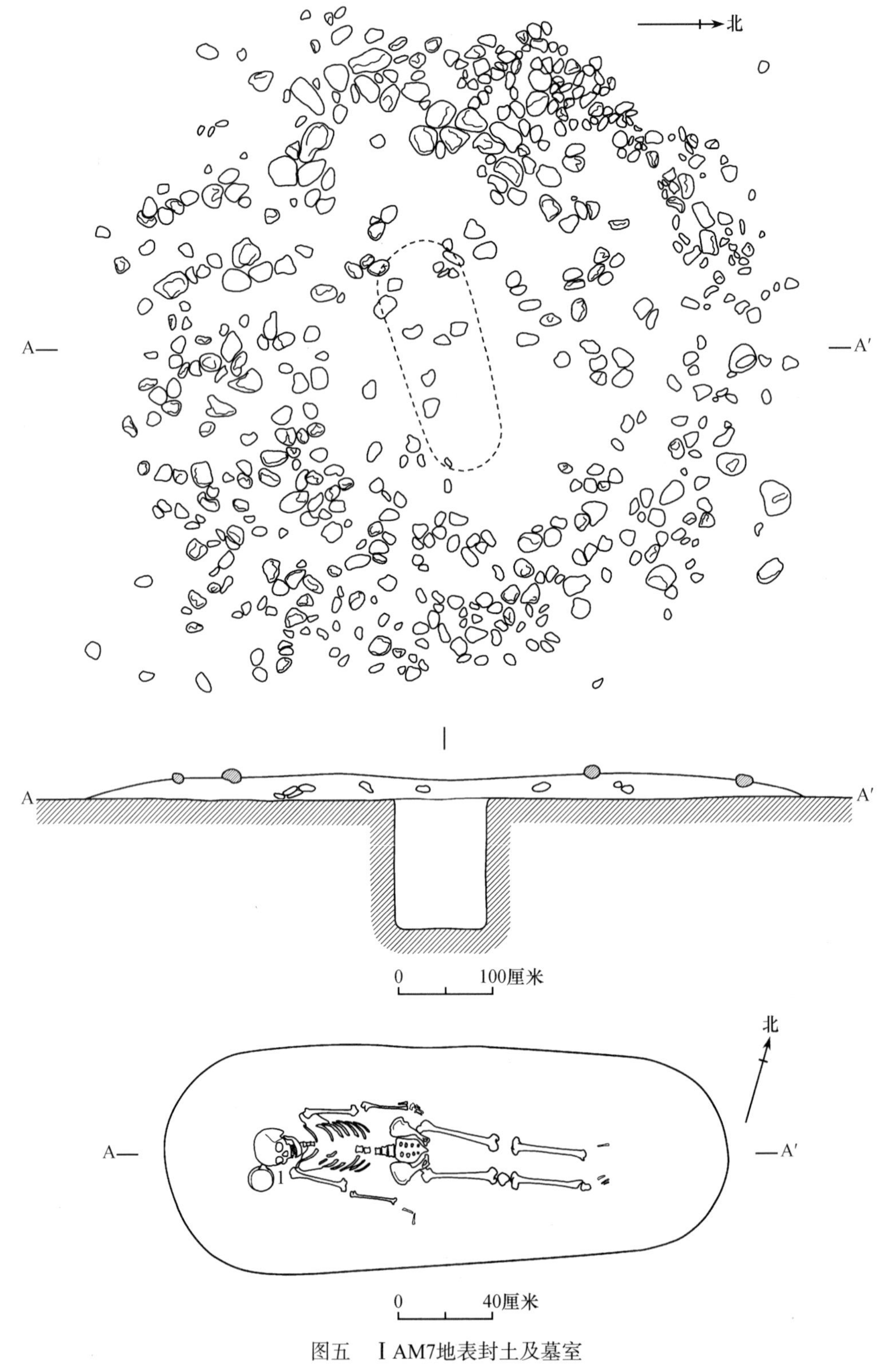

图五　ⅠAM7地表封土及墓室

1. 陶罐

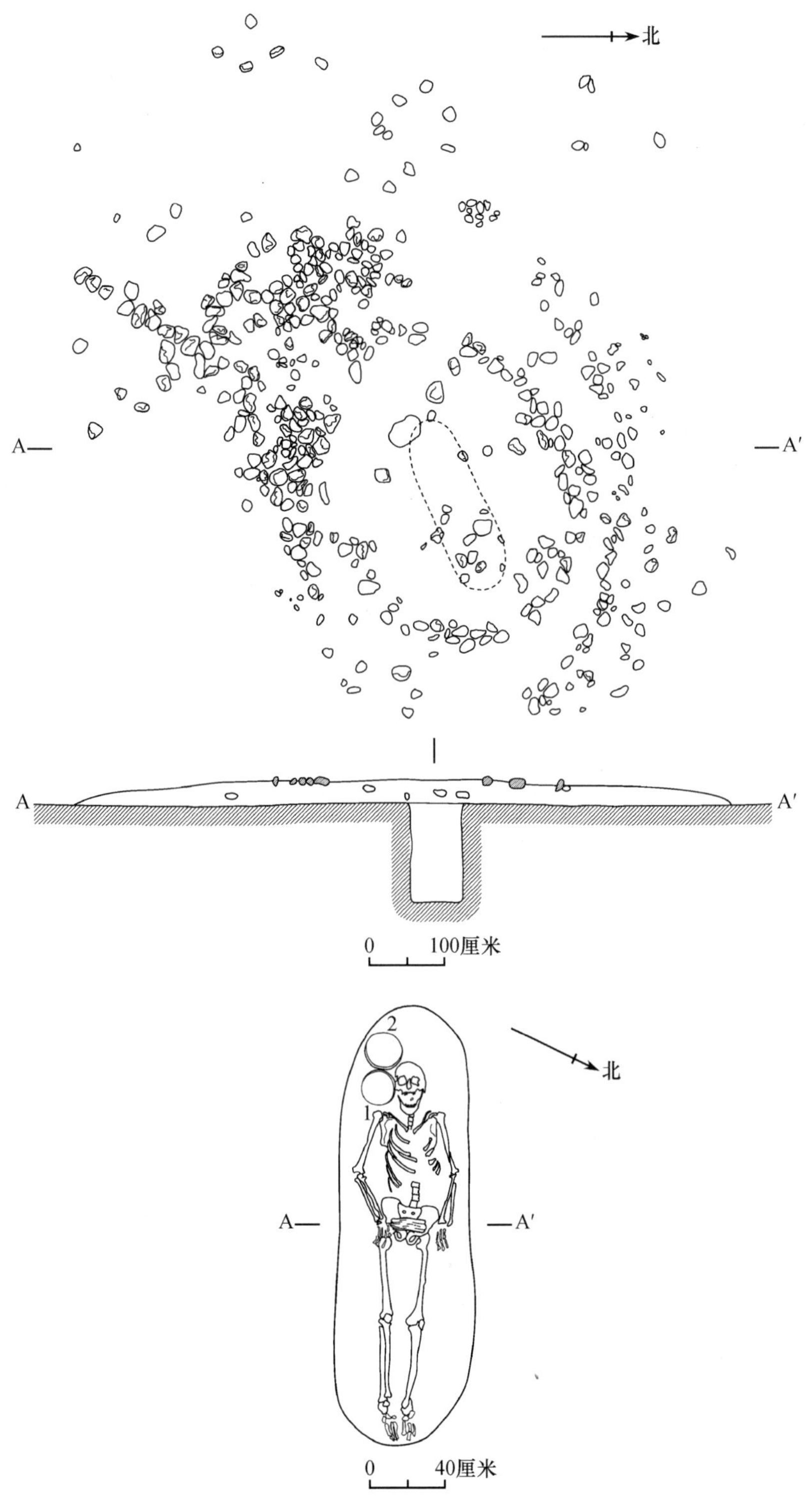

图六 Ⅰ AM8地表封土及墓室
1、2. 陶钵

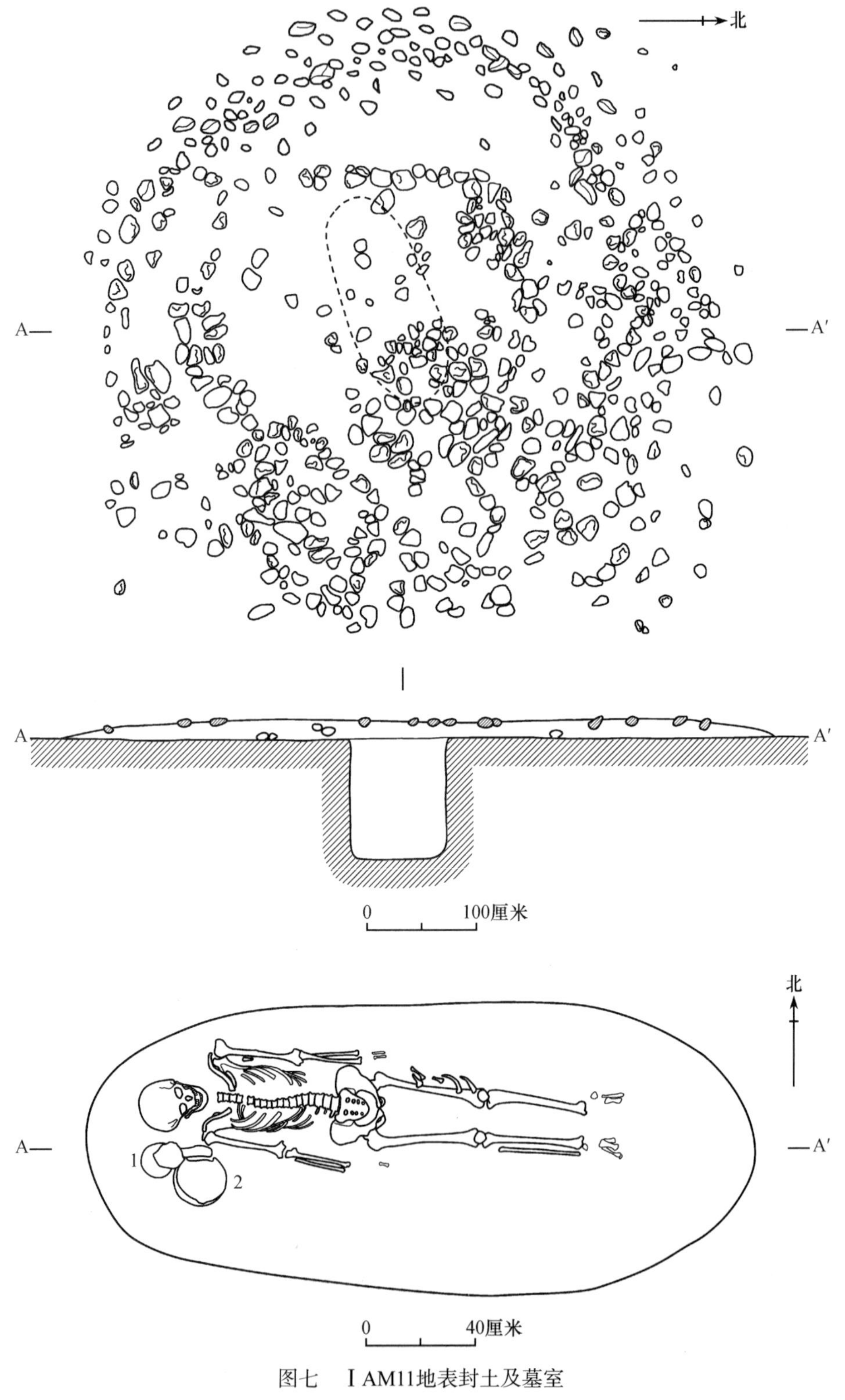

图七　ⅠAM11地表封土及墓室

1. 陶钵　2. 陶罐

ⅠAM13　竖穴土坑墓，西北临M14约3米，地表封土为土堆覆石结构，下层为五花土夹杂小石子堆积的圆丘形土堆，其间钳入少量卵石。上层为石圈石堆，石圈直径7米的双环形石圈，内外圈间隔1米，石圈外缘西端栽立一长约0.5米的大卵石。墓口处堆积数十块卵石，呈西南—东北向。墓向343°，墓葬开口于原生黄土层下，墓底打破砂砾层。墓室长2.4、宽1、深1.1米。墓口向下填4层卵石，再往下填黄土，质地较软，填土中见原木残段，疑似棚盖墓底的棚木。墓底葬一40岁左右男性，面朝上。该个体头骨枕部发现人工变形，龋齿现象遍布整个口腔内部，且腰椎出现骨质增生，令其活动受限。墓主头骨右侧放陶钵、陶罐各1件，陶钵内盛放铁刀及羊尾（图八）。

ⅠAM14　竖穴土坑墓，位于M13西侧5米处，墓葬地表封土为原地表摆放石圈，因被扰动而使得原貌不复存在。封堆高0.4米。墓向245°。墓室呈圆角梯形，长2.2、东西宽分别为0.5、宽0.8、深1米。墓口向下填3层卵石，再向下至墓底填黄土，质地较软。墓底葬一20～25岁的女性，面微朝北，下颌左右第三颗臼齿脱落，牙床并未全愈。墓主右腹部见疑似掉落的石磨盘1件，头端右侧置单耳罐、陶钵各1件，陶罐见明显的烟炱痕迹（图九）。

BM13　竖穴土坑墓，位于BM12北侧50米处。地表封土为双石圈，内外圈相隔1米，封堆直径7、高0.2米。墓向293°。墓室长1.9、宽1.2、深1米。墓底葬一成年个体，双膝略外屈，面朝南。墓主右肩外侧置彩陶壶、铁刀和羊尾（图一〇）。

ⅠBM5　竖穴土坑墓，北距ⅠBM4约10米，封堆封土为圆形石堆，直径7、高0.2米。墓室开口于原生砂砾层下，平面呈圆角长方形，内填卵石夹杂砂砾，墓向275°。墓室长2.4、宽1.2、深0.5米。墓底葬一30岁左右男性个体，面朝北，左侧身，下肢伸直，右小腿搭于左小腿上呈交叉状，不见任何随葬品（图一一）。

ⅡM5　竖穴土坑墓，位于ⅡM4西北方，地表封土为原地表用卵石由内而外逐次摆放一层卵石，形成圆形石堆，直径9、高0.2米。墓向234°。墓室长1.9、宽1、深0.4米。墓底葬一成年个体，骨殖严重酥碎，从骨骼形态判断似男性，仰身直肢，头西脚东，面朝上，不见任何随葬品（图一二）。

BM18　竖穴土坑墓，位于三级台地中部区域。石堆直径7、高0.1米。墓向为180°。墓室长2.5、宽1.2、深1.1米。墓底葬一30岁左右男性，呈仰身直肢状，年龄在25～30岁。该个体上颌左侧侧门齿生前脱落，下颌左侧中门齿侧门齿根尖脓疡。额骨近左侧额结节与眉弓处有凹陷性骨折，右侧腕关节尺桡端骨质增生。双侧股骨干弯曲程度较大、头凹，股骨颈凹陷，臼窝有新关节面，从上述情况判断为骑乘行为。墓主右锁骨处见铜耳环，左桡骨外侧置骨器、角觿；腰部及右桡骨远端外侧分别出土铜带扣、铁环、铜带饰；下肢周围出土骨扣、铜带扣、带饰、铁环等遗物。铜带饰上附着白色织物，内侧夹裹皮带。墓主左胫腓骨外侧散落马的头、掌、跖、趾、蹄骨和羊骨；右胫腓骨外侧放1件桦树皮制作的箭箙，其上附着漆的痕迹（图一三）。

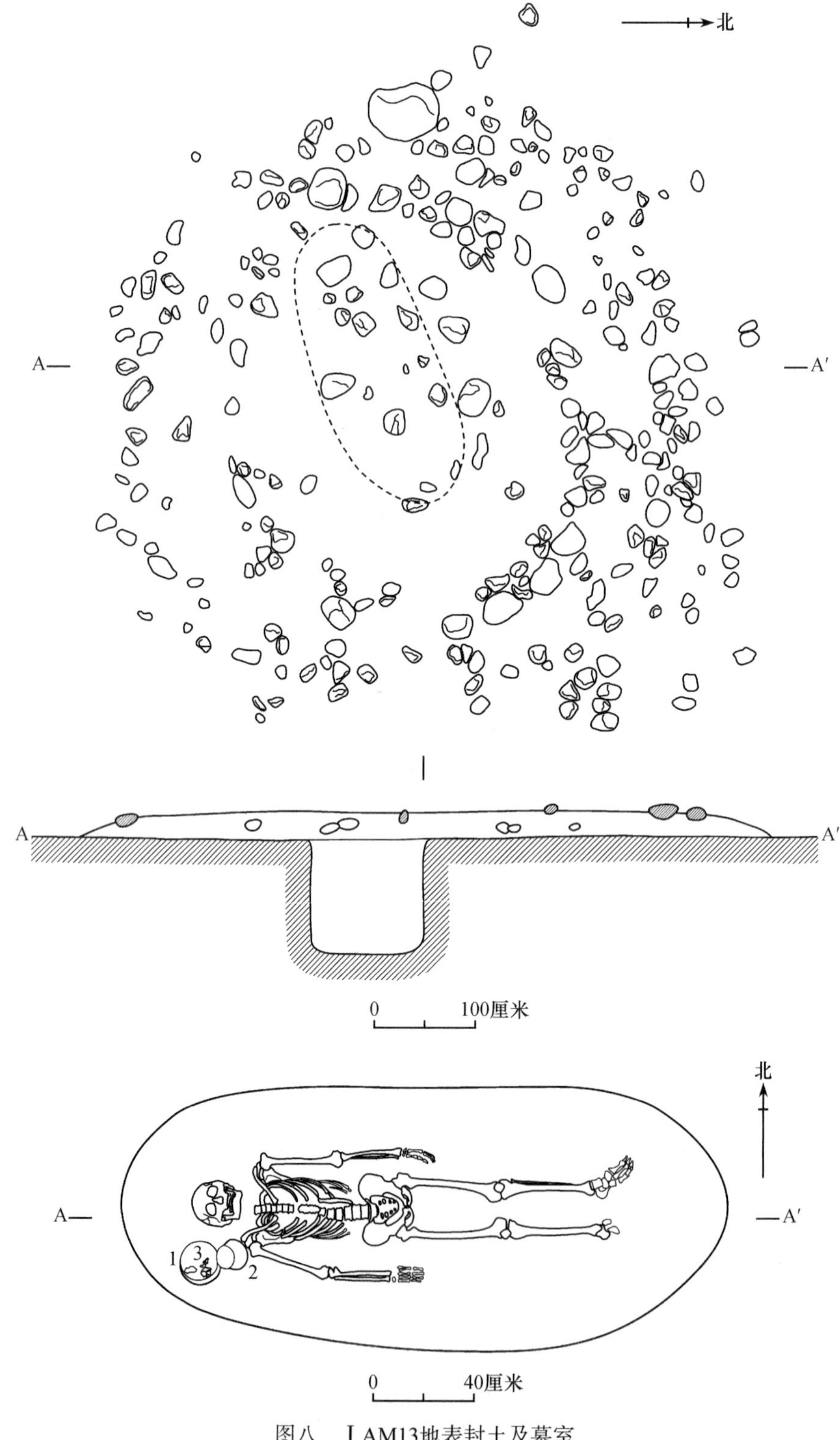

图八　ⅠAM13地表封土及墓室
1. 陶钵　2. 陶罐　3. 羊尾

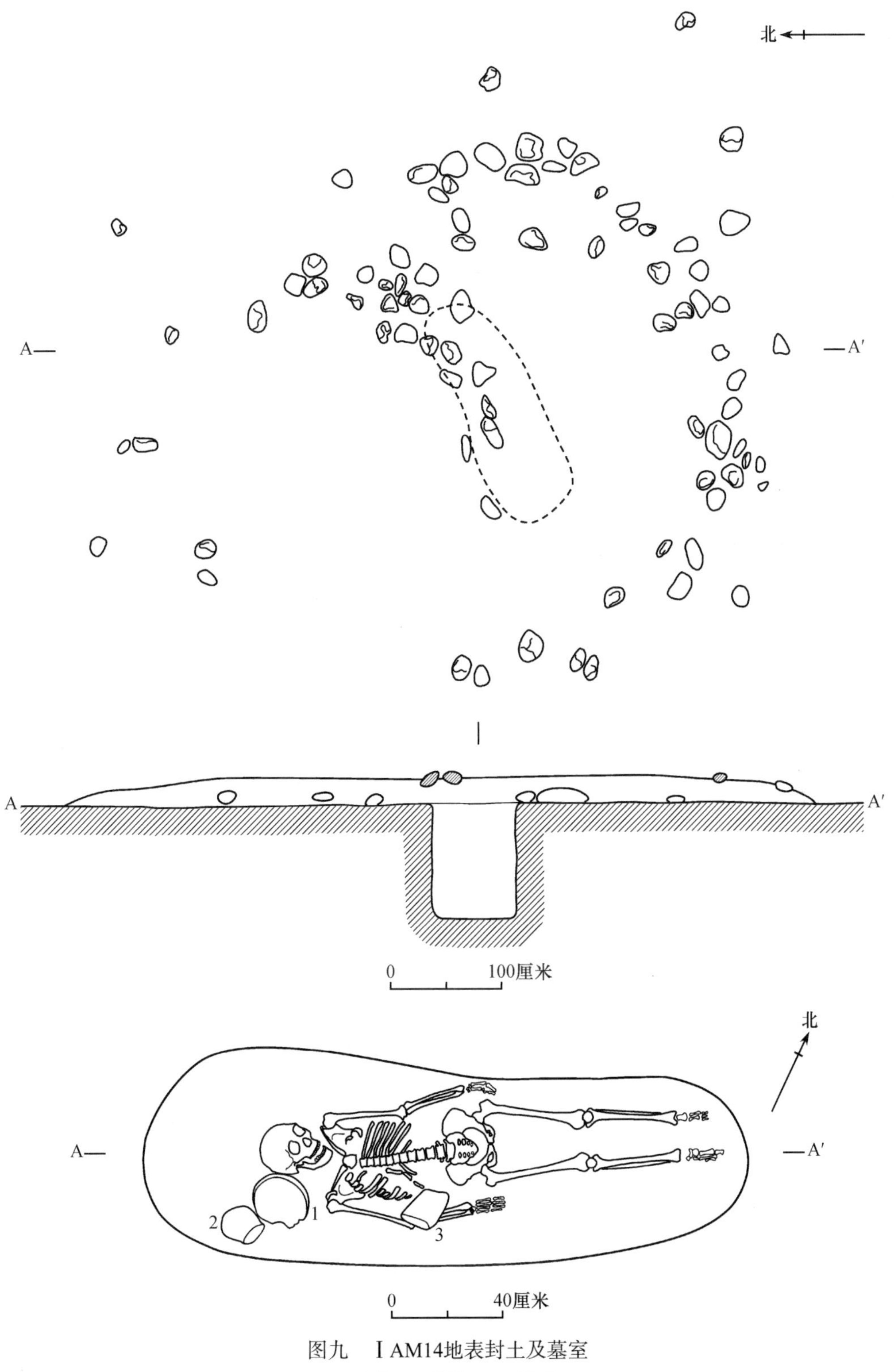

图九　ⅠAM14地表封土及墓室

1. 陶钵　2. 陶罐　3. 石磨盘

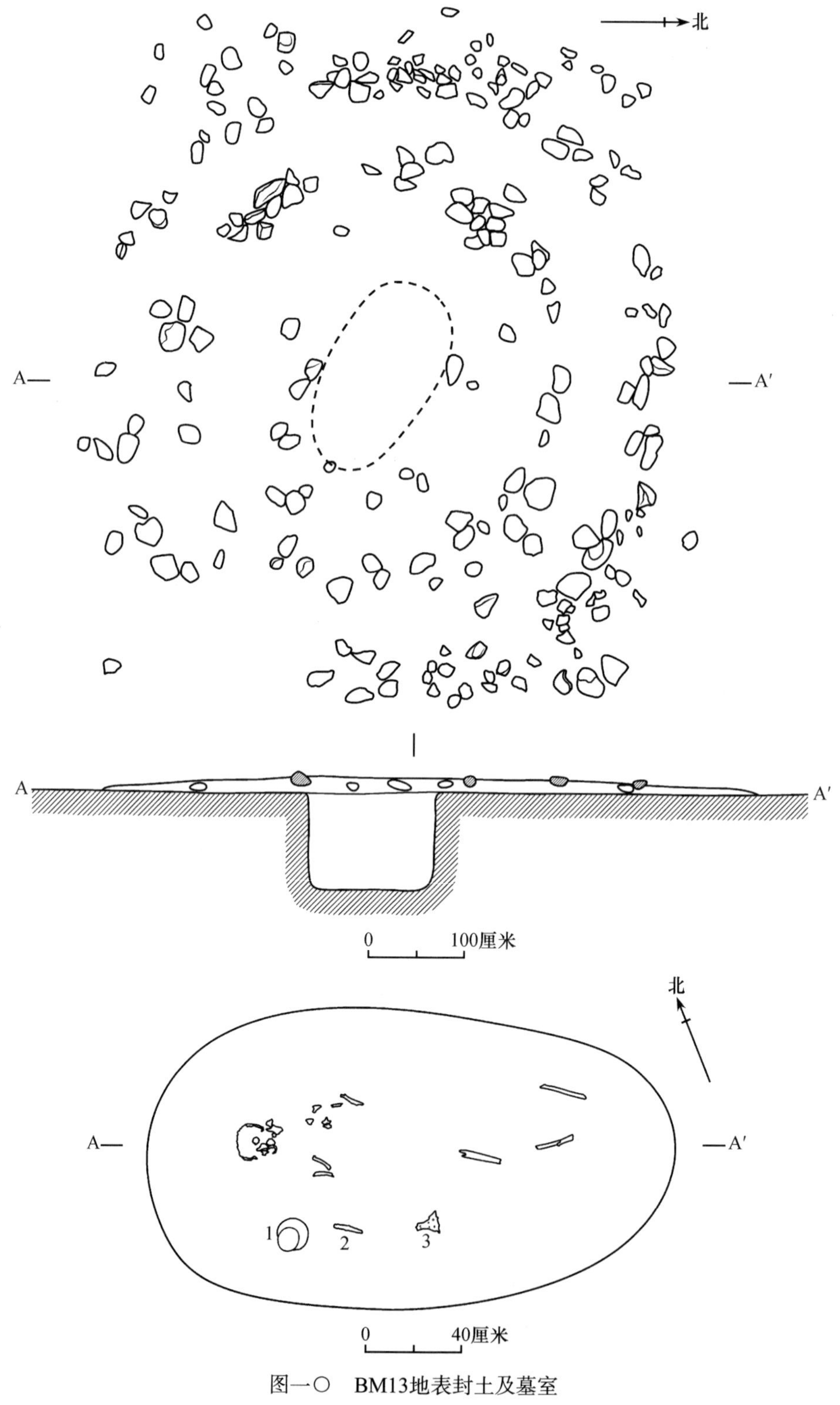

图一〇　BM13地表封土及墓室

1. 陶壶　2. 铁刀　3. 羊尾

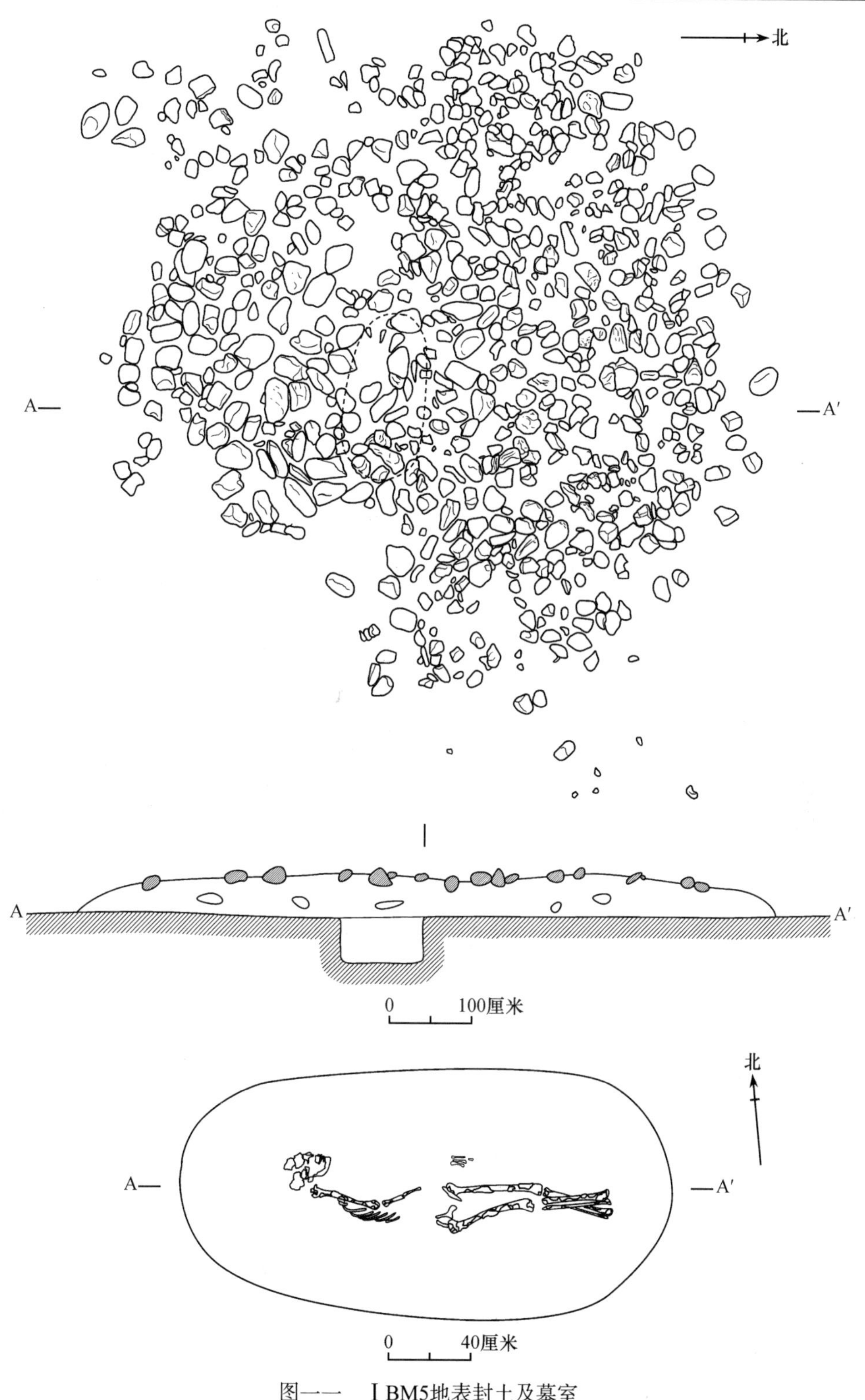

图一一　ⅠBM5地表封土及墓室

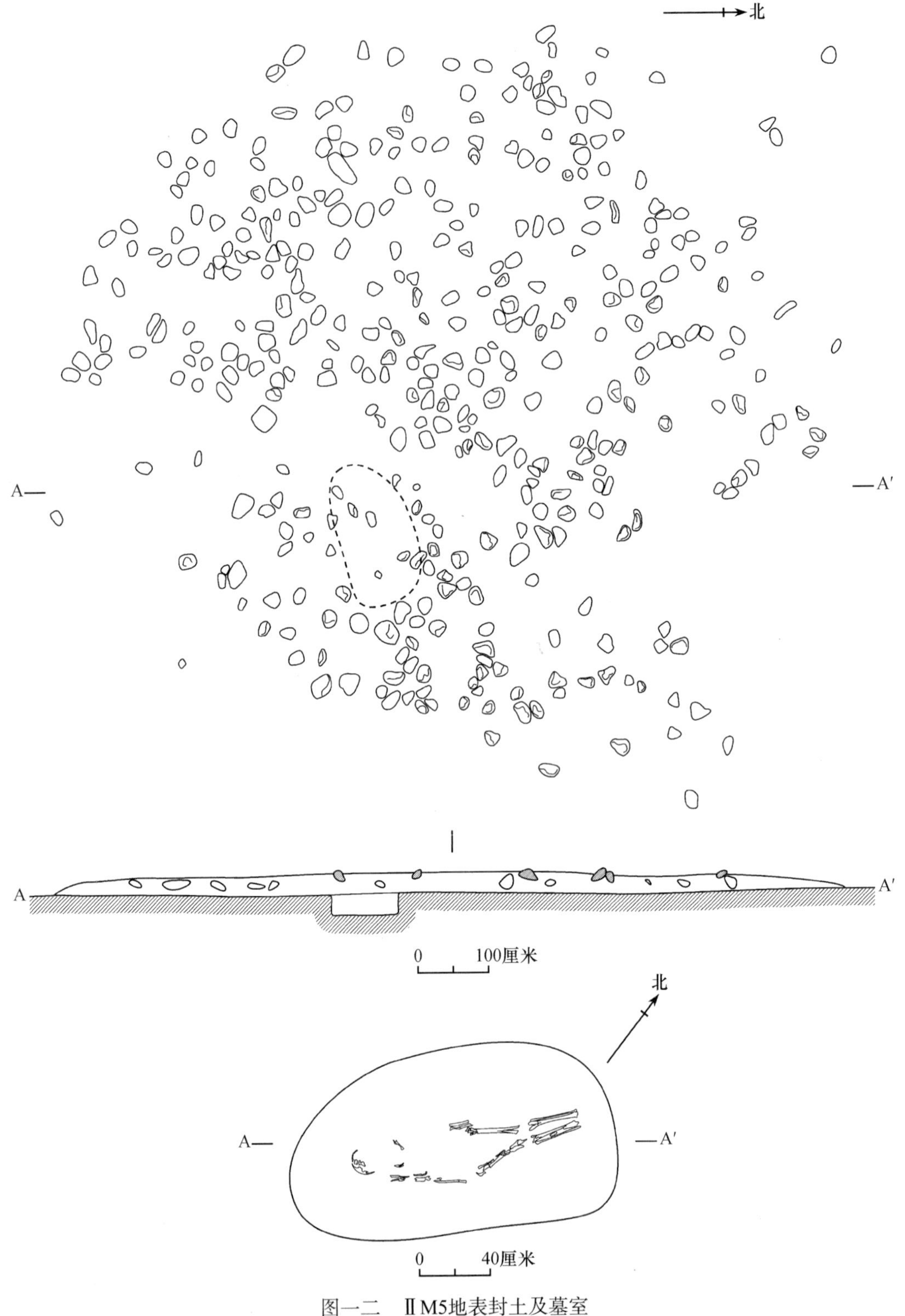

图一二　ⅡM5地表封土及墓室

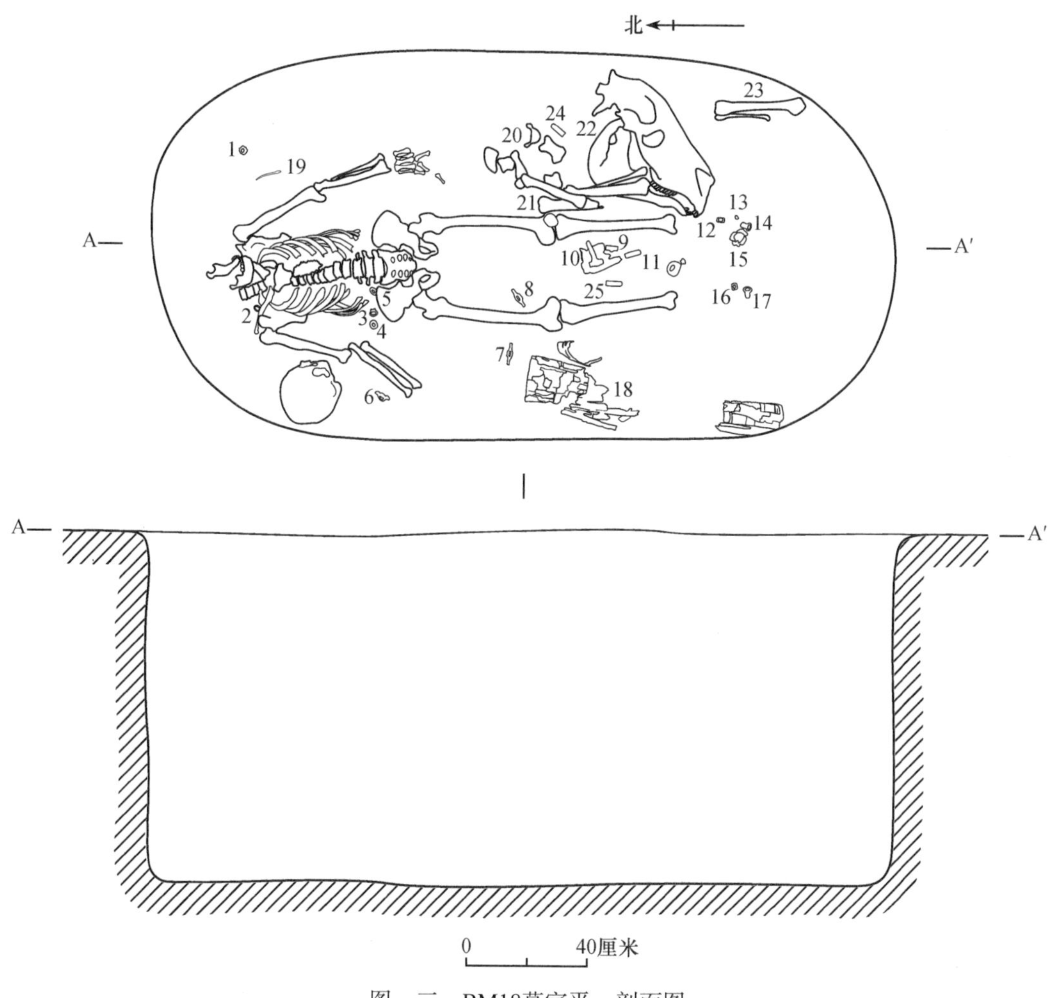

图一三 BM18墓室平、剖面图

1. 骨器 2. 耳环 3、14、15、17. 铜带扣 4、5、15. 铁环 6、9～11、13、25. 铜带饰 7、8. 骨器 12、16. 铜带箍 18. 箭箙 19. 角觿 20～24. 马骨、羊骨

二、马 坑

共发现1处，编号ⅠAK1（因地表标识与墓葬无异，因此原编号为ⅠAM22），位于Ⅰ号墓群A区，西邻M21。地表标识为未见明显扰动痕迹的直径约7、高0.3米的圆形石堆。石堆下、坑口的开口西侧上埋葬一具疑似成年男性的尸骨。该个体颅骨缺失，右侧骨殖散落在乱石内，左侧骨殖基本在原生理位置，椎骨存在严重的增生现象。在颅骨缺失的位置处出土一对银耳环。坑口南侧的中部出土1件舟形铜杯。坑口南壁向下0.2米处出土1柄铁剑。坑体平面呈圆角长方形，竖穴，坑底西端保留生土二层台，坑向285°。坑长2.3、宽1、深0.9米，二层台高0.2米。坑内置马1匹，马头位于二层台上，马身右屈，马嘴内颌铁马衔，腹部残存朽蚀的木质鞍桥，马背处出土骨质饰件，坑底东端的马骨下散落铁环等遗物（图一四）。

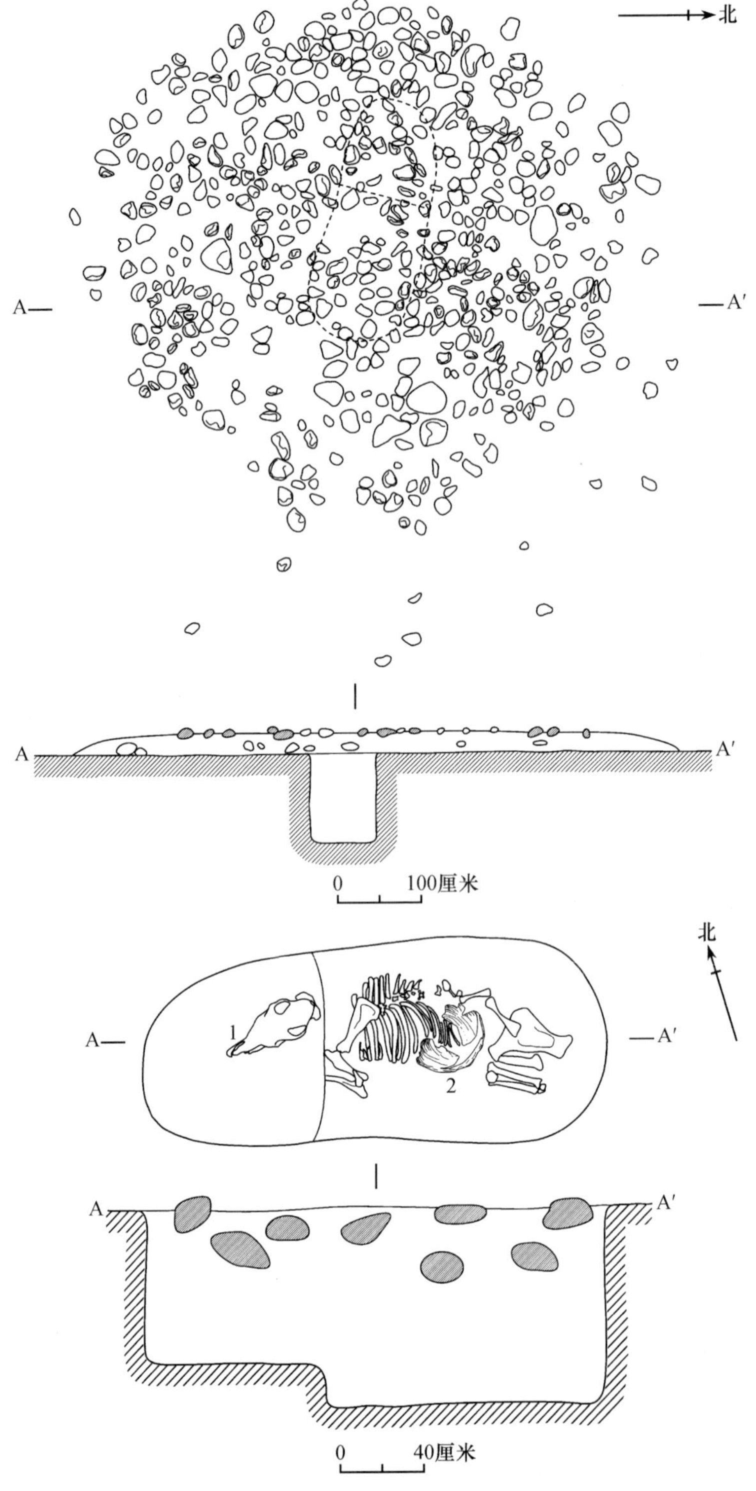

图一四　ⅠAK1地表封堆及墓葬平、剖面图

1. 铁马衔　2. 铁马镫

三、石构遗迹

石构遗迹共发现20处，均位于阿布散特尔北墓群的北侧，构筑方式为原地表堆积一至两层卵石，形成平面呈圆形的石堆，直径5～10、高0.2～0.4米。石堆被彻底清理后，即为原地表生土层（图一五）。

图一五　石构遗迹

四、出土遗物

本次考古发掘出土的70余件（组）遗物因墓葬时代、使用功能差异，其出土位置、类别组合、器形纹样等特征有所不同。按质地可分为陶、铁、铜、银、骨、角、石器等。陶器器类有罐、钵、壶。陶系为夹砂红陶，器表可见经久使用后留下的磨痕。陶罐多附环形单耳，陶钵无耳。大多数陶器器表及口沿内侧施红褐色彩衣。少部分陶器器表饰彩绘图案，多以倒三角纹、网格纹、棋盘格纹为主题纹样。其他类器物有铁质的刀、剑、衔、镫、环、带扣等；铜质的耳环、带饰、带扣、杯，银质的耳环；骨质的扣、饰件，角觿以及石磨盘等。

1. 陶器

罐　7件。

ⅠAM1：1，圆唇，微侈口，束颈，溜肩，鼓腹，圜底。口沿略残，颈部至腹部贴附桥形器耳，器外壁见明显烟炱痕迹，器表饰红色彩衣，因脱落不易分辨。通高13、口径8.6、腹径12厘米（图一六，1；图版一四，1）。

ⅠAM2：2，圆唇，敛口，弧壁，鼓腹，圜底，近口沿处至腹部一侧贴附器耳，已残，器内壁见修整痕迹，外壁底部见烟炱痕迹。通高11.8、口径9.6、腹径12.7厘米（图一六，2）。

ⅠAM7：1，方唇，敛口，弧壁，鼓腹，圜底。口沿处至腹部一侧贴附器耳，已残，器外壁均见烟炱痕迹，内壁见明显织物附着后的网格痕迹。通高9.4、口径10、腹径13.4厘米（图一六，3）。

ⅠAM7：2，残存器底，器腹一侧贴附器耳，已残，另一侧外壁见明显烟炱痕迹。残高8.4、腹径11.5厘米（图一六，4）。

ⅠAM11：2，圆唇，侈口，束颈，溜肩，鼓腹，圜底。口沿一侧残缺，口沿至腹部见红色颜料绘制几何形纹饰，因大面积脱落不易分辨。通高13、口径8.4、腹径11厘米（图一六，5）。

ⅠAM13：2，口沿被有意识磨平（推测器身上部被打碎后，为再次利用而打磨平整）敞口，束颈，溜肩，鼓腹，圜底。颈部以下施红色彩绘，因陶皮脱落，仅在器物颈部至肩部可见一周条带状纹饰。通高13.4、口径7、腹径12厘米（图一六，6）。

ⅠAM14：2，方唇，微敛口，溜肩，鼓腹，圜底。口沿处捺捏一周泥条形成方形器唇，腹部一侧贴附器耳，已残，另一侧从口沿至底部见明显烟炱痕迹。通高12、口径8.8、腹径12.8厘米（图一六，7）。

钵　6件。

ⅠAM2：1，圆唇，敞口，直壁，圜底。器口沿凹凸不平，器内外壁见草类物抹平修整的痕迹。通高6.4、口径14.6厘米（图一六，8）。

ⅠAM8：1，圆唇，敞口，直壁，微鼓腹，圜底。器物外壁至内壁口沿处施红褐色陶衣。通高10.3、口径16.4厘米（图一六，9；图版一四，2）。

ⅠAM8：2，圆唇，敞口，直壁，微鼓腹，圜底，器内壁口沿处及外壁底部见见草类物抹平修整的痕迹。通高8.8、口径15.4厘米（图一六，10）。

ⅠAM11：1，方唇，敞口，直壁，鼓腹，圜底。口沿处捺捏一周形成方形器唇，略向外翻，器物外壁见烟炱痕迹。通高9.4、口径16厘米（图一六，11）。

ⅠAM13：1，微敛口，弧壁，鼓腹，圜底。器外壁至内壁口沿处施红褐色陶衣，陶钵内盛放羊尾和铁刀。通高9.4、口径15.4厘米（图一六，12；图版一四，3）。

ⅠAM14：1，方唇，敞口，弧壁，圜底。器外壁至内壁口沿处施红褐色陶衣。通

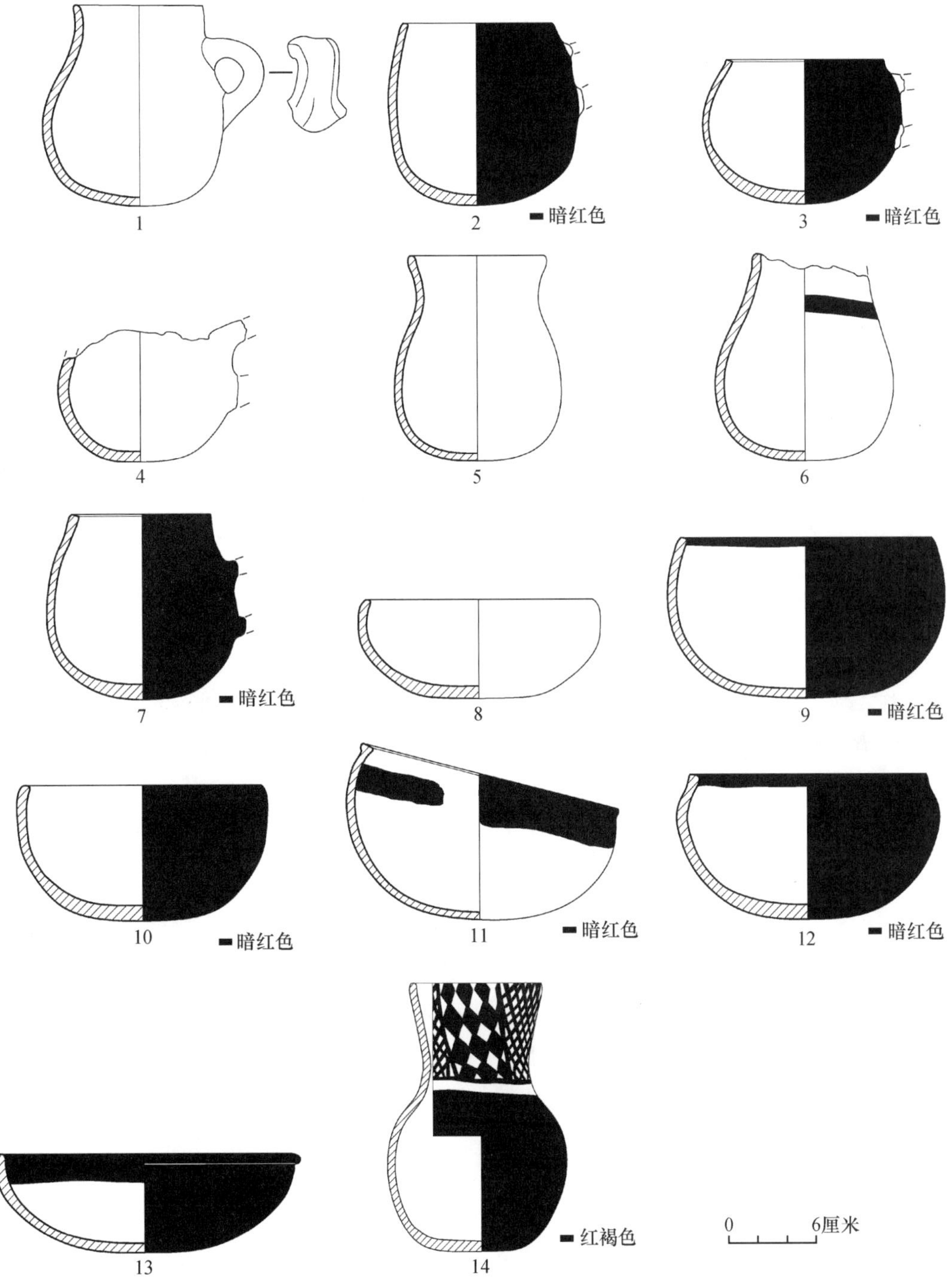

图一六　出土陶器

1～7. 罐（ⅠAM1：1、ⅠAM2：2、ⅠAM7：1、ⅠAM7：2、ⅠAM11：2、ⅠAM13：2、ⅠAM14：2）
8～13. 钵（ⅠAM2：1、ⅠAM8：1、ⅠAM8：2、ⅠAM11：1、ⅠAM13：1、ⅠAM14：1）　14. 壶（BM13：1）

高6.4、口径20.8厘米（图一六，13）。

壶　1件。BM13：1，方唇，平沿，侈口，微束颈，溜肩，鼓腹，圜底，口沿略残。口沿至颈部饰菱格纹与网格纹各三组，二者两两相间分布。颈部以下至底部施红色彩衣，通高17.2、口径8.8、腹径12、底径5.2厘米（图一六，14；图版一四，4）。

2. 铁器

刀　2件。

ⅠAM1：2，直柄，直背弧刃。长12.1、宽0.9厘米（图一七，23）。

BM13：2，弯背弧刃。长12、宽1.2厘米（图一七，1；图版一五，1）。

剑柄　1件。ⅠAK1：3，仅存剑柄。残长19、厚1厘米（图版一五，2）。

马衔　1件。ⅠAK1：4，锈蚀严重，仅能判断为两节式，内部为相咬合的小环，柱状衔杆。衔杆残长9、外衔环直径3厘米（图版一五，3）。

马镫　2件。标本ⅠAK1：5，整体残缺较多，柱状镫柄，镫板扁平状。残高11、镫板宽8厘米（图版一五，4）。

环　3件。

ⅠAK1：6，圆柱状铁条卷曲制成。直径12.6、截面直径1厘米（图一七，21）。

BM18：4，扁圆形，柱状铁条卷曲而成，内径1.4、外径2.8厘米（图一七，5、6；图版一五，5）。

铁器　2件。

BM18：1，已残，两端片状，中央以圆柱相连接。高1.9、柱状截面直径0.5、铁片厚度为0.3厘米（图一七，2）。

BM18：8，平面呈长方形，中部带有凹槽，两侧翻卷。残长11、宽6、高3厘米。

带扣　3件。形制相同，圆形扣环，中部附圆柱形扣舌，大小有别（图版一五，6）。

标本BM18：10-1，直径4.3、厚1.8厘米（图一七，16）。

标本BM18：10-2，直径2.6、厚1.1厘米（图一七，18）。

3. 铜器

带扣　5件。BM18：9，其中4件保存较好，形制大小相同，由带扣、带箍构成。带扣扣环为椭圆形，箭头形扣舌，带箍平面呈长方形。扣环长2.4、宽1.4厘米；扣舌长2.1、宽1.5厘米；带箍长2、宽0.8厘米（图一七，15；图版一五，10）。

带饰　11件。其背部均附带铆合、夹裹皮带的铜钉、铜片。依形制差异可分为蝶形、心形、长方形、凸字形、不规则形5类（图版一五，11）。

BM18：7-1，蝶形铜带饰。1件，中部穿孔，器物表面饰卷草纹。长6、宽2.4厘米（图一七，9）。

BM18：7-2，心形铜带饰。2件，平面呈心形，素面。直径1.4厘米（图一七，10）。

BM18：7-3，长方形铜带饰。5件，其中1件已残，素面。长4.8、宽1.5厘米（图一七，14）。

BM18：7-4，凸字形铜带饰。1件，平面呈凸字形，素面。长3.5、宽1.4厘米（图一七，13）。

BM18：7-5，凸字形铜带饰。1件，平面呈凸字形，素面，表面仍附着白色织物。长4.1、宽3.1厘米（图一七，17）。

BM18：7-6，不规则形铜带饰。1件，器表前端饰圆形乳钉纹，后端饰卷草纹。边长1.4厘米（图一七，11）。

杯　1件。ⅠAK1：1，口沿近似于椭圆形，敞口，弧壁，圜底，形似小舟。长18、宽11.1、高4.6厘米（图一七，19；图版一五，7）。

耳环　1件。BM18：6，圆环形，圆柱状铜条卷曲制成。直径2.2厘米（图一七，8；图版一五，8）。

4. 银器

耳环　1对。ⅠAK1：2，圆环形，均为圆柱形银条卷曲制成。直径4.8厘米（图一七，20；图版一五，9）。

5. 骨器

饰件　2件。ⅠAK1：8，残，平面呈长方形，器表压印圆圈纹，刻划弧形纹。残长12、宽3.7厘米（图一七，22；图版一四，5）。

BM18：5，平面呈八角形，中部及四角穿孔。边长2、高1.2厘米；中部及外侧孔径分别为1、0.3厘米（图一七，7；图版一四，6）。

角觽　1件。BM18：2，器表通体磨光。首端穿孔，器身中部几近残断，尖端残缺。器身前端雕刻5组精美纹饰，由上往下分别为三周折线纹、三周圆连珠纹、六周几何形纹、两周折线纹以及一周圆圈。器身残长15.4厘米（图一七，12；图版一四，7、8）。

扣　2件。BM18：3，平面呈梭形，两端较窄，中部较宽且带圆角长方形穿孔，器身一侧磨平。通长6.5、孔径长1.8、宽0.6厘米（图一七，3、4；图版一四，9）。

6. 石器

磨盘　1件。ⅠAM14：3，残存一半，研磨面较为平整光滑，台面略弧，残长17.2、宽12、厚5厘米（图一七，24）。

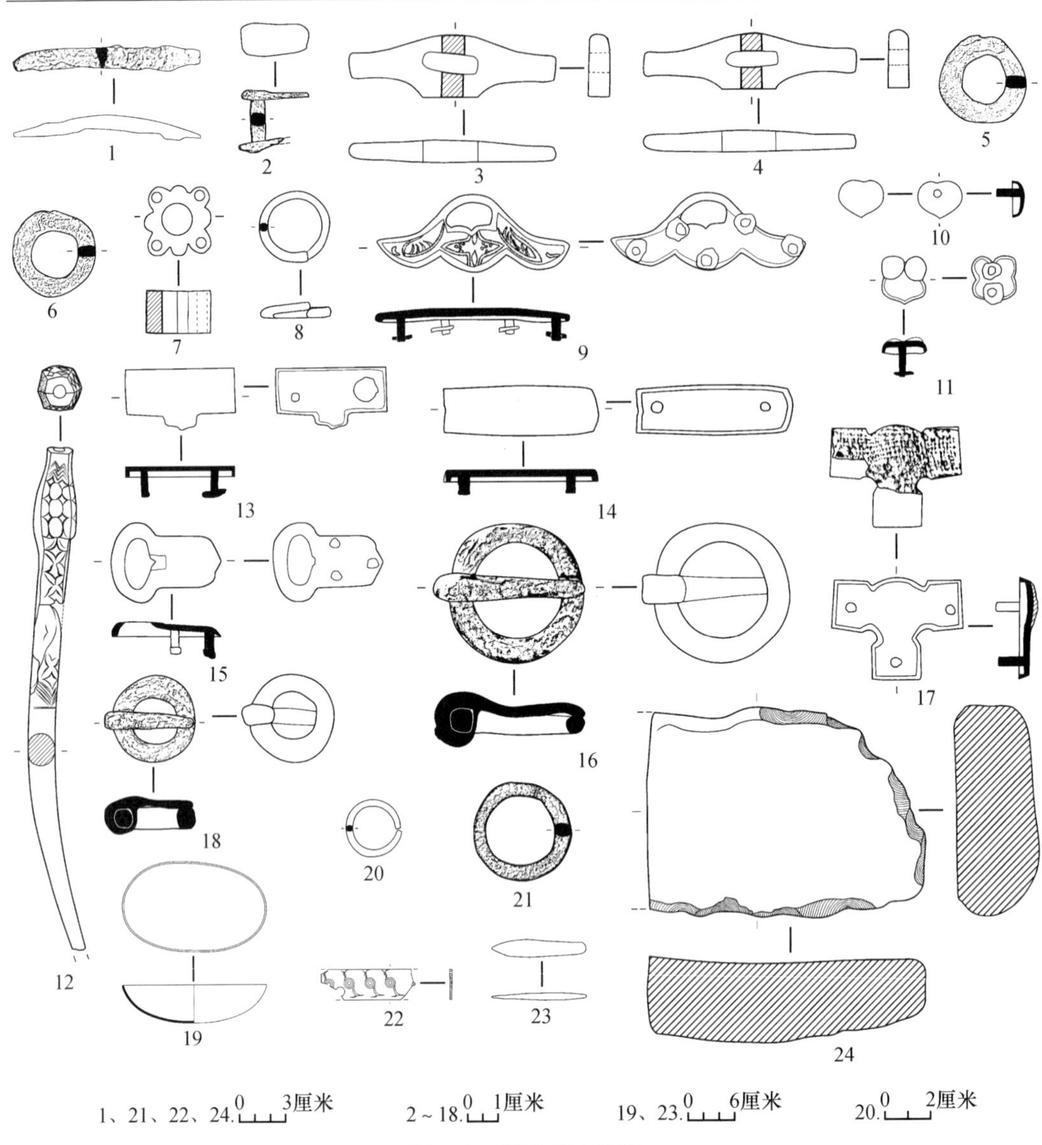

图一七　其他出土器物

1、23. 铁刀（ⅠAM1：2、BM13：2）　2. 铁器（BM18：1）　3、4. 骨扣（BM18：3-1、BM18：3-2）　5、6、21. 铁环（BM18：4-1、BM18：4-2、ⅠAK1：6）　7、22. 骨饰件（BM18：5、ⅠAK1：8）　8. 铜耳环（BM18：6）　9～11、13、14、17. 铜带饰（BM18：7-1、BM18：7-2、BM18：7-6、BM18：7-4、BM18：7-3、BM18：7-5）　12. 角觿（BM18：2）　15. 铜带扣（BM18：9）　16、18. 铁带扣（BM18：10-1、BM18：10-2）　19. 铜杯（ⅠAK1：1）　20. 银耳环（ⅠAK1：2）　24. 石磨盘（ⅠAM14：3）

五、认　　识

察布查尔县地处伊犁河南岸，二十世纪八九十年代新疆文物考古研究所曾在该县索顿布拉克墓地做过2次考古工作，共发掘墓葬30余座[2]。2015年5月下旬，为配合该县安居富民工程建设，新疆文物考古研究所对坎村墓群进行了抢救性发掘，发掘墓葬13座[3]。和以往考古工作相较，本次发掘的遗存所在空间区域的田野考古工作相对薄弱，又远离现代居民区，耗时较长，出土遗物少，但发掘规模较大，墓葬数量多，遗迹现象丰富，年代跨度大，遗物的时代风格及文化特征鲜明。

以ⅠAM1、ⅠAM2为代表的A类墓葬（竖穴土坑墓和竖穴偏室墓）基本特征为墓葬东西向，墓主流行头西脚东的单人仰身直肢葬、出土遗物以陶器（罐、钵为代表）、羊尾、铁刀为基本组合。索顿布拉克墓地同类型的竖穴土坑墓和竖穴偏室墓的测年数据分别为距今2380年±70年、树轮2380年±70年；距今2290年±60年、树轮2295年±70年。发掘者推测这种类型的墓葬年代在公元前5～前3世纪[4]；考古发掘表明，伊犁河谷早期铁器时代至汉代，墓葬出土的陶器器类，罐类器减少，壶、钵类陶器日趋常见，彩陶则从繁荣走向衰落。阿布散特尔墓群A类墓葬的年代上限与索顿布拉克墓地相当，但前者出土的陶器大多以素面陶钵为主，年代下限可能晚至汉代前后。A类墓葬的发掘进一步明确了索顿布拉克文化的分布范围，显现了伊犁河南岸区域性文化特征，丰富了索顿布拉克文化的文化内涵。

B类墓葬墓向或东西向，或南北向，深浅不一。大多数墓葬墓底仅见零星人骨，甚至不见包括人骨在内的任何遗物。从实际发掘过程中仔细揣摩构成这批墓葬的关键性要素，我们发现，这些墓葬的地表封土，尤其是墓穴上方的中心处没有明显扰动痕迹，墓室普遍较浅，其原貌轮廓清晰，没有发现诸如盗洞等人为性破坏痕迹。室内填土松散，未见明显的淤积地层。个别坑穴内直接用卵石填充，其间也没有发现遗落的骨殖等遗物。这些现象是否与有秩序的迁葬有关？尚需更多证据加以证明。对于其绝对年代，需要借助^{14}C数据和墓葬之间的空间位置关系作进一步探讨。

以ⅠBM18为代表的C类墓葬和以ⅠAK1为代表的马坑，基本特征为马坑东西向。墓葬东西向或南北向，墓主流行头西脚东的仰身直肢葬，出土遗物中不见陶器，工具、武器、装饰品相对发达。工具及武器有铁器（剑、马具等）、桦树皮制箭箙、骨锥，其中以舟形铜杯最具典型性，且在新疆地区尚属首次发现。这类遗存在天山廊道上已多有发现，出土遗物的形态特征及^{14}C数据显示，其年代多在唐代前后[5]。马坑坑口葬人与马坑是否直接关联，如是，葬人的动机以及马坑本身的功能属性如何诠释？我们难以盖棺定论，但马坑与Ⅰ号墓群A区同时期墓葬在空间上共存，坑的地表标识、坑体结构及方向等也与墓葬相近，二者是否存在某种功能上的关联，值得我们深思。石构遗迹未出土任何遗物，缺少可对比材料，就其年代和功能用途尚不明确。

察布查尔县阿布散特尔墓群地理环境独特，出土遗物少，但墓群所在的空间区域及其蕴含的文化内涵在构建区域性考古学文化序列及分布范围，探讨与周邻地区文化谱系关系及草原地带生业发展模式等方面具有重要的学术意义和历史价值。

领队：胡兴军
发掘：张　杰　朱永明　黄　奋
丁　杰　吴梓瑶　宋书林
刘占彪　秦庭翰　白慧君
王　俏
修复：黄　奋　哈里买买提·吾甫尔
余腾飞　宋会宇　孙青丽
整理：朱永明　吴梓瑶　张　杰
绘图：吴梓瑶　朱永明　张　杰
执笔：张　杰　朱永明　吴梓瑶

注　释

[1] 新疆维吾尔自治区文物局：《察布查尔县不可移动文物》，《新疆维吾尔自治区第三次全国文物普查资料汇编》，2011年。

[2] 新疆文物考古研究所：《察布查尔县索顿布拉克古墓葬发掘简报》，《新疆文物》1988年第2期；新疆文物考古研究所：《新疆察布查尔县索墩布拉克古墓群》，《考古》1999年第8期。

[3] 2015～2016年新疆文物考古年报。

[4] 同[1]。

[5] 新疆文物考古研究所：《阜康市白杨河墓地考古发掘简报》，《新疆文物》2012年第1期；新疆文物考古研究所：《吉木萨尔县二工河水库墓地考古发掘简报》，《新疆文物》2013年第1期；新疆文物考古研究所：《木垒县干沟墓地考古发掘报告》，《新疆文物》2012第1期。

呼图壁县呼图壁河Ⅱ号墓群发掘简报

新疆文物考古研究所

新疆大学历史学院

2014年6～7月，为配合呼图壁县齐古水库水利水电工程建设，在昌吉回族自治州文物局和呼图壁县文物局的配合下，新疆文物考古研究所联合新疆大学历史学院对呼图壁河Ⅱ号墓群进行了抢救性清理发掘，现将发掘情况简报如下。

一、墓地概况

呼图壁河Ⅱ号墓地位于新疆维吾尔自治区昌吉回族自治州呼图壁县雀儿沟镇独山子村喀拉克亚牧地，呼图壁河、雀尔沟河两大水系南北贯通。南距喀拉克亚村4千米，东南距呼图壁河600米，西南距呼图壁县城约40千米。地理坐标为北纬43°53′26.21″，东经86°40′11.89″（图一），海拔460～700米。在该墓群南、北两侧，还分布有呼图壁河Ⅰ号墓群、呼图壁河Ⅲ号墓群和呼图壁河Ⅳ号墓群，墓葬数量较多，分布排列有一定规律。墓群周围还发现有石围居址，与墓葬或有共存关系。

墓群地处天山山脉北麓呼图壁河西岸二级狭长台地上，南北长近300米，东西宽约60米。地势平坦开阔，地表多砂石，植被以草本植物为主。数十座墓葬分布较分散，大致呈西南—东北走向。地表以卵石和戈壁角砾石混合堆积成大小不等的圆丘状封堆，部分封堆中部塌陷。我们对位于墓群西部的5座较低矮、排列密集的石堆，以及东北处稍远1座规模较大的石堆进行了发掘。经过清理，5座封堆下均有墓室，但遗物匮乏，仅零星见有人骨和随葬品；东北角的石堆揭取封堆表土后，发现火烧遗迹和祭祀坑，出土少量人骨、兽骨、陶片等。

二、墓葬分述

发掘的5座墓葬大致呈西南—东北向排列，地表均有石砌封堆，直径2～6.5米，高0.1～0.3米。墓室均竖穴土坑，基本不见人骨和随葬品，仅M3内有零星人骨和陶片。

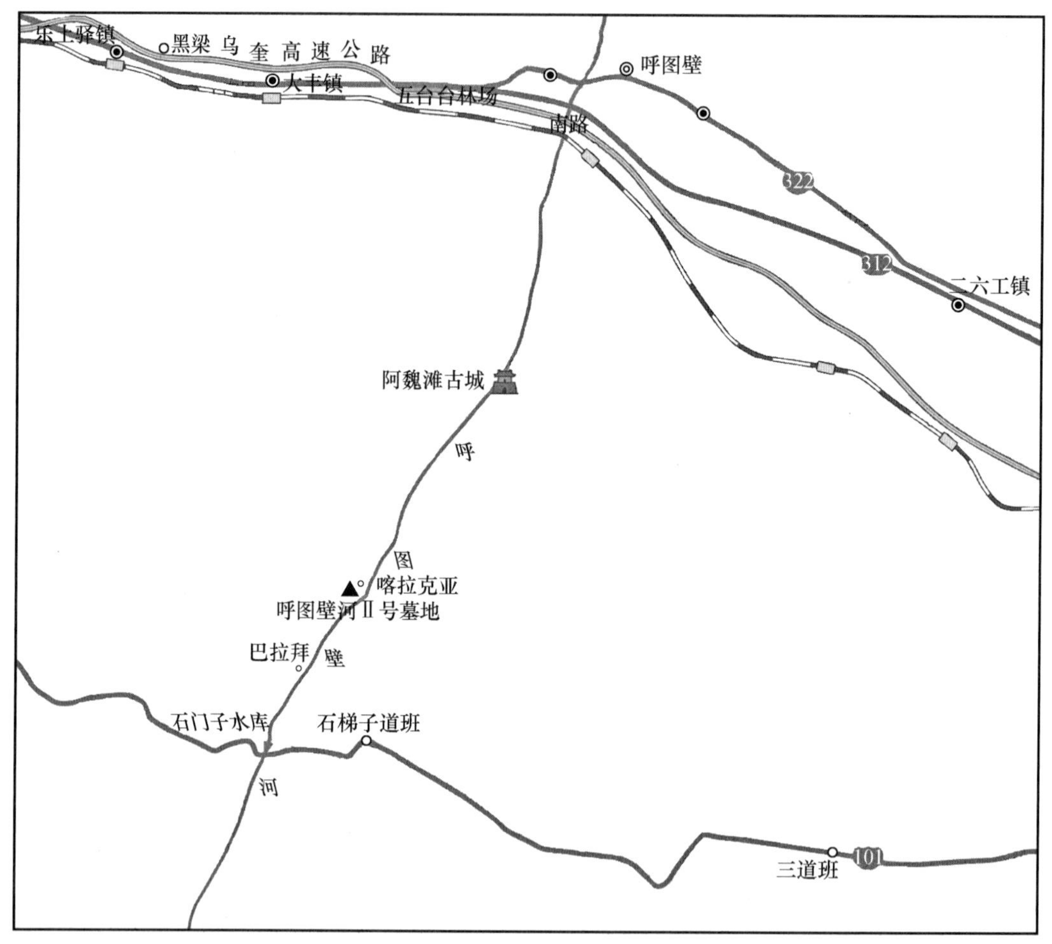

图一　呼图壁河Ⅱ号墓地位置示意图

1. M1

东邻M2。封堆较低矮，平面略呈椭圆形，长径4.7、短径3.9、高0.3米。由卵石和戈壁角砾石混合堆积而成（图二）。

墓室位于封堆下中部位置，墓口处砌有积石。平面呈圆角长方形，长1.6、宽约1、深0.9米。墓向175°/355°。斜直壁，因筑造于砾石层上，墓壁不规整。内填黄褐色砂砾土，含少量砂石。土质较硬。

墓室内未发现人骨和随葬品（图三）。

2. M2

西邻M3。地表封堆略呈椭圆形，以卵石和戈壁角砾石混合堆积而成，较低矮。长径2.7、短径2.1、高0.2米（图四）。

墓室平面略呈圆角长方形，开口于封堆中部下，墓口周缘垒砌有积石。长2.2、宽

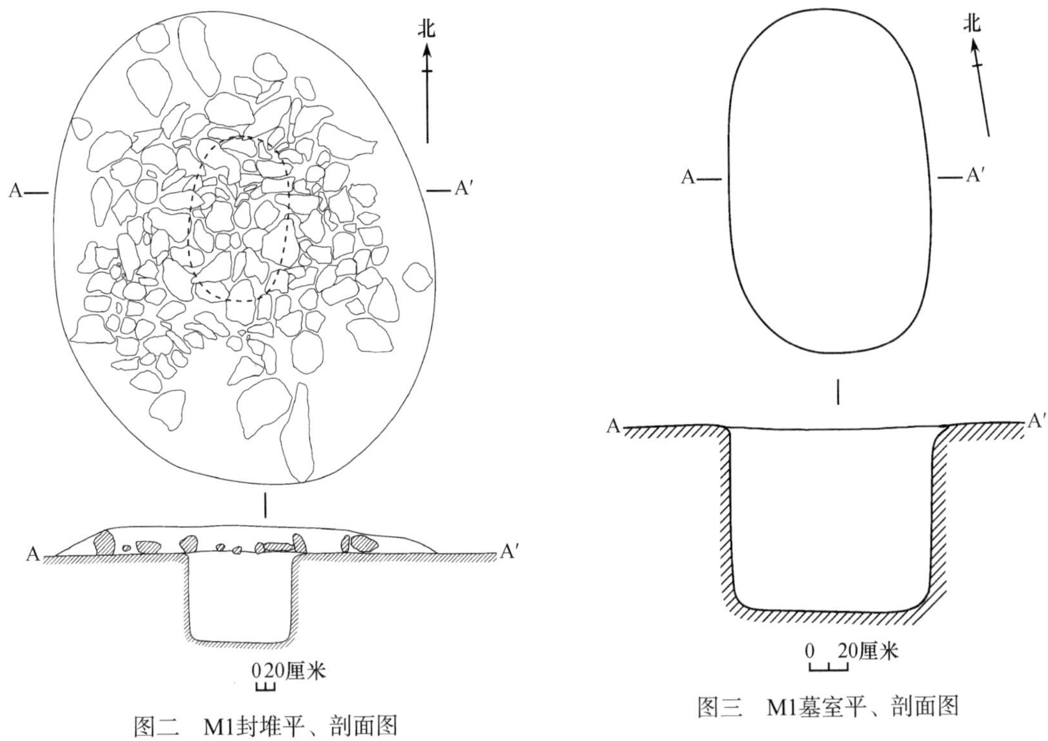

图二 M1封堆平、剖面图

图三 M1墓室平、剖面图

1.2、深0.7米。墓向96°/276°。墓壁斜直，壁面粗糙不规整。填土为黄褐色砂砾土，内含少量砂石。

墓室内未发现人骨和随葬品（图五）。

3. M3

西为M2，东北为M4。封堆低矮，平面略呈椭圆形，长径6.5、短径5.9、高0.3米，由卵石和戈壁角砾石混合堆积而成（图六）。

墓室位于封堆下中部位置，在墓口周缘垒砌有一圈卵石。墓室平面呈圆角长方形，长1.6、宽0.7、深0.7米。墓向55°/235°。斜直壁，墓壁不规整。内填黄褐色戈壁砂砾土，土质较硬。填土中发现夹砂红陶片1片。

墓室底部发现肩胛骨1件，无随葬品（图七）。

4. M4

东北为M5。地表封堆略呈椭圆形，由卵石和戈壁角砾石混合堆积而成。长径6.2、短径5.3、高0.2米（图八）。

墓室开口于封堆中部下，墓口周缘垒砌一周积石。平面呈圆角长方形，长2.3、宽1.3、深0.7米。墓向72°/252°。斜直壁，墓壁较粗糙。填土为黄褐色砂砾土，内含少量砂石。

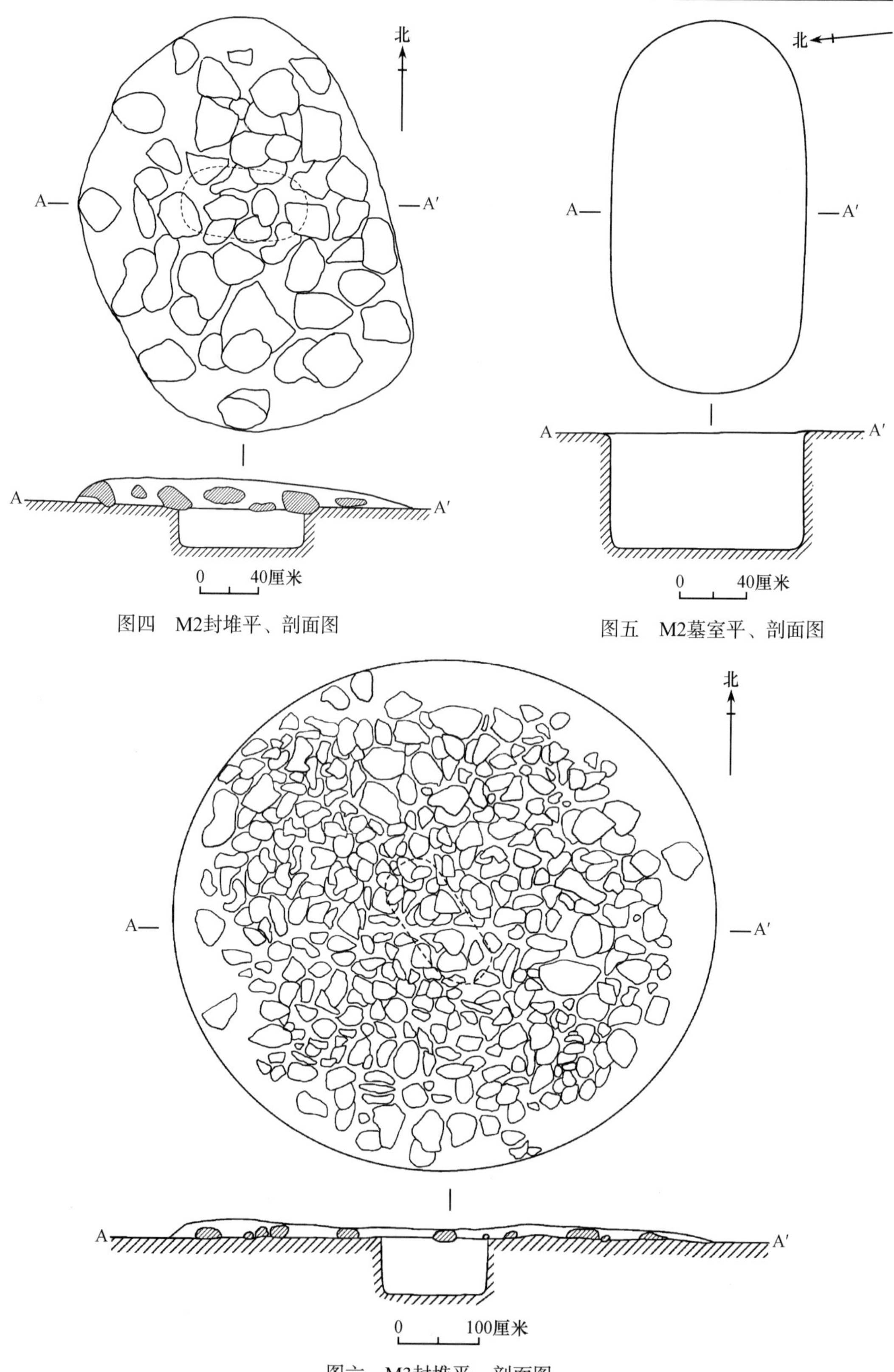

图四　M2封堆平、剖面图

图五　M2墓室平、剖面图

图六　M3封堆平、剖面图

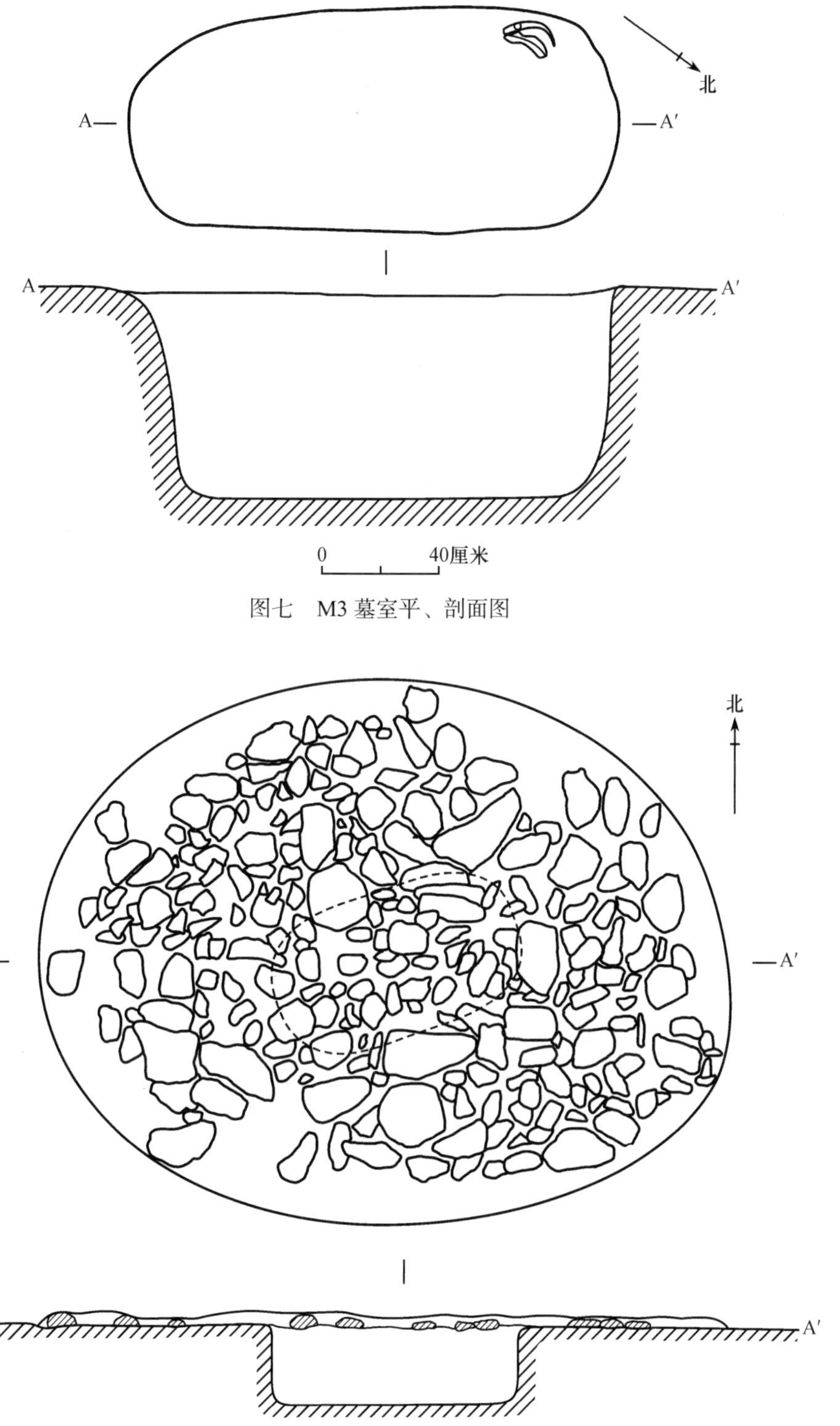

图七 M3墓室平、剖面图

图八 M4封堆平、剖面图

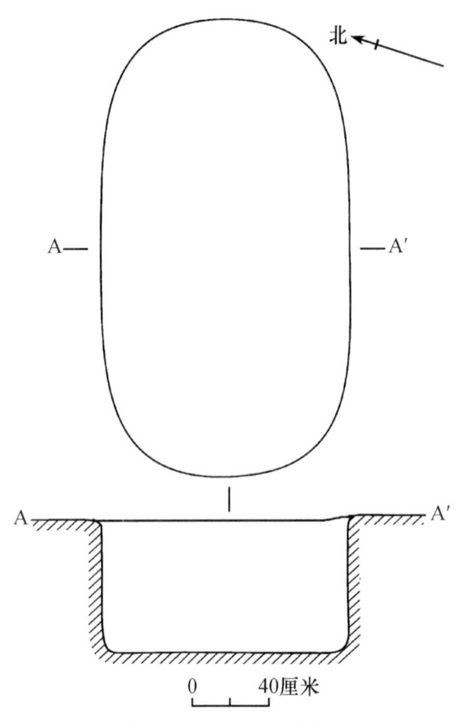

图九　M4墓室平、剖面图

墓室内未发现人骨和随葬品（图九）。

5. M5

西南为M1。地表封堆平面略呈圆形，以卵石和戈壁角砾石混合堆积而成。直径约2.1、高0.1米（图一〇）。

墓室位于封堆下中部位置，墓口垒砌有一周卵石。平面呈圆角长方形。长1.5、宽1、深0.6米。墓向105°/285°。斜直壁，墓壁不规整。室内填黄褐色砂砾土，含少量砂石。土质较硬。

墓室内未发现人骨和随葬品（图一一）。

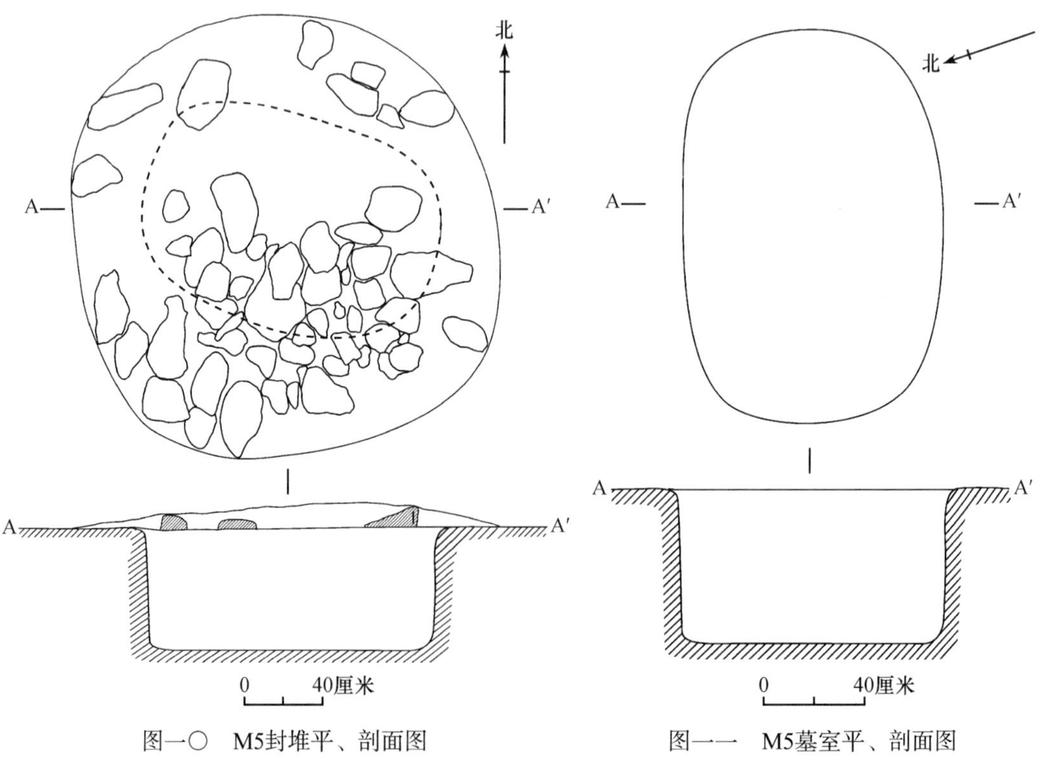

图一〇　M5封堆平、剖面图

图一一　M5墓室平、剖面图

三、祭祀遗迹

J1　位于墓地东北端。地表有椭圆形封堆，南半部分表土已被破坏。长径13.7、短径11.7、高约0.7米。由卵石和戈壁角砾石混合堆砌而成，共有四层，每层之间有5～10厘米的垫土（图一二）。

揭取封堆表土后，中部有深约0.4米的凹陷，底部有火烧痕迹，范围大致为直径1.2

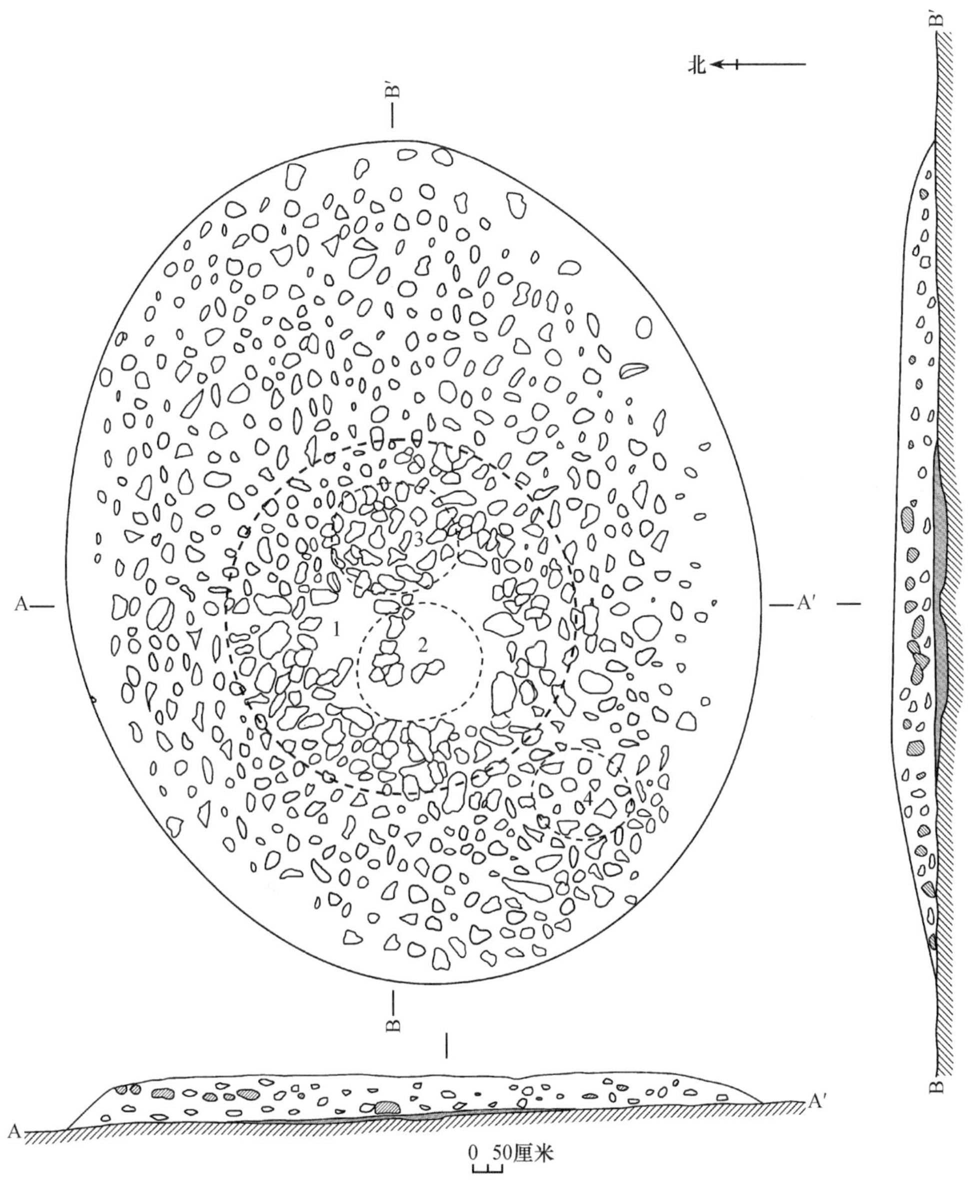

图一二　J1封堆平、剖面图

1. 灰烬层　2. K2　3. K3　4. K1

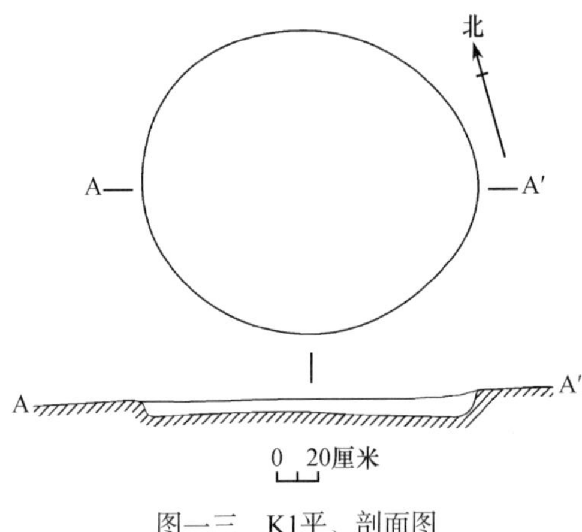

图一三　K1平、剖面图

米的圆形区域。灰烬厚4～15厘米，中间夹杂零星人骨、陶片及木炭。封堆下西南、中部及东部分别有祭祀坑各1个，分别编号为K1、K2和K3，其中K1坑口有石头堆积，K2与K3紧邻，均开口于原地表的黄土层下，平面呈椭圆形，坑内见有砖红色及黑灰色红烧土，夹杂兽骨碎屑、陶片等，土质较疏松。

K1，长径1.6、短径1.4、深0.1米。方向290°（图一三）。

K2，长径2.1、短径1.8、深0.17米。方向80°（图一四，左）。

K3，长径2.1，短径1.9，深0.2米。方向80°（图一四，右）。

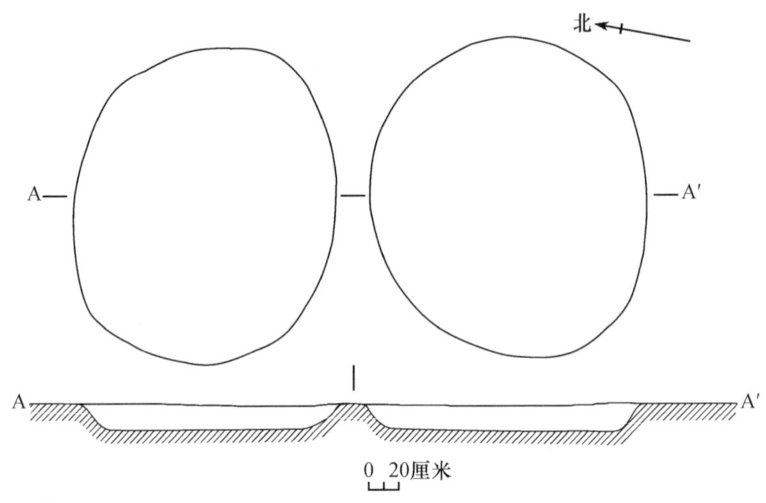

图一四　K2、K3平、剖面图

四、出土遗物

墓群出土遗物较少，共计4件。其中陶器残片3件，石磨盘1件。陶器残片包括口沿残片和器腹残片，制法分为手制和轮制两种，陶质有夹砂红陶和夹砂灰陶，部分器表有烟炱痕迹。

口沿残片　2件。均为夹砂灰陶，器表有烟炱。侈口，平沿，束颈。

K1∶1，残高3.7、宽3.2、厚0.7厘米（图一五，2）。

K2∶1，折肩。残高6.2、宽6.1、厚1厘米（图一五，3）。

器腹残片　1件。M3∶1，夹砂红陶。器表上下刻划5道凹弦纹，中间饰6道波浪状凹弦纹。残高6.8、宽4.5、厚1.1厘米（图一五，1）。

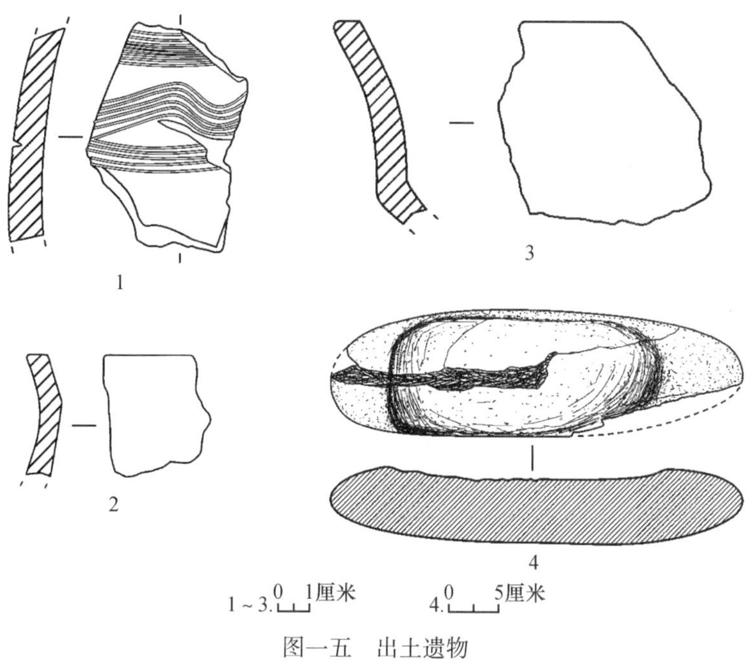

图一五　出土遗物

1～3. 陶器残片（M3：1、K1：1、K2：1）　4. 石磨盘（J1：1）

石磨盘　1件。J1：1。残。砂质岩，马鞍形，表面内凹，两端略上翘。通长36.6、最宽处11、厚5.6厘米（图一五，4）。

五、结　　语

呼图壁县境内文物古迹众多，20世纪80年代起，新疆文物考古工作者在呼图壁县境内先后发掘了涝坝湾子墓群[1]、石门子水库墓群[2]和苇子沟煤矿墓地[3]等，此次又对呼图壁Ⅱ号墓群进行了发掘，获得了一批科学翔实的考古学资料。据第三次全国不可移动文物普查，呼图壁县调查登记不可移动文物44处，上述成果为构建呼图壁县的历史发展脉络，研究本地区的区域文化特征以及与周邻文化的关系奠定了基础。

此次发掘的5座墓葬，地表均有卵石和戈壁角砾石混合堆砌而成的封堆，直径2～6、高0.1～0.3米。墓口上部垒有积石，墓室形制均为竖穴土坑，较浅小，墓室内多不见人骨和遗物。这种形制的墓葬在富蕴县萨乌迭戈尔墓地[4]、哈巴河县哈拜汗墓地[5]等也有发现，由于随葬品匮乏，对比材料较少，对该类墓葬的时代、性质、族属等方面的分析带来很大困难。

墓葬出土遗物匮乏，缺标型器做断代依据，但是M3出土的夹砂红陶片，其水波纹和弦纹的纹饰组合在新疆地区蒙元时期出土遗物中比较常见；J1出土的折肩罐在伊犁河流域的汤巴勒萨伊墓地[6]、乌吐兰墓地[7]、阔克苏西2号墓群[8]等属于青铜时代的早期墓葬里则均有同类器出土。我们对M3和J1所出人骨标本做了^{14}C测年，其中M3标本

^{14}C年代为距今615年±25年，树轮校正后年代为1295～1400年；J1标本^{14}C年代为距今3320年±25年，树轮校正后年代为公元前1666～前1527年，这与上述通过器物分析得出的年代基本是一致的。因此我们初步推测呼图壁县Ⅱ号墓群以M3为代表的一批墓葬年代可能在元朝时期，而J1的年代可能在青铜时代晚期。

此次发现的祭祀遗迹较为独特，有再次挖开进行祭祀的现象，反映出一种特有的丧葬习俗和观念。该墓地所在山谷水草丰茂，至今仍是牧民放牧所在地。J1封堆及祭祀坑内出土的马、羊等动物骨骼也从侧面反映出以畜牧业为主的生活方式，体现出墓地主人游牧经济的生活特色。

此次发掘虽墓葬数量较少，出土遗物匮乏，但透过墓葬与出土遗物展现出的天山以北地区与欧亚草原考古学文化的相关性，以及独特的墓祭设施，亦为进一步探索该地区古代文化的交流传播和考古学文化面貌提供了新的研究素材。

附记：此次发掘由新疆大学历史学院学生共同参与，昌吉州文旅局和呼图壁县文旅局给予了大力支持，一致深表谢意！

领　　队：田小红
田野发掘：张　杰　蔡浩强
资料整理：田小红　刘维玉
绘　　图：张　杰　刘维玉
摄　　影：田小红　张　杰
执　　笔：刘维玉　田小红　张　杰

注　释

[1] 新疆维吾尔自治区文物普查办公室、昌吉回族自治州文物普查队：《昌吉回族自治州文物普查资料》，《新疆文物》1989年第3期。

[2] 新疆文物考古研究所：《呼图壁县石门子墓地考古发掘简报》，《新疆文物》2013年第2期。

[3] 新疆文物考古研究所：《新疆昌吉回族自治州考古调查与发掘》，文物出版社，2015年，第194～199页。

[4] 新疆文物考古研究所：《富蕴县萨乌迭戈尔墓地考古发掘报告》，《新疆文物》2015年第1期。

[5] 新疆文物考古研究所：《哈巴河县加朗尕什墓地、哈拜汗墓地考古发掘报告》，《新疆文物》2013年第2期。

[6] 新疆文物考古研究所：《尼勒克县汤巴勒萨伊墓地考古发掘报告》，《新疆文物》2012年第2期。

[7] 新疆文物考古研究所：《尼勒克县乌吐兰墓地考古发掘报告》，《新疆文物》2014年第1期。

[8] 新疆文物考古研究所：《特克斯县阔克苏西2号墓群考古发掘简报》，《新疆文物》2012年第2期。

新疆鄯善县一棵桑墓地考古发掘简报

新疆文物考古研究所

一棵桑墓地位于新疆维吾尔自治区吐鲁番地区鄯善县，鲁克沁镇迪汗苏村哈萨克买来支边小队北1千米处，西南距鲁克沁镇约1.5千米（图一）。墓地所处火焰山南麓山前戈壁地带，紧邻鲁克沁绿洲，地势北高南低，地表遍布砂石，地下黄土堆积。1976～1978年新疆博物馆考古队对乌鲁木齐南山阿拉沟、鱼儿沟墓地进行发掘后，为在吐鲁番盆地找寻与阿拉沟、鱼儿沟墓地相关联的文化遗存，领队王炳华率队继续向东调查至鄯善县时，发现该墓地。因当地修建的水库库堤在早年间垮塌，水流冲泄导致墓地内墓葬严重受损。遂于1978年进行抢救性清理，发掘墓葬9座，出土遗物50余件。现将1978年发掘情况整理报告如下。

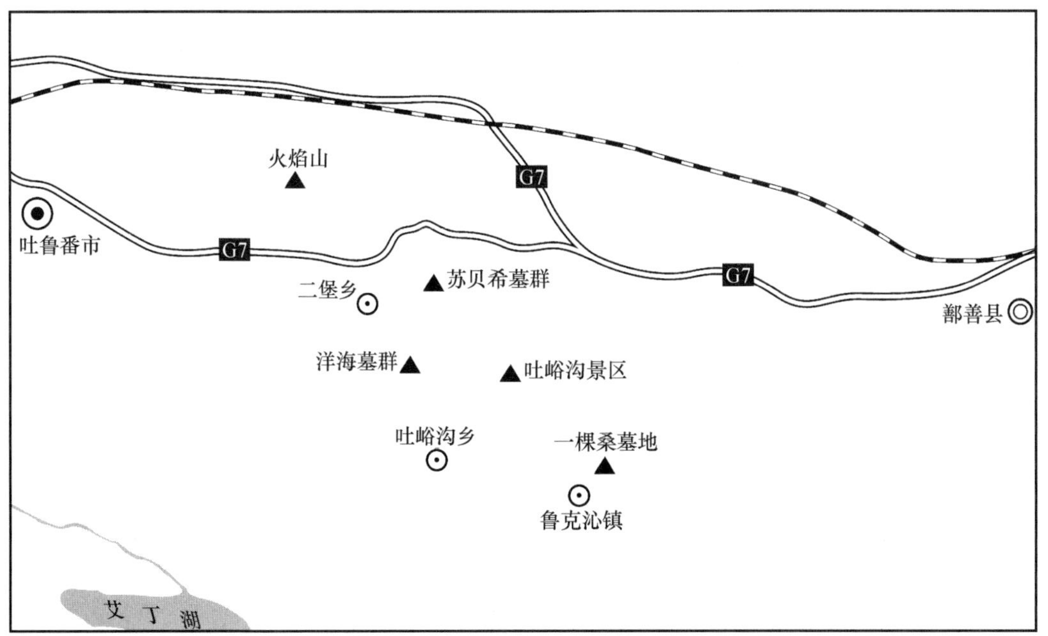

图一　一棵桑墓地位置示意图

一、墓葬形制

墓地早年遭水冲毁，根据残存迹象分析，地表原有茔院及封堆，形制与阿斯塔那、哈拉和卓墓地相类似。本次抢救发掘的9座墓葬，除M7发掘记录缺失，情况不明外，其余8座均被不同程度破坏，根据墓葬形制可分为斜坡墓道洞室墓和竖穴洞室墓两种类型。

1. 斜坡墓道洞室墓

5座。形制基本相同，由斜坡道、土洞室组成。斜坡道口小底大，底面呈斜坡或阶梯状，平面呈梯形或亚腰形。多数墓葬在近墓道口处凿有壁龛。封门以土坯错缝平砌，部分已遭破坏。可辨认的墓门形制为拱顶长方形。墓室平面有方形、长方形、梯形等，多弧壁，顶近平或呈弧形，少数墓室顶部因进水坍塌形制不明。以木板和苇席为葬具，个别墓室底后端有生土尸台。

M1　位于M2北约12米处，墓向80°。墓道位于墓室前部西侧，平面呈亚腰形，剖面呈口小底大梯形，长7、口部宽0.68～0.96、底部宽0.72～1.12、距地表深3米。斜坡道底不平整，近墓门处坡度趋缓。墓门高约0.8、宽0.7、进深0.54米。墓室平面近方形，东西长2.1～2.4、南北宽2.2米，墓顶微塌，残高1.12米。墓室东壁向东凿出一进深1.3、宽0.6、高约0.4米的龛室，室内未见遗物。墓室内不见葬具，人骨大部分失位，凌乱不完整。统计为一男一女，葬式不明。在人骨附近采集到一些丝织品碎片、握木2件，另有碎陶片和碎木片若干（图二）。

M2　北临M3，相距约7米。圆丘状封土，底径6、高1.3米。墓向80°。墓道西向，平面呈东宽西窄的梯形，剖面亦呈口小底大梯形，底斜直，近墓室口处有明显塌陷。长7.4、口部宽0.8～1.2、底部宽0.8～1.3、距地表深3米。墓道口向东约1.5米处南壁有一小龛，龛内未见墓志。封门以土坯错缝平砌，土坯规格40厘米×30厘米×14厘米。因进水塌陷，墓门形制不明。墓室平面略呈梯形，东西长3.1、南北宽2.6～3米。弧壁，墓顶微塌，残高约1.7米。墓室底低于墓道底0.2米，地表有约30厘米厚的淤沙。墓室内原有木质葬具，已被破坏，木板残块散落于墓底，其中一块宽约20厘米，上有榫卯痕迹。埋葬两人，人骨部分失位，统计为一男一女。女性骨架置于木板之上，头骨和上肢骨移位，仰身直肢，头南脚北。男性骨骼大部分失位，葬式不明。随葬品8件，其中陶器5件，器形有盆、碗等，置于女性头部位置；另有握木3件，均置于男、女墓主手部（图三）。

M3　位于M2北约7米处，墓向80°。墓道西向，平面呈亚腰形，剖面呈口小底大梯形，斜坡底，近墓道口处坡度较缓，底斜直。长8.6、口部宽0.55～1.15、底部宽0.5～1.2、距地表深3.25米。墓门为拱顶长方形，高约1.1、底宽0.8、进深0.45米。墓室平面呈梯形，东西长2.6、南北宽1.9～2.4米，墓顶微塌，残高约1.5米。墓底铺一张苇

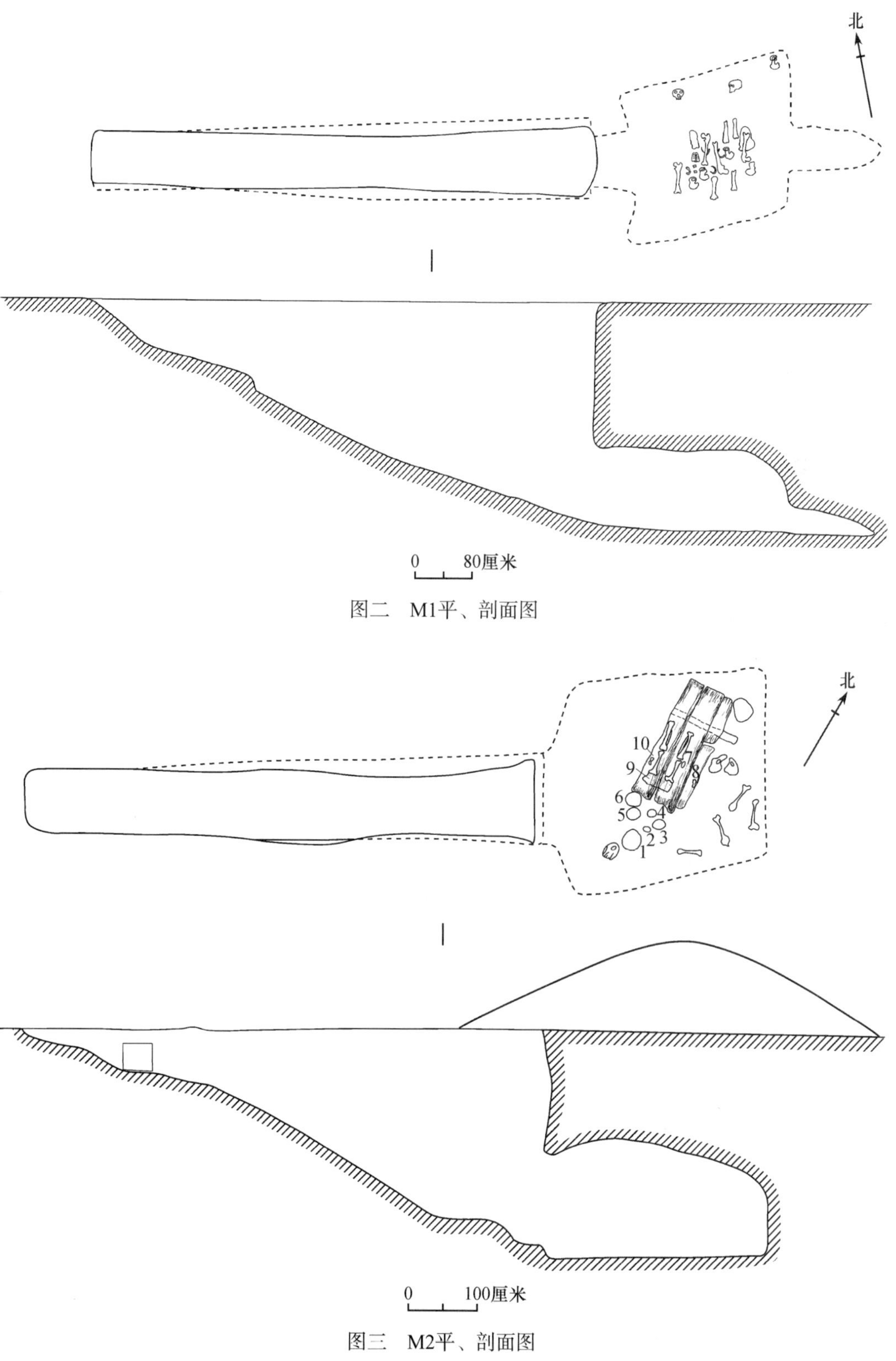

图二　M1平、剖面图

图三　M2平、剖面图
1. 陶盆　2～6、8. 陶碗　7、10. 握木　9. 绢

席，部分人骨置于苇席上。因遭破坏，人骨大部分失位，凌乱不完整，初步判断为一男一女。葬式不明。墓室前部见一木制食案，已朽烂，无法提取。另随葬有圆形穿孔葫芦片十余件，碎陶片和织物残片若干（图四）。

M8　墓向90°。墓道位于墓室西部正中，平面呈西宽东窄的梯形，剖面呈口小底大梯形，斜坡底，坡度较大，底斜直。长13、口部宽0.85～1.1、底部宽0.95～1.6、距地表深约5米。墓道口向东约2.6米处南、北两壁各设一墓志龛，不见墓志。墓门塌陷严重，形制不明。墓室平面近方形，东西长约3.6、南北宽3～3.6米，墓顶塌陷严重，高度不明。墓室底部铺一层黄土。墓室后端中部有一南北长3.2、东西宽2.2、高0.05米的生土尸台，尸台上陈置两具人骨，头骨失位，统计为一男一女，均仰身直肢，头北脚南。随葬品18件，其中陶器17件，以小陶碗居多，分布于墓室北面及西南角；铜币1枚，置于女性墓主右胸（图五）。

M9　墓向80°。墓道位于墓室东部正中，平面呈亚腰形，剖面口小底大梯形，长8.9、口部宽0.7～0.95、底部宽0.7～1.25、距地表深4.8米。坡底面不平整，近墓口处挖有3个高约0.25米的台阶。距墓道口1.4米处北壁有一墓志龛，龛内原应嵌墓志一方（墓葬发掘记录中时代一栏填为“高昌延和八年”，故推断原有墓志），现墓志缺失。封门宽约1、高0.6米，以4层土坯错缝平砌，每层3块。墓门为拱顶长方形，高1.5、底宽0.9、进深0.65米。墓室平面近方形，南北长3、东西宽2.7～3.2米，弧壁，拱顶，高约1.8米。墓室西北、西南、东南角均有苇席残片，应为葬具。一具人骨身侧置一长约0.5

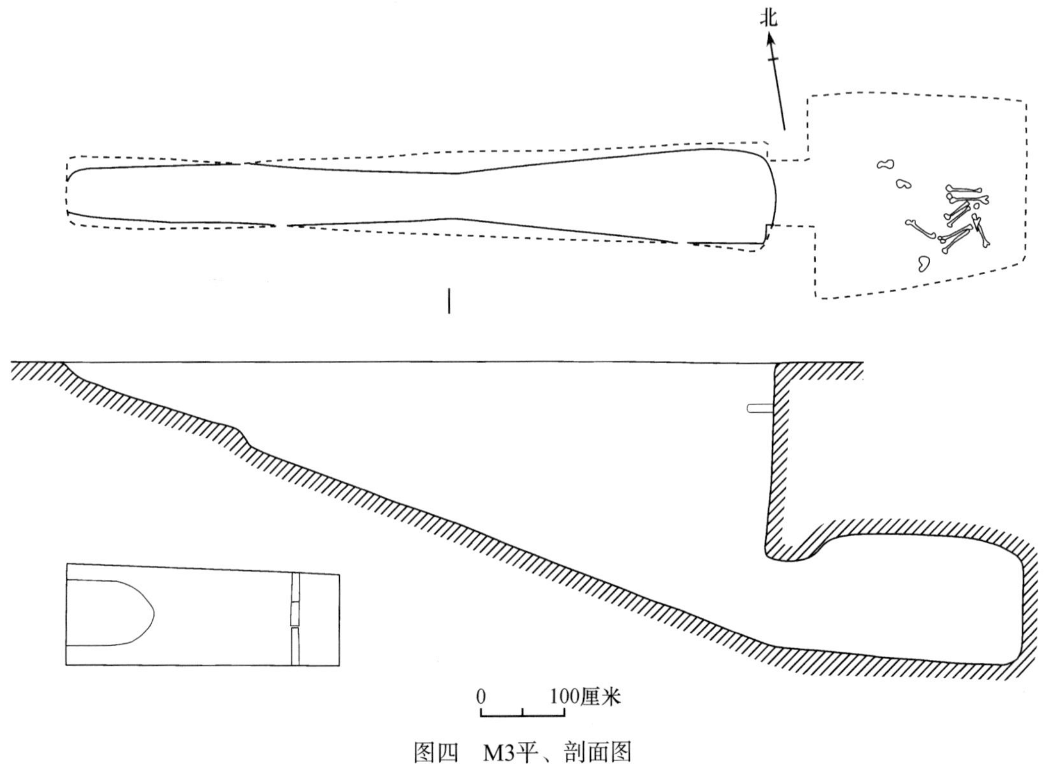

图四　M3平、剖面图

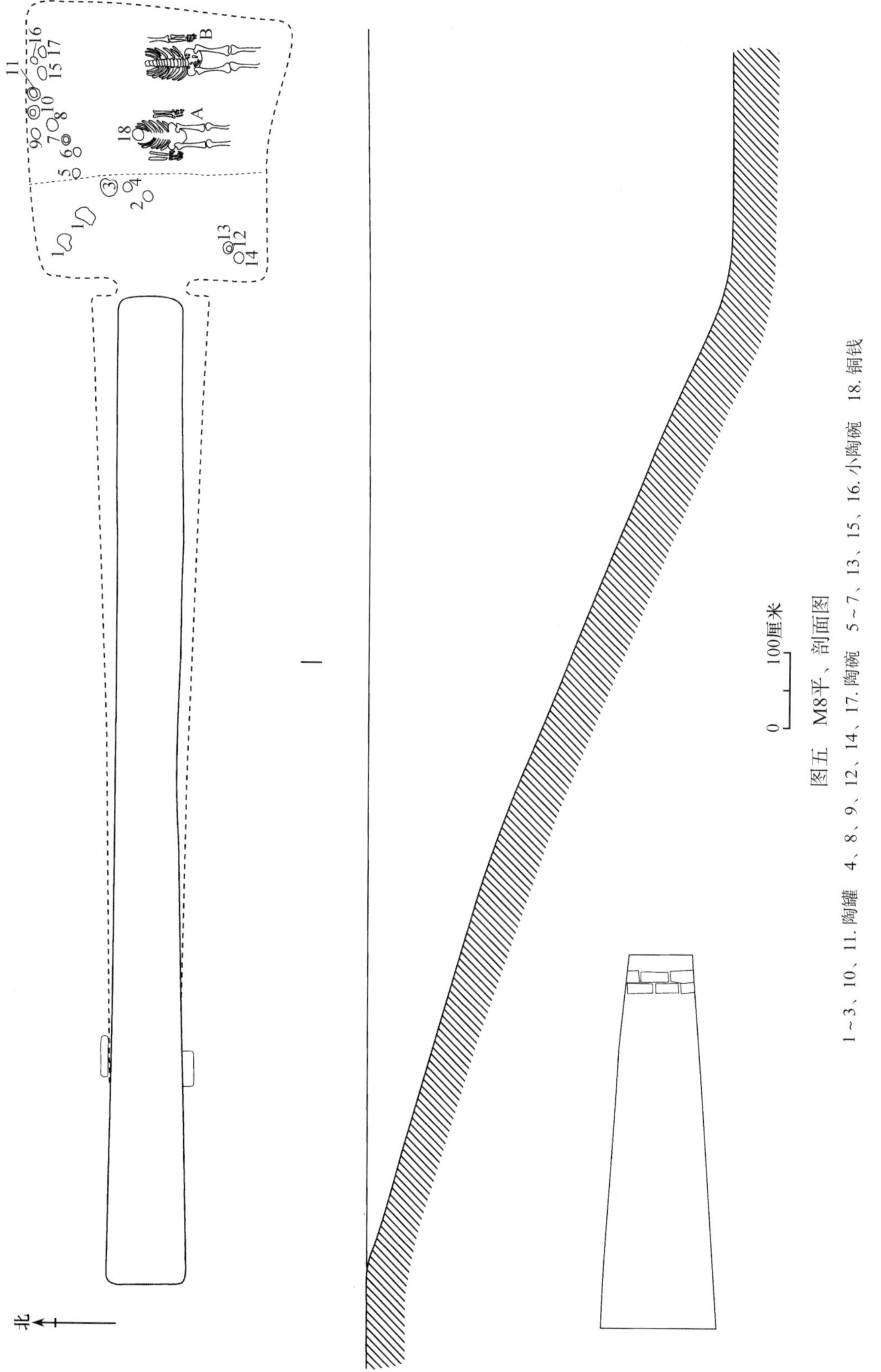

图五 M8平、剖面图

1～3、10、11. 陶罐 4、8、9、12、14、17. 陶碗 5～7、13、15、16. 小陶碗 18. 铜钱

米的木板，无法判断是否为葬具残留。墓室内葬4人，因遭破坏，其中两具人骨大部分已失位，无法判断葬式、性别及年龄。剩余两具推断为一男一女，均仰身直肢，头东脚西。随葬品10余件，置于墓主身周，多为陶器，另有木器座2件（图六）。

2. 竖穴洞室墓

3座。大致呈东西向排列，分布相对集中。有打破关系存在。个别墓葬地表封堆尚存，圆丘状，以砾石堆砌。竖穴土圹式墓道，平面呈长方形，在竖穴短边一侧下部掏挖洞室，以土坯封门。洞室平面呈圆角长方形，室内不见葬具。墓主均单人葬，仰身直肢，头向西或西北。随葬品匮乏。

M4　位于M3西约20米处，地表原有砾石封堆，顶部已凹陷为椭圆形浅坑。墓向75°。墓口距地表深0.2米，平面呈长方形，长2.2、宽1.3米，墓道深0.86米。墓壁基本垂直，墓道内填砂砾土。竖穴东壁下部凿一洞室，洞室口以5层土坯垒砌封门，已被扰，残高约0.5米。洞室平面呈圆角长方形，西高东低，进深1.9、宽约1.7、高0.2～0.5米。室内陈置一具女性干尸，仰身直肢，左腿被折断，斜置于右腿之上。头西脚东。头枕三角形鸡鸣绢枕，身穿棉布裤，外着红绸衣，脚穿绣花鞋。衣物均已糟朽，除胸前置一骨梳外，未见其他随葬品（图七）。

M5　位于M4西约3米处，墓向60°。墓口距地表深0.2米，平面呈长方形，长1.2、宽1米，墓道深1.5米。墓壁基本垂直，墓室内填砂砾土。竖穴东南侧凿一洞室，洞室口以4层土坯垒砌封门，宽0.3、高0.5米。洞室平面呈圆角长方形，进深1.9、宽0.9、高约0.5米。室内陈置一具女性干尸，头颈部分被扭断，置于胸部。右手被拉平，置于身体的垂直方向。仰身直肢，头向西北。墓主身穿麻布衬衣、裤，外着红色麻布连衣裙，衣扣为布质纽结。脚穿麻布袜。由于糟朽严重，随身衣物均无法提取。随葬品匮乏，仅在墓室填土内发现残锦一块，墓主胸侧随葬一残木盘（图八）。

M6　墓向250°，被M5打破。发掘记录缺失，仅存墓葬平面图。据发掘者回忆，该墓为竖穴洞室墓，竖穴形制、尺寸不明。平面图显示，洞室应凿于竖穴东壁，平面呈圆角长方形，进深约1.65、宽0.4～0.6米，高度不明。洞室内葬一人，头骨失位，双手交握于腹部，残高约1.3米。性别不明。仰身直肢，头西脚东。不见随葬品（图九）。

二、出土遗物

8座墓葬共计出土随葬品43件（组），包括陶器、木器、骨器、钱币、织物、墓表等，以陶器居多。

1. 陶器

29件。以泥质灰陶为主，另有少量夹砂灰陶，制法多为轮制，个别手制。部分器

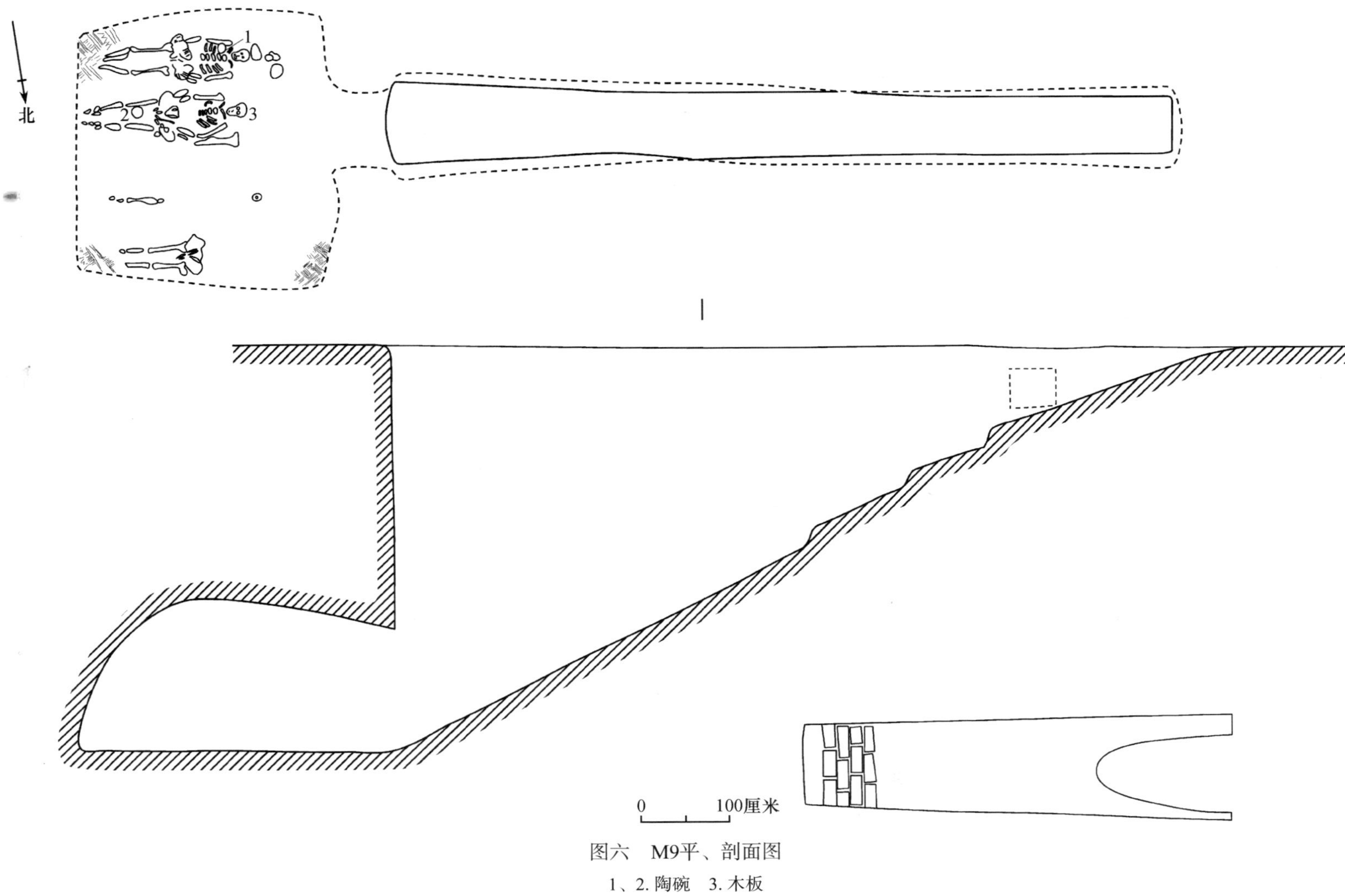

图六　M9平、剖面图
1、2. 陶碗　3. 木板

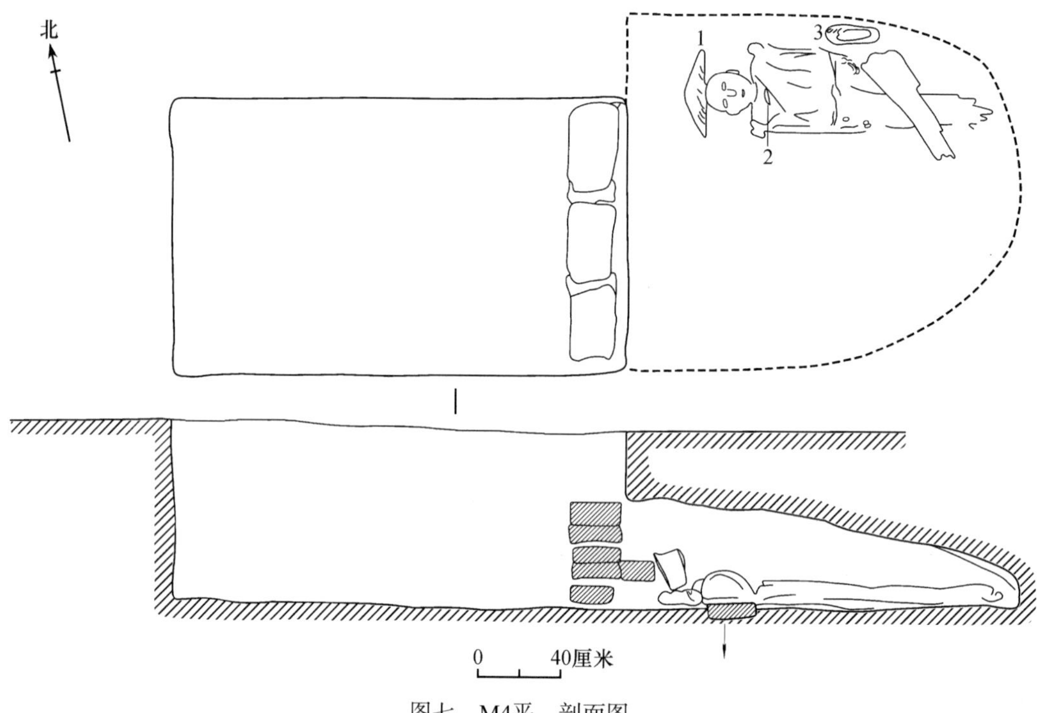

图七　M4平、剖面图
1. 鸡鸣枕　2. 骨梳　3. 绣花鞋

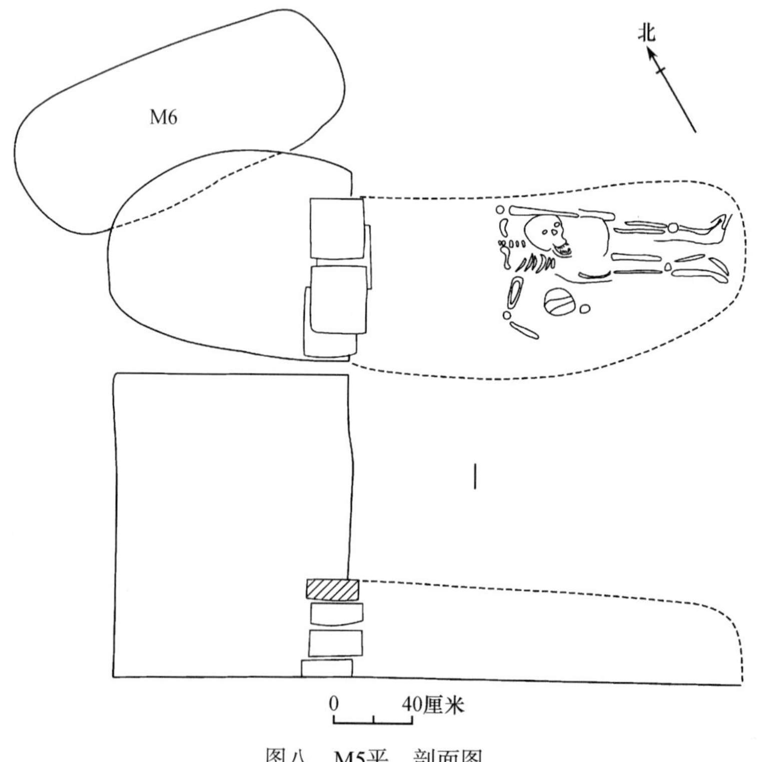

图八　M5平、剖面图

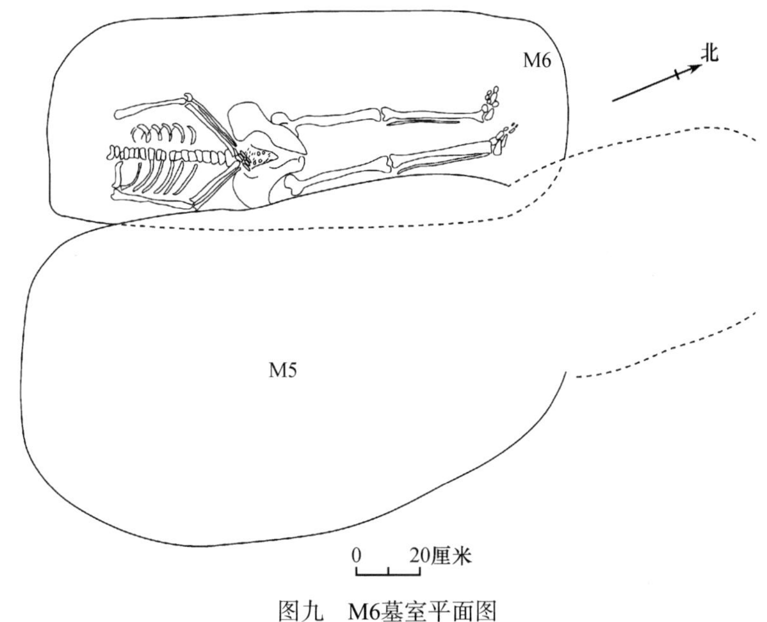

图九 M6墓室平面图

表绘有莲纹和圆珠纹，器形有碗、罐、杯、盆、豆、灯盏等。

陶碗 19件。

M2：2，夹砂灰陶，轮制。圆唇，微敞口，微鼓腹，假圈足。器表施一层黑彩，上绘红白相间的圆珠纹，纹饰多已脱落。口沿内壁饰一周0.5厘米宽带状红彩。口径9.3、底径5.5、通高3.2厘米（图一〇，12；图版一六，4）。

M2：3，夹砂灰陶，轮制。方圆唇，敞口，弧腹，平底。器表原施一层黑彩，器腹隐约可见2道红色竖条彩，其余难以辨认。口径14.5、底径8.7、通高6厘米（图一一，1）。

M2：4，泥质灰陶，轮制。平沿，敞口，弧腹，平底。口径14.9、底径7.4、通高6.2厘米（图一一，2）。

M2：6，泥质灰陶，轮制。圆唇，微敞口，弧腹，平底。口径15、底径8.5、通高6.3厘米（图一一，3）。

M8：4，夹砂灰陶，轮制。尖圆唇，敞口，弧腹，假圈足。通体施一层黑彩，腹部一周饰六道红色竖条彩，纹饰已模糊不清。口沿内壁饰一周3厘米宽带状红彩。口径13.4、底径8、通高7.5厘米（图一〇，4）。

M8：6，泥质灰陶，轮制。圆唇，敞口，弧腹，平底。器表施一层黑彩，腹部隐约可见一道红色竖条彩，其余模糊不清。口径14.5、底径7.5、通高5.8厘米（图一〇，3）。

M8：8，泥质灰陶，轮制。平沿，敞口，弧腹，平底。器身下腹部饰七道红色竖条彩，口沿内壁饰一周3厘米宽带状红彩。口径16、底径8.5、通高8.5厘米（图一〇，8）。

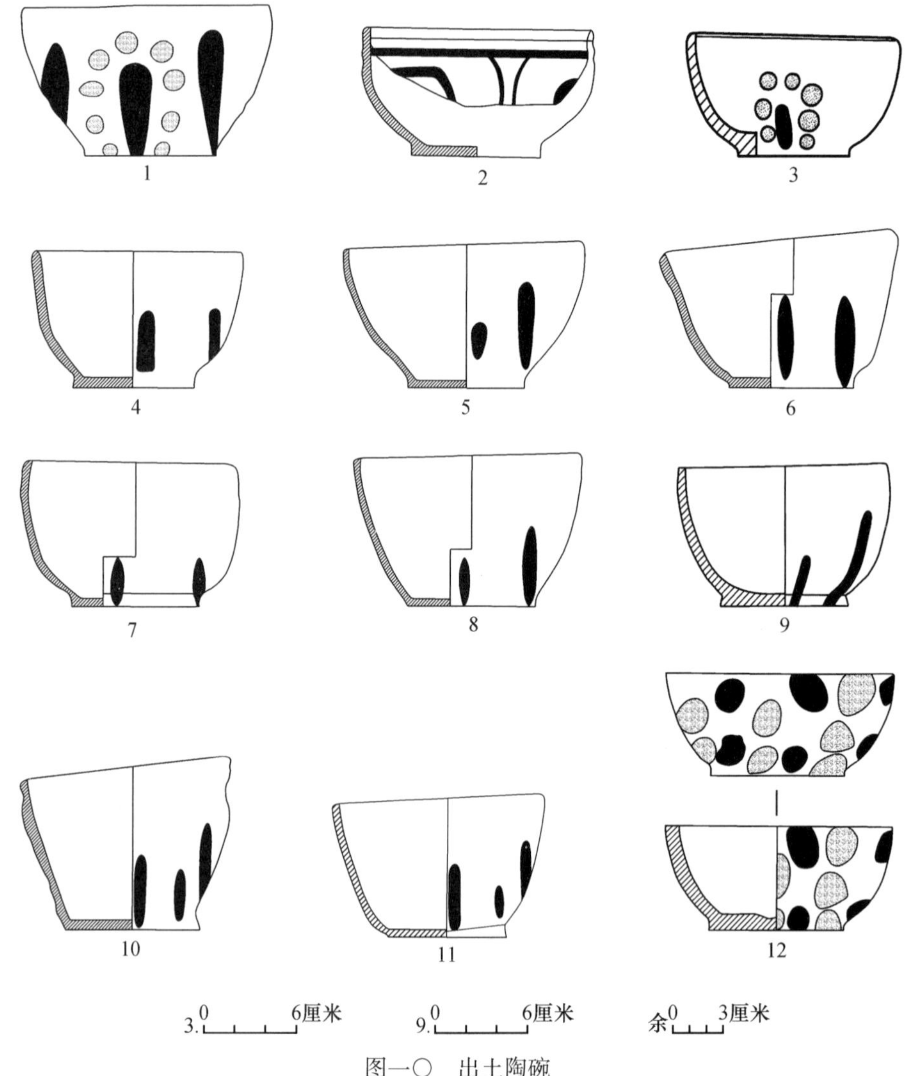

图一〇　出土陶碗

1. M9：7　2. M9：2　3. M8：6　4. M8：4　5. M9：8　6. M8：18　7. M8：14　8. M8：8　9. M8：12　10. M8：9　11. M8：16　12. M2：2

M8：9，泥质灰陶，轮制。尖圆唇，敞口，弧腹，平底。器身下腹部饰七道红色竖条彩，口沿内壁饰一周3.5厘米宽带状红彩。口径13.2、底径9.2、通高9.6厘米（图一〇，10）。

M8：12，泥质灰陶，轮制。尖圆唇，微敞口，弧腹，假圈足。器表施黑彩，腹部饰一周红色竖条彩，纹饰已模糊不清。口沿内壁局部可见红彩。口径13.8、底径8.4、通高7.5厘米（图一〇，9）。

M8：13，泥质灰陶，轮制。圆唇，微敞口，弧腹，假圈足。口径7.4、底径4.9、通高2.8厘米（图一一，7）。

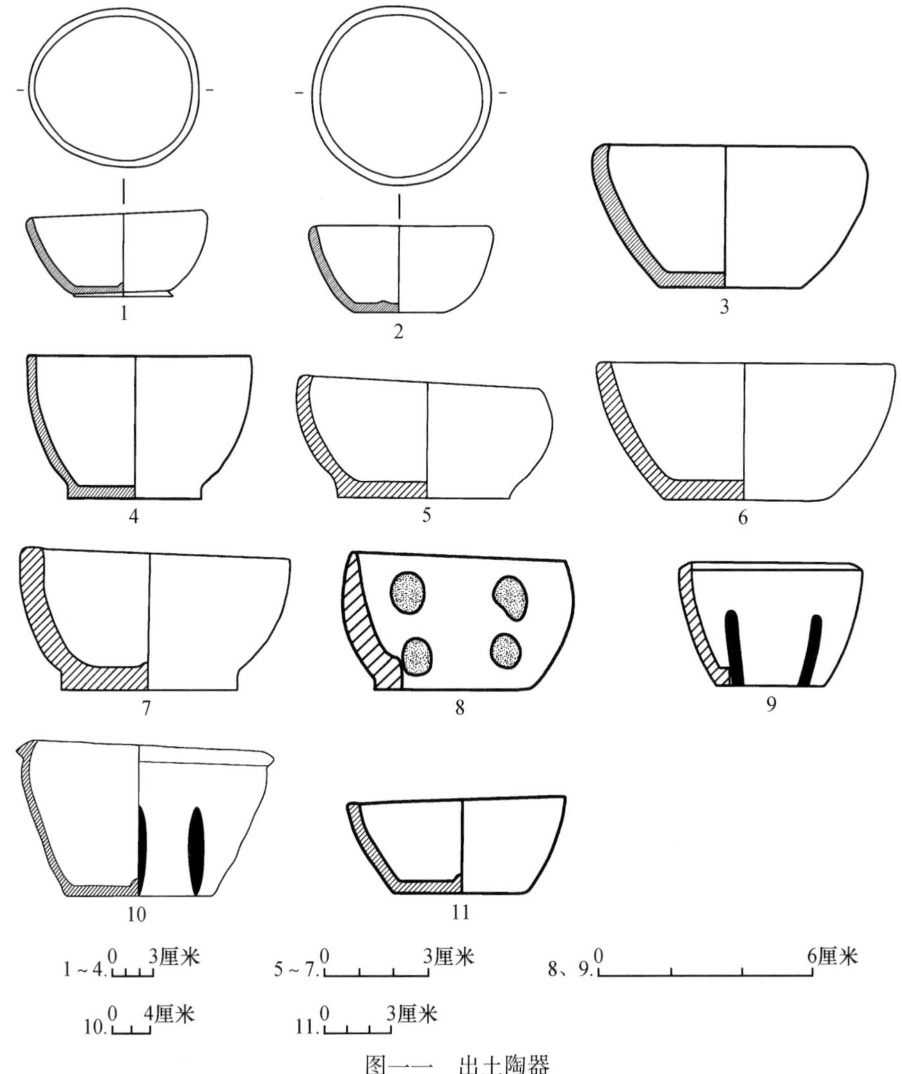

图一一　出土陶器

1~7. 碗（M2：3、M2：4、M2：6、M9：3、M9：4、M9：5、M8：13）　8、9. 杯（M8：5、M8：7）
10. 盆（M2：1）　11. 灯盏（M9：6）

M8：14，泥质灰陶，轮制。尖圆唇，微敞口，弧腹，假圈足。器表原施一层黑彩，器腹部至底饰一周红色竖条彩，纹饰多已脱落。口沿内壁饰一周4厘米宽带状红彩。口径14.2、底径9、通高8厘米（图一〇，7）。

M8：16，泥质灰陶，轮制。尖圆唇，敞口，弧腹，平底。器表施一层黑彩，腹部至底饰一周红色竖条彩。口沿内壁饰一周3厘米宽带状红彩。口径15、底径8.4、通高8厘米（图一〇，11）。

M8：18，泥质灰陶，轮制。尖圆唇，敞口，弧腹，平底。通体饰凸弦纹。器表原施一层黑彩，大部分已脱落。腹部至底饰一周红色竖条彩，口沿内壁饰一周约3厘米宽带状红彩。口径15.2、底径7.3、通高8.6厘米（图一〇，6）。

M9：2，夹砂灰陶，轮制。尖圆唇，敞口，弧腹，假圈足。通体饰凸弦纹。器表原施一层黑彩，上绘红彩，纹饰多已脱落，难以辨认。内壁通体施红彩，碗底内侧中部阴刻一X形纹饰（图版一六，7）。口径13.5、底径8、通高6.7厘米（图一〇，2）。

M9：3，泥质灰陶，轮制。方圆唇，敞口，弧腹，假圈足。口径14、底径9、通高6.2厘米（图一一，4）。

M9：4，泥质灰陶，轮制。尖圆唇，敛口，微鼓腹，平底。口径8、底径6、通高2.5厘米（图一一，5）。

M9：5，泥质灰陶，轮制。圆唇，敞口，弧腹，平底。口径9、底径5、通高3.5厘米（图一一，6）。

M9：7，泥质灰陶，轮制。尖圆唇，敞口，弧腹，假圈足。器表施黑彩，其上彩绘纹饰已模糊不清，似为以黑色连珠纹勾勒出一组莲瓣轮廓，莲心为红色竖条彩。两两莲瓣间又绘有一较粗长的红色竖条彩，其形亦似莲心。口沿内壁饰一周约5厘米宽带状红彩。口径15.4、底径8.4、通高8.5厘米（图一〇，1）。

M9：8，泥质灰陶，轮制。方圆唇，敞口，弧腹，假圈足。外壁施黑彩，其上绘红色圆珠纹和竖条彩，纹饰已难辨认。口沿部至内壁通体绘红彩。口径16.3、底径8.3、通高8.2厘米（图一〇，5）。

陶罐　5件。

M8：1，泥质灰陶，轮制。圆唇，卷沿，侈口，束颈，矮领，溜肩，鼓腹，平底。颈部至下腹部饰有凸弦纹。口径10.5、底径13、通高23厘米（图一二，3）。

M8：3，夹砂灰陶，轮制。圆唇，卷沿，侈口，束颈，矮领，溜肩，鼓腹，平底。颈部至下腹部饰有凸弦纹。口沿内壁饰一周带状红彩。口径8.5、底径10.5、通高21.5厘米（图一二，2）。

M8：10，泥质灰陶，轮制。尖圆唇，平沿，侈口，束颈，矮领，溜肩，鼓腹，平底。颈部至下腹部饰有凸弦纹。通体以黑彩为底，颈、腹部各饰一周白色圆点纹。腹部圆点纹的上下分别以白色线条勾勒出若干大小相等的莲瓣轮廓，其间填白色圆点纹，莲心为红色竖条纹，形成上下相对的仰、俯莲纹样。莲瓣间填饰变形莲纹。彩绘纹饰大部分已脱落。口沿内壁饰一周1.5厘米宽带状红彩。口径8.5、底径10.6、通高24厘米（图一二，1；图版一六，3）。

M8：11，夹砂灰陶，手制。尖圆唇外翻，侈口，束颈，矮领，溜肩，鼓腹，平底。颈部一周刻划五道水波纹。口径7、底径7、通高10.5厘米（图一二，5）。

M9：1，泥质灰陶，轮制。圆唇，卷沿，侈口，束颈，矮领，鼓腹，平底。颈肩部绘一周0.5厘米宽的带状红彩，其下以红色线条将器身纵向分隔为四块大小相等的区域，每块区域内又填以红彩勾勒出的莲瓣纹饰。彩绘纹饰已模糊不清。口沿及内壁亦施红彩。口径10、底径8、通高14.3厘米（图一二，4）。

陶杯 2件。

M8：5，泥质灰陶，轮制。尖圆唇，敛口，微鼓腹，平底。器表原施一层黑彩，上绘红色圆珠纹，彩绘纹饰多已脱落。口沿内壁饰一周1.5厘米宽带状红彩。口径7、底径4.8、通高3.3厘米（图一一，8）。

M8：7，泥质灰陶，轮制。尖圆唇，口微敞，斜腹，平底。器腹原饰红色竖条彩，已模糊不清。口沿内壁亦饰红彩。口径8、底径4.7、通高4.1厘米（图一一，9）。

陶盆 1件。M2：1，泥质灰陶，轮制。尖圆唇，斜沿，敛口，斜腹下收，平底。通体饰凸弦纹。器表原施一层黑彩，大部分已脱落。器腹绘一周红色竖条彩，口沿部及内壁亦绘红彩。口径29.8、底径17、通高14.1厘米（图一一，10）。

陶豆 1件。M8：2，泥质灰陶。实心圆柱柄，钵形盘，尖唇，折沿，侈口，微鼓腹，喇叭形假圈足。器表原施一层黄褐色陶衣，大部分已脱落。口沿内壁饰一周带状红彩。口径11.7、底径10、通高14.5厘米（图一二，6）。

陶灯盏 1件。M9：6，泥质灰陶，轮制。尖圆唇，敞口，弧腹，平底。内底中部有圆形捻孔。口沿及灯盏内壁有大片烟炱痕。口径9.3、底径5.8、通高3厘米（图一一，11）。

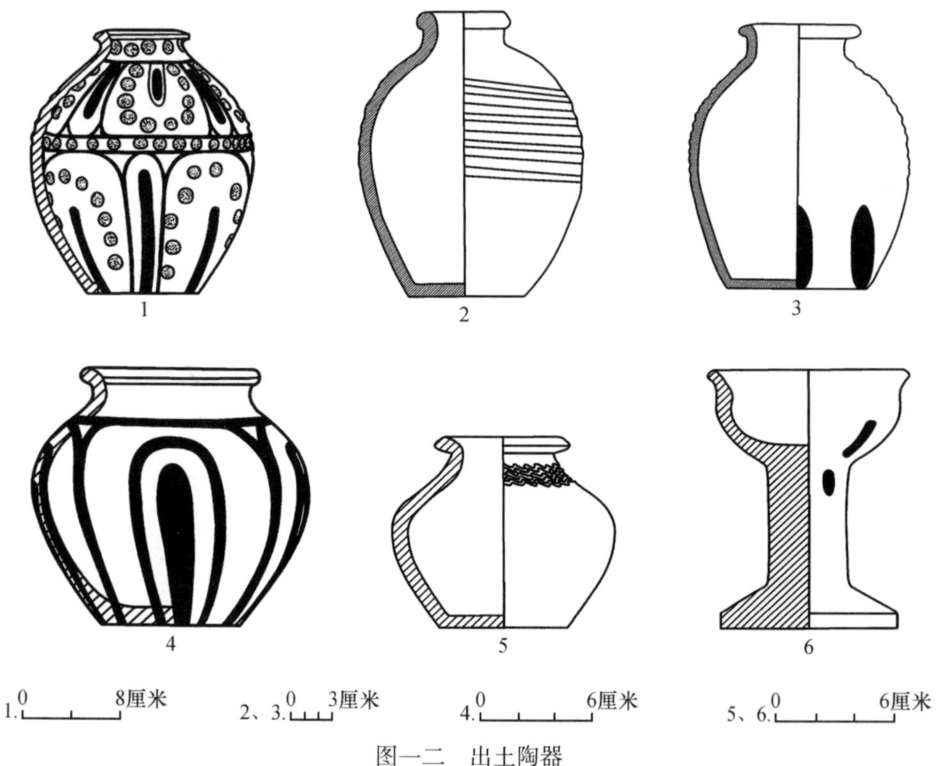

图一二 出土陶器

1～5. 罐（M8：10、M8：3、M8：1、M9：1、M8：11） 6. 豆（M8：2）

2. 木器

8件（组）。包括握木、器座等，另有13枚葫芦壳刻制的冥币。

握木　5件。其中2件残剩一半。圆木削制而成，亚腰形。两端平齐，中部束腰。制作粗糙，器物表面留有削切后的道道条痕。个别握木表面有织物残留。标本M2：7，通长8、径2.4厘米（图一三，2）。

木器座　2件。均残。圆木削制而成，亚腰形。标本M9：9，口径22、底径14、残高13厘米（图一三，1；图版一六，6）。

穿孔葫芦片　M3出土1组（13件）。其中2件残剩一半。系将葫芦壳削切成圆饼状，中部穿孔，作为冥币使用。直径2.7～3.5、孔径0.4～1、厚0.5～1厘米（图一三，3；图版一六，8）。

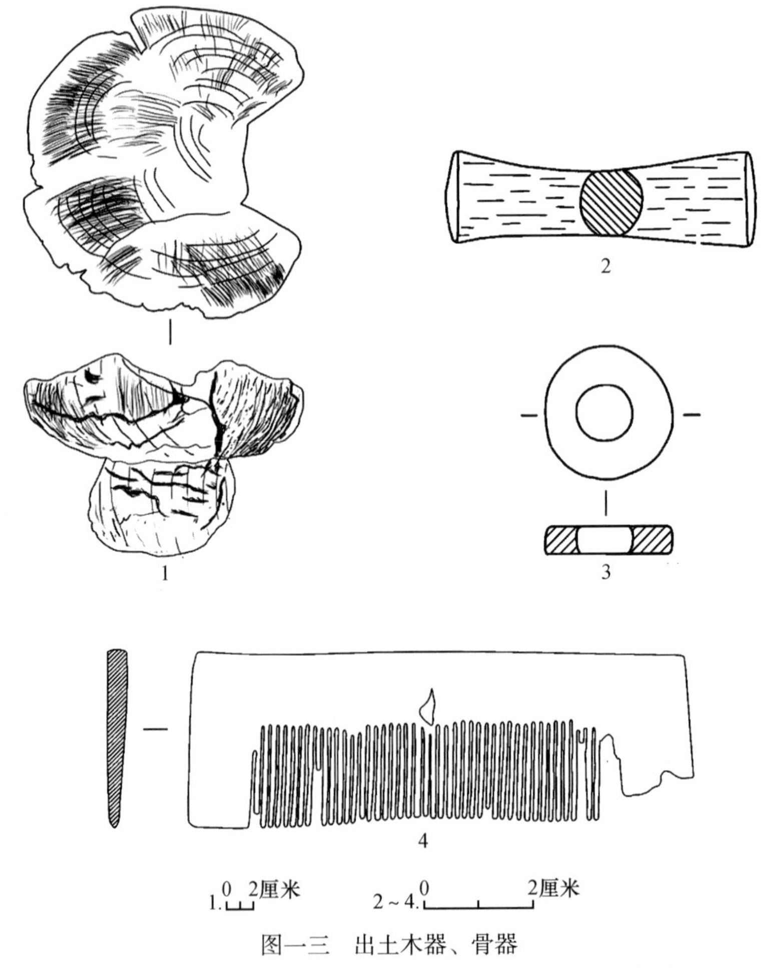

图一三　出土木器、骨器

1. 木器座（M9：9）　2. 握木（M2：7）　3. 穿孔葫芦片（M3）　4. 骨梳（M4：1）

3. 骨器

1件。M4：1，残为两段。动物骨骼制作而成。平面长方形，梳背呈半工字形，梳齿排列较稠密，扁锥状，齿尖较钝，个别已残断。通体磨制光滑。高4、宽11、厚0.5、齿长2.2厘米（图一三，4）。

4. 钱币

1枚。M8：17，五行大布钱，完整。铸制。圆形，方穿。面文“五行大布”，玉箸篆，对读。背素面。直径2.7、内穿边长0.7厘米（图版一六，5）。

5. 织物

2件。大部分为丝织品，已糟朽、残碎，无法复原。仅一条棉布裤和一只绣花鞋保存相对较好。

M4：2，绣花鞋。仅存1只，基本完整。尖头，平底，浅鞫。鞋身由多层棉布叠压缝合后裁剪而成。双层绢面，表层褪色严重，下层为红色。鞋底加垫一层皮革。鞋口边缘镶一周宽1.7厘米的绢边，已褪色。鞋头装饰较为复杂，先以线径0.4～0.5毫米的红、蓝两色丝线沿纬向排列钉缝，形成宽3厘米的一块底衬，再用线径1毫米的原白色丝线两两一组，成三组沿经向叠压其上，每组间隔约3毫米。丝线两侧各缝缀一块宽约0.8厘米的紫色锦，锦上以原白色丝线绣出两两相连的菱格纹图案。鞋底长24、最宽处9、鞋鞫高5厘米。鞋口长7.3、最宽8.5厘米（图版一六，2）。

棉布鞋里，平纹，经密12根/厘米，纬密12根/厘米，经线和纬线均Z向加捻，捻度强。鞋底缝线，原白色棉线，S向加捻，捻度强，线径0.8毫米；鞋内侧缘缝线，红色棉线，两根Z捻线以S捻合股形成，捻度强，线径0.5毫米。鞋面，红色绢，褪色较为严重，平纹，经密50根/厘米，纬密48根/厘米，经线和纬线均未加捻。鞋缘，绛紫色绢，褪色严重，平纹，经密44根/厘米，纬密32根/厘米，经线和纬线均未加捻。

M4：3，棉布裤。残。肩部、后背及裤腿大部分不存。从形制上看，似为连体裤。残长146、腰部宽37、裤腿长83厘米，两裤脚分别宽43、45厘米。交领，短袖，收腰，阔腿。交领及腰部双层棉布缝制，右腰侧见有2个长约1.5厘米的扣眼。腰部做百褶。裤裆形制不明，裆部内侧缝有补丁。裤筒系用3片单层棉布拼缝而成，宽度分别为22、45、45厘米。

残存部位可见幅边，回纬形成。本色棉布，平纹，经密16根/厘米、纬密14根/厘米。经、纬线均Z向加捻，捻度强（图一四）。

图一四　出土棉布裤（M4：3）

6. 墓表

2方。出土于斜坡墓道墓中，原始资料缺失，具体墓号不明。

其中一方为《高昌延和三年（604年）巩孝感墓表》，灰砖，朱书，朱方格。从右至左竖行排列，计10行，122字。高39、宽39、厚3厘米。现存新疆博物馆[1]。

故田曹司马巩孝感，禀赀温雅，
志行贞廉，英风远迈，器量弘深。
爱敬出自初年，聪朗彰于廿岁。
习？诗书以润身，研礼典以崇德。
可谓雍穆九族，攸邦之轨则者
也？宜延遐筭，寿考无期。不忆严
霜下坠，彫残哲人，亲属悲嗥，四
邻楚目，如云可赎，人百靡怪。春
秋七十七，以延和三年甲子岁，十二月
壬戌朔，三日甲子，宨穸斯墓。

另一方经考释为《高昌延和五年（606年）巩氏妻宋氏墓表》[2]，灰砖，砖面涂黑，朱画竖行线，朱书。从右至左竖行排列，计7行，部分文字漫漶不清。高38.5、宽40、厚3.5厘米。现存新疆文物考古研究所（图版一六，1）。

延和五年丙寅岁，四月丙戌朔，廿七日壬子，
故田曹司马［中缺］妻宋氏，禀性贞洁执操，
纯懿内□，［中缺］言之号，雍穆九族，
美杨遐称，［中缺］，侔
踰女宗，可谓［中缺］慈母
者矣。宜延遐筭，［中缺］善，
奄居下世。春秋六十［下缺］

三、结　语

1988年第二次全国不可移动文物普查队调查此处时，因墓群所在地被当地人称为“布尔土居结木”，维语意为一棵桑树，故命名为一棵桑墓地。2008年11月，新疆文物考古研究所又在此抢救发掘墓葬3座[3]。

此次发掘的9座墓葬只是一棵桑墓地中的一小部分。发掘的5座斜坡墓道洞室墓是吐鲁番地区盛唐时期极为流行的一种墓葬形制，结合墓葬形制、葬具葬俗、出土文物等比照前人对此类墓葬所做的相关研究和分期[4]，判断其年代当在隋唐时期。出土的纪年墓表为确定墓葬年代提供了更直接的参证。发掘的3座竖穴洞室墓，墓葬形制在新疆地区比较少见，而与西安南郊孟村宋金墓[5]及凤翔孙家南头墓地[6]中发掘的宋代墓葬相类似。M4出土的绣花鞋，形制、图案及制作工艺则与吐鲁番胜金口石窟所出宋元时期的绣花鞋较为相近[7]。根据上述对比分析，结合高昌回鹘人在吐鲁番盆地的活动情况推测，该批墓葬年代当在宋元时期。经美国贝塔放射性实验室对M4中提取的织物残片进行测定，^{14}C测年为距今680年±30年，校正后年代为1270～1316年，基本符合这一判断。在这些家族墓地间错落的竖穴洞室墓，则代表了一段新的历史进程。公元9世纪回鹘人的到来，为吐鲁番盆地民族融合注入了新鲜的血液。发掘的3座洞室墓中，除一位性别不明外，其余2座均只埋葬一位女性，且随葬品匮乏，不见陶器，是个别现象亦或特定葬俗，也是值得关注的问题。

此次一棵桑墓地的考古发掘，是中华人民共和国成立后在鄯善县首次进行的考古发掘。透过墓葬形制、丧俗、随葬器物的变化，亦可与史料记载相呼应，揭示此地几百年间政治、文化的沿革与变迁。整理发表出的一批材料，特别是宋元时期的墓葬资料，填补了吐鲁番地区唐以后墓葬资料的空白，相信会对史料、文献中关于彼时彼地社会生活、丧葬礼俗等方面的记载进行重要补阙。

发　　掘：王炳华　张铁男　刘玉生
资料整理：刘维玉　丽　娜
绘　　图：丽　娜　吐尔逊·艾沙　刘维玉
摄　　影：刘玉生
执　　笔：刘维玉　丽　娜

注　释

［1］侯灿、吴美琳：《吐鲁番出土砖志集注》，巴蜀书社，2003年，第254页。

［2］刘维玉：《鄯善鲁克沁墓地出土墓表考释》，《吐鲁番学研究》2020年第1期。

［3］新疆文物考古研究所：《鄯善县一棵桑墓地考古发掘简报》，《新疆文物》2011年第2期。

［4］新疆博物馆考古部：《吐鲁番阿斯塔那第二次发掘简报》《吐鲁番阿斯塔那第三次发掘简报》；新疆文物考古研究所：《吐鲁番阿斯塔那第十次发掘简报》《吐鲁番阿斯塔那第十一次发掘简报》，《新疆文物》2000年第3、4期。

［5］陕西省考古研究院：《西安南郊孟村宋金墓发掘简报》，《考古与文物》2010年第5期。

［6］陕西省考古研究院、凤翔县博物馆：《凤翔孙家南头墓地宋元明墓葬发掘简报》，《文博》2014年第3期。

［7］新疆文物考古研究所：《新疆吐鲁番胜金口石窟发掘报告》，《考古学报》2016年第3期。

1. 墓葬和窑址俯瞰

2. M2

4. 瓦当（Y1：6）

3. Y1

图版二

1. 铜镯（M1：3）

2. 五铢钱（M3：1）

3. 铜带扣（M8：6）

4. 铁刀（M6：1）

5. 铁带扣（M8：4）

6. 铁锤（YJ：4）

7. 陶罐（M1：2）

8. 陶罐（M4：1）

9. 陶罐（M5：1）

奇台县石城子遗址窑址和墓葬出土器物

1. 白杨河上游 1 号墓地全景（南—北）

2. 白杨河上游 2 号墓地全景（南—北）

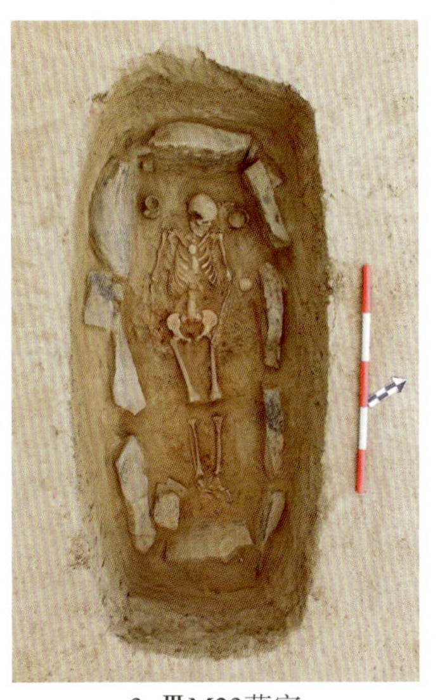

3. ⅢM23墓室

4. ⅢM12墓室

5. ⅡM13墓室

6. 灶址（Z1）（东—西）

图版四

1. 陶罐（ⅡM2A：1）　2. 陶罐（ⅢM19：1）　3. 陶罐（ⅢM27：1）　4. 陶杯（ⅢM34：3）
5. 陶杯（ⅢM61：C1）　6. 陶壶（ⅢM22：1）　7. 陶罐（ⅡM2A：3）　8. 陶罐（ⅡM15：2）
9. 陶钵（ⅢM27：2）　10. 陶钵（ⅢM19：4）　11. 陶罐（ⅢM36：1）　12. 陶罐（ⅢM20：3）
13. 陶壶（ⅡM10：C1）　14. 陶罐（ⅢM20：1）　15. 陶瓶（ⅢM36：6）　16. 陶罐（ⅢM20：2）

阜康市白杨河上游墓群考古发掘出土器物（一）

图版五

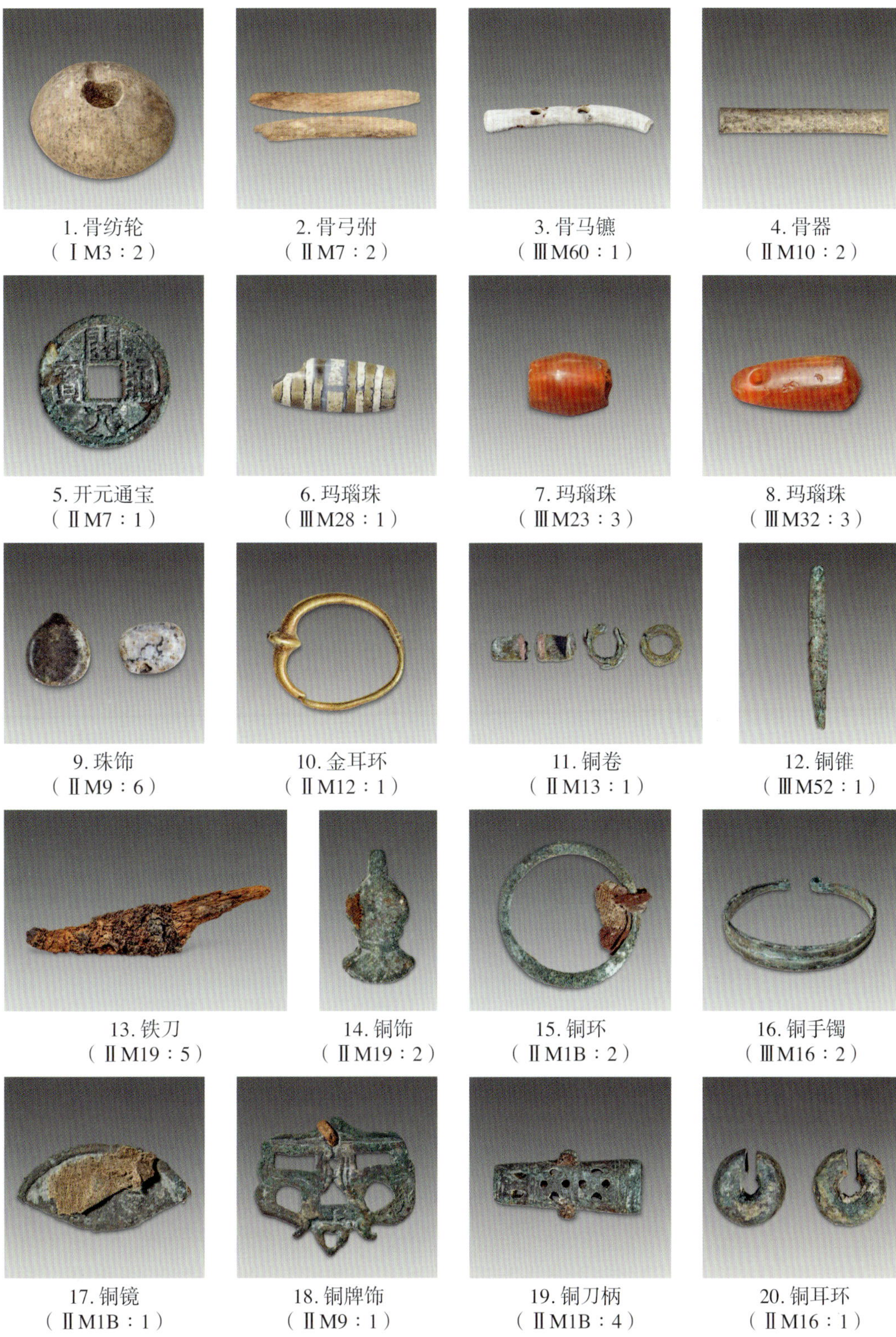

1. 骨纺轮（ⅠM3：2）
2. 骨弓弭（ⅡM7：2）
3. 骨马镳（ⅢM60：1）
4. 骨器（ⅡM10：2）
5. 开元通宝（ⅡM7：1）
6. 玛瑙珠（ⅢM28：1）
7. 玛瑙珠（ⅢM23：3）
8. 玛瑙珠（ⅢM32：3）
9. 珠饰（ⅡM9：6）
10. 金耳环（ⅡM12：1）
11. 铜卷（ⅡM13：1）
12. 铜锥（ⅢM52：1）
13. 铁刀（ⅡM19：5）
14. 铜饰（ⅡM19：2）
15. 铜环（ⅡM1B：2）
16. 铜手镯（ⅢM16：2）
17. 铜镜（ⅡM1B：1）
18. 铜牌饰（ⅡM9：1）
19. 铜刀柄（ⅡM1B：4）
20. 铜耳环（ⅡM16：1）

阜康市白杨河上游墓群考古发掘出土器物（二）

图版六

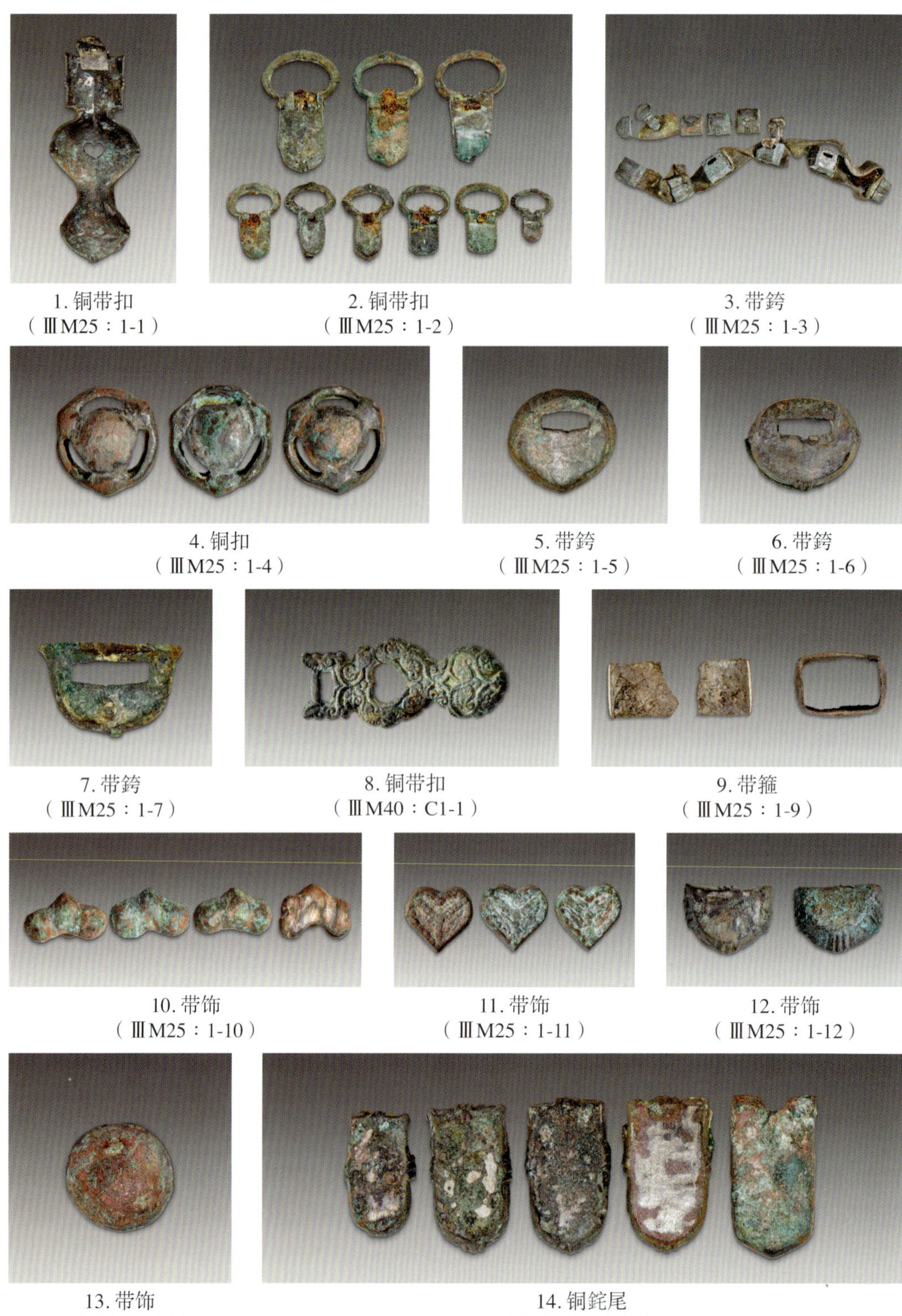

1. 铜带扣（ⅢM25：1-1）
2. 铜带扣（ⅢM25：1-2）
3. 带銙（ⅢM25：1-3）
4. 铜扣（ⅢM25：1-4）
5. 带銙（ⅢM25：1-5）
6. 带銙（ⅢM25：1-6）
7. 带銙（ⅢM25：1-7）
8. 铜带扣（ⅢM40：C1-1）
9. 带箍（ⅢM25：1-9）
10. 带饰（ⅢM25：1-10）
11. 带饰（ⅢM25：1-11）
12. 带饰（ⅢM25：1-12）
13. 带饰（ⅢM25：1-13）
14. 铜鉈尾（ⅢM25：1-14）

阜康市白杨河上游墓群考古发掘出土器物（三）

图版七

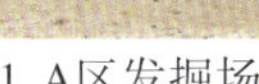

1. A区发掘场

2. M37

3. 骨管（M37：1）

4. 石球（M37：C2）

5. 单耳陶碗（M37：4）

6. 铜扣饰（M37：6）

7. 单耳带流陶罐（M37：7）

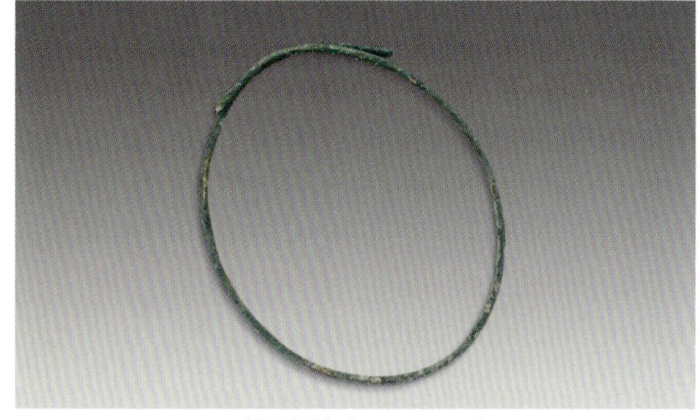

8. 铜项圈（M37：9）

9. M22

阜康市四工河墓地考古发掘及出土器物

图版八

1. 铜耳环（M22：1）

2. 马具铜饰件（M22：4）

3. 项链（M12B：3）

4. 铜镜（M12B：4）

5. 银耳环（M50：1）

6. 铁箭镞（M50：3）

7. 骨鸣镝（M50：3-3）

8. 铜手镯（M50：7）

9. 铜戒指（M50：9）

10. 银戒指（M50：14）

阜康市四工河墓地考古发掘出土器物

1. 阿西勒2号墓群全景

2. 铁木里克以西3.5千米墓群M1

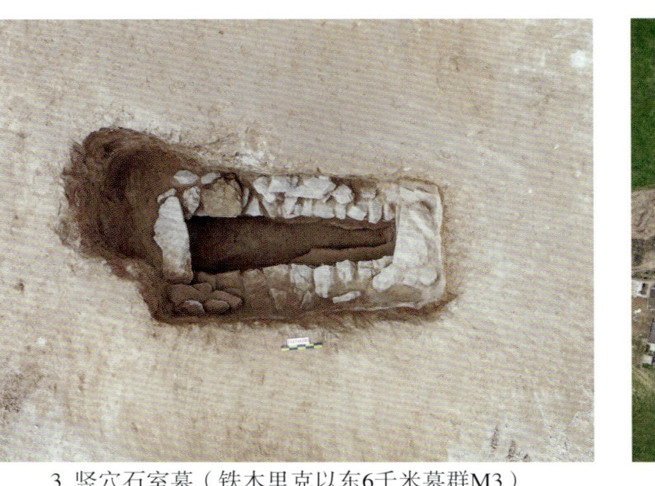

3. 竖穴石室墓（铁木里克以东6千米墓群M3）

4. 则克台墓群发掘全景

伊犁州G218沿线（新源段）墓葬考古发掘

图版一〇

1. 陶壶（XT6M2：2）

2. 陶壶（XTLM9：3）

3. 陶罐（XSHM7：1）

4. 陶钵（XTLM1：1）

5. 陶壶（XTLM3：5）

6. 石盘（XAKM1：1）

7. 骨雕（XAKM1：10）

8. 骨镞（XZKM10：4）

伊犁州G218沿线（新源段）墓葬考古发掘出土器物（一）

图版一一

1. 金珠饰（XT6M3A：5）

2. 铜鍑（XAKM1：14）

3. 金耳环（XHLM1B：2）

4. 滑石珠（XHLM1B：1）

5. 戒面（XAKM1：20）

6. 银戒指（XTLM9：4）

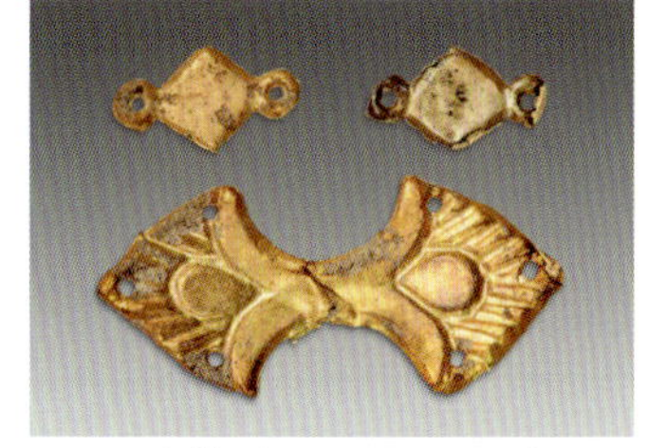

7. 金箔（XT3.5M1：1）

8. 金耳环（XAKM2：1）

9. 金戒指（XAKM6：1）

10. 铜簪（XZKM10：1）

11. 玛瑙环（XA1M3A：1）

12. 铜镜（XA2M6：2）

13. 铜镜（XAKM1：2）

14. 铜镜（XT6M3A：9）

15. 珠饰（XTLM9：2）

伊犁州G218沿线（新源段）墓葬考古发掘出土器物（二）

图版一二

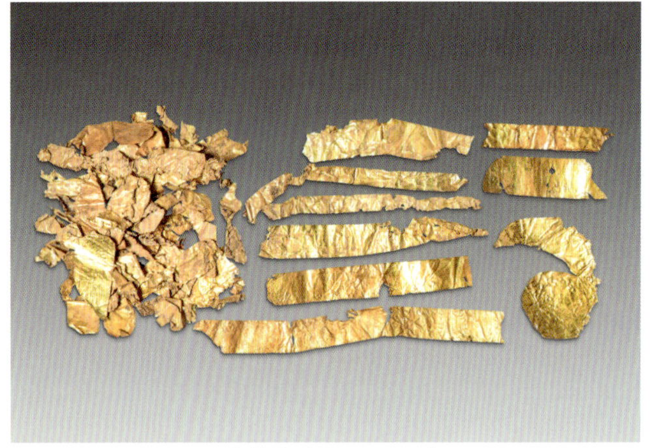

1. 金箔片（ⅡM3A：1）

2. 金耳坠（ⅡM4：2）

3. 金耳坠（ⅡM3A：10）

4. 骨镞（ⅢM20B：4）

5. 骨镞（ⅢM20D：1）

6. 金箔片（ⅢM20F：1）

伊犁州墩那高速公路尼勒克段沿线墓葬考古发掘出土器物（一）

1. 陶束颈罐（ⅡM1B：2）

2. 绿松石吊坠（ⅡM5：3）

3. 陶罐（ⅢM5A：2）

4. 骨耳珰（ⅢM5C：2）

5. 陶长颈罐（ⅢM22：1）

6. 骨环（ⅢM66：2）

7. 陶罐（ⅢM5B：2）

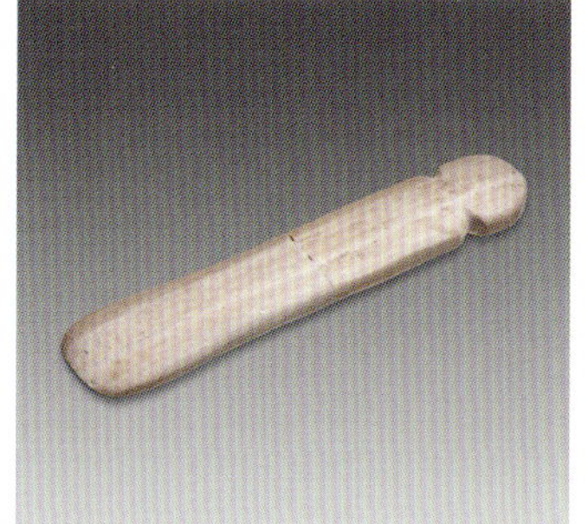
8. 砺石（ⅢM5C：1）

9. 陶罐（ⅢM63：1）

10. 砺石（ⅢM66：4）

11. 陶罐（ⅢM97：3）

伊犁州墩那高速公路尼勒克段沿线墓葬考古发掘出土器物（二）

图版一四

1. 陶罐（ⅠAM1：1）

2. 陶钵（ⅠAM8：1）

3. 陶钵（ⅠAM13：1）

4. 陶壶（BM13：1）

5. 骨饰件（ⅠAK1：8）

6. 骨饰件（BM18：5）

7. 角觿（BM18：2）

8. 骨扣（BM18：3）

9. 角觿局部（BM18：2）

察布查尔县阿布散特尔墓群发掘出土器物（一）

图版一五

1. 铁刀（BM13：2）

2. 铁剑柄（ⅠAK1：3）

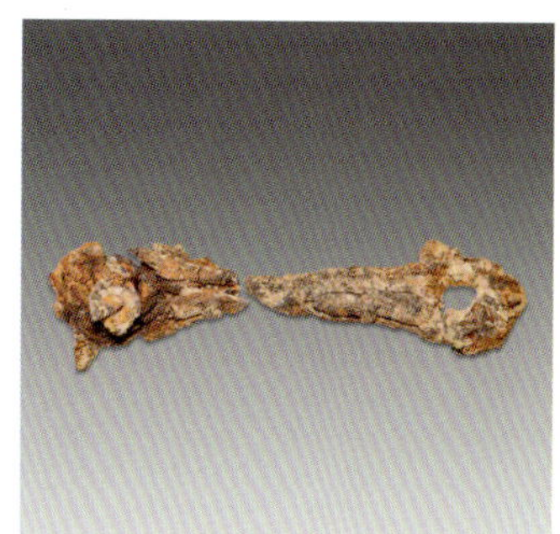
3. 铁马衔（ⅠAK1：4）

4. 铁马镫（ⅠAK1：5）

5. 铁环（BM18：4）

6. 铁带扣（BM18：10）

7. 铜杯（ⅠAK1：1）

8. 铜耳环（BM18：6）

9. 银耳环（ⅠAK1：2）

10. 铜带扣（BM18：9）

11. 铜带饰（BM18：7）

察布查尔县阿布散特尔墓群考古发掘出土器物（二）

图版一六

1.《高昌延和五年（606年）巩氏妻宋氏墓表》

2. 绣花鞋（M4：2）

3. 陶罐（M8：10）

4. 陶碗（M2：2）

5. 五行大布钱（M8：17）

6. 器座（M9：9）

7. 陶碗底部纹饰（M9：2）

8. 穿孔葫芦片（M3）

鄯善县一棵桑墓地考古发掘出土器物